Zu diesem Buch

Mehr als Kunst und »hohe« Literatur, mehr als Theater, Oper und Konzert, mehr als Philosophie und Wissenschaft beeinflussen die Massenmedien, die uns zur Füllung der arbeitsfreien Zeit die Ware Unterhaltung anbieten, das kulturelle Klima. Wie frei eine Gesellschaft ist, wie ängstlich oder wie sicher sich die Menschen in ihr fühlen, welche moralischen Standards über das geschriebene Gesetz hinaus das Zusammenleben bestimmen – all das läßt sich an der Unterhaltung und ihren Mythen ablesen. In der Ware Unterhaltung spiegeln sich unsere Nöte, Ängste, Bedürfnisse, Hoffnungen und Träume; sie reflektiert unsere Lebensformen.

Unterhaltung zu verstehen, ein kritischer Konsument zu werden, ist deshalb die Voraussetzung dafür, sich gegen das erdrückende Angebot behaupten zu können und sich mit seiner Freizeit nicht auch seine Freiheit abkaufen zu lassen. Kritische Konsumenten brauchen Information; Information, die ohne ideologische Scheuklappen, ohne überhebliche Herablassung und ohne elitäres Sendungsbewußtsein über die Formen, die Genres, die Mythen und auch die Tricks der Unterhaltung aufklärt, aber das legitime Vergnügen an ihr nicht schmälert.

Das Lexikon »Unterhaltung« liefert das notwendige Wissen für eine Sichtung des Angebots. Mehr Lese-Lexikon als Enzyklopädie, erhebt es keinen Anspruch auf Vollständigkeit, sondern zielt auf Auswahl des Typischen. Die einzelnen Artikel sind in sich abgeschlossen, doch sorgen Querverweise und einleitende Essays für die Erfassung größerer Zusammenhänge. Beschrieben wird, vor welchem sozialen Hintergrund sich bestimmte Unterhaltungs-Genres entwickelt haben, welche Botschaften ihre verschiedenen Erscheinungsformen übermitteln, welche technischen und wirtschaftlichen Faktoren bei ihrer Entstehung eine Rolle spielen, und nicht zuletzt auch, welche eigenständigen Leistungen auch im Bereich der Unterhaltung möglich sind.

Georg Seeßlen, Jahrgang 1948, lebt nach Tätigkeiten als Grafiker, Musiker, Sozialpädagoge, Journalist und Mitarbeiter beim Fernsehen heute als Lektor und Mitbegründer eines Verlages für populäre Kultur (Roloff & Seeßlen) in München.

Bernt Kling, Jahrgang 1947, studierte Politologie; er lebt als Schriftsteller und Übersetzer in Berlin.

Georg Seeßlen
Bernt Kling

Unterhaltung

Lexikon zur populären Kultur

1 Western Science Fiction
Horror Crime Abenteuer

rororo
Rowohlt

Die Urfassung dieses Lexikons erschien 1973 in zwei Bänden unter dem Titel »Romantik & Gewalt. Ein Lexikon der Unterhaltungsindustrie« im Manz Verlag München. Für die vorliegende Fassung wurden die Texte überarbeitet und um diejenigen Genres erweitert, die für einen nicht erschienenen dritten Band geplant waren. Soweit im Inhaltsverzeichnis nicht anders gekennzeichnet, stammen die Beiträge von Georg Seeßlen.

Umschlagentwurf Berndt Höppner

ORIGINALAUSGABE

Veröffentlicht im Rowohlt Taschenbuch Verlag GmbH,
Reinbek bei Hamburg, Januar 1977

Satz Times (Linotron 505 C)
Gesamtherstellung Clausen & Bosse, Leck/Schleswig
Printed in Germany
780-ISBN 3 499 16209 1

Inhalt

Crime

Abenteuer

Inhalt von Band 2

Komik

Einleitender Essay – Archie – Asterix – Capra – Cartoon – Chaplin – Clair – Deutsche Filmkomödien – Disney – Donald Duck – Feldman – Fields – Hoffmann – Hollywoodkomödien – Hope – Kabarett und Satire im Fernsehen – Kauka-Comics – Keaton – Kid-Comics – Komiker – Kommiß-Comics – Komödienfernsehserien – Komödienstadel und Ohnsorgtheater – Laurel und Hardy – Lewis – Little Nemo – Lubitsch – Lucky Luke – Mad – Marx Brothers – Nick Knatterton – Parodie im Film – Peanuts – Popeye – Rühmann – Satirische Zeitschriften – Schweinchen Dick – Screwball Comedies – Stummfilmgrotesken – Tati – Valentin – Witzhefte – Zeichentrickfilme – Zeichentrickserien im Fernsehen

Romanze

Einleitender Essay – Arztfilme – Arztromane – Bekenntniszeitschriften – Chabrol – Courths-Mahler – Dreiecksgeschichte – Frauen- und Schicksalsromanhefte – Illustriertenroman – Die Kinder des Olymp – Love Story – Marlitt – Melodramen – Peyton Place – Regenbogenpresse – Romance-Comics – Romantic Thriller – Simmel – Sirk

Heimat und Familie

Einleitender Essay – Bergfilm – Familien-Comics – Familienserien – Forsyte Saga – Ganghofer – Heimatfilm – Heimatromane – Illustrierte – Kinderstars – Mami-Romane – Schlagertexte – Soap Opera – Talk Show – Tierfilm-Sendungen – Tierserien – Trenker

Sport und Spiel

Einleitender Essay – Boxen – Fernseh-Quiz – Fußball – Leistungssport – Lotterien und Gewinnspiele – Motorsport – Olympische Spiele – Spiel ohne Grenzen – Sport im Fernsehen – Sport im Film – Sport im Rundfunk – Sportpresse – Sportstars – Was bin ich

Unterhaltung 1

Vorbemerkungen zu einem Lese-Lexikon

Die »gewöhnliche« Kultur

Alles, was uns »gewöhnlich«, selbstverständlich, normal erscheint, meinte Bert Brecht, sollte uns befremden. In der Tat ist uns der tägliche Fernsehkonsum selbstverständlich; daß wir unterhalten werden müssen, je nach unserem sozialen und psychischen Umfeld durch Groschenhefte oder, nostalgiegetönt, durch alte Westernfilme, und daß diese Unterhaltung, millionenfach verbreitet, zu einem Teil unseres alltäglichen Lebens geworden ist, auf den wir nicht mehr verzichten können, ohne seelische Spannungen zu gewärtigen, erscheint uns als normal. Das Nachdenken über das Selbstverständliche hat immer auch einen schmerzlichen Aspekt, denn hinter den Mechanismen und der Psychologie einer Industrie, die es sich so augenscheinlich angelegen sein läßt, die Bedürfnisse der Menschen zu ergründen und in allgemeinverständliche Zeichen zu transponieren, wird der Mensch sichtbar, der nach Unterhaltung verlangt wie der Hungernde nach Brot. Wenn wir also von der populären Kultur sprechen in diesem Buch, dann sprechen wir auch von dem Menschen, der ihrer bedarf. Es ging uns in erster Linie darum, die populären Mythen, auf denen die Produkte der Unterhaltungsindustrie aufgebaut sind, darzustellen und ihre historischen und gesellschaftlichen Wurzeln aufzuzeigen.

Unterhaltung als soziale Institution

Dieses Lexikon soll daher nicht nur einen Überblick darüber geben, was alles durch die vielfältigen und unterschiedlichsten Mittel der Unterhaltung ausgedrückt werden kann, sondern es soll auch dazu anregen, Unterhaltung als eine soziale Institution anzusehen, die einen großen Teil unserer Lebensformen bestimmt und die, wie alle sozialen Institutionen, eine Funktion im Sinne von Herrschaft erfüllt.

Daß Unterhaltung eine soziale Institution ist (und als solche nicht im selben Sinne deutbar und angreifbar wie ein Kunstwerk beispielsweise), bedeutet nicht, daß sie eine anonyme Macht wäre, in der die individuelle Leistung des einzelnen gegenüber der Klischee-Produktion, der Schematisierung und dem Wiederholungszwang gänzlich untergehen würde. Auch die Annahme, daß Unterhaltung keine Innovationen, keine Experimente und keine »Meisterwerke« zulassen würde, soll durch dieses Lexikon widerlegt werden. Es ist aber, und auch dies hoffen wir in unserem Buch gezeigt zu haben, die individuelle Leistung nur der *eine* Teil der Unterhaltung; ihm gegenüber steht ein ästhetisches Regelsystem, das zum einen durch die Verwertungsinteressen des Kapitals, zum anderen durch die »Wahlverwandtschaft« der Unterhaltungsindustrie mit konservativen Ideologien bestimmt wird.

Aus der Auseinandersetzung des individuellen »Handwerkers« der Unterhaltung mit den Forderungen seiner Industrie, der listigen, unterwürfigen, rebellischen oder fanatischen Verwendung der Regeln und der oft verschlüsselten Beziehungen zwischen der Wirklichkeit und den populären Mythen entsteht Unterhaltung. Sie entsteht, wie ein Traum entsteht, als das Produkt von Verdrängungen, Projektionen, Verschiebungen und Entstellungen, so daß der Eindruck des fertigen »Bildes« so viel als möglich von seinen wahren Absichten, ja von seinem wirklichen Thema verbirgt.

Als eine Art der Traumdeutung läßt sich denn auch dieses Lexikon begreifen, als eine Sammlung von Modellanalysen, die den Leser dazu anregen soll, selber ähnliche Versuche anzustellen. Sowenig durch Traumdeutung das Träumen abgeschafft werden soll, sowenig soll durch die Analyse von Produkten der Unterhaltungsindustrie die Konsumtion von Unterhaltung verleidet werden. Aber wie durch die Entschlüsselung der Träume ein Beitrag zur Selbsterkenntnis geleistet wird, so durch die Entschlüsselung der Unterhaltung ein Beitrag zum Verständnis unseres Lebens in dieser Gesellschaft.

Das Genre als Markenzeichen

Die erste Aufgabe dieses Buches war es, eine Systematik aufzustellen, die es ermöglicht, einzelne Produkte der Unterhaltung einzuordnen, sie in einen historischen, ästhetischen und sozialen Zusammenhang zu stellen. Die Einteilung in Genres ist dabei weder von seiten der Produzenten noch von unserer Seite ein Akt der Bequemlichkeit oder bloße Gewöhnung. Das Genre ist der gemeinsame Nenner, auf den bestimmte Bedürfnisse des Publikums und das Verwertungsinteresse des Kapitals gebracht werden können. Und von beidem steckt in jedem Genre und in jeder einzelnen Ausformung des Genres genug, und gäbe es sich auch noch so bizarr, um es bis zur Wurzel zu verfolgen. Von beidem steckt auch genug in jeder Unterhaltung, daß man keine im traditionellen Sinne moralischen Urteile fällen kann; denn gerade weil Unterhaltung sozial so verzahnt ist, nicht nur eine Botschaft darstellt, die man annehmen oder ablehnen kann wie das Programm einer politischen Partei, ist sie in sich widersprüchlich. Gerade die Funktion der Unterhaltung als Ware und des Genres als »Markenzeichen« verhindert, daß die Unterhaltung eine bloße Form der Propaganda wird.

Das Genre entspricht einem Problemkreis, was sich sehr leicht an einem Genre wie der erotischen Unterhaltung, dem Kriminalgenre oder dem

Heimat- und Familiengenre zeigen läßt, die im Gegensatz zum Western oder zur Science Fiction eine sehr »deutliche« Aussagenkombination vermitteln. Die beiden Kräfte, die in der ästhetischen Aufbereitung der angesprochenen Probleme gleichzeitig wirksam werden, sind der Wunsch nach der Benennung der Probleme und der nach ihrer Verdrängung. Die Definition eines Genres führt demnach zur Definition von gesellschaftlichen Widersprüchen, die auch im einzelnen Produkt der Unterhaltung noch in der einen oder anderen Form aufzuspüren sind. Der Gegenstand dieses Lexikons ist also nicht die Unterhaltung als solche, sondern die Beziehung der Unterhaltung zu ihrem Publikum, also zu uns allen. Diese Beziehung wollten wir so unvoreingenommen und anhand von soviel Material wie möglich darstellen.

Auswahl der Stichwörter

Jedes Genre wird durch einen kurzen Essay eingeleitet, der einen Abriß der Entwicklung und der Funktion der betreffenden *topics* gibt. Die Stichwortauswahl innerhalb der einzelnen Genres mußte teilweise sehr unterschiedlich ausfallen, da sie in unterschiedlichem Maße von Autoren, Darstellern, Regisseuren, anonymen »Machern« oder klassischen Sujets geprägt werden. Der besseren Lesbarkeit wegen haben wir uns bemüht, die einzelnen Stichwörter möglichst ausführlich und zusammenhängend zu gestalten. Das Register am Ende eines jeden Bandes erleichtert das Auffinden von Namen und Sujets, die nicht in einem eigenen Stichwort abgehandelt worden sind.
Kein Brockhaus der Populärkultur war beabsichtigt, sondern ein sachlich gegliedertes Buch, mit dessen Hilfe man sich rasch informieren und das man möglichst auf jeder Seite zu lesen beginnen kann: ein Lese-Lexikon.

Literatur

Jedem Stichwort wurde – soweit Literatur dazu verfügbar – eine kurze Bibliographie beigegeben, die möglichst alle relevanten deutschsprachigen Bücher aufführt, die Informationen zu dem entsprechenden Thema geben; dazu die wichtigsten ausländischen Buchveröffentlichungen, eine Auswahl deutschsprachiger Aufsätze oder Kritiken in möglichst zugänglichen periodischen Publikationen und einige ausländische Artikel, die außergewöhnlich materialreich oder für die Diskussion der Themen besonders ergiebig sind. Zwar erhebt diese Bibliographie, allein schon aus Platzgründen, keinen Anspruch auf Vollständigkeit, aber wir hoffen doch, daß sich der Leser mit ihrer Hilfe ein umfassendes Bild des speziellen Gebiets erarbeiten kann, für das er sich besonders interessiert. Die Bibliographie ist nicht zuletzt deshalb den einzelnen Stichwörtern beigeordnet worden, damit es dem Leser möglich wird, unsere oft ja auch subjektiv getönte Interpretation einzelner Phänomene der Unterhaltungsindustrie zu überprüfen und wenn nötig zu korrigieren. Zum anderen soll die Beschäftigung mit einem Themenbereich erleichtert werden, zu dem die Sekundärliteratur nicht gerade üppig und oft weit verstreut anzutreffen ist.

Bebilderung

Die Bilder, die wir den Stichwörtern zugeordnet haben, sollen nicht so sehr das Schaffen etwa eines bestimmten Regisseurs oder Zeichners illustrieren, sie sollen vielmehr auf charakteristische optische Signale innerhalb der Populärkultur hinweisen. Auch mit ihnen läßt sich, was durch kurze Hinweise bei den einzelnen Bildern erleichtert werden soll, arbeiten; sie sind ein Hilfsmittel der Analyse.

Möglichkeiten, mit diesem Buch zu arbeiten

Das vorliegende Buch ist nicht auf Vollständigkeit im Sinne umfassender Ausbreitung des Daten- und Faktenmaterials hin konzipiert, es sollte vielmehr verstanden werden als Anregung, als Exemplifizierung einer Methode, die zur Erhellung der Phänomene der Populärkultur dient. Es entspräche den Absichten der Verfasser, wenn mit dem Lexikon auch praktisch gearbeitet würde, wenn es die Freude wecken könnte, es zu ergänzen, es weiterzuführen, es zu verändern. Insbesondere für die pädagogische Arbeit könnte das Buch verwendet werden. Ausgehend von der Information in einem oder mehreren Stichwörtern ließen sich beispielsweise zusammen mit jugendlichen Konsumenten der Unterhaltungsindustrie Analysen von neuen Erscheinungsformen (Heftserien, Comics, Fernsehserien etc.) erstellen. Einzelne Aussagen ließen sich anhand von Beispielen belegen, bei anderen könnte eine Korrektur erforderlich sein. In jedem Fall sollten die Informationen anhand kritischen Betrachtens nicht nur der zitierten Produkte überprüft werden. Dieser schöpferische Prozeß könnte verhindern, daß die Abhängigkeit von den Medien zur kritiklosen Übernahme aller auch noch so fragwürdigen Inhalte führt.

Subjektivität des Buches

Objektivität im Sinne exakter Wissenschaft konnte und sollte in einer Arbeit, die in erster Linie menschliche Bedürfnisse und ihre kommerzielle Auswertung betrifft, nicht erreicht werden. Wohl aber haben wir so sachlich wie möglich zu sein versucht und jede überspitzte Polemik vermieden. Denn was not tut, ist, so glauben wir, nicht der zum hundertsten Mal gelieferte Beweis, wie »trivial« oder wie minderwertig die industriell gefertigte Unterhaltung ist, sondern eine unvoreingenommene Darstellung der Ideen und Ideologien, die sich hinter der perfektionierten Präsentation verbergen. Voraussetzung ist freilich, daß sich die Kritik jedes elitären, arroganten Untertons enthält. Es ist an der Zeit, auch an die Produkte der Populärkultur einen qualitativen Maßstab anzulegen. Dieses Buch sollte zeigen, daß trotz der unvermeidlichen Subjektivität – auch die beiden Autoren sind durchaus von ihrer jeweiligen persönlichen Intention ausgegangen und konnten sich der Faszination der Thematik nicht entziehen – eine stichhaltige und praktikable Medienkritik möglich ist, wenn man die gern als »problemlos« bezeichnete Unterhaltung ernst und gelegentlich beim Wort nimmt.

Bernt Kling *Georg Seeßlen*

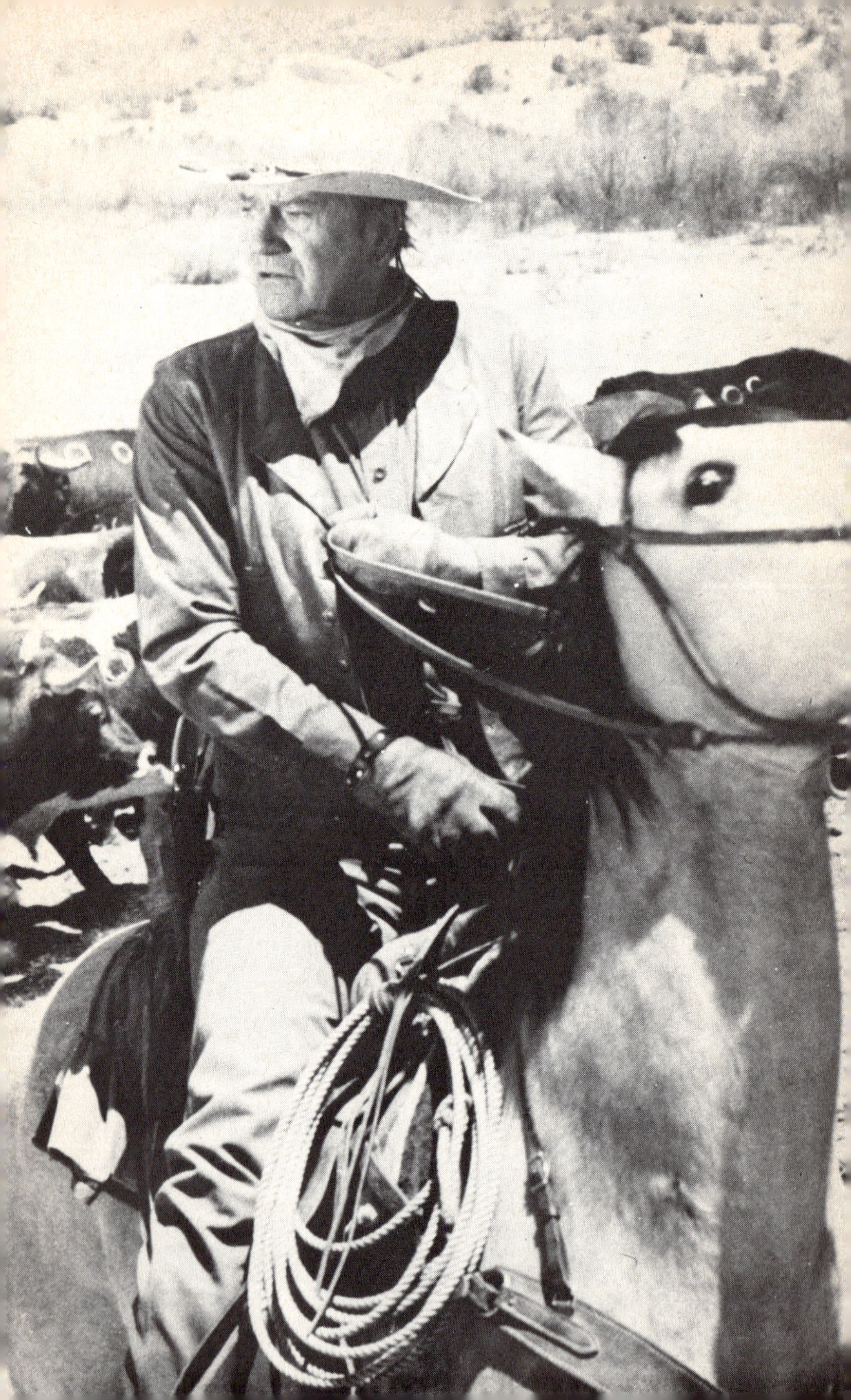

Western

1

Der Wilde Westen – das ist Geschichte, die sich als Heldentum ereignet. Der Westen wird *gewonnen* nicht durch einen Krieg – der Bürgerkrieg erscheint im Western mehr als tragisches Mißverständnis denn als historische Notwendigkeit –, sondern durch das mehr oder weniger stille Heldentum der Rancher, Cowboys, Sheriffs, Eisenbahnarbeiter und Siedler, und nicht zuletzt der Frauen. Im Western ist jeder, der auf der Seite des Guten steht, auf seine Art ein Held, ein ganzer, von keinem Selbstzweifel befallener Mensch, der eine Aufgabe erfüllt, die niemand ihm zu befehlen braucht. Der Wilde Westen ist Hoffnung: Er war Hoffnung für den jungen Einwanderer, der im Westen Bewährung und Heimat fand, und er ist Hoffnung für den jungen Leser von Wildwestromanen oder -comics, dessen ereignislose Zukunft ihm nur allzu deutlich vor Augen gehalten wird, der sich Bewährung nur als Wohlverhalten denken kann. Er ist das materialistische Märchen von der Geschichte, die von allen und durch die Tat aller gemacht wird, er ist darum ein Stück Utopie.

Der Wilde Westen – das ist der Wunsch nach Heimat, der sich in Zivilisation und Urbanisierung erfüllt. Der Westen wird gewonnen *durch* das Heldentum der vielen, aber *von* wenigen, die Heimat in Besitz zu verwandeln in der Lage sind. Zur selben Zeit, da die Legenden des Westens im Osten schon mit Bestsellercharakter gehandelt werden, ist das »freie Land« schon in festen Händen; der klägliche Rest (z. B. Oklahoma) und, was mit staatlicher Hilfe (!) den Ranchern abgenommen werden kann, reicht kaum zum Leben. »We do not live, we only stay; We are too poor to get away« heißt es in der Ballade vom »Dakota-Land«. Da man keine andre Heimat hat als diese, und »noch weiter westlich ist nur noch Wasser«, muß man dieses Land lieben, und man wird alles hassen, was noch Anspruch auf Land erhebt: Die Indianer zuerst und dann auch die Bürger des Ostens und ihre technischen Neuerungen. Der Wilde Westen ist das Beharren auf Idealen, die nur in den Träumen wirklich waren, auf Werten, die die falschen Leute sich für die falschen Zwecke angeeignet haben.

Der Western ist das idealistische Märchen von der Unvergeßlichkeit von Träumen; er ist deshalb ein Stück Reaktion. Der Western ist eine Erzählung von der Menschwerdung verlorener Individuen, von der Gesellschaftsbildung von Menschen und von der Verbürgerlichung einer Gesellschaft. Gelesen (oder gesehen) wird er nach rückwärts: Der Bürger träumt

John Wayne in Mark Rydells »Die Cowboys« Foto: Warner-Columbia sich in eine Gesellschaft, die noch funktioniert als Zusammenschluß freier Individuen. Autorität existiert nicht als funktionelle, sondern als mythologische Größe; der Westerner widersetzt sich der Rationalisierung: ein utopischer Ansatz mit reaktionären Folgen; Unterhaltung.

2

Unterhaltendes über den Wilden Westen wird verbreitet, als dem Städter im Osten das 1845 ein Staat der USA gewordene Texas noch entfernter ist als Europa. Mehr noch als die »Pioniere des amerikanischen Regionalismus«, James Fenimore Cooper, David Thoreau und Walt Whitman, begründen die unheroischen Schriftsteller Bret Harte und Mark Twain die Literatur des Westens. Sie, die ihn kennen, haben es nicht nötig, ihn zu bejubeln oder zu verklären. Die Grenze ist ihnen kein metaphysischer, romantischer Traum, sondern von Brutalitäten und krassen Widersprüchen geformter Alltag, Milieu einer zwischen Zivilisation und Barbarei schwankenden Gesellschaft im Werden. Diese realistische Schilderung des Westens hat wenig gemein mit dem Rousseauismus von Cooper und seinen Nachfolgern. Natur ist hier nicht Bedeutungsträger – jungfräuliche (»unberührte«) Natur contra sündige Kultur –, sondern, vor allem bei Harte und konstituierend für das Genre, Element der Bewährung und der Initiation. Hatten Cooper und die anderen von spezifischer Romantik geprägten Autoren die Natur idealisiert, so idealisieren die realistischen, am Lokalkolorit orientierten, ihre Bezwinger. Natty Bumppo, der »Lederstrumpf«, ist ein unschuldiges Kind der Natur; die Goldgräber, Cowboys und die anderen Männer der *frontier* bei Harte beweisen im Kampf mit dieser Natur ihre Tauglichkeit, ihre Menschlichkeit auch. Und so bemüht ist Harte, den guten Kern unter der rauhen Schale dieser Menschen zu zeigen, daß er Sentimentalität als Wesensmerkmal in die Westernliteratur einführt. Der aktuelle Western in der Literatur und im Film assimiliert all diese Elemente: den Rousseauismus Coopers, den eigentümlichen, von Understatement gekennzeichneten Humor der *frontier*, den Mark Twain etwa in der Erzählung »The Notorious Jumping Frog of Calaveras County« charakterisierte, und Realismus und Sentimentalität von Bret Harte.
Noch war für die bürgerliche Gesellschaft im Osten die Literatur des Westens exotisch und eher amüsant, doch der Bürgerkrieg hatte politisch die Nation geschaffen, und auch die Westernliteratur tat das ihrige zur kulturellen Integration. »Amerika braucht das Lokalkolorit . . . Der Bürgerkrieg hatte Amerika vom Provinzialismus befreit . . . Die Begeisterung galt nun mehr der Nation als dem Staat oder dem Landstrich . . . Die riesige Energie, die der Krieg freigesetzt hatte, verlagerte sich nun auf die Eroberung des Westens, auf den Bau von neuen Städten und Industrien und den Ausbau von Kommunikationsmitteln, und plötzlich wurde sich

die Nation ihres Reichtums bewußt, ihrer Mannigfaltigkeit. Die lange Periode der Besiedlung hatte extremen Individualismus gefördert, Amerika bestand aus kleinen isolierten Gebieten, die so provinziell sich gaben, als wären sie die einzigen Siedlungen auf dem Kontinent gewesen. Die Periode nach dem Krieg war eine Zeit der Selbst-Entdeckung« (W. P. Trent).
Die Westernliteratur, zu der auch zahlreiche journalistische Berichte aus dem Westen kommen (etwa die von Steward E. White), ist Heimatliteratur in einem ganz spezifischen Sinne: Die Idealisierung einer zeitlich wie räumlich entfernten Epoche, die das bürgerliche Amerika mit einem gewissen Mißbehagen betrachtete, diente der kulturellen Eingemeindung des Westens.

3

Was noch fehlt, ist eine Leitfigur, die alle Mythen der Nachpioniergesellschaft in sich vereinigt, die Naturverbundenheit und den optimistischen Fortschrittsglauben, die Rechtschaffenheit, die sich unter rauhem, zuweilen über die Stränge schlagendem Gebaren verbirgt, sowie die Ritterlichkeit, die Autonomie des eigenständigen Handelns und die Treue zu Gesetz und Auftraggeber, die Freiheit und die Moral, den Mut und die Freundschaft, Passion und Profession.
Im April 1902 erscheint Owen Wisters Roman »The Virginian« und erlebt im selben Jahr fünfzehn Neuauflagen. Der Virginier ist der Typus des starken Cowboys, der zwar noch halbwegs nach den Gesetzen der Wildnis und völliger Autonomie handelt, aber aus angeborener einfacher und gefühlsmäßiger Rechtschaffenheit stets auf der Seite von Gesetz und Ordnung steht. Der Konflikt zwischen Barbarei und Zivilisation löst sich in Wisters Roman – wie später in vielen Western – listig durch die Heirat des Helden mit der Lehrerin des Ortes, einer neuenglischen Bürgerin, die zwar die Wildheit des Landes zunächst nicht schätzt, aber schließlich von der Stärke des Virginiers und seiner Natürlichkeit, aber auch von seiner Bereitschaft, die *Bildung* des Ostens zu übernehmen, gewonnen wird. Der Western ist die Mär von der Versöhnung von Widersprüchen durch die Tat des Mannes und das Gefühl der Frau, von der Versöhnung von Sinnlichkeit und Bürgertum; diese Versöhnung, die die Sentimentalität des Western ausmacht, täuscht darüber hinweg, daß er eigentlich eine Tragödie ist, die Tragödie von der Selbstvernichtung des freien Westerners. »The Virginian«, Pflichtlektüre an amerikanischen Schulen bis in die fünfziger Jahre unseres Jahrhunderts, ist der Beginn des Mythos vom amerikanischen *Cowboy*, der in sich so viele widersprüchliche Züge vereint, daß es bis heute kaum je gelungen ist, ihn als ideologisches Grundmuster zu verwenden.

Dieser Mythologie bedient sich nun ein Autor, dessen Talent zum Schreiben man zwar bezweifeln kann, dessen archaische Erzählweise aber und vitaler Wunsch nach Ausdruck den Charme der naiven Epen des Western vorwegnehmen: Zane Grey. Sein Erfolg – 1951 hatten die dreiundsechzig Romane, die er verfaßt hatte, eine Gesamtauflage von 24 Millionen – hängt zum einen mit der idealisierenden, ahistorischen Betrachtungsweise seiner Romane zusammen; jeglicher echte Konflikt ist aus seinem Werk verbannt. Zum anderen aber ist bei Grey, mehr als bei Wister und mehr auch als bei Max Brand, ein Moment kleinbürgerlicher Borniertheit zu bemerken; mit einem Beigeschmack von Blut und Boden liest sich die amerikanische Geschichte als sentimentale Würdigung anachronistischer Werte. Diese Zwiespältigkeit ist für den Western auch weiterhin typisch: Echte Naivität droht ständig, in historische und soziale Ignoranz umzuschlagen. Ein wenig als Epigone Greys trat (insbesondere gilt dies für die Romane) Ernest Haycox auf. In seinen kürzeren Erzählungen jedoch zeichnete sich dieser Autor durch dramatische Spannung und genau beobachtetes Lokalkolorit aus. Dem 1937 erschienenen Sammelband »Rope and Lead« ist unter anderen die Story »Stage to Lordsburg« enthalten, die zur Grundlage von John Fords berühmtem Film »Stagecoach« wurde.

4

Die *frontier* ist der Ort, wo Amerika wird. Hier findet Amerika sein Selbstverständnis, hier entstehen auch die Mißverständnisse, die Amerika noch heute prägen:
Die historische Situation der Grenze macht zunächst aus den ehemaligen Mitgliedern funktionierender und im sozialen Sinn hochentwickelter Gesellschaften, den Einwanderern, extreme Individualisten. Dieser Individualismus kann und muß in der rudimentären Grenzergemeinschaft als Wert akzeptiert werden, selbst dann, wenn er erzwungen ist und die Menschen vereinsamt. Eine neue, archaische Ordnung entwickelt sich, deren Grundlage die Familie ist. Diese Ordnung ist grundsätzlich antisozial und schafft ein Bewußtsein, das sich jeder Kontrolle widersetzt, vor allem jeder Kontrolle, die von außen kommt. Autorität ist eine familiäre, mythische Kraft, die nicht delegiert werden kann. Die Opposition gegen alle von außen kommende, der Familie widersprechende Ordnungsmacht äußert sich schließlich im Banditentum, und es ist nicht ohne Interesse, daß die meisten *gangs* des Westens aus Angehörigen einer oder mehrerer Familien bestanden.
Doch indem der Westerner sich gegen jede Fremdbestimmung wehrt – wobei »fremd« schon einen durchaus provinzialistischen und oft auch einen ethnischen (Beispiel: Engländer/Iren oder Holländer/romanische Einwanderer) Charakter angenommen hat – und sich gegen das geschrie-

bene, vom Osten kommende Recht auflehnt, schafft er ein anderes Recht, das des Stärkeren: das Faustrecht, das einer Gesellschaft, die ideell im achtzehnten, technologisch im neunzehnten Jahrhundert angesiedelt ist, wesenseigene Recht des absoluten wirtschaftlichen Liberalismus. Dies schafft, wohl entgegen der Vorstellung der Westerner, neue Machtverhältnisse, schafft schließlich Ausbeutung und Armut. Doch das kann der Mann der Grenze nicht sehen; er entzieht sich dem, solange es ihm möglich ist, durch die immer fortwährende Bewegung nach Westen. Das Faustrecht gebiert den Mythos vom Mann der Tat. (Und was in die Unterhaltungsindustrie eingegangen ist, das ist eben jener Mythos, losgelöst von seinen historischen Determinationen – ein schwacher Widerschein der Wirklichkeit.)

Mit der zunehmenden Urbanisierung ist die Tat nicht mehr von allen und nicht mehr unter allen Umständen Möglichkeit der Selbstverwirklichung. Sie wird auf den Helden, der anfänglich ja oft mit dem *outlaw* identisch ist, konzentriert. Die Freiheit, die dieser Mythos birgt, ist nicht die demokratische der Selbstbestimmung, sondern bloße Bewegungsfreiheit, eine permanente Flucht nach vorn. Der Westerner der Unterhaltungsindustrie »geht seinen Weg«, und er erscheint uns, die wir Identität nur als tausendfach gebrochene und von den Institutionen unserer Gesellschaft auf uns zurückgespiegelte erfahren, deshalb als ein Ideal von Freiheit. Sich nicht beständig ändern, anpassen müssen, bleiben, wer man ist, sich selbst bestätigt finden durch die Umwelt, anstatt die Umwelt zu bestätigen, indem man sich aufgibt, Dinge vorzufinden, die fraglos ihre Richtigkeit haben, Gefühle in plane Taten umzusetzen – dies alles macht den Traum, der den Western über ein nationales Epos hinaushebt und der überall verstanden wird, wo Entfremdung herrscht.

Anmerkung

W. P. Trent: The Cambridge History of American Literature. New York/Cambridge, Mass. 1947.

Literatur

Ramon F. Adams: Burs under the Saddle. A Second Look at Books and Histories of the West. Norman, Okl. 1964. Henri Agel (Hg.): Le Western. Paris 1961. Georges-Albert Astre/Albert-Patrick Hoarau: Univers du Western. Paris 1973. N. J. Barker: The Stereotyped Western Story. In: »Psychoanalytic Quarterly« Nr. 24. New York 1955. Hermann Beddig: Legalität im Western. Hannover 1966. Raymond Bellour (Hg.): Le Western: Sources, mythes, auteurs, acteurs, filmographies. Paris 1966. Franz Born: Die Eroberung des Wilden Westens. München/Berlin 1953. Douglas Branch: The Cowboy and His Interpreters. New York 1926. Dee Brown: The Westerners. London 1974. John G. Cawelti: The Six-Gun Mystique. Bowling Green, Ohio 1971. A. Chiattone: Il film Western. Mailand 1949. Jessie Cresland: Outlaws in Fact and Fiction. London 1959. Judith Crist: The Private Eye, the Cowboy and the Very Naked Girl. New York 1968. F. E. Emery/D. Martin: Psychological Effects of the »Western« Film. A Study in Television Viewing. Melbourne 1957. Alan Eyles: The Western. London 1967. G. N. Fenin/W. K. Everson: The Western, from Silents to Cinerama. New York 1962. Leslie H. Fiedler: Love and Death in the American Novel. New York 1960. Leslie H. Fiedler: Die Rückkehr des verschwundenen Amerikaners. Frankfurt 1970. James K. Folson: The American Western Novel. New Haven, Conn. 1966. Charles Ford: Histoire du Western. Paris 1964. Ralph Friar/Natasha Friar: The Only Good Indian . . . New York 1972. Edwin S. Fussell: Frontier. American Literature and the American West. Princeton, New Jersey 1965. Horace Gregory: Guns of the Roaring West. In: William Phillips/Philip Rahv (Hg.): Avon Book of Modern Writing No. 2. New York 1954. Stuart Hall/Paddy Whannel: The Popular Arts. London/New York/Sydney/Toronto 1964. John A. Hawgood: The American West. London 1967. Joe Hembus: Westernlexikon. München 1976. Bruno Jaeggi: Den Western verstehen. In: »Zoom/Filmberater« Nr. 6. Bern/Zürich 1973. I. C. Jarvie: Western und Gangsterfilm: Zur Soziologie gewisser Legenden. In: Ders.: Film und Gesellschaft. Stuttgart 1974. Ernest Prodolliet: Lexikon des Wilden Westens. München 1967. Martin Schulze: Wege der amerikanischen Literatur. Frankfurt/Berlin 1968. Henry Nash Smith: Virgin Land. Cambridge, Mass. 1950. H. J. Stammel: Der Cowboy. Legende und Wirklichkeit. Reinbek 1976. Frederick Woods: Hot Guns and Cold Women. In: »Films and Filming« Nr. 5. London 1959.

Bellah
James Warner Bellah, amerikanischer Autor, der besonders durch seine Erzählungen um »Fort Starke« bekannt wurde. Fort Starke ist das nur leicht veränderte Abbild jenes Fort Lincoln, das General Custer als Stützpunkt gedient hatte. Bellah ist einer der wenigen Westernautoren, deren Stoffe ein historisch einigermaßen exaktes Bild von einem sehr problematischen Aspekt der Geschichte des Westens vermitteln: dem Anteil des Militärs an der Eroberung des Landes. Seine Romane geben einen Eindruck von der Situation der Grenze, vom weiten Land, in dem der Mensch verloren wäre, würde er nicht sich selbst und andere einer eisernen, zuweilen die Grenzen der Menschlichkeit erreichenden Disziplin unterwerfen. Die extreme Avantgarde der weißen Kultur, das Militär, steht, jenseits jeglicher gesellschaftlichen Verbindung und verpflichtet nur der Treue zu Offizier, Fahne und Auftrag, der Gefahr in Permanenz gegenüber. Die nach strenger Eigengesetzlichkeit funktionierende, isolierte *in-group* nimmt dabei manchmal Züge fanatischer Besessenheit an. Um dennoch die Verbundenheit des Soldaten der *US-Cavalry* mit der weißen Kultur zu zeigen, schildert Bellah oft die verwandtschaftlichen Beziehungen, die seine Helden mit der Gesellschaft im Osten verbinden; die junge Braut des Leutnants bringt einen Hauch von Zivilisation und Heimat ins Fort.

Der Soldat im Western ist in mehrfacher Hinsicht ein Außenseiter: Zwar ist auch sein Ziel »die Verwandlung von Natur in Heimat« (Robert Warshow), doch anders als etwa der Siedler oder der Rancher wird diese Verwandlung für ihn keine gesicherte Zukunft bedeuten. Im Gegenteil, indem er für andere Heimat schafft, macht er sich selbst überflüssig. Optimismus kann seine Sache also nicht sein. Das Bewußtsein, daß er mit der Weite des Landes allmählich auch sich selbst zerstört, macht ihn zur ersten nostalgischen Figur des Western. Er ist Außenseiter aber auch deshalb, weil die je unter seinem Schutz sich bildende neue Gesellschaft von ausgeprägt zivilem Charakter ist; der freie Westerner haßt das Militär – historisch verbürgt sind Schlachten zwischen Cowboys und Soldaten. Der dritte Grund für die Außenseiterrolle des Militärs im Westen liegt in seiner Vergangenheit. Das Trauma des Bürgerkrieges lastet auf seinen Schultern, und die soziale Entwurzelung, die der Soldat durch den Krieg erfahren hat, ist oft genug das Motiv für sein Leben an der Grenze. Daß die Soldaten Männer waren, die kaum noch etwas zu gewinnen hatten, mag mit zu der oft unrühmlichen Rolle beigetragen haben, die die Armee bei der Unterwerfung der Indianer gespielt hat.

In den Militärwestern, die → John Ford nach Stoffen von James Warner Bellah drehte, wurde aus Fort Starke das »Fort Apache« (Bis zum letzten Mann – 1948 – nach Bellahs »Massacre«). Ford übernahm in diesen Filmen das Idealbild eines hartgesottenen, die Indianer, seine ignoranten Vorgesetzten und ein wenig auch sich selbst hassenden Offiziers, dessen Autorität durch die Liebe und das Vertrauen »seiner Männer« stets mit allen Anfeindungen fertig wird. Dieses Bild eines zwar zwiespältigen, doch immer integren Offiziers hat sich auch im amerikanischen Kriegsfilm (vgl. *Abenteuer*) fortgesetzt; es ist deshalb so gefährlich, weil es zwar partielle Kritik zuläßt (siehe »Fort Apache«), doch die Gesamtfunktion des militärischen Systems und deren imperialistische Tendenzen unter persönlicher Tragik verbirgt.

Anmerkung

Robert Warshow: The Immediate Experience. New York 1962.

Billy Jenkins

Deutsche Romanheftserie. Parallel zu der Serie »Tom Prox«, die sich, vom Titel abgesehen, in nichts von »Billy Jenkins« unterschied, war dies eine Abenteuerserie im Westerngewand. Ihr zeitlicher Ursprung liegt vor dem Zweiten Weltkrieg (→ Wildwestromanheft), doch ihren größten Erfolg hatte sie in den fünfziger Jahren zu verzeichnen. Die Serie hatte, obwohl ihr Held als »Westmann« bezeichnet wurde (Verlagstext: »Nach den Aufzeichnungen des Westmannes Billy Jenkins erzählt von . . .«), in der Einschränkung der Requisiten noch nicht den Charakter der späteren Wildwestromanhefte angenommen: Es geht hier unter anderem um Autobahnräuber, Falschmünzer, Piratenschätze, Erbschleicher usw. Im Gegensatz zum »modernen« Westernroman, in dem der Held stark von der amerikanischen Mythologie geprägt ist – der einsame Held in einer Welt der Anarchie, in die das Gesetz erst gebracht werden muß –, erlebt Billy Jenkins seine Abenteuer als Agent des Geheimdienstes (!), der das Recht gegen finstere Superverbrecher verteidigt. Die Ikonographie der Orte in den Billy-Jenkins-Romanen hat nichts gemein mit dem *Big Country*; sie ist eher den *Gothic novels* entlehnt (vgl. Horror): Enge Schluchten, feuchte Grabkammern und Ruinen verweisen auf die Pathologie auch dieses Helden Trotz der Unterschiede in Dekors und »Fachsprache« mag die »Billy-Jenkins«-Serie doch als Vorläufer der deutschen Westernromanhefte gelten. Vorgezeichnet ist hier die Person des Helden, der, historisch gesehen, schon eine Stufe über seine Umwelt hinausgewachsen ist: Wie seine Epigonen verkörpert Billy Jenkins das »Neue« (Gesetz, Zivilisation, Ordnung durch gesicherte Machtverhältnisse) im Kampf gegen das »Alte« (Anarchie, Gesetzlosigkeit, Freiheit); er bringt die neue Ordnung. Vorgezeichnet ist auch ein Feindbild, das unbedenklich politische Gegner zu Verbrechern umfunktioniert: A priori Banditen sind zum Beispiel mexikanische Freiheitskämpfer, »aufsässige« Indianer, aber auch »anarchistische« Charaktere wie Goldsucher, Satteltramps oder Scouts. Und vorgezeichnet war hier schließlich auch die Pseudoauthentizität (→ Wyatt Earp), derer sich der Heftroman bedient:

Billy Jenkins hat – als Zirkusreiter und Kunstschütze – wirklich gelebt. Um die Kongruenz von Legende und Wirklichkeit zu belegen, wurde in jedem Heft ein Foto aus dem eigens dafür geschaffenen »Jenkins-Archiv« veröffentlicht, die Redaktion regte Clubgründungen an, und zahlreiche Fan-Zeitschriften verbreiteten den Ruhm des Helden. Bei seiner Beerdigung hieß es in einem der Hefte: »Am 25. Januar 1954 wurde Billy Jenkins auf dem Friedhof Melaten in Köln beerdigt. Freunde und Leser aus aller Welt gaben ihm das letzte Geleit . . . Auf dem Sarg lag Billys Cowboyhut, und leise ertönte das Cowboylied (!) ›Es hängt ein Pferdehalfter an der Wand‹.« Nicht nur in dieser gefühlvollen Weltfremdheit war die »Billy-Jenkins«-Reihe Ausdruck der Nachkriegssituation. Sie spiegelte die regressive Sehnsucht nach ausgelebter Kindlichkeit in weit höherem Maße, als es die »knallhart realistischen« (Verlagstext) Hefte unserer Tage tun. Es gab in dieser Serie kaum brutale Szenen oder gar Folterungen, und selbst Schlägereien wurden durch eine puerile Komik verharmlost, die außer dem abgrundtief bösen Schurken niemandem wehtat. Auch die Ahistorizität der Reihe mag einem Bedürfnis der Zeit entgegengekommen sein: Jenkins verkörperte das Gute, das, im ewigen Kampf mit dem Bösen, an keine historischen und gesellschaftlichen Bedingungen geknüpft ist. Und sehr, sehr deutlich mußte das Gute vom Bösen unterschieden sein in einer Zeit, da diese Unterscheidung für viele ihre Selbstverständlichkeit verloren hatte. Interessant in diesem Zusammenhang ist auch – Jens Ulrich David hat darauf hingewiesen –, daß in diesen Romanen besonders häufig und besonders ausgiebig von Essen und Trinken die Rede ist. So harmlos sich »Billy Jenkins« auch gab, er war es nicht. Hinter seinen freundlichen Späßen und seiner »märchenhaften« Ungebundenheit in Zeit und Raum verbarg sich nur oberflächlich das autokratische, zuweilen polizeistaatliche Prinzip, dem er gehorchte. Als Vertreter einer die Ordnung garantierenden staatlichen Polizeimacht war er einem Feindbild verpflichtet, das sich nahezu lückenlos an die Ideologie des »Tausendjährigen Reiches« anschloß: Revolutionäre (= Kommunisten), Aufständische (= streikende Arbeiter, Befreiungsbewegungen in der Dritten Welt) und rassische Minderheiten. Der Kalte Krieg warf seine Schatten, und auch die Unterhaltungsindustrie leistete ihren Beitrag zur Restauration in Westdeutschland.

Anmerkung
Jens Ulrich David: Das Wildwestromanheft in der Bundesrepublik. Tübingen 1969.

Billy the Kid
William Bonney, 1859–1881. Mit siebzehn Jahren hatte das mörderische Kind Billy, so verbreitete die inzwischen widerlegte Legende, bereits 15 Menschen getötet, »Neger und Indianer nicht eingerechnet«. 1876 schloß er sich dem Herdenbesitzer John Tunstall an, einem äußerst religiösen Engländer, mit dem ihn eine eigenartige Freundschaft verband. Als Tunstall von einigen Konkurrenten aus Neid erschossen wurde, nahm Billy blutige Rache. Einige Zeit später stellte sich Bonney den Gerichten und hoffte, dadurch straffrei auszugehen, daß er seine Freunde an die Justiz verriet. Bald jedoch entwich er aus dem Gefängnis, in das man ihn zum Schein gesteckt hatte. Patrick Floyd Garret, dem Sheriff von Lincoln County, gelang es, Billy the Kid im Dezember 1880 einzufangen, und im April des darauffolgenden Jahres wurde Bonney zum Tode verurteilt. Doch noch einmal gelang ihm die Flucht. Garret stellte ihn nach drei Monaten und erschoß den Unbewaffneten in der Dunkelheit. Pat Garret war auch der erste, der aus dem Leben des *Outlaws* Billy the Kid Kapital schlug: Zusammen mit dem Journalisten Ash Upson veröffentlichte er 1882 »The Authentic Life of Billy the Kid«, ein Buch, das die Umstände der Gefangennahme und des Todes von Billy zwar einigermaßen richtig wiedergab, doch was die Jugend des *Kids* anbelangt, zuweilen von freier Erfindung nicht weit entfernt ist. In diesem Buch begründete sich die Legende, und Garret war es nicht unrecht, daß sein Freund heroische und waghalsige Episoden aus Billys Jugend sich ausdachte; war doch sein Ruhm, ihn gefaßt zu haben, dann um so größer.
Filme: »Billy the Kid« (1930 – Regie: King Vidor), »Billy the Kid« (Der letzte Bandit – 1941 – Regie: David Miller). »The Outlaw« (Geächtet – 1943 – Regie: Howard Hughes) zeigte einen Billy the Kid, der sich mit Doc Holliday (→ Wyatt Earp) um ein Pferd streitet und einer Frau den Hof macht. Dieser Film ist in mehrerer Hinsicht bemerkenswert: Er sprach, was der → Serienwestern schon immer als unterschwellige Botschaft verkündet hatte, offen aus: Für den Westerner ist, wenn er vor die Wahl gestellt wird, ein Pferd wichtiger als eine Frau. Wegen dieser – freilich ironi-

Der jugendliche Outlaw Billy the Kid nach einer zeitgenössischen Darstellung von H. O. Rawson

Pat Garrett, der Mörder von Billy the Kid, in einer zeitgenössischen Porträt-Zeichnung

schen – Mysogynie des Films und der erotischen Ausstrahlung der Anti-Heldin Jane Russell wurde »The Outlaw« mehrmals verboten. Weitere Filme: »The Kid from Texas« (Verfemt – 1950 – Regie: Kurt Neumann), »I Shot Billy the Kid« (Billy, der Bandit – 1950 – Regie: William Berke), »The Law vs. Billy the Kid« (Verdammt ohne Gnade – 1954 – Regie: William Castle). »The Left Handed Gun« (Einer muß dran glauben – 1958 – Regie: Arthur Penn) zeigten Billy the Kid als einen intelligenten jungen Außenseiter, der in seiner Entwurzelung und seiner Entfremdung ein Repräsentant der »Beat-Generation« aus den Nachkriegsjahren war. »Chisum« (1969) von Andrew V. McLaglen, dem früheren Assistenten und Nachfolger → John Fords, stellte den Lincoln County War, die Auseinandersetzung mehrerer Großrancher, in den Mittelpunkt. Billy ist hier zwar »vom Geruch des Todes« begleitet, doch er steht, mögen seine aus wilder Rache entstandenen Mordtaten dem konservativen Chisum auch mißfallen, eindeutig auf der Seite des Guten. Sam Peckinpahs Film »Pat Garrett and Billy the Kid« (Pat Garrett jagt Billy the Kid – 1973) legte das Hauptaugenmerk auf die Tatsache, daß Billy the Kid von einem Mann verfolgt und ermordet wurde, der früher sein Freund war und nun, motiviert durch eine Mischung aus Zynismus, Resignation und Sehnsucht nach einem friedlichen Leben, das ihm als »Belohnung« für den Mord an Billy versprochen wird, auf »die andere Seite« übergewechselt ist.

Tatsächlich eignet sich der Mythos von Billy the Kid noch am ehesten von allen Legenden des Western dazu, ehrliche Geschichten über ihn zu erzählen. Denn bei aller unmotivierten Grausamkeit ist es die Sehnsucht Billys nach einem unmöglich gewordenen freien Leben, die aus ihm eine zumindest zwiespältige Figur macht. Freilich läßt sich diese Geschichte kaum anders als in der Form der Tragödie erzählen, und die Tragödie hat mit dem Western nur in seinem Zerfallsstadium zu tun.

Literatur
Ramon F. Adams: Burs under the Saddle. A Second Look at Books and Histories of the West. Norman, Okl. 1964. Walter Burns: The Saga of Billy the Kid. New York 1926. J. L. Dykes: Billy the Kid. The Bibliography of a Legend. Albuquerque 1952. Ernest Prodolliet: Lexikon des Wilden Westens. München 1967. H. J. Stammel: Der Cowboy. Legende und Wirklichkeit. Reinbek 1976.

Boetticher
Budd Boetticher, amerikanischer Filmregisseur, geb. 1916. Boetticher ist ein Einzelgänger unter den amerikanischen Westernregisseuren, der seine Filme mehr aus der persönlichen Inspiration, als in Anlehnung an die Tradition gestaltet. Seine Karriere begann er als Assistent und Schüler des berühmten mexikanischen Stierkämpfers Lorenzo Gonza, Bekanntschaft mit dem Film machte er, als man ihn für einen Stierkampffilm als technischen Berater hinzuzog. Später, als er nach einer Zeit als Regieassistent bereits ein vielbeschäftigter Film- und Fernsehregisseur geworden war, veranlaßte ihn seine Liebe zum Stierkampf immer wieder, sein angestammtes Genre, den Western, zu verlassen. Er drehte 1951 »The Bullfighter and the Lady« (→ John Ford assistierte hier) und 1955 »The Magnificient Matador«. Boettichers früher Western »Seminola« (Seminole – 1953) war einer der ersten Filme nach → Delmer Daves' »Broken Arrow«, die sich um ein objektives Bild vom Indianer bemühten. Die Motive der Weißen in den Indianerkriegen – hier die Vertreibung der Seminolen aus der künftigen Kornkammer Amerikas, Florida – werden nicht mehr beschönigt. »Seven Men From Now« (Der Siebente ist dran – 1956) war der erste einer Serie von *kleinen* Western mit Randolph Scott als Hauptdarsteller, die seinen Ruhm als Meister dieser Gattung begründeten. Besonders fruchtbar erwies sich Boettichers Zusammenarbeit mit dem Drehbuchautor Burt Kennedy, der später ganz ins Regiefach überwechselte. Bis 1960 drehte Boetticher noch sechs weitere *small westerns*, darunter »The Tall T« (Um Kopf und Kragen – 1957), »Buchanan Rides Alone« (Sein Colt war schneller – 1958), »Ride Lonesome« (Auf eigene Faust – 1959) und »Comanche Station« (Einer gibt nicht auf – 1960). Nach Beendigung der Dreharbeiten zu seinem Gangsterfilm (vgl. *Crime*) »The Fall and Rise of Legs Diamond« fuhr Boetticher wieder nach Mexiko, um einen dritten Stierkampffilm zu realisieren; doch er blieb hier acht Jahre und kehrte erst 1968 zurück, um einen weiteren *kleinen* Western zu drehen, »A Time For Dying«. Audie Murphy spielte hier den → Jesse James.
Für Boetticher ist der Western die Möglichkeit, das Drama des Individuums in einer archaischen Welt zu zeigen. Die Idee der Grenze, des Übergangs von einer gesellschaftlichen Welt in ein mythologisches Nirwana der Berge und Täler, die sein ganzes Werk durchzieht, hat nichts mit dem historischen Westen gemein. Es ist seine, Boettichers, Welt, eine metaphysische Ebene, auf der der Mensch abseits jeder sozialen Determination mit existenziellen Entscheidungen konfrontiert wird. Dabei sind Boettichers Filme ironisch, fast so etwas wie Parodien auf Moralstücke. Sein Verhältnis zum Zuschauer ist *sophisticated*, der Western erscheint als ein Stück absurden Theaters.
Der Held Boettichers, der von Randolph Scott verkörpert wird, weiß oder lernt, daß der Mensch einsam ist, daß ihm nichts bleibt und daß man nur »leben kann, wie ein Mann leben soll«. So ist zum Beispiel die Rache für den Helden in »Seven Men from Now« zwar bedeutungslos geworden; sie bleibt dennoch notwendig, weil es Dinge gibt, »um die ein Mann nicht herumreiten kann«.
»Boettichers Western sind von denen dieser Generation die ›äußerlichsten‹: keine Psychologie, keine Moral, keine Botschaft, nur das Abenteuer des Helden, dem zumeist Randolph Scott, der hölzernste aller Western-Darsteller, sein Profil leiht«

(Gregor/Patalas). Der einsame Held, dessen archetypische Weltferne durch den epischen Duktus von Boettichers Filmen noch verstärkt wird, gleicht dem Stierkämpfer, der seinen mythologischen Widersacher zwar immer aufs neue besiegt, doch im Grunde dabei nichts Dauerhaftes gewinnt. Wie der Stierkämpfer gewinnt auch er seine Integrität durch das genaue Einhalten der »Spielregeln«, und exakt hält sich an die Spielregeln des Genres auch der Regisseur, der »keine Botschaft« hat.

Anmerkung

Ulrich Gregor/Enno Patalas: Geschichte des Films. Reinbek 1976.

Literatur

Jean-Marie Buchet: Budd Boetticher. In: »Script« Nr. 9. Brüssel 1963. Jim Kitses: Budd Boetticher: the Rules of the Game. In: Ders.: Horizons West. London 1969. Jim Kitses: Budd Boetticher: The Western. London 1969.

Brand

Max Brand, amerikanischer Westernautor, eigentlich Frederick Schiller Faust, gest. 1944. Brand, der den Westen niemals gesehen hatte, begann seine Karriere als Autor der *Pulp Magazines*. Seine Geschichten sind romantische Abenteuer im Westerngewande; er kümmerte sich weder um historische Authentizität noch um die Formulierung einer nationalen patriotischen Legende. Sein Anliegen war es, zu unterhalten, und dazu bedurfte es, neben einigermaßen stimmiger Psychologie der Protagonisten, lediglich *action*, *action* und nochmals *action*. Unter verschiedenen Pseudonymen schrieb Brand rund 200 Romane, Dutzende von Filmdrehbüchern, ca. 500 Fortsetzungsgeschichten und ungezählte Kurzgeschichten. Brand war Geschäftsmann. Nach eigener Auskunft schrieb er, um sich durch viel Geld ein angenehmes Leben zu schaffen. Er wollte nicht, wie Owen Wister und Zane Grey (vgl. einleitenden Essay *Western*), verklären, beschwören und patriotisch erbauen, sondern unterhalten und damit verdienen. »Er ist der Prototyp des Unterhaltungsindustriellen« (Jens Ulrich David). Die Tendenz, den Western von allen mythologischen und historischen Implikationen freizuhalten und die *frontier* nur als exotischen Tummelplatz abenteuerlicher Helden ohne eigentlichen Bezug zu ihrer Umwelt zu sehen, hat sich, von den *Pulps* ausgehend, auch in den frühen → Serienwestern fortgesetzt (für die Tom-Mix-Filme schrieb Brand etwa »The Untamed« und »Destry Rides Again« – 1927). In dieser Abstraktion wird deutlich, daß der Westen für viele im bürgerlichen Osten ein »fernes Land« war, dessen Geschichte in keinem Zusammenhang mit der eigenen stand. In den *Pulps* und den Serienfilmen entfernte man buchstäblich den Westen; erst in der Distanz wurde er konsumierbar. Die Unterhaltungsindustrie spiegelt hier die Hilflosigkeit der amerikanischen Bürger dem eigenen Werden gegenüber; daß die amerikanische Unabhängigkeit, die Loslösung von der europäischen Kultur, erst im Westen errungen wurde, diese Erkenntnis verbreitete sich erst später, um dann freilich mit um so grimmigerem Trotz verteidigt zu werden.

Anmerkung

Jens Ulrich David: Das Wildwestromanheft in der Bundesrepublik. Tübingen 1969.

Buffalo Bill

William F. Cody, 1846–1917. In der Regel wird die Bildung von Legenden und Mythen durch die zeitliche Distanz zu ihrem Gegenstand ermöglicht. Im Falle des amerikanischen Westens aber ist es die räumliche Entfernung, das *information-gap* zwischen Westen und Osten, und gelegentlich erscheint es so, als sei der Wilde Westen ein gigantischer Zirkus oder eine riesige Theaterkulisse, inszeniert und erstellt nur zur Unterhaltung der Bürger im Osten. »Das eigenartige Faktum, daß der Wilde Westen von der Kulturindustrie ausgebeutet wurde, während er noch bestand, läßt sich vielleicht am besten durch das Beispiel des Colonels William F. Cody veranschaulichen«

(Jens Ulrich David). In den 1860er Jahren diente er als Soldat der Union im Sezessionskrieg und war später Scout, Bisonjäger, Postkutschenfahrer, Pony-Expreß-Reiter und ähnliches. Ned Buntline, Waffenerfinder und rühriger Publizist, machte ihn zum Helden seiner »True Stories« im »New Yorker Weekly«. Buffalo Bill war hier die Materialisierung eines nationalen Mythos: Der freie Abenteurer, der auf seinen gefahrvollen Wegen mit den Ureinwohnern des Landes, den Indianern und den Büffeln, kurzen Prozeß macht. Wild wie das Land, das er bezwang, war er ein eher exotischer Charakter, in ihm wurden die ambivalenten Gefühle, mit denen man in den Städten die Eroberung des Westens betrachtete, manifest. Doch die Legende traf durchaus den Falschen: Cody war nach Augenzeugenberichten seiner Zeitgenossen ein grausamer Bisonschlächter, pathologischer Prahler und im Grunde ein Feigling. 1872 wurde das Theaterstück »Scouts of the Plains« von Ned Buntline uraufgeführt, das die Taten Buffalo Bills verherrlichte. Dies und folgende, ähnliche Stücke wurden so große Erfolge, daß Cody eine eigene *wild west-show* zusammenstellte, die seit 1880 mit Unterbrechungen bis zu seinem Tod in aller Welt, so auch in Deutschland, auftrat.

Die Verwandlung von Leben in Schauspiel: Abwechselnd verbrachte Cody sein Leben als Kundschafter bei der Armee und als Darsteller seiner selbst im Theater (»Buffalo Bill, the King of the Border Men« – 1873) und in seiner Show. Der Verleger Sinclair Tousey, Zeitgenosse und Konkur-

Buffalo Bills Wildwest-show. Ein Werbeplakat für seinen Western-Zirkus

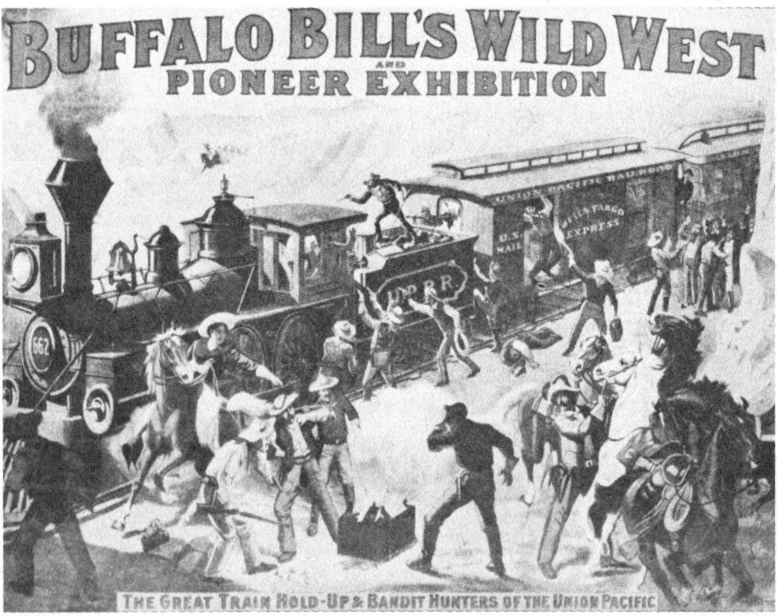

rent von Erastus Beadle (→ Dime Novels), verlegte seit 1910 die Heftreihe »Buffalo Bill Stories«, erste einer Reihe von Serien, die bis zum heutigen Tag in vielen Sprachen erscheinen. Auch der Film bemächtigte sich des Mythos Buffalo Bill schon zu Lebzeiten: Bereits 1907 drehte Paul Panzer »Life of Buffalo Bill«, *remakes* davon erschienen 1912 und 1922, letzteres als *second feature serial* von Carl Laemmle.

Doch mit »The Plainsman« (Der Held der Prärie – 1936 – Regie: Cecil B. DeMille) begann der Film eine distanziertere Haltung dem Helden gegenüber einzunehmen: »Der Held der Prärie« ist hier keineswegs der eher stutzerhafte, eitle Buffalo Bill, sondern sein Freund, der männliche, furchtlose Wild Bill Hickock (dargestellt von → Gary Cooper). William A. Wellman, der mit seinem hervorragenden »The Ox-Bow Incident« (1943) die Lynchjustiz angeprangert hatte, gab mit »Buffalo Bill« (Buffalo Bill, der weiße Indianer – 1944) dem Publikum einen unversehrten Helden zurück. Späterhin interessierten sich nur noch B-Filme für Cody, an seiner Legende wurde nicht mehr gerührt: »Buffalo Bill Rides Again« (Buffalo Bill greift ein, 1947 – Regie: Bernard B. Ray), »Buffalo Bill in Tomahawk Territory« (1953 – Regie: Bernard B. Ray) und ein *remake* des Films von DeMille: »The Plainsman« (1966 – Regie: David L. Rich). Während die amerikanischen Filme den exotischen Aufzug Codys zu mildern suchen, um ihn so mehr zu einer Figur des authentischen Westens zu machen, rücken die deutschen Produktionen, etwa der 1964 entstandene Film »Das war

Joel McCrea als William Cody in William A. Wellmans Film »Buffalo Bill«
Verleih: Fox-MGM

Buffalo Bill« und die deutsche Comic-Serie »Buffalo Bill«, den Helden mehr in die Nähe von Karl May.
Robert Altman demontierte in seinem 1975 entstandenen Film »Buffalo Bill and the Indians« (Buffalo Bill und die Indianer) den Mythos radikal und verwies die Figur in den Bereich des *show-business.* Gegen den pathologischen Stutzer Cody stellt Altmanns Film den »wahren Amerikaner«, den Indianer, der hier in Gestalt des Häuptling Sitting Bull als Indikator für die Verlogenheit der amerikanischen Kultur agiert.

Literatur
John Burke: Buffalo Bill. The Noblest Whiteskin. New York 1973. Ernest Prodolliet: Lexikon des Wilden Westens. München 1967. Don Russell: The Wild West or A History of the Wild West Shows. Fort Worth 1970.

Gary Cooper und Grace Kelly in Fred Zinnemanns »High Noon« Verleih: Sonderfilm

Cooper

Gary Cooper (Frank J. Cooper), amerikanischer Filmschauspieler, 1901–1961. Cooper, Sohn eines Richters, versuchte sich als Cowboy und als Karikaturist, bevor er, wieder einmal auf der Suche nach einem Job, als *stuntman* in Hollywood landete. Nach einigen Rollen in Stummfilmen spielte er die Hauptrolle in dem Film »The Virginian«, ein Western, den Victor Fleming 1929 nach dem berühmten Buch von Owen Wister (vgl. einleitenden Essay *Western*) gedreht hatte. Diese Figur des Virginiers, eines ein wenig ungehobelten, ein wenig linkischen Kämpfers für das Recht, war Cooper wie auf den Leib geschrieben, und es folgten Filme, die schon im Titel ihre Ähnlichkeit mit dem vorausgegangenen verkünden: »The Texan« (1929) und »A Man from Wyoming« (1930). Auch spätere Western, etwa »The Plainsman« (Held der Prärie – 1936 – Regie: Cecil B. DeMille) oder »The Westerner« (In die Falle gelockt – 1941 – Regie: William Wyler), zeigten Cooper als einen *Mr. Average Joe American* im Westen, der nach Kräften hilft, wo Not am Manne ist, und der lakonisch und entschlossen tut, was zu tun ist. Dieses Ideal war allerdings nach den Jahren des Krieges brüchig geworden. Cooper blieb seinem Typus zwar treu, doch er war modifiziert: In »High Noon«, Fred Zinnemanns wohl doch überschätztem Western aus dem Jahre 1952, ist Gary Cooper alias Sheriff Kane zwar immer noch ein aufrechter Vertreter des Gesetzes und sogar, obwohl es ihm nicht gedankt wird, ein hilfsbereiter Nachbar, aber er befindet sich mit diesen seinen Tugenden nicht mehr im Einklang mit seiner Umwelt. Zinnemann nutzte in diesem Film die traditionelle Einsamkeit des Westerners aus, um die als feige und korrupt dargestellte Masse dem einsamen, verantwortungsbewußten Individuum gegenüberzustellen. *Mr. Average Joe American* hatte einen tragischen Zug bekommen dadurch, daß er einsam geworden war. Gary Cooper, der eigentlich keine Rollen spielte, sondern durch seine starke Präsenz einen amerikanischen Archetypus gestaltete, war durch seine unveränderliche, stoische Haltung so etwas wie ein Indikator für die Gültigkeit der Ideale des

Yankee. Vielleicht darum haben viele Western, in denen er die Hauptrolle spielte, die Tendenz, die Spielregeln des Genres zu verletzen, um ihre Botschaften überzubetonen. Vielleicht drehten darum die typischen Westernregisseure, mit Ausnahme von Henry Hathaway, nur wenige Filme mit ihm.

Literatur

Raymond Bellour (Hg.): Le Western: Sources, Mythes, Auteurs, Acteurs, Filmographies. Paris 1966. Claude Beylie: Une figure exemplaire du Western: Gary Cooper. In: Henri Agel (Hg.): Le Western. Paris 1961. Ernest N. Corneau: The Hall of Fame of Western Film Stars, Quincy, Mass. 1969. Homer Dickens: The Films of Gary Cooper. New York 1970.

Corbucci

Sergio Corbucci, italienischer Regisseur, geb. 1936, zusammen mit → Sergio Leone Begründer der italienischen Western. Im Vergleich zu Leone ist Corbucci, der mit 23 Jahren seinen ersten Film drehte, düsterer, wenn man so will, moralischer. Schon in seinem ersten Western »Minnesota Clay« (1962) findet sich das Motiv, das für viele spätere → Italowestern bestimmend wurde: der Held, der zwei konkurrierende Gruppen gegeneinander ausspielt und als lachender Dritter die Beute einstreicht. Doch erst mit seinem 1965 entstandenen Film »Django« schuf er ein für das Genre bedeutsames Werk, das gänzlich auf jede Plagiierung des amerikanischen Western verzichtete. Corbucci selbst: »Der italienische Western verdankt viel dem japanischen Film. Zwei oder drei unserer wichtigsten Arbeiten, so auch Django, stehen unter direktem Einfluß von – sagen wir – Sieben Samurai. Mit Django ist es mir gelungen, dem Italowestern neue Seiten abzugewinnen und eine Welle in Bewegung zu setzen. Das Originelle daran: Der Held hat viel Sinn für Humor – er bewegt sich in einem Westen aus Schmutz und Regen, schleift einen Sarg hinter sich her. Diese Vorstellung allein fand ich damals zum Totlachen. Einen Bezug zur gesellschaftlichen Realität herzustellen, bedeutet Konstruktion im Nachhinein und deckt sich gewiß nicht mit meiner erklärten Absicht. Allein der Einfall, einen Film herzustellen, in dem der Held im ersten Teil sein Publikum mit einem geschlossenen Sarg irritiert, ist delikat und amüsant. Auch daß ich den Helden Django genannt habe als Hommage für den französischen Zigeuner-Guitarristen Django Reinhardt, wird nicht zuletzt für seinen Erfolg von Bedeutung gewesen sein.«

Das am meisten diskutierte Werk des Italowestern wurde dann »Il grande Silenzio« (Leichen pflastern seinen Weg – 1968). Dieser Film, den Corbucci Martin Luther King, Che Guevara und Bob Kennedy gewidmet hat, zeigte eine Situation des totalen Terrors. Das Beklemmende an dieser Atmosphäre allgemeinen Mordens ist, daß alle Handlungen der Protagonisten des Films, der Kopfgeldjäger und ihrer Helfer, gesetzlich legitimiert sind. Niemand übertritt das Gesetz, und selbst sein Vertreter, der Sheriff, wird auf indirekte, freilich nicht weniger grausame Art, beseitigt. Als Silence, der stumme »Kopfgeldjäger-Jäger«, sein Handeln nicht mehr von seinen Geldinteressen her bestimmt, sondern von seiner Liebe zu einem schwarzen Mädchen, ist sein Schicksal besiegelt. »Silence, der Held dieses Films, läßt sich – man verzeihe den Vergleich – ein wenig wie Christus töten; ich will damit sagen, daß es sich in etwa um das totale Opfer handelt, das die Gewalttätigkeit verdammt« (Corbucci).

Im selben Jahr entstand auch »Il Mercenario« (Mercenario – Der Gefürchtete – 1968), den Corbucci eine »Picareske« nennt (Picaro = Spitzbube des Schelmenromans) und der, in der Inszenierung einer Komödie ähnelnd, ein »revolutionäres« Gegenbild zu »Il Grande Silenzio« entwarf. Die drei Männer, die hier einmal mit-, einmal gegeneinander kämpfen, der geldgierige polnische Söldner Kowalski, der unreflektierte mexikanische Revolutionär Paco und der Gentleman-Gauner Riccio, stellen sich dar als statische, der

Klaus Kinski als Kopfgeldjäger Loco in »Leichen pflastern seinen Weg« von Sergio Corbucci
Verleih: Fox-MGM

Entwicklung unfähige Figuren, der Commedia dell' Arte vergleichbar, und es ist dieser Narzißmus, den noch alle Helden sowohl bei Corbucci als auch bei Leone vertreten, der letztlich jeder politischen Intention hohn spricht. In den italienischen Revolutionswestern, die mit Mao-Zitaten und markigen Sprüchen nicht eben sparen, ereignet Politik sich nicht als historischer Prozeß, sondern als Rankūne-Spiel mehr mit sich selbst als mit der Geschichte beschäftigter Individuen. Revolution ist hier eine fixe Idee, die gleichberechtigt neben die des Geldes tritt, ein Fetisch, der nur die Person, nicht die gesellschaftliche Umwelt betrifft. Die ideologische Unschärfe Corbuccis schlug in dem Film »Fahrt zur Hölle, ihr Halunken« (1969) in eine nahezu faschistische Grundhaltung um. Ein Einzelgänger rächt hier die Ermordung seines Bruders und gerät im Verlauf der Auseinandersetzung zwischen die Fronten von feigen Bürgern, Gangstern und einer Schar anarchistischer »Hippies«. Er erschießt die Gangster, den Bürgern verbrennt er ihr Geld (sie brechen in Tränen aus!), und die Hippies, die während der Abwesenheit des Helden ein terroristisches Anarchistenregime errichtet haben, verjagt er mit ungeladenem Colt. Daß der Regisseur in diesem Film die Hippies verteufelte und bei einer Vergewaltigungsszene ausgerechnet einen Neger ins Bild brachte, verweist auf seine politische Indifferenz auch in seinen anderen Filmen. Der machiavellistische Killer in »Vamos a matar, compañeros!« (Laßt uns töten, Compañeros – 1971), schließt sich zu guter Letzt der Revolution an, nicht so sehr, weil er von ihrer Notwendigkeit überzeugt ist, sondern weil sie Macht verspricht.

Die formale Brillanz der nun schon legendär gewordenen frühen Filme Corbuccis kann über seine zweifelhafte politische und künstlerische Perspektive nicht hinwegtäuschen. »Il Grande Silenzio« *erwischte* sozusagen einen historischen Moment, in dem rationale gesellschaftliche Opposition sich gegenüber dem allseits entfachten politischen Terror in Resignation zurückzog. Indem Corbucci den aus der Resignation resultierenden Narzißmus dann auch auf die Politik übertrug, leistete er letztlich einen Beitrag zur Entpolitisierung.

Anmerkung
Sergio Corbucci zitiert nach: Mario Devena: Gespräch mit Sergio Corbucci. In: »Film« Nr. 5. Velber 1968.

Literatur
Horst Königstein: Es war einmal ein Western: Stereotyp und Bewußtsein. Wie sich marktkonforme Ästhetik selber zum Thema macht und was der Italo-Western damit zu tun hat. In: Hermann K. Ehmer (Hg.): Visuelle Kommunikation. Köln 1971. Horst Königstein: Größer, Schöner, Vergnüglicher. Sergio Corbucci: Mercenario, der Gefürchtete. In: »Film« Nr. 5. Velber 1968. Wolf Lepenies: Der Italo-Western – Ästhetik und Gewalt. In: Karsten Witte (Hg.): Theorie des Kinos. Ideologiekritik der Traumfabrik. Frankfurt 1972. Enno Patalas: Leichen pflastern seinen Weg. In: »Filmkritik« Nr. 5 München 1969.

Daves

Delmer Daves, amerikanischer Filmregisseur, geb. 1904. In den fünfziger Jahren gab es im amerikanischen Western die ersten Anzeichen für eine Hinwendung zur historischen Wirklichkeit, besonders was die Fehler und Verbrechen anbelangte, die die Weißen an den Indianern verübt hatten. »Broken Arrow« (Der gebrochene Pfeil – 1950) ist der erste Film, der ein Bild vom Indianer zeichnet, das sich vom blutrünstigen *marauder* abhebt. Die Geschichte – eine Mischehe zwischen einem Weißen und einer Indianerin wird durch Verbrecher zerstört, doch die Indianer verzichten auf Vergeltung – ist nicht frei von Sentimentalität, doch muß man bedenken, daß sie, als Verpackung sozusagen, von taktischer Notwendigkeit war. Weniger sentimental wurde der dokumentarische Film »Cowboy« (Cowboy – 1957), der nach den Erinnerungen des Cowboys Frank Harris gedreht wurde und die harte und staubige Arbeit der Viehtreiber in den Mittelpunkt rückte. Daves gab hier ein Berufsbild, das, weitab von jeder falschen Romantik, den Cowboy als einen Mann darstellte, der in erster Linie sein Brot durch harte Arbeit verdient und als Mensch weder besonders gut, noch besonders böse ist. In seinen anderen Western »Drum Beat« (Der einsame Adler – 1954), »The Last Wagon« (Der letzte Wagen – 1956) und vor allem »3 : 10 to Yuma« (Zähl bis drei und bete – 1957) bemühte er sich um psychologische Genauigkeit der Porträts von Außenseitern und Einzelgängern. Es mag wohl mit an der Hauptdarstellerin, Maria Schell, gelegen haben, daß Daves bei »The Hanging Tree« (Der Galgenbaum – 1958) wieder einer sentimentalen Romantik verfiel.

Daves' Personen sind Individuen mehr als Verkörperungen von Grundtypen oder Prinzipien, wie beispielsweise bei → Anthony Mann. Über seine Arbeit sagt der Regisseur: »Ich mache Filme und Western für die Leute, die in den Filmen vorkommen . . . Es ist ein Vergnügen, ehrenhaft der Wahrheit gegenüber zu sein. Ich will, daß man verstehen lernt, und verstehen, das bedeutet in erster Linie zu lieben«. Daves, der *honest man* des Western, stellt in den Mittelpunkt seiner Filme nicht die psychologisch ausgeleuchteten Superschurken oder die einsamen Supermänner, sondern den *common man*, der seine Interessen vertritt und »sein gutes Recht« verteidigt. Die Erkenntnis, daß Geschichte von Interessen und nicht von Prinzipien her sich gestaltet, ist für den Western neu; der strenge Moralkodex, dem die Helden im Western unterworfen sind, erfährt hier seine Relativierung: Auch der Western vermittelt keine ewigen Werte.

Literatur

Wolf-Eckhart Bühler: Der Hollywood-Handwerker. Delmer Daves: Keiner der ganz Großen, aber der Entdeckung wert. In: »Süddeutsche Zeitung« vom 7./8. April. München 1973. Joachim Kreck (Hg.): Delmer Daves. Oberhausen 1972. Christian Ledieu: Delmer Daves. In: Henri Agel (Hg.): Le Western. Paris 1961. Heinz-Gerd Rasner/Reinhard Wulf/Wolf-Eckart Bühler: Gespräche mit Delmer Daves. In: »Filmkritik« Nr. 217. München 1975. Andrew Sarris: Delmer Daves. In: Ders.: The American Cinema. Directors and Directions. New York 1968. Mike Wallington: Auteur and Genre: The Westerns of Delmer Daves. In »Cinéma« No. 4, 1969.

Dime Novels

Dime Novels sind eine frühe amerikanische Form der Romanhefte. Während sich noch im Western das *Cattle Empire* in voller Blüte befand und der Cowboy seinen staubigen Alltag für weniger Monatsgehalt ertrug, als dem Viehbaron ein einziges Longhorn-Rind eintrug, verwandelte man im Osten die Legenden, die für das Selbstbewußtsein des Cowboys unabdingbar waren, in Produkte der Unterhaltungsindustrie. Neben → Buffalo Bills Wildwestshows und Ned Buntlines »True Stories« widmete sich insbesondere Erastus Beadle der Verwertung der »nationalen Nostalgie« (Jens Ulrich David). Im Jahre 1860 brachte er den Roman »Malaeska, or the Indian Wife of the White Hunter« heraus und bezeichnete ihn, als ersten einer Reihe, *Dime Novel.* Diese Gattung von Romanheften war ca. 120 Seiten stark und kostete einen Dime (10 Cents). Die Auflage der *Dime Novels*, die sämtlich Abenteuer der Grenze behandelten, stieg von 65 000 (Nr. 1) rasch auf 500 000 (Nr. 8) an. In der folgenden Zeit brachte Beadle insgesamt über tausend Titel in dreißig verschiedenen Reihen heraus. Die enorme Nachfrage konnte nur befriedigt werden, indem man neue Produktionsmethoden einführte: Die Hefte wurden nach vorformulierten Mustern geschrieben; ein und dasselbe Handlungsschema wurde zuweilen von mehreren Autoren gleichzeitig verarbeitet. Die Themen der frühen *Dime Novels* entstammten der Frühzeit des Westens, die Helden waren Trapper, Waldläufer, Scouts und Soldaten. Diese puritanischen Helden, Erforscher und Eroberer des Landes, waren deshalb siegreich, weil sie das Land kannten, seine Gefahren und seine Schönheit. Die Liebe und die Nähe zu der Natur, der sie verpflichtet waren, ließ sie zu Vorläufern und Pionieren der Landnahme werden; sie konstituierten das Gefühl »Heimat«.

So wichtig für das nationale Selbstverständnis diese Charaktere auch waren – die amerikanischen Kämpfer im Sezessionskrieg trugen ihre Dime Novels im Tornister, wie die *troopers* in den Weltkriegen ihre *war comics* (vgl. *Abenteuer*) –, so nutzte sich der puritanisch-prüde, makellose Held doch ab. Nach den Wunden des Bürgerkrieges und den zahllosen, unaufgearbeiteten sozialen Spannungen, die er hinterlassen hatte, wurde der *outlaw*, dessen Ruhm die Balladen verkündeten, populär. → Billy the Kid, → Jesse James und ihre Nachfolger waren die ersten Mythen des Westens in den *Dime Novels.* Im Westen konnte man für Gerechtigkeit noch selber sorgen, man hatte sein Leben selbst in der Hand, und jeder Fremdbestimmung entzog man sich ins weite Land.

Erst später stieß man auf die Figur, die im heutigen Western die zentrale Rolle spielt: 1880 erschien in »Scribner's Monthly« der Roman »Over Sunday at New Sharon«, der das Leben der Cowboys schilderte. In den frühen Cowboy-Geschichten ist der Viehtreiber freilich kein Held, sondern eher eine barbarische Randerscheinung des Westens, der trinkt, flucht und überhaupt in allem dem puritanischen Gemüt zuwiderläuft, eine exotische Monstrosität, an der die moralische und geistige Überlegenheit des bürgerlichen Ostens sich hochrankt. Doch in dem Maße, wie der Westen das Bild vom bloßen Sündenpfuhl verlor und im Zuge der Enteuropäisierung Amerikas als Teil der eigenen Nation verstanden wurde, verklärte sich das Bild des Cowboys, und schließlich wurde er zum Inbegriff der Romantik des Westens; ein nationaler Mythos und Urbild des freien Amerikaners. Die Tugenden, denen der Cowboy verpflichtet war, Treue, Mut und Ausdauer, bewirkten, daß man ihm seine Rauhbeinigkeit verzieh, mehr noch, diese sogar in den Katalog der Tugenden aufnahm.

Mit der Zeit wurden die *Dime Novels* an Popularität von den Filmen, die von Anfang an Westernthemen (→ Serienwestern) und den *Pulp Magazines* (Sammlungen von Kurzgeschichten) übertroffen und schließlich ganz verdrängt. Die deutschen → Wildwestromanhefte übernahmen von den *Dime Novels* in erster Linie die Produktionsmethoden und die Charaktere. In der Frühzeit des deutschen Indianer- und Wildwestromans wurden zahlreiche *Dime Novels* übersetzt und in gekürzter Form herausgegeben.

Anmerkung

Jens Ulrich David: Das Wildwestromanheft in der Bundesrepublik. Tübingen 1969.

Fernsehwesternserien

In den Jahren 1950–1960 bestanden 13 % des amerikanischen Fernsehprogramms aus Westernserien; für die Produktion dieser Serienfilme wurden 304 Millionen Dollar ausgegeben, und insgesamt liefen in dieser Zeit 989 Stunden Westernserien.

Die Fernsehwestern haben im großen und ganzen die Funktion der früheren → Serienwestern und der *second feature serials* übernommen; es ist also nicht richtig, sie automatisch mit den uns bekannten A- oder B-Western zu vergleichen. Wie für die Serienwestern sind auch für die Fernsehserien weniger eine genau durchkalkulierte Geschichte, ein prächtiges Landschaftspanorama oder soziale und historische Bezüge wichtig, sondern ausschließlich die Persönlichkeit des oder der Helden und die Bewegung, die deren Aktion vermittelt. Die Kunst des Regisseurs besteht dabei nicht darin, möglichst viele und bedeutsame Details ins Bild zu bringen, sondern im Gegenteil darin, alles Überflüssige, was vom Helden und seiner Geschichte ablenken könnte, zu eliminieren. Doch auch die Westernfernsehserie hat bereits ihre Geschichte: In den fünfziger Jahren beispielsweise dominierten solche Serien, die noch eng mit den *serials* verwandt waren. Die Helden, etwa Hugh O'Brien als → Wyatt Earp oder James Arness als Marshal Matt Dillon (in der Serie »Gunsmoke« – dtsch. Rauchende Colts) verkörperten unreflektiert und naiv den *action*-Helden, den man am liebsten in Aktion sieht, und wenn er schon einmal redet, dann soll wenigstens ein Spaß dabei herauskommen. Diese rein auf anspruchslose Unterhaltung abzielende Funktion der Western charakterisierte Hugh O'Brien in einem Interview, das er im Jahr 1957 der Zeitschrift »Newsweek« gab, folgendermaßen: »Die Leute leben ein monotones und armseliges Leben. Sie haben Ärger mit ihrer Schwiegermutter und mit ihren Gören. Nach dem Essen wollen sie im Fernsehen Bewegung sehen, *action* und *suspense*. Das erwarten sie von den Western.«

Mehr und mehr setzten sich jedoch später jene Westernserien durch, die den naiven Helden durch eine Familien- oder Arbeitsgemeinschaft ersetzten und nur doch Dekors und Requisiten des Filmwestern übernahmen, um letztlich Familienserien im Westerngewande zu werden. Diese Art der Westernserie ist, zumindest für das deutsche Programm, bestimmend geworden; an Beliebtheit unübertroffen ist dabei jene Serie, die am deutlichsten die Verwandlung des archaischen Westernmilieus in eine saubere, kleinstädtisch-bürgerliche Idylle vorgenommen hat: »Bonanza«.

»Daß Familienserien im Gewande des Western auf westdeutschen Bildschirmen flimmern, ist nicht nur auf die Faszination des Dekors zurückzuführen. Propagiert wird nicht nur Ideologie der heilen Familie, in deren strenger Hierarchie sich das Staatsgefüge abbildet, sondern zugleich die Militanz, deren es zum Schutze solcher reaktionärer ›Leitbilder‹ bedarf. Die Rigorosität des Genres, dem die Kugel letzter Ausweg ist, korrespondiert mit der Ideologie von Eigentum und Familie. Die Brutalität, mit der alle Angriffe aufs Eigenheim abgeschlagen werden, demonstriert dem gespannten Zuschauer, was er in ähnlichen Fällen zu tun habe. So präzisieren die Westernserien die Lehrsätze des Kino-Western: Wo der freie Westerner der Gerechtigkeit den Weg freischießt, vernichtet der gebundene Serien-Held jeden, der sein Eigentum antastet, und entlarvt damit, welchen Interessen diese Gerechtigkeit untertänig ist« (Michael Pehlke).

So sehr der Held des Westernfilms auch Ideale vertritt, die sich kaum mit einer demokratisch-fortschrittlichen Auffassung von der Gesellschaft vertragen – und er wäre kein Westerner, würde er andere Ideale als die überkommenen vertreten –, so sehr ist er uns doch entfernt, durch seine Beziehung zur Natur etwa, die Züge des Animismus aufweist, durch das Umfeld einer rudimentären Gesellschaft, die ein Stadium der Selbstreflektion noch gar nicht erreicht haben kann, durch seine Fixierung auf den Komplex Bewährung und durch seine Einsamkeit. Diese Entfernung, die ihn zum reinen Traum macht, zum Apologeten einer nur in Ausnahmefällen aktualisierbaren Ideologie, hat der Fernseh-Westernheld nicht. Er ist wie wir; seine Normalität, ja seine Durchschnittlichkeit lassen die Verhaltensmodelle, die er liefert, direkt wirksam werden. War der Serienwestern gekennzeichnet von einer blühenden, wenn auch kleinbürgerlichen Phantasie, so zeichnet den Fernsehwestern eine resignative Phantasielosigkeit aus, und er erreicht nur deshalb immer wieder sein Publikum, weil er zum einen Elemente der Bewegung und *suspense* nicht ganz ausklammern kann, und zum andern, weil er eben jene Probleme, die in der bürgerlichen Kleinfamilie beständig auftreten, aufgreift und scheinbar zu einer Lösung bringt.

Im Fernsehwestern hat der Western seine spezifische Dramaturgie verloren; eine Westernserie wird mit denselben schablonierten Einstellungen aus Halbtotale und Nahaufnahme, Schnitt und Gegenschnitt gedreht wie jede Kriminalserie (vgl. *Crime* → Fernsehkrimiserien) oder eben die Familienserien (vgl. *Heimat und Familie*). Das Glücksversprechen, das im Film schon durch den optischen Reichtum gegeben ist, durch ein wenn auch verqueres Freiheitsgefühl, wird im Fernsehwestern ersetzt durch die Anpreisung von Unterwerfung und Anpassung. Und die Gewalt, die ja immer noch den Western ausmacht, ist hier nicht mehr Element der Bewährung, sondern sie ist institutionalisiert als die legitimierte Militanz, mit der Besitz sich gegen Besitzlose verteidigt. Ein Faustschlag von »Pa« Cartwright ist – so besehen – noch allemal schlimmer, weil durch Herrschaftsverhältnisse legalisiert, als die wildeste Schießerei in einem B-Western.

Anmerkung

Michael Pehlke: High Chapparal. In: Friedrich Knilli (Hg.): Die Unterhaltung der deutschen Fernsehfamilie. München 1971.

Literatur

Manfred Delling: Bonanza & Co. Reinbek 1976. Ulrich Kurowski: Ideologien, Mythen und Symbole in der Fernsehunterhaltung. In: Hans Friedrich (Hg.): Politische Prägung durch Unterhaltung. Tutzing 1971. Michael Parkinson/Clyde Jeavons: TV-Westerns. In: Dies.: A Pictorial History of Westerns. London/New York/Sydney/Toronto 1972. E. A. Rauter: Der Mord zum Sonntag. Über Fernseh-Western. In: »Konkret« Nr. 25. Hamburg 1971. Die schwerreichen Vier. Keine TV-Serie ist populärer als »Bonanza«. In: »Der Stern« Nr. 38. Hamburg 1974. Cornelie Sonntag: Machen TV-Western aggressiv? In: »Konkret« Nr. 25. Hamburg 1971.

Ford

John Ford, Pseudonym für Sean Aloysius O'Fearna (1895–1973), amerikanischer Filmregisseur. Ford begann seine Karriere als Darsteller, Requisiteur und Regieassistent. In den Jahren 1917 bis 1924 drehte er über 200 kurze Filme, vor allem Western, mit den damaligen Stars des Genres,

Harry Carey und Buck Jones. Als die beiden wichtigsten Werke der Stummfilmära, die seinen Ruf als solider Meister des Handwerks begründeten, gelten »The Iron Horse« (1924), ein Film über den Bau der Transkontinentalbahn, und »Three Bad Men« (1926). Mit »Stagecoach« (Höllenfahrt nach Santa Fé, bzw. Ringo – 1939) gelang ihm einer der vollendetsten Western der Filmgeschichte. Ford schilderte hier mit großer Einfühlsamkeit die psychologischen Verhaltensweisen einer Anzahl von Reisenden in einer Postkutsche, die von Indianern überfallen wird. Mit diesem Film bereicherte er »den Western mit moralischen, sozialen und psychologischen Inhalten und verleiht ihm so einen intellektuellen und künstlerischen Rang, nach dem der Western bis dahin kaum Ehrgeiz hatte. ›Stagecoach‹ kündigt eine Hinwendung zur Reflexion im Western an« (Jean-Louis Rieupeyrout). Doch in Amerika wurde »Stagecoach« kein kommerzieller Erfolg! John Ford wandte sich vom Western ab und verlegte sich auf Literaturverfilmungen, unter anderen von Steinbecks »The Grapes of Wrath« (Früchte des Zorns – 1940) und Kriegsdokumentarfilme (»The Battle of Midway« – 1942). Erst 1946 drehte er wieder einen Western: »My Darling Clementine« (Faustrecht der Prärie) schilderte den Kampf → Wyatt Earps in Tombstone. »Three Godfathers« (Spuren im Sand – 1948) erzählt die Geschichte dreier Bankräuber, die auf der Flucht durch die Salzwüste von Arizona einer sterbenden Frau begegnen und versprechen, ihr Kind aus der Wüste zu bringen. Dieser »Weihnachtswestern«, dessen Bezüge zur Legende von den Heiligen Drei Königen deutlich sind, schwankt zwischen Naivität und Sentimentalität. Diese Ambivalenz, die sich Fords Vorliebe für das Problem der Bewährung in der Gefahr verdankt, ist ein Moment sehr vieler seiner Filme und bringt ihn zuweilen in die Nähe einer unreflektierten Apologetik derjenigen Werte, an die Bewährung sich bindet.

James Stewart und Lee Marvin in »The Man Who Shot Liberty Valance« von John Ford
Verleih: CIC

1947 folgte der erste Film einer Trilogie nach Stoffen von → James Warner Bellah, »Fort Apache« (Bis zum letzten Mann): Der neue Kommandant von Fort Apache, ein junger, ehrgeiziger Offizier, sucht, entgegen dem Rat seiner erfahrenen Untergebenen, den Kampf mit den Indianern und führt hierdurch die meisten seiner Soldaten in den Tod. Es ist dies, nur wenig verschlüsselt, die historische Geschichte des *boy general* Custer und seiner Niederlage gegen Sitting Bull, ein bis dahin unangetasteter Mythos, der »Custer's Last Stand« mehr als heroisches Martyrium denn als Konsequenz der schlechten Indianerpolitik und der taktischen Fehlleistungen eines karrieresüchtigen Offiziers sehen wollte. Zum erstenmal erhalten in Fords Film die Indianer die Möglichkeit, die Gründe für ihr kriegerisches Verhalten darzulegen: Die Vertragsbrüche der Weißen, der Verkauf von schlechtem Alkohol, »um Streitigkeiten zwischen den Indianern anzuzetteln«, etc. In dem folgenden Streifen, »She Wore A Yellow Ribbon« (Der Teufelshauptmann –

1948), ging Ford weit weniger kritisch mit seinem Sujet um, und der dritte Teil dieser Trilogie, »Rio Grande« (Rio Grande – 1950), zeichnete das – nur oberflächlich idealisierende – Bild eines Offiziers, der durch rigide Pflichtauffassung sein Privatleben zerstört. Man muß vorsichtig mit Wertungen wie militaristisch, rassistisch etc. umgehen, die Fords Filme manchmal provoziert haben, und darf nicht die Haltung seiner Charaktere mit derjenigen des Regisseurs verwechseln. Fords Helden sind Menschen, denen es größte Schwierigkeiten bereitet, sich zu integrieren, und die, da es ihnen im Zivilleben nicht gelingt, auf irgendeine Weise »dazuzugehören«, sich in die Geborgenheit einer geschlossenen Gruppe flüchten. Sie wollen sich bewähren, um ihre Zugehörigkeit zur Gesellschaft unter Beweis zu stellen, und sie bleiben doch zumeist Fremde, ganz so, wie viele Einwanderer ihrer Sprache, ihrer Kultur, ihrer Haltung wegen bei allem Willen zur Anpassung doch Außenseiter bleiben. Sie bleiben isoliert an den Rändern der Gesellschaft, und am Rande der Gesellschaft steht auch das Militär: Der Berufssoldat hat in Amerika nie die Reputation gehabt wie in Deutschland, Verzweiflung ist häufiger sein Motiv als Patriotismus. Die Sehnsucht der Helden Fords nach der Bestätigung durch die Gesellschaft zwingt sie zur Aggressivität gegen die Feinde oder die vermeintlichen Feinde dieser Gesellschaft; Konformismus ist nicht die Haltung, sondern das Problem der Filme von John Ford.

Der Film »Wagonmaster« (Westlich St. Louis – 1950), der erst 1965 in unsere Kinos kam, schildert das Schicksal einer Mormonengruppe, die von der Gesellschaft nicht nur gemieden, sondern auch verfolgt, im Westen eine neue Heimat sucht. An diesem Film wird besonders deutlich, wie sehr sich Ford in seinen Filmen der Rhythmik und Strophenform der Ballade bedient. »Die Geschehnisse des Films sind ohne Konstruktion, alltäglich, mit sanfter Beharrlichkeit geschildert und vollkommen anti-heroisch und anti-naiv erzählt. Wird der poetische Gehalt von ›My Darling Clementine‹ noch ganz aus der Sicht des Regisseurs auf die Natur, die Menschen und die Gewalt gespeist, so in diesem Film vielmehr aus der musterhaften Selbstverständlichkeit einer klargefügten, einfachen und realistischen Beschreibung von Gruppenverhalten, die aufeinanderprallen. Die Landschaft des Monument Valley lebt in der Plastik des matten Schwarzweiß wesentlich echter und daher ästhetisch vollendeter als im satten Bunt von ›Cheyenne Autumn‹. Die wenigen Schwenks und Fahrten rhythmisieren filmisch die Strophenform des Films und füllen die dramaturgische Gestalt mit Kraft und Aussagestärke« (Peter H. Schröder).

Weitere Western von John Ford: »The Searchers« (Der Schwarze Falke – 1956) – »Die Tragödie eines Einzelgängers, der nie wirklich Mitglied einer Familie sein konnte« (John Ford), »The Horse Soldiers« (Der letzte Befehl – 1959) – die Rivalität zweier Männer am Ende des Bürgerkriegs: der angepaßte, vernünftige Militärarzt und der einsame, heldenhafte Offizier, »Sergeant Rutledge« (Der Schwarze Sergeant – 1960) – eine Rehabilitation der in »Schwarzen Bataillonen« zusammengefaßten Negersoldaten, bei der freilich der Schwarze Peter der Bösartigkeit den Indianern zugeschoben wird, »Two Rode Together« (Zwei ritten zusammen – 1961), »The Man Who Shot Liberty Valance« (Der Mann, der Liberty Valance erschoß – 1962) – ein Film, der sich mit der Funktion der Legendenbildung im »Far West« auseinandersetzte, eine Episode von »How The West Was Won« (Das war der Wilde Westen – 1962) und »Cheyenne Autumn« (Cheyenne – 1964) – die Geschichte vom »Marsch der Tränen« der Cheyennes, ihrer Flucht aus dem Reservat.

»Was John Fords ›klassische‹ Western auszeichnet, die der vierziger und fünfziger Jahre, ist weder Authentizität der historischen Rekonstruktion (sie wimmeln von Irrtümern), noch auch eine konsistente Interpretation von Geschichte (sein Standpunkt etwa den Indianern gegenüber schwankt), sondern vielmehr seine Fähigkeit, in Momentbildern eine Idealvorstellung von Vergangenheit, die Vision eines verflossenen Goldenen Zeitalters aufleuchten zu lassen, eine Fähigkeit, die ihn mit Griffith verbindet« (Gregor/Patalas). In »The Man Who Shot Liberty Valance« sagt ein Journalist: »When the legend becomes fact, print the legend«, und es ist exakt dies, was Ford in seinen Filmen tut: Auch die Legende ist eine Art Heimat.

Anmerkungen

Jean-Louis Rieupeyrout: Der Western. Bremen 1953. Peter H. Schröder: Wagonmaster. In: »Filmkritik« Nr. 7. München 1965. Ulrich Gregor/Enno Patalas: Geschichte des Films. Reinbek 1976.

Literatur

John Baxter: The Cinema of John Ford. London/New York 1971. Peter Bogdanovich: John Ford. London 1968. Wolf-Eckart Bühler: John Ford's Stock Company. In: »Filmkritik« Nr. 181. München 1972. Michael Burrows: John Ford and Andrew V. McLaglen. Cornwall 1970. Sergej M. Eisenstein: Der Mister Lincoln des Mister Ford. In: »Filmkritik« Nr. 185. München 1972. William K. Everson: Forgotten Ford. In: »Focus on Film« Nr. 6. London 1971. Mark Haggard: Ford in Person. In: »Focus on Film« Nr. 6. London 1971. Henning Harmssen: Veteran des Western. John Ford zum 75. Geburtstag am 1. Februar. In: »Filmdienst« Nr. 5. Köln 1970. Philippe Haudiquet: John Ford. Paris 1966. John Ford: Regie ist ein Handwerk. In: »Der Spiegel« Nr. 20. Hamburg 1972. Jean Mitry: John Ford. Paris 1954. Enno Patalas: Konformist mit Widerhaken. Zur John-Ford-Retrospektive im Wiener Filmmuseum. In: »Die Zeit« vom 3. Dezember. Hamburg 1971. Hans Günther Pflaum: Wer baute das siebentorige Theben? Anmerkungen zu zwei Stummfilmen von John Ford. In: »Film-Korrespondenz« Nr. 3. Köln 1975. J. A. Place: The Western Films of John Ford. New Jersey 1974. Jeffrey Richards: Ford's Lost World. In: »Focus on Film« Nr. 6. London 1971. Spécial John Ford. Sondernummer von »Cahiers du Cinéma« Nr. 45. Paris 1955. William Patrick Wooten: An Index to the Films of John Ford. In: »Sight and Sound« Index Series No. 13. London 1948. Werner Zurbuch: John Ford und der Realismus. In: »Filmseminar« Nr. 1. München o. J.

Gruber

Frank Gruber, amerikanischer Autor, der neben *mystery novels* und Kriminalgeschichten hauptsächlich an der historischen Realität orientierte Western-Romane, sogenannte *authentic western* schreibt. Der Autor wurde besonders durch seine Arbeit für Film und Fernsehen bekannt, wobei seine Vorlagen (Drehbücher, *original stories*, Romane) gekennzeichnet sind von stilistischem und inhaltlichem Eklektizismus, moralisierender Romantik und geschichtlichem Realismus. Seine Darstellung der Prostitution, die im Westen eine wesentliche Rolle gespielt hat, und der gelegentlich auftretenden Fälle von Kannibalismus in der Wildnis führten oft dazu, daß seine Drehbücher gegen seinen Willen geändert wurden. Unter den zahllosen Verfilmungen seiner Stoffe sind die bekanntesten: »Rawhide« (Zwei in der Falle – 1954 – Regie: Henry Hathaway), »Broken Lance« (Die gebrochene Lanze – 1954 – Regie: Edward Dmytryk) und seine geschlossenste Arbeit »Backlash« (Das Geheimnis der fünf Gräber – 1955 – Regie: John Sturges). Von seiner Arbeit für das Fernsehen ist besonders seine eigene → Fernsehwesternserie »Wells Fargo« erwähnenswert.

Frank Gruber, Sohn eines österreichischen Einwanderers, ist ein vehementer Vielschreiber, dessen Geschichten Elemente des Melodrams, des Abenteuerromans und der Kriminalnovelle enthalten und die mythischen Qualitäten etwa eines Zane Grey (vgl. Einleitender Essay *Western*) zumeist vermissen lassen; die Geschichte ist ihm wichtiger als das Dekor. Gruber selbst: »Ich kann das amerikanische Interesse am Western nicht erklären. Höchstens, daß er ein Teil der eigenen Geschichte ist und Ausdruck einer tiefen, grundlegenden Moralität«. Für den *adult western* hat sich Gruber nie erwärmen können, für ihn sind das nur »dieselben Geschichten mit ein paar kleinen Unterschieden in den Charakteren.« Mit entwaffnender Naivität erklärt Gruber den Erfolg seiner einfachen und nationale Stereotypen nicht scheuenden Romane: »Wir leben in einer Zeit internationaler Krisen, die Leute entwickeln sich zu Nationalisten, deshalb beschäftigen sie sich mit der Geschichte ihres Landes, und die liegt im Westen.«

Gruber hat einen Katalog der Westernthemen zusammengestellt, dessen Gültigkeit erst mit dem Auftauchen der Spätwestern und der → Italowestern in Frage gestellt ist. Alle Western lassen sich, so Gruber, auf sieben Grundthemen zurückführen:

1. Die Union Pacific Story: Alle »Verkehrswestern«, in denen es um den Bau und die Verteidigung von Eisenbahnlinien, Postkutschen- oder Stafettenreiterverbindungen (»The Pony Express«) oder Telegrafenleitungen geht. (Fernsehserien etwa: »Wells Fargo«, »Union Pacific«.)
2. Die Ranch Story: Der Kampf von Viehzüchtern und ihrer Cowboys gegen Diebe, Indianer, Konkurrenten und Siedler. (Fernsehserien etwa: »High Chapparal«, »Die Leute von der Shiloh-Ranch«)
3. Die Empire Story: Unumschränkte Herrschaft einer Familiendynastie, die Spannung sowohl innerhalb der eigenen Familie (Erbschaftsstreit etc.) als auch von außen (Angriffe gegen das feudalistische System) heraufbeschwört. Momente dieses »Herren-der-Prärie«-Themas enthalten die Fernsehserien »Big Valley« und »Bonanza«; sie sind allerdings verknüpft mit solchen der zweiten Kategorie.
4. Custers Last Stand: Geschichten um die Kämpfe in den Indianerkriegen.
5. Die Revenge Story: Geschichten um einen Mann, dem bitteres Unrecht zugefügt worden ist, und der nun das Gesetz in die eigene Hand nimmt, um blutige Rache zu üben.
6. Die Outlaw Story: Die zumeist sympathische Zeichnung eines Gesetzlosen, den die Umstände in tragischen Konflikt mit der Gesellschaft gebracht haben.

(Die drei letztgenannten Themen eignen sich als Grundkonstellation weniger für Fernsehserien, da hier die Helden durch ihr ruheloses Wandern ausgezeichnet sind, während der konstante Held des Fernsehwestern an »seinen« Ort gebunden ist. Doch tauchen in einzelnen Episoden diese Themen immer wieder auf.)

7. Die Marshal Story: Unerschrockene Gesetzeshüter im Kampf für die Etablierung von Recht und Gesetz. (Fernsehserien etwa: → »Wyatt Earp« und die nach einem Spielfilm [»Gun-Smoke« – Mündungsfeuer – 1952] gedrehte Serie »Rauchende Colts«.)

In Grubers Romanen ist der Westen ein Land der Abenteuer, das durch den naiven Glauben seiner Helden an die Rechtmäßigkeit der Inbesitznahme und die eigene Stärke bezwungen wird. Die »grundlegende Moralität« des Westerners ist bei ihm die Unterscheidung von Gut und Böse, die, wie im Märchen, eine der Äußerlichkeit ist: Wie der Indianer seine »bösen« Absichten durch seine Kriegsbemalung kundtut, so auch der Viehdieb, indem er sich nicht rasiert, Pferde und Frauen schlecht behandelt und trinkt. Der Western ist nicht nur Geschichte, sondern immer auch »amerikanisches« Märchen und somit ein pädagogisches Instrument. Das Märchenhafte am Western ist, daß das Gute und das Gesetz bedingungslos übereinstimmen; Grubers Helden schaffen das neue Land, indem sie das Gute zum Gesetz erheben.

Hawks

Howard Hawks, amerikanischer Regisseur, geb. 1896. Sein Interesse an *motion* (Bewegung) brachte ihn zum Western, nachdem er mit dem 1932 entstandenen Film »Scarface« einen klassischen Gangsterfilm geschaffen hatte (vgl. *Crime* → Al Capone, → Gangsterfilme). »Red River« (Panik am Roten Fluß« – 1948) ist eine genaue Studie des texanischen Cowboys (→ John Wayne spielte den Vormann

Dowson), der seine Männer und seine Herde autoritär, gewaltsam und zielbewußt durch alle Gefahren hindurch an den Bestimmungsort bringt. Hawks' Personen sind ausgezeichnet durch ihre moralische Ambivalenz, ein Charakterzug, der den historischen Westernern wohl eher gerecht wird als die klare Scheidung in reine Helden und reine Schurken. »Dowson, der *self-made-man* der Prärie, ist ein allerdings außergewöhnliches Exemplar einer buntscheckigen Gesellschaft, in der der Mensch, schwankend zwischen Gut und Böse, sein Gleichgewicht nur findet, indem er mal dem einen, mal dem anderen seinen Tribut entrichtet« (Jean-Louis Rieupeyrout). Nach dem Pre-Western »The Big Sky« (Das Geheimnis der Indianerin – 1952) entstand 1958 »Rio Bravo«, ein Film, der es verstand, die komödiantischen Elemente, die im Western gemeinhin neben der heroischen Haupthandlung relativ isoliert stehen, mit der Geschichte zu verbinden. Der »Held«, der nicht besonders gut im Umgang mit den Pistolen ist und deshalb ständig ein Gewehr mit sich herumschleppt, ein alter Krüppel (Walter Brennan in einer Modellrolle) und der Sheriff, der durch eine unglückliche Affäre zum Trinker geworden ist, bewachen das Gefängnis, in dem ein Mörder sitzt, dessen mächtiger Bruder, ein skrupelloser Großrancher, ihn um jeden Preis befreien will. Erst ein junger, professioneller Pistolenschütze, dessen Arbeitgeber durch die Verbrecher ums Leben gekommen ist, bedeutet für die drei schließlich die Verstärkung, mit der sie die Verbrecher bezwingen können.

Die Aufgabe, der sich die Helden in diesem Film gegenübersehen, ist ihre Motivation und die Grundlage ihrer Freundschaft, die mütterliche Züge dort annimmt, wo einer von ihnen schwach zu werden droht, wie der ehemalige Trinker etwa oder der sich unnütz vorkommende Walter Brennan, und somit die Durchführung der Aufgabe gefährdet. »Wenn → Fords Helden sich

John Wayne, der alternde Westerner, in »Rio Lobo« von Howard Hawks
Verleih: Fox-MGM

durch die Tradition bestimmen, so ist der Held Hawks' von einem instinktiven Professionalismus gekennzeichnet. Der Gedanke, daß ein Mann eher von seiner Arbeit her, als von seiner Fähigkeit, mit Frauen umzugehen, beurteilt wird, ist der Schlüssel zu Hawks' ›Maskulinismus‹, wie die Umkehrung davon Antonionis ›Feminismus‹ erklärt. Während Fords Haltung den Frauen gegenüber als eine Art Ritterlichkeit bezeichnet werden kann, ist die Hawkssche Frauengestalt eine Manifestation der Galanterie des Regisseurs« (Andrew Sarris). Es läßt sich tatsächlich von kaum einer Frau in Howard Hawks' Filmen vorstellen, daß sie ein Leben hinter dem Kochtopf verbringt; sie bedroht zwar, wie Friedrich Geyrhofer schreibt, »die Kameraderie der Männer«, doch nur um den Helden darauf aufmerksam zu machen, daß auch sie in der Lage ist, sich für die gestellte Aufgabe einzusetzen. Die Fähigkeit der Frau zu aktiver Solidarität enthält einen durchaus emanzipatorischen Aspekt, der insbesondere für den Western nicht gerade selbstverständlich ist. Und wie Angie Dickinson in »Rio Bravo«, so müssen alle Frauen in Hawks' Filmen den Helden, nachdem sie ihn von ihrer Gleichwertigkeit überzeugt haben, durch ein ironisches Übermaß an Koketterie wieder an ihre Weiblichkeit erinnern.

Eine ganz ähnliche Geschichte wie in »Rio Bravo« erzählte Hawks in »El Dorado« (1967). Wieder geht es um die versuchte Befreiung eines Gefangenen, um den Säufer, der sich rehabilitiert. Doch die Helden in diesem Film sind noch weiter heruntergekommen, die ironische Distanz macht diesen Film zu einer Antithese von »Rio Bravo«, wie dieser, nach einer Aussage des Regisseurs, eine Antithese zu »High Noon« war. »El Dorado« zeigt die Dekadenz der Western-Mythen, nicht, indem er sie an der Wirklichkeit mißt – solche Versuche hat es in letzter Zeit viele gegeben –, sondern indem er ihren Verfall aus sich selbst heraus erklärt. »›El Dorado‹ nimmt den Mythos beim Wort, beim Bild, beim Zeichen. Die Inflation der Geschichten zu Beginn des Films, die Geschwätzigkeit der Helden (immer kommentiert einer, was der andere tut), die Aushöhlung der vertrauten Gesten – das alles greift den Mythos von innen an. Die Requisiten des Westerns sind mehr als nur Requisiten: Fetische. Deshalb bedeutet die Pistole, die Mississippi (dem jungen Revolverhelden) verpaßt wird, dieses idiotensichere Monstrum mit einem Lauf wie ein Minenwerfer, das alles verhöhnt, womit ein Westerner seit Broncho Billy (→ Serienwestern) geschossen hat, eine wirksamere Kritik, als die Konfrontation des Mythos mit den Tatsachen« (Enno Patalas).

»Rio Lobo« aus dem Jahr 1970 kehrte das Schema um, John Wayne muß hier das Gefängnis angreifen, statt es zu verteidigen, und er trägt keinen Stern. Mehr als die beiden vorangegangenen ist dieser Hawks-Western ein Film gegen einen amerikanischen Mythos: John Wayne als die Verkörperung amerikanischen Mannestums! In »Rio Lobo« spielt sich die Freundschaft nur noch unter den jungen Leuten ab, Wayne verläßt als hilfloses Relikt, als Krüppel, die Szene; seine Zeit ist mehr als abgelaufen. Wie → John Fords Alterswerk (vor allem »The Man Who Shot Liberty Valance«) sich in ironischer Distanz mit seinem Thema, der Tradition, beschäftigt, so läßt Hawks hier seine *essentials* Revue passieren, Freundschaft und Professionalismus. Doch wo Ford eher wehmütig als kritisch die Verklärung seines Helden zum Mythos beobachtet, da herrscht bei Hawks Resignation: In »Rio Lobo« gibt es keine Veränderung der Helden mehr. Das Ende der Gefahr ist nicht, wie in den früheren Filmen Hawks', ein neuer Anfang.

Die Western von Howard Hawks sind Filme, die die Naivität des Genres beim Wort nehmen. Sie haben daher ein komödiantisches, keineswegs ein parodistisches Verhältnis zu ihrem *Sujet*. Denn *richtig* ist nur das, was man tut, weil es Spaß macht; der

»echte« Westerner, und das heißt hier nicht der wirkliche, sondern der mythologische, also der des Films, müßte ein auch in Brechts Sinn *freundlicher* Mensch sein. Doch über die Filme von Hawks hin, die nicht zufällig immer wieder dasselbe Motiv aufgreifen, erweist sich die Naivität als trügerisch, und in »Rio Lobo« kann man erschreckt darüber sein, daß sie auch einen John Wayne hervorgebracht hat.

Anmerkungen

Jean-Louis Rieupeyrout: La Grande Aventure du Western (1894–1964). Paris 1964. Andrew Sarris: The American Cinema. Directors and Directions. New York 1968. Friedrich Geyrhofer: Howard Hawks. In: »Neues Forum« Nr. 223. Wien 1972. Enno Patalas: El Dorado. In: »Filmkritik« Nr. 10. München 1967.

Literatur

Klaus Bädekerl: Rio Bravo/El Dorado. In: »Filmkritik« Nr. 7. München 1969. Hans C. Blumenberg: Ein solider Handwerker. In: »Die Zeit« Nr. 19. Hamburg 1973. Peter Bogdanovich: The Cinema of Howard Hawks. New York 1962. Alf Brustellin/Wolf-Eckart Bühler/Helmut Färber/Frieda Grafe/Herbert Linder/Enno Patalas: Gespräche mit Howard W. Hawks. In: »Filmkritik« Nr. 196. München 1973. Wolf-Eckart Bühler: Wie Walther Brennan, hinkend. In: »Filmkritik« Nr. 6. München 1970. Wolf-Eckart Bühler (Hg.): Howard Hawks. Sonderheft »Filmkritik« Nr. 197/198. München 1973. Klaus Eder: Die Welt des Howard Hawks. In: »Film« Nr. 8. Velber 1966. Jean A. Gili: Howard Hawks. Paris 1971. Frieda Grafe: Howard W. Hawks. Encyclopaedie (enssaiklopidia). In: »Filmkritik« Nr. 6. München 1970. Rolf-Rüdiger Hamacher: Das Abenteuer ist ein Abenteuer. In: »Zoom/Filmberater« Nr. 10. Bern/Zürich 1973. Joseph McBride: Focus on Howard Hawks. New Jersey 1972. Jean-Claude Missiaen: Howard Hawks. Paris 1966. Enno Patalas/Hark Bohm: Stoffwechsel. In: »Filmkritik« Nr. 6. München 1970. Robin Wood: Howard Hawks. London 1968.

Italowestern

Der italienische Western hat sich entwickelt – zu einer Zeit, da die italienische Filmbranche vor dem Ruin stand – vorwiegend aus der Verbindung dreier vorgegebener Muster. Zum einen erfreute sich der antike *action*-film mit Helden wie Maciste, Herkules und Odysseus großer Beliebtheit (vgl. *Abenteuer*), und auch die meistens in italienisch-französischer Koproduktion entstandenen Mantel- und Degenstücke fanden regen Zuspruch beim Publikum. Aus diesem Ursprung erklärt sich die Vorliebe des Italowestern für parodistische, an Catcher-Schaukämpfe erinnernde ausgedehnte Prügelszenen, die besonders in den neuen »unblutigen« Halleluja-Western etwa von Enzo Barboni (E. B. Clucher) fast ausschließlich den Inhalt bestimmen. Zum anderen kamen die deutschen Wildwestfilme nach Stoffen vor allem von Karl May (vgl. *Abenteuer*→ Karl May) und Gerstäkker in den frühen sechziger Jahren auch in die italienischen Kinos. Dies gab den italienischen Regisseuren den entscheidenden Impuls, den amerikanischen Western und seine Themen aufzugreifen, dabei erfanden sie ihn mehr neu, als daß sie ihn nur plagiierten. Fast gleichzeitig entstanden im Jahr 1964 die ersten Filme des »Vaters« des Italowestern, → Sergio Leone, »Per un pugno di dollari« (Für eine Handvoll Dollar) und des »Onkels« des Genres, → Sergio Corbucci, »Minnesota Clay«. Duccio Tessari begründete dann mit seinen Ringo-Filmen (etwa »Ringo kehrt zurück« – 1965) den Seriencharakter des Genres, der mit Corbuccis »Django« (1965) und seinen zahllosen Nachfolgern endgültig sich etablierte. (Allerdings hat der Django des einen Films mit denen der anderen meist wenig gemein, außer seinem Charakter vielleicht, und die deutsche Verleihpraxis schmuggelt auch dann noch einen Django in Titel und Synchronisation, wenn der Held beim besten Willen mit dieser Figur nicht zu vergleichen ist. Django ist eher eine Verhaltenschiffre als eine feststehende Figur.)

Was der italienische vom amerikanischen Western übernommen hat, ist in erster Linie das Dekor (Colt, Winchester, Pferde, die Interieurs der Saloons, die *cow-towns*) und einige Stereotypen (das tugendhafte

Show-down als Gruppenkampf: »Hügel der blutigen Stiefel« von Giuseppe Colizzi
Foto: Adria

Mädchen, das Tanzhallengirl, der feige Geschäftsmann, der tapfere Ofizier, der unfähige Offizier usw.). Indianer tauchen im Italowestern nur selten auf, und wenn, wie in »Nevada Joe« (Kopfgeld: Ein Dollar – 1966 – Regie: Corbucci), dann nur als rächende Einzelgänger, niemals als Angehörige einer kompakten Gruppe. Die Verbindung dieser vorgefundenen Elemente mit der reinen, von keiner virulenten Mythologie geprägten Aktion des Abenteuerfilms führte zunächst zu einer »Autonomie der Klischees« (Manfred Müller), d. h. komplexe Gesten und Riten wie das *show-down*, die Verfolgung und die Rache wurden in einem von psychologischen und sozialen Bezügen scheinbar leeren Raum in immer manieristischer und gesuchter werdenden Formen durchgespielt, die Mythologie durch Artistik ersetzt. »Das in dieser Weise modifizierte Klischee, das kein Maß mehr an einer ihm vorausgesetzten Substanz hat, kann eben deshalb maßlos auf mögliche Effekte hin ausgespielt werden« (Manfred Müller). Diese Kritik am italienischen Western setzt eine maßgebende Substanz im amerikanischen Film voraus, die sicher mit seiner Moralität (etwa → Frank Gruber) gleichzusetzen ist. Im amerikanischen Western ist das Ritual Konsistenz einer archaischen Gesellschaft (→ Wildwestromanheft), abhängig von der es begleitenden Moral: Der Westerner *schafft* Recht, *erobert* Land, *gründet* Heimat, und, so einsam er auch sein mag, er tut dies nicht ausschließlich aus Eigeninteresse, sondern stellvertretend und im Auftrag der Gemeinschaft und ihres Gesetzes. Er ist, wenn man so will, ein Gründer, einer, der die Vergesellschaftung vorantreibt, und, da er Macht mit Moral verbindet, positiver Mitgestalter eines Gemeinwesens. Die Basis einer solchen gemeinschaftsbildenden Moral ist das sicher funktionierende System der Unterscheidung der *in-groups* und der *out-groups* und ein von daher geprägtes Feindbild.

Eine »Welt des Guten« (Pierre Lachat), die den Helden belohnt, gibt es freilich im italienischen Western nicht. Soziale Errungenschaften wie Ruhm, Ehre, Ansehen bestimmen das Handeln seines Helden ebensowenig wie die bürgerlichen Werte Grundbesitz, Gerechtigkeit oder Befriedung seines Territoriums. Der Optimismus des amerikanischen Western ergibt sich aus den Chancen, die eine noch nicht vollständig abgeschlossene Sozialisation birgt; im Italowestern hingegen ist die Sozialisation abgeschlossen, mehr noch: Übersozialisation hat hier eine durch und durch kriminelle Gesellschaft hervorgebracht, die so starre Machtverhältnisse aufweist, daß es selbst für den Helden nur unter Aufwendung aller ihm zur Verfügung stehenden Tarnungsmöglichkeiten denkbar ist, sich frei zu bewegen und seine Ziele, die außerhalb gesellschaftlicher Sanktion liegen, zu erreichen. Dieses Bild entspricht den Verhältnissen, die die kapitalistische Industriegesellschaft bedingt; der Italowestern reflektiert Umstände und Bedingungen, unter denen er produziert wird. Der Besitz, dem der amerikanische Westernheld auf die eine oder andere Art verpflichtet ist, ist im Italowestern längst und unwiderruflich verteilt; was sich Django bietet, ist höchstens die Gelegenheit, »schnelles Geld« zu machen.

Daß dieses Motiv zumeist mit dem der Ra-

Bud Spencer und Terence Hill in einem der ersten Klamauk-Western: »Die rechte und die linke Hand des Teufels« von E. B. Clucher Foto: Adria

che verbunden ist, vermag nicht zu verwundern. Verbunden mit der Sehnsucht nach Reichtum ist in der Traumwelt des unbewußt an der Gesellschaft Leidenden der Wunsch, es der Welt, die ihn ausgesperrt hat, »einmal so richtig zu zeigen«. Vorausgehen muß dem allerdings die Gleichsetzung von Macht und Gewalt, und dies wiederum verweist auf den *historischen Ort* des Italowestern, den Frühkapitalismus, dessen Ideologie des absoluten wirtschaftlichen Liberalismus in Konsequenz das Faustrecht hervorbringt. Und im Zeitalter des allmählichen Verfalls dieser kapitalistischen Gesellschaft brechen die Grundlagen, die sie geschaffen haben, wieder auf: Der Mythologie der Gründerzeit entspricht das Trauma der Spätzeit. Doch so anarchistisch, wie er sich gebärdet, ist Django nicht. Zu sehr ist er entfremdet, und zu sehr hat er sich mit dieser Entfremdung eingerichtet, als daß seine Aktionen utopische Züge annehmen können. Indem er sich eindeutig – und mehr als Fetisch, denn als Chance zu wenigstens individueller Selbstverwirklichung – auf Geld bezieht, veräußerlicht er sein Ziel radikal und treibt dabei ein Element der bürgerlichen Sozialisation auf die Spitze: das Prinzip der aufgeschobenen Belohnung. Mögliche Befriedigung seiner Bedürfnisse verdrängt er und schiebt sie zugunsten einer in Aussicht stehenden »höheren«, weil veräußerlichten Belohnung auf. Die Geduld, Djangos erste Tugend, erhält so masochistische Züge. Fast in jedem Film wird das listige Spiel des Helden, seine Feinde gegeneinander auszuspielen, einmal entdeckt, und er wird böse zugerichtet. »Die geistige Würde, die er schon längst aufgegeben hat, muß ihm auch körperlich ausgetrieben werden, erst dann ist er reif zum Sieg« (Klaus Bädekerl). Der amerikanische Westernheld gewann durch die Gewalt als Audruck einer Bewährung seine Integrität und schließlich seine Integration, der Italowesternheld (und sein faszinierter Zuschauer) müssen ihre Integrität aufgeben, um zum Ziel zu kommen.

So sehr jedoch der Held des italienischen Westerns sich brutaler und sogar hinterhältiger Methoden bedient, alle Regeln des Fairplay mißachtet, ist er dennoch nicht vollkommen unmoralisch. Seine Moral zeigt sich freilich mehr in dem, was er unterläßt, als in dem, was er tut; er ist immer noch eine Spur besser als die durch und durch korrupte Gesellschaft, die ihn umgibt. Diese Zurückhaltung ist das Äußerste, »was in einer Welt möglich ist, in der es keine rächende Gerechtigkeit« (Pierre Lachat) und keine gesellschaftliche Gruppe, die seinem Tun Beifall zollen könnte, gibt.

Die Entfremdung, die der Italowestern signalisiert, kennzeichnet auch die stilistischen Mittel; mittels Zeitlupe, Zooms, Unschärfen und gesuchten Perspektiven werden dem Betrachter Emotionen vorgesetzt, die er nicht selbst entwickelt, sondern denen er sich – masochistisch auch er – unterwirft. Da alles in diesen Filmen, auch die kleinste Geste, auch das nebensächlichste Objekt, Demonstrationscharakter erhält, bleibt kein Bezug offen, bleibt nichts zu entdecken, bleibt schließlich auch kein Ausweg aus der Situation totaler Verdinglichung. »Der Terror, den der Held auf der Leinwand entfaltet, richtet sich auch gegen das Publikum. Doch dieser Terror ist gleichzeitig unsere Befreiung. Wie schon in den Träumen, von denen wir ausgegangen sind, sind auch in diesen Filmen Zuschauer und Held eins. Wir sehen uns selbst bei der Arbeit zu, wir sehen uns so, wie wir wollen, daß uns auch andere sehen. Die Niederlage, die wir als Publikum erleiden, bereitet Freude; demonstriert sie doch gleichzeitig unsere Stärke auf der Leinwand. Wir werden unserem eigenen Mythos unterworfen. Wir sehen Werbefilme ohne ihren warenfetischistischen Gehalt, Filme, die für unsere eigenen Emotionen werben. Daß das Zerrbild des Kapitalismus von Bildern vermittelt wird, die dem Zerrbild einer kapitalistischen Filmindustrie entstammen, dieser Zusammenhang ist bestimmt nicht als solcher konstruiert, ist gewiß auch kein Zufall.

Die gleichartige Verpackung beruht vielmehr auf der gleichen Vorliebe für den Effekt. Und es kann Spaß machen, sich dem Effekt hinzugeben, wenn er kein Betrug ist, wenn uns nichts verkauft werden soll, auch nicht im weitesten Sinne, wie bei Lelouch und Konsorten, wenn er nicht Mittel zum Zweck ist, sondern Selbstzweck. Es kann Spaß machen, sich von einem Film wie ein Kind füttern zu lassen. Wie uns ja auch die Peter-Stuyvesant-Filme Vergnügen bereiten würden, kennten wir nicht ihre betrügerische Absicht: daß es ihnen nicht um Schiffe, Flughäfen und fremde Städte geht, sondern um Zigaretten« (Klaus Bädekerl).

In gewisser Hinsicht läßt sich der italienische Western mit einer Oper vergleichen, einer »Schießoper« im Vergleich mit der amerikanischen Pferde-Oper. Die Gewalt in Form von Travestien auf die westernüblichen Pistolenduelle (In »Mercenario« von → Sergio Corbucci findet der *showdown* in einer Zirkusarena statt; in »Zwei glorreiche Halunken« von → Sergio Leone stehen sich statt zwei drei Männer zum Kampf gegenüber) hat Rezitationscharakter; riesige Mexikanerhüte, bunte, gestickte Ponchos und überlange, wallende Reitermäntel entsprechen ikonographischer Kostümierung. Und wie in der Oper ist die Musik (besonders die von Ennio Morricone) kein Hilfsmittel zum Verständnis der Handlung oder bloße Unterstreichung dramatischer Höhepunkte; sie läuft synonym mit der Handlung, parallel und autonom. Die Musik des Italowestern stellt eine Verdoppelung der Handlung dar, die ihrerseits bereits eine bloße Verdoppelung des Wunschdenkens des Zuschauers ist: So zu sein wie der Held, das würde bedeuten, sich an einer grausamen Umwelt zu rächen, sie mit ihren eigenen Waffen zu schlagen, ohne sie dabei zu verändern.

Anmerkungen

Manfred Müller: Django als Geschäftsmann. In: »Neues Forum« Nr. 223 Wien 1972. Pierre Lachat: Der Italowestern. Originalität und Abhängigkeit. In: »Cinema« Nr. 61. Adlisiwil 1970. Klaus Bädekerl: Western und Italowestern. In: »Filmkritik« Nr. 10. München 1969.

Literatur

Werner Kliess: Kino, das frei macht – Gedanken zum Italowestern. In: Film 69 – Chronik und Bilanz des internationalen Films. Velber 1969. Horst Königstein: Es war einmal ein Western: Stereotyp und Bewußtsein. Wie sich marktkonforme Ästhetik selber zum Thema macht und was der Italowestern damit zu tun hat. In: Hermann K. Ehmer (Hg.): Visuelle Kommunikation. Beiträge zur Kritik der Bewußtseinsindustrie. Köln 1971. Wolf Lepenies: Der Italowestern – Ästhetik und Gewalt. In: Karsten Witte (Hg.): Theorie des Kinos. Ideologiekritik der Traumfabrik. Frankfurt 1972. Wolfgang Meisenkothen/ Michael Wolf Thomas: Anmerkungen zum Italowestern. Manuskript zur Hörfunksendung des NDR vom 21. 7. 1973. Michael Parkinson/Clyde Jeavons: The Spaghetti Westerns. In: Dies.: A Pictorial History of Westerns. London/New York/Sydney/Toronto 1972.

Jesse James

»Die Legende will wissen, daß Jesse James wohl auf Raub ausging, den Witwen und Waisen aber beistand, wann und wo immer er nur konnte. Es gibt jedoch bis heute keinen einzigen Beweis dafür, daß Jesse auch je nur einen einzigen Pfennig einem Bedrängten geschenkt hätte. Er war ein gemeiner Dieb und kaltblütiger Mörder, der einer Siedlerfamilie entstammte, die der Hunger nach dem Westen getrieben hatte. Jesse war der Sohn eines ehemaligen Theologiestudenten und einer heißblütigen Frau, die ihre beiden Kinder Jesse und Frank abgöttisch liebte und ihnen in allem recht gab« (Ernest Prodolliet). Genährt wurde die Legende vor allem durch den unwürdigen Tod Jesses: Er wurde von einem Mitglied seiner Bande, Bob Ford, im April 1882 hinterrücks erschossen. Sein Bruder Frank stellte sich im selben Jahr der Gerichtsbarkeit mit der Begründung, er habe das Leben als *outlaw* satt. Tatsächlich wurde Frank James vom Gericht freigesprochen und trat, zusammen mit einem anderen Mitglied der James-Bande, Cole Younger, als Darsteller seiner eigenen Legende im Zirkus auf. Die heimatliche Farm wurde derweil zur Touristenattraktion, und noch nach Franks Tod im Jahre 1915 verdiente die Mutter der James-Brüder viel Geld, indem sie den Touristen Splitter von den Gräbern ihrer Söhne und Teile ihres Sattelzeugs verkaufte.

Der Mythos der James-*gang* war entstanden durch die Niederlage der Südstaaten im Sezessionskrieg (beide hatten in den Partisanengruppen von Quantrell und »Bloody Bill« Anderson ihr »Handwerk« gelernt). »Die Art ihrer Aktivität und die Einschätzung dieser Aktivität durch ihre Mitbürger, die von den Nordstaaten geschlagenen Südstaatler, entsprechen im wesentlichen einer Haltung, die noch heute im Süden als äußerst ehrenhaft gilt. Der Leser, soweit er mit dem Tagesgeschehen vertraut ist, kann sich seinen Reim darauf machen« (Jean-Louis Rieupeyrout). Gewalttätiger Trotz gegen den demokratischen Norden machte sich insbesondere unter dem nach Westen ausweichenden Kleinbürgertum breit. James und seine Bande überfielen in erster Linie Banken, Eisenbahnzüge und Postkutschenlinien, also jene Institutionen, die dem Siedler im Westen als Repressionsinstrumente erschienen, als Überlagerung durch eine ihm fremde Kultur. Man wollte weder einsehen, daß man den Krieg verloren hatte, noch, daß sich die Zeiten ändern würden.

Der Mythos von Jesse James entstand in einer Zeit, da der Optimismus der Landnahme umschlug in reaktionäre Beharrung. Die Ausbeutung der Siedler im Mittleren Westen, die realiter gegeben war, äußerte sich nicht als politische Opposition, sondern als isolationistische, mit religiösen Momenten durchsetzte passive Resistenz; die Entstehung der Feme, des Ku-Klux-Klans und der Legende von Jesse James fielen zusammen und hatten die gleichen wirtschaftlichen und sozialen Ursachen.

Das reaktionäre Element im Mythos der Brüder James hat der Film – im Gegensatz zu den → Dime Novels (etwa die »New York Detective Library«) – weitgehend ausgespart. In den Filmen, die seit 1927 den Ruhm und die Tragik des Jesse James verklärten, war er ein von den Umständen

Jesse (links) und Frank James, die berüchtigten Banditen, nach einer zeitgenössischen Darstellung

geprägter Außenseiter, der sich stets bemühte, Gutes zu tun. »Jesse James« (Jesse James, Mann ohne Gesetz – 1939 – Regie: Henry King) und die Fortsetzung »The Return of Frank James« (Rache für Jesse James – 1940 – Regie: Fritz Lang) bemühten sich um eine psychologische Studie von Männern, die die gespannte, mit Gewalt und Unterdrückung geladene Atmosphäre der Nachkriegszeit zu Gesetzlosen machte, während Samuel Fullers »I Shot Jesse James« (Ich erschoß Jesse James – 1949) jenen Judas des Western, Bob Ford, in den Mittelpunkt stellte, der Jesse aus Liebe zu einer Frau und aus Sehnsucht nach einem Leben in bürgerlicher Wohlanständigkeit ermordete. Nicholas Ray versuchte in seinem Film »The True Story of Jesse James« (Rächer der Enterbten – 1956), die Beweggründe für sein Handeln aus der Mißhandlung abzuleiten, die er durch die Nordstaatler erfahren hatte. 1965 produzierte auch das amerikanische Fernsehen eine Serie: »The Legend of Jesse James«.
Der Film-Jesse, ein Mythos zwar auch er, unterscheidet sich sowohl von der historischen Gestalt, als auch von der reaktionären Legende. In den besseren Filmen, denen von King, Lang und Ray, ist Jesse James eine durchaus zwiespältige, eher tragische denn heroische Figur, deren Verhalten auch von Trauer und Resignation geprägt ist.

Anmerkungen
Ernest Prodolliet: Lexikon des Wilden Westens. München 1967. Jean-Louis Rieupeyrout: Der Western. Bremen 1953.

Literatur
Carl W. Breihan: Das war Jesse James. München 1972. Homer Croy: Jesse James Was My Neighbor. o. O. 1949. James D. Horan: Desperate Men, the True Story of Jesse James and His Bandit Gang. New York 1949. H. J. Stammel: Der Cowboy. Legende und Wirklichkeit. Reinbek 1976.

Leone
Sergio Leone, italienischer Regisseur, geb. 1926. Im Vergleich zu → Sergio Corbucci ist Leone der »amerikanischere« unter den italienischen Westernregisseuren. Seine Filme sind angefüllt mit historischen Details und Kuriositäten, die oft liebevoll zu überladenen Interieurs arrangiert werden. »Per un Pugno di Dollari« (Für eine Handvoll Dollar – 1965) entstand nach einer japanischen Tragödie (»Der Samurai«) und wurde der erste große finanzielle Erfolg des Italowestern. Der Film, den Leone unter dem Pseudonym Bob Robertson gedreht hatte, spielte binnen weniger Monate in Italien 3,16 Millionen Mark ein und hat es im Jahr 1967 auf 14,72 Millionen gebracht. Leones nächster Film »Per qualche Dollari in piu« (Für ein paar Dollar mehr – 1966), der keine direkte Fortsetzung des ersten »Dollar«-Films darstellte, zeigte Lee van Cleef und Clint Eastwood als zwei Kopfgeldjäger, die einmal mit-, einmal gegeneinander kämpfen, um die begehrten Dollars zu bekommen. Sowohl in dieser Charakterisierung der Protagonisten – Leone nennt sie »schwarze Helden« –, als auch in der Lust an Intrigen und listigen Plänen sind diese Filme Modelle für viele andere. In »Il Buono, Il Brutto, Il Cattivo« (Zwei glorreiche Halunken – 1967) trieb der Regisseur das ironische Zitat der gängigen Westernmoral noch weiter: Der mysteriöse Fremde Joe, der mexikanische Revolvermann Tuco und der sadistische Kriminelle Setenza, die während der Handlung durch Untertitel als der »Gute«, der »Brutale« und der »Böse« ausgewiesen werden, liefern sich schließlich ein *show-down* zu dritt.
Mit seinem aufwendigen, in Amerika produzierten Film »C'era una Volta il West« (Spiel mir das Lied vom Tod – 1969) verließ Leone das Gebiet der ironischen Dollar-Filme und schuf mit dem überlangen Rache-Opus einen Film, der sich in den Details zwar amerikanischer gab als die amerikanischen Western, in Dramaturgie und Gestaltung aber neben → Corbuccis »Il Grande Silenzio« zum Schlüsselwerk des → Italowestern wurde. Der auch in

Deutschland überaus erfolgreiche Film fand bei der Kritik geteilte Aufnahme; während die einen meinten, Leone habe hier den ersten »Schinken« des Genres verfertigt und gar dadurch, daß er im Monument-Valley, dem bevorzugten Drehort von → John Ford, arbeitete, ein Sakrileg begangen, schlossen andere von der äußersten Sorgfalt und der Liebe zum Material auf die Möglichkeiten, die das Genre gehabt hätte, wäre es nicht in Hunderten von schnell und schlampig hergestellten Streifen »zu Tode produziert« worden. »Spiel mir das Lied vom Tod« ist in jedem Fall eine Anthologie der Stilmittel des Italowestern; der Manierismus des Films beruht auf der Zeit, die er sich nimmt, wirkungsvolle Situationen bis zum Exzeß auszuspielen. Die Ruhe allerdings hat hier eine andere Funktion als in den amerikanischen Western, lyrische Momente im Sinne eines wehmütigen Glücksversprechens gibt es nicht. In diesem Film hebt sich die Zeit durch schier endlose Zerdehnung einzelner Aktionen auf; die Bewegung der Protagonisten und die des Films sind nicht mehr, wie im amerikanischen Film, identisch. Auch diese beinahe rauschhaft zu erfahrende Ungleichzeitigkeit macht den Reiz der Italowestern aus.

»Giù la testa« (Todesmelodie – 1971) versuchte sich, angeregt durch die »Revolutionsoperetten«, die der Italowestern hervorgebracht hatte, an den politischen Möglichkeiten (oder Unmöglichkeiten) des Genres. Die allzu bombastischen Bilder, die in »Spiel mir das Lied vom Tod« durch Sorgfalt und gezielten Manierismus gedeckt waren, wirken hier überdreht und abgenutzt. Der Film erzählt die Geschichte eines irischen Revolutionärs, der keine Waffe zu tragen braucht, da er so mit Dynamit und Nitroglyzerin beladen ist, daß er seine Feinde bei dem Versuch, auf ihn zu schießen, mit in die Luft sprengen würde. Dieser Mann legt den Vater einer Banditensippe herein, so daß dieser gegen seinen Willen die Revolution unterstützt. Schließlich aber bekehrt sich der Bandit zum revolutionären Widerstand, seine Aktionen werden klassenbewußt. Der Reichtum, den die Bilder des Films fast protzig verkünden, spricht seinem Inhalt hohn; ärgerlich ist nicht nur die Ausbeutung politischer Gedanken durch Leone, ärgerlich ist vor allem die Umwandlung der Westernklischees in politische. Leone ist der Formalist des Italowestern; der optische und materielle Aufwand, den er betreibt, dient einer Wirkung, die weniger dem Helden und seiner Geschichte als dem Medium dient.

Literatur

Klaus Bädekerl: Deckchen, italienisch gestickt. In: »Süddeutsche Zeitung« vom 4. März. München 1972. Harald Greve: Spiel mir das Lied vom Tod. In: »Filmkritik« Nr. 9. München 1969. Hans Peter Kochenrath: Der Italowestern. In: Bundesarbeitsgemeinschaft der Jugendfilmclubs (Hg.): Gewalt im Film. Ein Bericht. Aachen 1971. Wolf Wondratschek: Ein Film zuviel. Leones Hollywood-Italo. In: »Die Zeit« Nr. 40. Hamburg 1969.

Mann

Anthony Mann, amerikanischer Filmregisseur, 1906–1967. Neben → Delmer Daves und → Budd Boetticher war Mann in den fünfziger und sechziger Jahren der unumstrittene Meister des modernen Western. Seinen Ruhm begründete er mit dem Film »Winchester 73« (1950), einer Art filmischen Anthologie der Themen des A-Western: Indianerkrieg, Auseinandersetzung zwischen Gesetzlosen, die Frau zwischen zwei Feuern, Rache eines Mannes an seinem Bruder, der den gemeinsamen Stiefvater ermordet hat. Im selben Jahr erschien »Devil's Doorway« (Fluch des Blutes), die Geschichte eines Indianers, der im Sezessionskrieg gekämpft hat und nun in Frieden auf seiner Farm leben will. Doch gegen die Feindschaft der Weißen, denen das Gesetz gehört, kann er sich nicht zur Wehr setzen. So wie Randolph Scott für Budd Boetticher und → John Wayne für → John Ford, war James Stewart die perfekte Verkörperung des Westerners für Anthony

Mann; er spielte die Hauptrolle in »Bend of the River« (Meuterei am Schlangenfluß – 1952). »The Naked Spur« (Nackte Gewalt – 1952), »The Far Country« (Über den Todespaß – 1954), »The Man from Laramie« (Der Mann aus Laramie – 1955).
»Von Anfang an sind die Helden Anthony Manns extreme Charaktere, die sich über ihre eigenen persönlichen Grenzen erheben wollen. Dabei bleibt keine Wahl; wie besessen sind diese Männer, gänzlich ausgeliefert den unverarbeiteten Kräften in sich selbst. Ob apokalyptisch oder göttlich, visionär oder verwirrt und entfremdet – sie haben wenig Hoffnung auf die geordneten Verhältnisse, in denen die meisten Menschen leben. Es ist typisch für sie, daß sie die Bindung an Familie und Gesellschaft opfern oder zurückweisen müssen. Oft erscheinen sie als Usurpatoren« (Jim Kitses). Mann wird gemeinhin als Moralist bezeichnet, was wohl in einem spezifisch amerikanischen Sinne richtig ist. Sein Held ist nahezu die Apothese des Westerners, der idealistische, nicht von Eigeninteresse geleitete, der Gerechtigkeit dienende Antipode der sich bildenden bürgerlich-zivilisatorischen Gesellschaft. Die heitere Gelassenheit des Helden, James Stewarts durch nichts zu erschütternde Ironie auch sich selbst gegenüber, teilt sich auch dem Rhythmus des Films mit. Es ist Ruhe in diesen Filmen; der Held hat, auch wenn er mehr erreichen will, als er kann, das Schlimmste, die Trennung von seinem sozialen Umkreis, bereits hinter sich.
Später, als die Zusammenarbeit mit seinem Drehbuchautor Borden Chase beendet war, wandte Mann sich anderen, z. B. historisch-antiken Stoffen zu. »El Cid« immerhin bekam von der englischen Zeitschrift »Films and Filming« einen Preis für den besten Western (!) des Jahres.

Anmerkung
Jim Kitses: Anthony Mann: the Overreacher. In: Ders.: Horizons West. London 1969.

Literatur
Philip French: Westerns. London 1973. Claude-Jean Philippe: Les Westerns d'Anthony Mann. In: Henri Agel (Hg.): Le Western. Paris 1961. Andrew Sarris: Anthony Mann. In: Ders.: The American Cinema. Director and Directions. New York 1968.

Peckinpah

Sam Peckinpah, amerikanischer Regisseur, geb. 1926, der nach einer Zeit als Theaterregisseur, Drehbuchautor (unter anderem für Don Siegel) und Fernsehregisseur mit »The Deadly Companions« (1961) sein Western-Debüt gab. »Spätwestern« sind seine Filme nicht nur deswegen, weil sie in einer Zeit spielen, da sich die goldene Zeit des Westens dem Ende zuneigt und die Westerner verlorener denn je durch ihr Land ziehen; Spätwestern sind Peckinpahs Filme vor allem, weil sie »die Moralität« des Western in Frage stellen und weil sie, wie in den fünfziger Jahren die Klassiker des A-Western (→ Anthony Mann, → Budd Boetticher und → Delmer Daves),

Steve McQueen in »Junior Bonner« von Sam Peckinpah Verleih: Fox-MGM

ein Material des Western zu seinem Thema machten. Problematisierten die Regisseure der fünfziger Jahre die Geschichte, so Peckinpah die Gewalt als Mittel der Identitätsfindung. In seinem nächsten Western, »Ride the High Country« (Sacramento – 1961), begegnen sich nicht nur zwei alternde Westerner, die in einer Herbstlandschaft sich bewegen, Brillen tragen und sich mit langen Unterhosen gegen die Kälte schützen müssen, sondern auch zwei Mythen der Filmgeschichte: Randolph Scott (→ Budd Boetticher) und Joel McCrea. Noch deutlicher als in diesem Film, der besonders durch seine lyrischen Qualitäten bestach, zeigte der folgende das Grundthema der Filme von Peckinpah. »Major Dundee« (Sierra Charriba – 1965) erzählte eine ähnliche Geschichte wie → John Fords »Rio Grande«: Ein besessener Offizier verfolgt eigenmächtig die Indianer über die mexikanische Grenze. Peckinpahs Helden sind Außenseiter, extreme Individualisten und Verlierer (Ein Fernsehspiel, das Peckinpah einrichtete hieß »The Loosers«), die zumeist vergeblich versuchen, eine Rolle zu finden, die sie ausfüllen könnten. »The Wild Bunch« (Sie kannten kein Gesetz – 1969) wurde dann, nachdem »Major Dundee« nur verstümmelt und verfälscht in die Kinos gekommen war, der große Erfolg des Regisseurs, der sich mit diesem Film als Spezialist für das Thema der Gewalt empfahl. Es war ihm, wie er in einem Interview bemerkte, wichtig, in diesem Film zu zeigen, »wie es aussieht, wenn man erschossen wird«. »Die fortwährende Gewalt läßt nicht die Liebe zum Tod, sondern zu einem möglichst intensiven Leben entstehen« (Lawrence Shaffer). »The Ballad of Cable Hogue« (Abgerechnet wird zum Schluß – 1970) betonte dann wieder die ruhigen, lyrischen Momente des Western, wie es überhaupt scheint, daß Peckinpah die »wellenförmige Bewegung des Western«, das Abwechseln von Aktion und Ruhe, statt in einem Film durchzuführen, von Film zu Film fortsetzt; auf einen extrem »gewaltsamen« Film folgt ein ruhiger, auf die Gewaltstudie »Straw Dogs« (Wer Gewalt sät ... – 1971) folgt der melancholische Rodeo-Film »Junior Bonner« (1972). Nach dem Film »Major Dundee« schrieb Andrew Sarris: »Da Peckinpah sich für zu intellektuell hält, um eine Geschichte zu erzählen, bleibt es abzuwarten, ob er begabt genug ist, ein Thema zu entwikkeln.« Tatsächlich ist es Peckinpah wie keinem zweiten gelungen, das amerikanische Trauma vom Außenseiter in Szene zu setzen; und daß nur jene Filme ein kommerzieller Erfolg geworden sind, die als Mittel für die vermeintliche Selbstfindung der Helden die Gewalt bereitstellen, ist kaum dem Regisseur anzulasten.

Anmerkungen
Lawrence Schaffer: The Wild Bunch Versus Straw Dogs. In: »Sight and Sound« Nr. 3 Vol. 41. London 1972. Andrew Sarris: The American Cinema. Directors and Directions. New York 1968.
Literatur
Klaus Bädekerl: The Wild Bunch – Sie kannten kein Gesetz. In: »Filmkritik« Nr. 12. München 1969. Playboy Interview: Sam Peckinpah. In: »Playboy« No. 8. New York 1972. Siegfried Schober: Schöne Bilder vom fernen Amerika. In: »Süddeutsche Zeitung« vom 29. September. München 1970. 30 unmotivierte Tote. Pat Garrett jagt Billy the Kid. In: »Der Spiegel« Nr. 44. Hamburg 1973.

Serienwestern
Der Western ist in erster Linie Film, andere Medien dienen als Zulieferer (Westernliteratur) oder sie beuten den Erfolg der Filme aus (→ Fernsehwesternserien, → Westerncomics). Die Entwicklung des Western fällt mit der des amerikanischen Films überhaupt zusammen, er ist »der amerikanische Film par excellence« (André Bazin). Er ist dies nicht nur, weil er nationale Mythen transportiert, Stolz auf die eigene Geschichte vermittelt und eine Moralität verkörpert, die dem »average Mr. American« entspricht, sondern er ist dies vor allem, weil er Bewegung, kollektive und individuelle, aufnimmt und so ein Bedürfnis des

seßhaft und unbeweglich gewordenen Menschen in einer spezifisch filmischen Dramaturgie ausdrückt. Zudem kommt er dem Unterhaltungsbedürfnis der Menschen einer Industriegesellschaft besonders dadurch entgegen, daß er den Wunschtraum von Freiheit mit der Bestätigung der je gültigen Normen verbindet. (Daß dieses Glücksversprechen, das immer auch einen Moment des Friedens enthält, in den Derivaten des klassischen Western, den Spätwestern, den→ Italowestern und den Fernsehserien, nicht mehr enthalten ist, mag auf den Zustand dieser Gesellschaft verweisen. Der Westernfilm ist ein Reich des Traums, in das zu gelangen es immer noch zumindest minimaler Anstrengungen und, wenn man so will, Freiheiten bedarf.)

Für das eigentümliche Verhältnis von Realität und Fiktion im Westernfilm ist die Tatsache charakteristisch, daß Edwin S. Porter, der Schöpfer des ersten Western (»The Great Train Robbery« – 1903), als Hersteller sogenannter »filmischer Zeitungen« begonnen hatte. Es waren dies Wochenschauen, die aber nicht an Ort und Stelle gedreht wurden, sondern im Studio und auf dem Filmgelände mit Schauspielern und Komparsen die politischen Ereignisse nachspielten. Ebenso ist der Western nachgespielte Geschichte, und er dient nur zum einen dokumentarischer Information, in der Hauptsache jedoch der Unterhaltung durch immer wiederkehrende *topics*. »Das Verlangen nach Ordnung, selbst wenn es auf Kosten der Wahrheit geht, ist ein fundamentaler menschlicher Wesenszug« (Siegfried Kracauer). Ordnung ist dabei auch die Wiederkehr des Bekannten und des Einfachen; Bewegungen in der Wiederholung werden zu Riten. Der Film »The Great Train Robbery« und seine zahllosen Imitationen (»Little Train Robbery« – 1905; »Great Mail Robbery« – 1906; »Pay Train Robbery« – 1907 etc.) entwickelten bereits diese für den späteren Serienwestern bestimmende Dramaturgie der Wiederholungen: Überfall, Verfolgung,

William Boyd in einem der unzähligen Filme um »Hopalong Cassidy«

Kampf.

»Unter den Händen von Leuten, die an seinen goldenen Möglichkeiten interessiert sind, wächst und gedeiht der junge Western prächtig. Zumal auf den Erfolg von ›The Great Train Robbery‹ und dessen Imitationen hin schenken immer mehr Produktionsfirmen ihm ihre Aufmerksamkeit. Edison (der ›The Great Train Robbery‹ produziert hatte – d. Verf.) sieht Konkurrenten auftauchen. 1907 gründete Colonel Selig zusammen mit Max Aronson, einem Überläufer aus dem Hause Edison, die Firma Essanay, aus der bald eine große Zahl Western hervorgehen (zum Beispiel die Broncho-Billy-Serie). Ebenfalls 1907 wird die Kalem gegründet (K. L. M.: Kleine, Longe und Marion), deren spezialisierte Produktion von Sidney Olcott (1885–1930) im Studio von Coytekville, New Jersey, geleitet wird. Zur selben Zeit wird Carl Laemmle Direktor der Independant Motion Picture Co. (I. M. P.), die bis 1914 auf ihrem Gelände in San Fernando bei Burbank Western produziert. Es spricht sich herum, daß die Einspielergebnisse von Western-Produktionen im Verhältnis zu ihren relativ geringen Herstellungskosten äußerst interessant sind; mehr und mehr konzentriert sich die Aktivität der gesamten amerikanischen Filmindustrie auf den Western. Wenn eine Firma vorwärtskommen, wenn sie verunglückte Finanzmanipulationen wieder ausgleichen will, wird sie dann kostspielige Produktionen wagen? Da dreht sie doch lieber Western, die schnell und billig herzustellen sind und garantiert etwas einbringen. So erblickt unter dem Himmel von New Jersey der Serienwestern das Licht der Welt« (Jean-Louis Rieupeyrout). Man sieht also: Die Geburt eines Mythos bedingt die Geburt einer Industrie. Die Gründlichkeit und die Geschwindigkeit, mit der der Western-Mythos kommerziell ausgebeutet wurde, und zwar von allen einem Massenpublikum zugänglichen Medien, ist nur mit der Verwertung des Tarzan-Mythos zu vergleichen (vgl. *Abenteuer*); beide haben auch den Traum von der »natürlichen« Umgebung des Helden zum Inhalt, was nicht verwundern kann, ist doch gerade in Amerika zuallererst spürbar geworden, daß die Zivilisation auch zu einer Last werden kann.

Für den Erfolg der Serienwestern wurde in zunehmendem Maße die persönliche Aura des Helden wichtig, der jeweils besonders stark die Wünsche und die Normen des Publikums vertrat. Der erste Cowboy, dessen Abenteuer regelmäßig auf der Leinwand erschienen, war Max Anderson (Max Aronson), der unter dem Namen Broncho Billy auftrat. Von 1907 bis 1914 spielte Broncho Billy, der – noch als Max Anderson – bereits in »The Great Train Robbery« aufgetreten war, in 376 Filmen. Seine Devise, die sich auch nicht änderte, als er sich 1914 ins Produzentenfach zurückzog, lautete: »Man wechselt nicht das Thema, man wechselt das Pferd.« Broncho Billy war noch keine feste Figur, wie später etwa Hopalong Cassidy, er konnte in einem der kurzen Filme ein rauflustiger Draufgänger, im anderen der reine Held sein, schließlich konnte er auch sterben und im nächsten Film wieder auftauchen. Broncho Billy war die reine Verkörperung des optimistischen Mythos vom »Mann der Tat«; ein Mythos, der noch in den Erzählungen der Älteren lebendig war, der aber der Realität einer raschen Industrialisierung entgegenstand.

Daß der Westen Erinnerung war und daß diese Erinnerung von Melancholie und dem Wissen um die Unwiederbringlichkeit einer goldenen Zeit begleitet wurde, verkörperte sich in Broncho Billys Nachfolger in der Publikumsgunst. William Surrey Hart hatte seine Jugend im Westen verbracht und war dann als Theaterschauspieler in den Städten des Ostens und schließlich auch in Europa erfolgreich gewesen. Ein Angebot von Hollywood brachte ihn zum Film. »Meine erste Filmrolle war ein Cowboy. Endlich konnte ich wenigstens vor der Kamera das Westerner-Leben führen, nach dem ich mich immer gesehnt hatte. In diesen ersten kleinen Filmen spielte ich nicht nur: ich fand in das Reich meiner abenteuerlichen Kindheit zurück.« In den Jahren 1913 bis 1917 hatte der bekannte Regisseur Thomas Ince die Filme mit W. S. Hart produziert; als das erfolgreiche Gespann zerbrach, übernahm Hart die künstlerische Leitung der Serie. Er war nicht der strahlende, reine Held, er war ein einsamer Reiter, der schon den Untergang dieses »Reichs der Kindheit« ahnte. Seiner Menschenscheu entsprach eine abgöttische Liebe zu seinem Pferd. W. S. Hart war es, der den treuen Begleiter des Cowboys zu einer nahezu menschlichen Figur erhob. Nach ihm war es keinem Serienhelden mehr möglich, »das Pferd zu wechseln«, es wurde unveräußerlicher Bestandteil des Helden. Als das Pferd, dem Hart Gedichte gewidmet hatte, starb, begrub er es in seinem Garten und setzte ihm ein Denkmal. Auch Hart war ein Mann der Tat, doch die Erinnerung, die er an eine in unsteter Wanderschaft durch den Westen verbrachte Jugend knüpfte, seine Kenntnis des wirklichen Westens und eine in seinem Beruf erworbene Sensibilität ließen ihn zu einem zwiespältigen, von einem leisen Hauch der Tragik umwehten Helden werden, der Züge der klassischen Westerner in den A- und B-Western, → John Wayne, James Stewart (→ Anthony Mann) und Randolph Scott (→ Budd Boetticher) vorwegnahm.

Nicht nur wegen seines fortgeschrittenen Alters verlor zu Anfang der zwanziger Jahre Hart an Popularität. Die »goldenen« Zwanziger mit ihrem fortschrittsbesessenen, optimistischen Lebensgefühl verlangten einen anderen Helden auch im Western, einen Mann, der in allen seinen Taten gegenwärtig und positiv zu sein hatte. Thomas Edwin Mix, der nach einer harten Jugend auf der Ranch seines Vaters Offizier geworden war und zahlreiche Orden und Ehrenzeichen auf den Schlachtfeldern von Kuba und China errungen hatte, wurde, als er in seine Heimatstadt zurückgekehrt war, zunächst Sheriff. Zufällig entdeckte ihn ein Westernregisseur, dem gerade ein männlicher Star fehlte und der besonders von Mix' herrlichem weißen Pferd angetan war. Tom Mix, wie er sich seit seinem Debüt in »Ranch Life in the Great South West« (1910) nannte, der Cowboy, Rodeochampion, Soldat und Gesetzesmann, verkörperte alle Tugenden, die die Epoche verlangte: Mut, Draufgängertum, ein umgängliches Wesen, kurz, das Amerikanertum schlechthin. »Seine« Rolle fand Tom Mix allerdings erst 1917, als er von Seligs Produktionsfirma zur Fox überwechselte. Er entwickelte eine Kleidung für sich, die einem Maskenball eher angemessen schien als dem harten Leben im Westen und gab Unsummen für die Ausstaffierung seines Kostüms und des Sattelgeschirrs seines Pferdes aus. Daß er nur ein mäßiger Schauspieler war, machte er mit ungeheuren akrobatischen Leistungen wett; und seiner Freundlichkeit, die er mit einem ewigen Lächeln kundtat, entsprach es, daß er nur sehr selten einem Gegner mit dem Colt oder dem Gewehr gegenübertrat; er bevorzugte die Fäuste und das Lasso. Dem Geist der Zeit entsprechend zeichneten sich die Filme um Tom Mix durch gänzliche Ahistorizität aus. Der Held konnte ebensogut Abenteuer in fernen Ländern erleben, wie er manchmal von seinem Pferd aus in ein fahrendes Auto sprang.

Auch nach der Einführung des Tonfilms gab es noch einige Serienwestern. Doch die Naivität der stummen Helden schlug in schiere Primitivität um, als sie zu reden begannen und nicht recht zu wissen schienen, was sie sagen sollten. Der populärste Serienheld war seit seinem ersten Auftreten im Jahre 1934 Hopalong Cassidy, der von dem Hollywoodschauspieler William Boyd verkörpert wurde. Diese Serie näherte sich einer bloßen Aneinanderreihung von akrobatischen Kunststücken mit Pferd, Lasso und Colt an, die nur notdürftig von einer Handlung zusammengehalten wurden. Indessen sind, so der amerikanische Regisseur Robert J. Flaherty, diese Filme so beliebt, »weil die Zuschauer es niemals müde werden, ein Pferd über die Prärie galoppieren zu sehen«. *Horse-operas* (Pferdeopern) wurden die Serienwestern denn auch genannt, und diese Bezeichnung kennzeichnet nicht nur die zahlreichen Verfolgungsjagden zu Pferd, sondern auch die spezifische Bedeutung des Pferdes für die Mythologie des Serienwestern, die eine andre ist als die des A-Western:

Die Unterhaltungsindustrie muß in unserer Gesellschaft über einen entscheidenden Mangel hinweghelfen, der in der Sozialisation der Jugendlichen auftritt. Was fehlt, ist ein definitiver und allgemein anerkannter Initiationsritus, der unabdingbar den Schritt zum Erwachsensein beeidet. Die Jugendlichen in der Industriegesellschaft wissen nie genau, ob sie noch Kinder oder schon Erwachsene sind – das ist sowohl funktional als auch sozial bedingt. Was in einer Umwelt der verbreiteten Ungleichzeitigkeit nicht möglich ist, gestattet die archaische Phantasie des Western: Initiation.

Dem Pferd kommt dabei die Funktion eines Totems zu; durch das Bezwingen und Meistern eines stolzen Pferdes erweist sich der Mann als fähig, von seinem Totemtier Gebrauch zu machen, mehr noch, mit ihm zu einem mythischen Wesen, dem Pferd-Mann, dem Zentauren zu verschmelzen. »Die Funktion des Totemtiers im Initiationsritus der Primitiven war eine Parabel der Geburt des Jungen aus dem Tier selbst. Diese ›Geburt‹ setzte einen symbolischen Ursprung fest, den der Jugendliche als Absolventen verstehen konnte und der den Ursprung aus dem vom Vater befruchteten Mutterschoß verdrängte; dadurch wurde seine ödipale Konkurrenz durch eine Vater-Identifikation ersetzt, die nicht mehr das sexuelle Moment der Mutter gegenüber enthielt. ›Der einsame Cowboy‹ ist so gesehen der initiierte Jugendliche, der mit dem totemistischen Vater-Tier verschmolzen ist, das er, als Reiter des Pferdes, symbolisch besiegt hat« (Parker Tyler). Von daher ist es zu verstehen, daß in den Serienwestern letztlich die Aktion von Mann und Pferd »bedeutsam« ist, und nicht eine durchkonstruierte *story* oder glänzende schauspielerische Leistungen.

Galoppierende Pferde in Mengen lieferte auch die seit 1949 produzierte Serie um den alten, kauzigen Westmann »Fuzzy« Saint John bzw. »Fuzzy« Jones, der als komische Figur neben dem jungen Helden »Lash« LaRue Abenteuer im Stil der Serienwestern erlebte. Diese Serie fand auch in Deutschland ein begeistertes Publikum und wird noch heute zuweilen in Kindermatinees vorgeführt.

Eine besondere Abart des Serienwestern bildeten in den dreißiger Jahren die Filme um die *singing cowboys* Roy Rogers und Gene Autry. Roy Rogers, eigentlich Leonhard Slye, hatte 1931 als Mitglied eines Cowboy-Orchesters im Radio debütiert und gründete dann die Gesangsgruppe »Sons of the Pioneers«, die ihn und sein berühmtes Pferd Trigger auf seinen Streifzügen durch den Westen begleiteten. (Diese Gruppe ließ auch → John Ford in »Rio Grande« auftreten.) Gene Autry, der nicht nur im Film, sondern auch auf dem Broadway, bei großen Rodeos und später auch im Fernsehen auftrat, hat einen Dekalog für den Film-Cowboy verfaßt, der nicht nur für diese Musical-Serien, sondern für den Serienwestern überhaupt charakteristisch ist: »1. Ein Cowboy nützt niemals eine Situation aus, auch wenn er einem Feind gegenübersteht. – 2. Ein Cowboy verrät niemals die Treue. – 3. Ein Cowboy sagt immer die Wahrheit. – 4. Ein Cowboy behandelt Kinder, alte Menschen und Tiere gut. – 5. Ein Cowboy kommt jedem sofort zur Hilfe und ist immer da, wenn jemand in Schwierigkeiten ist. – 6. Ein Cowboy hat keine rassischen oder religiösen Vorurteile. – 7. Ein Cowboy ist ein guter Arbeiter. – 8. Ein Cowboy ist sauber als Person, in seinen Gedanken, seinen Worten und seinen Taten. – 9. Ein Cowboy achtet die Frauen, seine Eltern und das Gesetz seines Landes. – 10. Ein Cowboy ist ein Patriot.«

Vom Serienwestern dieser Zeit muß man das Western-*serial* unterscheiden, das als Vorprogramm zum Hauptfilm jeweils eine Episode aus einer Fortsetzungsreihe brachte, das zwar an Budget und Aufwand noch unter dem Serienwestern lag, aber dadurch, daß es seine eigene Ästhetik, seine eigene Dramaturgie und nicht zuletzt seine eigenen Stars hatte, diesem an Originalität oft überlegen war. In zwölf bis fünfzehn Episoden wurden Abenteuer an Abenteuer gereiht, immer mit Bedacht darauf, daß die Spannung gegen Schluß ihren Höhepunkt erreicht, damit man den Zuschauer auch zur Fortsetzung in der nächsten Woche ins Kino locken konnte. Die Helden dieser *serials* waren → Buffalo Bill, → Jesse James, → Wyatt Earp oder so phantastische wie »Red Ryder« oder »The Phantom Rider«. Aber es gab auch solche mit Episodencharakter wie »Wild West Days« oder »The Painted Stallion«. Die Stars dieser Serien waren Ray Taylor, Buster Crabbe und, der berühmteste von allen, Clayton

Moore als der »Lone Ranger«, der freilich auch in Filmen auftrat.
Serienwestern und *serials* sind in erster Linie *action*, die ein Held entfacht, der exakt den Moden seiner Zeit entspricht. Nachdem das Fernsehen den billigen Film unmöglich gemacht hat, ist der Serienwestern aus den Kinos weitgehend verschwunden. Doch etwa die Hopalong-Cassidy-Serie, die das Fernsehen aufgekauft hat, kann derzeit einen märchenhaften Erfolg in Amerika verzeichnen und übertrifft an Popularität sogar die eigens fürs Fernsehen hergestellten Reihen (→ Fernsehwesternserien).

Anmerkungen
André Bazin: Le western ou le cinéma américain par excellence. Vorwort zu: Jean-Louis Rieupeyrout: Le western ou le cinéma américain per excellence. Paris 1953. Siegfried Kracauer: Theorie des Films. Frankfurt 1964. Parker Tyler: Sex Psyche et cetera in the Film. London 1971.
Literatur
Fred J. Balshofer/Arthur C. Miller: One Reel a Week. Berkeley 1967. Alan G. Barbour: Days of Thrills and Adventure. New York 1970. Jenni Calder: There Must Be a Lone Ranger. London 1974. Kalton C. Lahue: Continued Next Week: A History of the Moving Picture Serial. Norman, Okl. 1964. Paul E. Mix: The Life and Legend of Tom Mix. New York 1972. David Zinman: Saturday Afternoon at the Bijou. New York 1973.

Titelbild einer speziellen G. F. Unger-Romanheftserie © Zauberkreis

Unger

Gert F. Unger (auch G. F. Bucket), deutscher Verfasser von → Wildwestromanheften, der im Durchschnitt etwa einen Roman pro Woche schreibt. Mehr als bei anderen Autoren dieses Genres ist seine Sprache und die Handlungsführung seiner Romane von Klischees und immer wiederkehrenden Stereotypen durchsetzt. Kleinbürgerliche Moral, unbedingter Gehorsam und in ritualisierter Sprache vorgetragene Brutalität beherrschen die Handlung. (»Seine Faust kommt von unten herauf. Es ist ein mächtiger, aber präziser und genauer Aufwärtshaken, hinter dem die Kraft und das Gewicht eines angespannten Körpers sitzen, der sich blitzschnell zusammenduckte und dann mit der hochsausenden Faust aufrichtete wie ein heruntergebogener Baum, dessen Halteseil mit einem Beil zerschlagen wird.«) Diese immer im Präsens gehaltene, gleichsam im Zeitlupentempo ablaufende, breite Schilderung von Brutalitäten entspricht einer von sozialen und psychologischen Motiven völlig freien, archetypischen Auseinandersetzung zwischen Gut und Böse: Der Held ist groß, blond und blauäugig (gelegentlich sind seine Augen auch »stahlgrau«); da er sich fraglos im »Recht« weiß, ist er hart im Umgang mit seinen Gegnern – das geht so weit, daß es in Ungers Romanen sogar gerechtfertigt ist, einen schwächeren Mann niederzuschlagen, wenn es um das Recht geht – und kann sich betont lässig und wortkarg geben. Einerseits wird permanent auf die »Willensstärke« des Helden hingewiesen, zum andern wird aber immer, wenn auch undeutlich, klargemacht, daß er nicht aus sich selbst heraus, sondern im Auftrag etwa des Gesetzes, der Familie oder seines Vorgesetzten handelt. Ungers Held ist im Gegensatz zum klassischen Westerner der Befehlsempfänger schlechthin; ohne die Autorität, auf die er sich beständig beruft (Gesetz, der Vater, Besitz), wäre er nichts. Wie in allen deutschen Wildwestromanheften ist auch bei Unger der Gegner oft ein böser Großrancher oder ein skrupelloser Geschäftemacher; diese und die anderen Feinde, Mörder, Viehdiebe, Ehrabschneider etc., haben kein Gewissen, was so viel heißt, daß sie keine Autorität haben, der sie verpflichtet sind; und sie werden zu Verbrechern, eben weil sie der verinnerlichten Autorität entbehren. Dem entspricht bereits ihr äußerer Habitus: Die »Bösen« haben schlechte Manieren (!), sind rücksichtslos und treten immer im Kollektiv auf, während der Held gerade durch sein Einzelgängertum gewinnt. Mit der Glorifizierung des Individuums einher geht hier die Diffamierung der Solidarität; wer nicht auf einen Übervater eingeschworen ist, verbindet sich mit seinesgleichen zu gegen den Bestand der Gesellschaft gerichteten illegalen Aktionen. Bemerkenswert ist die unsinnliche, fast asexuelle Ausstrahlung der Frauenstereotypen: Die »gute« Frau ist hübsch, d. h. groß, schlank und blond (beziehungsweise »weizengelb«) und hat große, meist blaue Augen, wie geschaffen dazu, daß »Tränen aus ihnen rinnen« können; während die »böse« Frau ihre Verruchtheit wie ein Markenzeichen vor sich herträgt, wird die Treue der »guten« bis zum Exzeß besungen – eine Treue freilich ist dies, die nichts mit hilfreicher Solidarität zu tun hat, sondern nur das männliche Wunschbild von der bedingungslosen Unterwerfung kolportiert. Ältere Frauen vermag sich Unger nur mit »scharfen und verbitterten Zügen« und »silbergrauen« Haaren vorzustellen. Ältere Männer dagegen sind noch immer sehnig, und ihre »ungebrochene Kraft« sichert Autorität.

Die Lust an der Gewalt, die durch die Präsensform sogar noch des Legenden- und Historiencharakters beraubt wird, verbindet sich mit absoluter Autoritätsgläubigkeit. Dabei rechtfertigt die Dämonisierung des Feindes Brutalität der Helden, deren Ego durch das Lob der Autorität und die Unterwürfigkeit der Frau gespeist wird. Gert F. Unger ist nicht nur als publikumswirksamer Vielschreiber, sondern auch in ideologischer Hinsicht das Rückgrat der Wildwestromanheftproduktion.

Wayne

John Wayne (Marion Michael Morrison), amerikanischer Schauspieler, geb. 1907. Als Sohn armer Rancher aufgewachsen, wollte er zunächst auf die U. S. Naval Academy gehen, doch seine Bewerbung wurde nicht angenommen. So studierte er, mit einer »football scholarship« versehen, seit 1925 auf der University of Southern California. Während seiner Semesterferien verdiente er sich sein Geld als *prop-man* (*prop-men* sind zuständig für Kleidung und Ausstattung), später auch als Statist bei → John Ford. Eines Tages fehlte für den Western »The Big Trail« der männliche Star, und Raoul Walsh, der Regisseur des Streifens, engagierte nach einigen Probeaufnahmen Morrison, der hier den Namen John Wayne annahm. Der Film wurde allerdings ein finanzieller Mißerfolg, und John Wayne sank herab zum Star zahlreicher, in wenigen Tagen abgedrehter B-Western und Serienfilme, die auf solche Filme spezialisierte Firmen wie Mascot, Monogram und Republic produzierten. 1933 wurde John Wayne sogar ein »singender Cowboy« in einer Serie mit dem Titel »Singin' Sandy« – seine Stimme war natürlich nachsynchronisiert.

Als 1938 John Ford seinen Plan, Ernest Haycox' Roman »Stage to Lordsburg« zu verfilmen, mit John Wayne in der Hauptrolle, realisieren wollte, lehnten die Produktionsfirmen ab, da Wayne für die großen Filme, so beliebt er als Serienheld auch gewesen war, kein zugkräftiger Star zu sein schien. So wurde »Stagecoach« der erste Film, den John Ford selbst produzierte. Der Film, obwohl kein übermäßiger Erfolg, brachte dennoch für den Darsteller John Wayne den Durchbruch, und ein Jahr später drehte John Ford wieder einen Film mit ihm in der Hauptrolle: »The Long Voyage Home«. Wayne, nun ein erfolgreicher Schauspieler, begann 1947 damit, auch als Produzent von Filmen aufzutreten. Er produzierte unter anderem Filme von William Wellman und → Budd Boetticher. 1954 gründete Wayne seine eigene Filmfirma, die »Batjac«, die auch jene Filme produzierte, bei denen er selbst Regie führte: »The Alamo« (Alamo – 1960) und »The Green Berets« (1968).

Diese seine Filme lassen seine politische Gesinnung erkennen: John Wayne versteht sich als lebendiges Denkmal des amerikanischen Konservatismus. Sein bis an die Grenze der Besessenheit reichender Militarismus, der wohl sicherlich damit zusammenhängt, daß er niemals Soldat werden konnte, obwohl das sein größter Wunsch gewesen war, sein wütender Haß auf jegliche Koexistenz und sein fast pathologischer Antikommunismus drückten sich in seinen Filmen aus als Durchhaltemoral und Verleumdung des Gegners – der feindliche General Santa Anna in »The Alamo« trägt deutlich Züge von John F. Kennedy. Viele Regisseure, die mit Wayne zusammengearbeitet haben, sind zwar von der Faszination dieses Charakters, der doch die Widersprüchlichkeit der Beziehung von Gewalt und Autorität im amerikanischen Denken ausdrückt, ausgegangen, haben aber dann auch die Gefährlichkeit dieses Mythos zu explizieren versucht. Besonders → Howard Hawks (in Filmen wie »Fort Apache« und »The Horse Soldiers«, aber auch John Ford) hat die destruktive Tendenz des Westerners à la John Wayne deutlich gemacht. Wayne, der sich aktiv auch in die Verfolgung der Hollywood-Linken in der McCarthy-Ära eingeschaltet hat, den Wahlkampf des ultrarechten Senators Barry Goldwater unterstützte und Präsident der Motion Picture Alliance for Preservation of American Ideals war, verkörpert im Western zumeist den Außenseiter, der durch Überanpassung und militanten Konformismus nach der Anerkennung strebt und so zu einer Art menschlichen Monstrums wird, das weder mit sich selbst noch mit anderen wirklich in Frieden leben kann. In vielen Filmen haben es die Frauen schwer, einen solchen Mann zu lieben, der, obzwar von erotischer Ausstrahlung, seine Männlichkeit in den Dienst des Prinzips stellen muß.

Die historische Authentizität des Typus John Wayne verdankt sich seiner Herkunft aus den Kreisen verarmter Kleinbürger: Im Westen wird die Verelendung der »Homesteaders« gerade solche Menschen hervorgebracht haben; die Alternative war die zwischen Banditentum (→ Jesse James) und strebsamer Überanpassung.

John Wayne in Mark Rydells »Die Cowboys«
Verleih: Warner-Columbia

»The Duke« – diesen Namen erhielt John Wayne in seiner Jugend; er besaß einen Hund namens »Duke«, und weil man ihn ständig dessen Namen rufen hörte, ging er auf ihn selber über – ist ein Prototyp des Professionellen, und trotz aller politischen Differenzen findet er auf eigentümliche Weise auch die Beachtung der politisch bewußteren Jugendlichen. Abbie Hoffmann, der Führer der Youth International Party (Yippies): »Ich mag Waynes ›Ganzheit‹(!), seinen Stil. Was nun seine politischen Aktivitäten anbelangt – ich glaube, sogar die Steinzeitmenschen haben ein wenig Bewunderung für die Dinosaurier empfunden, die versucht haben, sie zu fressen.«
In seinen über 250 Filmen hat John Wayne die »Seele des Amerikaners« dargestellt, wie D. H. Lawrence sie beschrieben hat: »Schroff, isoliert, einsam, stoisch – und ein Killer.«

Literatur
Mike Tomkies: Duke. The Story of John Wayne. New York 1971. Maurice Zolotow: John Wayne. London 1973. Ernest N. Corneau: The Hall of Fame of Western Film Stars. Quinzy/Mass. 1969. Mark Ricci/Boris Zmijewsky/Steve Zmijewsky: The Films of John Wayne. New York 1971. John Wayne as the Last Hero. In: »Time« vom 8. August. New York 1969. Roderick Mann: John Wayne: »Je mourrais si je m'arrêtais de faire du cinéma . . .«. In: »Ciné Revue« Nr. 9. Paris 1976. David Sutton: John Wayne: Image vs. Man. In: »The Saturday Evening Post« No. 2 Vol. 248. Indianapolis 1976.

Westerncomics

Neben den frühen → Serienwestern haben es besonders die Comics verstanden, die Tradition der *tall tales*, der grenzenlos aufschneiderischen und heroischen Legenden aus dem Westen, in eine bildhafte Sprache umzusetzen. In der Frühzeit der Zeitungsstreifen und *Comic Books* begegnen wir vor allem den Cowboys und Rangers, die primär durch Filme und die zahlreichen *radio-shows* bekannt geworden waren: Tom Mix, Hopalong Cassidy, den singenden Cowboys Roy Rogers und Gene Autry, dem Cisco Kid und vor allem dem berühmten »Lone Ranger«, der von 1933 bis 1954 in seiner dreimal wöchentlich ausgestrahlten Radiosendung und von 1938 ab auch in den *Comic Strips* als reine Verkörperung des Guten seine Feinde bezwang, ohne auch nur einmal einen Widersacher ernsthaft zu verletzen oder gar zu töten. Kennzeichen dieses Helden war das Silber: »Silver« heißt sein Pferd, und mit silbernen Kugeln schießt er seinen Gegnern den Colt aus der Hand. »Die Silberkugeln haben natürlich einen tieferen Sinn. Wie Vampire und Werwölfe mit Silber getötet werden können (vgl. *Horror* → Vampirfilm), so wird mit diesen Silbergeschossen symbolisch das Böse ein für allemal besiegt« (Reitberger/Fuchs). Tonto, des »Lone Rangers« treuer indianischer Freund, ist so etwas wie das Urbild des »guten« Indianers, der im Gegensatz zu den Filmen in den Comics häufig auftritt. Neben dem Lone Ranger und seinen zahllosen Epigonen wie »The Black Rider«, »The Masked Rider« oder »The Ghost Rider« fanden auch die historischen Figuren des Westens ihren Eingang ins Comic-Medium: → »Buffalo Bill«, »Davy Crockett«, »Kit Carson« und → »Billy the Kid«, der allerdings als »guter« Cousin des historischen William Bonney auftrat. Auch die Helden der → Fernsehwesternserien bekamen ihre eigenen Comicserien: »Gunsmoke« (dt. Rauchende Colts), »Bonanza«, »Laramie« (dt. Am Fuß der blauen Berge), »Maverick« und → »Wyatt Earp«. Einen eigenständigen, von den Vorbildern Film, Rundfunk und Fernsehen unabhängigen Stil entwickelten dann erst die späteren *Marvel-Comics* mit ihren Helden »Kid Colt Outlaw« und vor allem mit »The Rawhide Kid«, ein Westerner, der immer auf der Flucht ist, obwohl er stets bereit ist, Gutes zu tun und anderen zu helfen. Diese Figur ermöglichte es, auch kritische Elemente in die Westerncomics einfließen zu lassen, etwa Kritik an einer vorschnellen Verurteilung und der Lynch-

»Rawhide Kid«, der gejagte Westernheld, und »Red Wolf«, der aufgrund eines Zaubers die Wölfe beherrscht © Marvel Comics Group

mentalität. Besonders erwähnenswert ist auch ein indianischer Held, den Marvel kreiert hat: »The Red Wolf« ist ein Beschützer seiner Rasse, und er ist kein »bekehrter« Indianer, sondern schöpft im Gegenteil seine Kraft aus der eigenen, roten Mythologie und Religion.

Die amerikanischen Westerncomics erreichen allerdings schon deshalb nie die epischen Qualitäten des Films, weil sie auf wenigen Seiten zumeist abgeschlossene Episoden bringen. Diesem Zwang unterliegen die meisten europäischen Serien mit ihrem starken Fortsetzungscharakter nicht. Die sehr eklektische Reihe »Tex«, vom italienischen Zeichner Galep erfunden, übernimmt Momente des → Italowestern ebenso wie solche abenteuerlicher Gespenster- oder Steinzeitgeschichten. Einen fast filmischen Realismus vertreten einige neuere Serien aus Frankreich und Belgien: »Fort Navajo« von Charlier und Giraud, »Jerry Spring« und »Comanche« von Hermann übertreffen ihre amerikanischen Vorbilder, was die historischen Details und die fast liebevolle Zeichnung der Charaktere betrifft. Deutsche Serien, etwa → »Buffalo Bill«, »Silberpfeil« oder »Lasso« (alle im Bastei Verlag), richten sich vorwiegend an ein sehr junges Publikum und vertreten einen unhistorischen Romantizismus.

Im Gegensatz zu den Superheldencomics (vgl. *Science Fiction*) erreichen Westerncomics nur selten eine eigenständige, mythenbildende Qualität. Die eingefrorene Bewegung im *Comic Strip* wird dem Westerner nicht gerecht, die Ikonographie der »kleinen Gesten« entlarvt zu sehr ihren re-

»Filmische« Komposition in einem Western-Comic: »Manos Kelly« von Hernandez
© Kauka/Doncel

gressiven Charakter, wo sie sich, dem Medium entsprechend, weiter veräußern muß.

Anmerkung
Reinhold C. Reitberger/Wolfgang J. Fuchs: Comics. Anatomie eines Massenmediums. Reinbek 1973.

Westernparodien
Als erster begann Mack Sennett (vgl. *Komik*) mit Wildwestburlesken im üblichen Stil der Stummfilmgrotesken. Er parodierte allerdings weniger das Genre, sondern übernahm nur das Dekor der *cow towns* und der *saloons*, das seiner Zerstörungswut zum Opfer fiel. »Go West« (1924 – Regie: Edward Buzzell) ließ die Marx-Brothers den Westen verwüsten. In dem gleichnamigen, 1925 von Buster Keaton inszenierten Film erschien zum erstenmal jene Gestalt, die für die späteren Westernparodien bestimmend werden sollte: Buster Keaton war hier der »Schwachfuß«, der, aus dem bürgerlichen Osten kommend, mit dem rauhen Leben im Westen nicht zurechtkommt. Diese Thematik präsentierte der Film »Along came Jones« (Der Vagabund von Texas – 1945 – Regie: Stuart Heisler) in reinster Form: → Gary Cooper spielte einen harmlosen Farmerjungen, der für den schrecklichen → Billy the Kid gehalten wird. Die Geschichte eines Schießhelden wider Willen hatte George Marshall mit

»Destry Rides Again« (Der große Bluff – nach einer Erzählung von → Max Brand) schon 1939 in Szene gesetzt, doch dieser Film hielt sich in Konsequenz doch wieder an die Regeln des Genres: Gary Cooper als Destry wird schließlich ein positiver Held, der den *tenderfoot* (Schwachfuß) nur gespielt hat.

Den Talenten des Komikers Bob Hope huldigten die beiden Streifen »Paleface« (Sein Engel mit den zwei Pistolen – 1950) und »Alias Jesse James« (Ein Schuß und fünfzig Tote – 1959) von Norman Z. McLeod, in denen Hope die ihm wie auf den Leib geschriebene Rolle des Schwachfußes verkörperte. Doch all diese Filme persiflieren nur bedingt das Genre; suchen sie als Objekt ihres Spottes doch immer eine Gestalt, die gerade nicht typisch für die Charaktere des Westerns ist. Eine echte Attacke gegen die Westernmythen stellt erst Elliot Silversteins »Cat Ballou« (1965) dar, eine Ballade, die Elemente des Musicals und des Western vereinte. Lee Marvin, der schon in → John Fords »The Man Who Shot Liberty Valance« als *outlaw* brilliert hatte, gab einen ehemaligen Räuberhelden, den sich eine Schullehrerin als Racheengel engagiert, da sie seine Heldentaten in den → Dime Novels verfolgt hat. Der inzwischen zum Säufer gewordene, alternde *gunman* schafft es durch eisernes Training und ebenso eiserne Abstinenz, noch einmal seine alte Form zu gewinnen, und erledigt seinen Auftrag. Danach gibt er sich wieder seiner Lieblingsbeschäftigung hin; sogar sein Pferd ist sinnlos betrunken. Die kurze Auferstehung des Helden läßt ein Lied entstehen, eine Ballade, von der man nicht recht zu sagen weiß, ob sie verlogen und sentimental oder naiv und ehrlich ist.

Dieses Problem stellt sich jeder Westernparodie: greift sie die Naivität des Genres an, so wirkt sie schal und altklug, wie jemand, der über Broncho Billys riesigen Hut lacht. Die falsche Sentimentalität vieler Western bloßzustellen, vermag die Parodie nur dort, wo sie ihrerseits wiederum auf die Naivität verweist; die besten Westernparodien finden sich versteckt in den Werken der Klassiker des Genres. In John Fords »Cheyenne Autumn« etwa, wo Soldaten und Indianer zum Schluß Zigarren rauchen müssen, weil die Cheyennes keinen Tabak für ihre Friedenspfeifen haben, oder in »Rio Bravo« von → Howard Hawks, wo die beiden Helden eine nächtliche Straße entlanggehen und sich vor knarrenden Türen und trampelnden Eseln erschrecken.

In jüngster Zeit versuchten sich vor allem Burt Kennedy (→ Budd Boetticher) mit »Support Your Local Sheriff« (Auch ein Sheriff braucht mal Hilfe – 1969) und Gene Kelly mit »The Cheyenne Social Club« (Geschossen wird ab Mitternacht – 1972) an Westernparodien. Kennedys Film wurde vor allem wegen der hervorragenden Darstellung von Walter Brennan (→ Howard Hawks) eine der wenigen gelungenen Persiflagen, während Kellys Viehtreiberkomödie um die Erbschaft eines Bordells im Westen die Möglichkeit verspielte, auch die schauspielerischen Mythen seiner Stars, Henry Fonda und James Stewart, zu reflektieren. Mit »Blazing Saddles« (Is' was, Sheriff/Der wilde, wilde Westen – 1973) schuf Mel Brooks eine Westernparodie, die nicht nur die gängigen Klischees des Genres auf den Kopf stellt, sondern in der Gestalt eines schwarzen Arbeiters, der unversehens zum Sheriff einer von Negerhassern bevölkerten Stadt wird, auch die Tabus des Genres und seine geschichtliche Blindheit attackierte.

Wildwestromanhefte

Die Tradition des Wildwestromans (→ Dime Novels) in Deutschland geht zurück zum einen auf Karl May (vgl. *Abenteuer*) und die sogenannten Reiseschriftsteller (Gerstäcker, Sealsfield etc.) zum anderen. Der Indianer als Repräsentant jener Naturvölker, die man – ein Gemisch von christlichem Missionseifer und imperialen Großmachtträumen – im »völkerkundlichen« Roman exotischen Tieren gleichstellte, war Hauptthemenlieferant des frühen Wildwestromans. 1871 begann der Verlag Bargel seine »Bibliothek interessanter Erzählungen« zu publizieren, und kurz darauf erschien im selben Verlag die »Kleine Volksbibliothek«. Beide Reihen brachten neben Abenteuer- und geschichtlichen Themen auch zahlreiche Indianerromane. Spätere Serien, die ebenfalls großes Interesse an der Besiedlung des amerikanischen Kontinents zeigten, waren die »Deutsche Volksbibliothek« und die »Neue Jugendbibliothek«. Für die deutschen Romanheftverleger war der Wilde Westen ausschließlich vom Indianer geprägt, und seiner Stilisierung zum »edlen Wilden« bei May folgte bald jene Ausrottungsideologie, die sowohl für den Westen in Amerika, als auch für die koloniale Haltung der Deutschen damals typisch war. Jens-Ulrich David zitiert folgenden Satz aus der »Frankfurter 10-Pfennig-Bibliothek«: »Von diesem Augenblick an, da der erste rote Mann unter seinen Händen verblutete, widmete er sein ganzes Leben der Vernichtung der roten Rasse.«

Zu Beginn dieses Jahrhunderts war die deutsche Wildwestliteratur, von den »Indianer-Büchern« (seit 1902) bis zur »Wild-West-Bibliothek« (seit 1906), geprägt von imperialistischer Ideologie; Amerika war ein Modell unter vielen für die koloniale Landnahme. Dieses Modell wurde in der Zeit des Ersten Weltkrieges nicht nur untauglich, sondern auch für die Kampfmoral gefährlich; die Verteidigung von »Volk und Vaterland« vertrug sich nicht mit eskapistischen Waldläufer- und Bisonjägergeschichten. So traf das Verbot der Zensur unter anderem auch jenen → »Buffalo Bill«, der zuvor so schlagend bewiesen hatte, wie man sich bei unzivilisierten Wilden Respekt verschafft. Nach dem Krieg wirkte die Zensur noch geraume Zeit fort. Das Interesse am Indianer schwand, und wie die amerikanische, so entdeckte auch die deutsche Unterhaltungsindustrie den Cowboy als neuen Helden. Damals entwickelten sich die ersten ausschließlich dem Western vorbehaltenen Serien wie → »Billy Jenkins« oder »Tex Bulwer, Abenteuer im Wilden Westen«. Diese Hefte hatten wie heute 64 Seiten Umfang und kosteten 10 Pfennig. Daneben etablierten sich auch einige Buchreihen, die den Westernroman pflegten (etwa: »Rekord Wildwest Romane« oder »William Tex Wild West Romane«). Der Westernheld dieser Zeit war ein abenteuerlustiger Einzelgänger, ein »starker Mann« im kleinen Rahmen, der durch sein entschlossenes Auftreten Ruhe und Ordnung herstellt. Verkörperte der Cowboy das hart arbeitende, das neue Land schaffende Volk, so war der Sheriff oder der Polizeiagent Vertreter einer autokratischen, in Zeiten der Unruhe unabdingbar notwendigen Ordnungsmacht. Immer auch mußte der Held in diesen Romanen staatlich autorisiert sein; den freien Westerner, der sich sein Recht selbst verschafft, gab es nicht. Doch seinen entscheidenden Nachteil, nämlich daß er kein Deutscher war, konnte der Cowboy auch durch noch so eifriges Wohlverhalten nicht wettmachen, und so verschwand er mit der Machtübernahme der Nationalsozialisten. Nach Kriegsende freilich wurde er zur beliebtesten Abenteuergestalt, und das Westernromanheft überflügelte an Zahl und Auflage sogar das Kriminalromanheft.

Die Stoffe des aktuellen Westernromans entstammen zum größten Teil der Zeit nach dem Ende des Sezessionskrieges, ungefähr vom Beginn des großen Viehtreibens nach dem Norden (1866) bis zur Besiedlung von Oklahoma (1889). Im großen und ganzen berichtet der Westernroman also vom Übergang einer archaischen in eine domestizierte, seßhafte Gesellschaftsform und von den Konflikten, die sich aus dieser Sozialisierung ergeben. Der Widerspruch zwischen Altem und Neuem wird hier freilich nicht als historischer, sondern als prinzipieller gesehen; er reflektiert nicht sich entgegenstehende Interessen verschiedener Bevölkerungsgruppen (etwa

Rancher–Farmer, Stadtbewohner–Landbesitzer), sondern zielt in Richtung eines geschichtslos ewigen Kampfes zwischen Gut und Böse.
Ordnungsfaktor einer archaischen Gesellschaft ist das Ritual. Einer seßhaften, gar industrialisierten Gesellschaft, der individuelle innere Existenz und umgebende Wirklichkeit, Person und Welt längst unwiederbringlich auseinandergebrochen sind, erscheint das Ritual als tröstliches, Sicherheit versprechendes Bild vom »ganzen Menschen«. Der Held des Westernromans, selbst ein Fleisch gewordener Ritus, bewegt sich in einer Welt der absoluten Schwarz-Weiß-Malerei, der durch keine psychologischen Schattierungen gestörten Unterscheidung von Gut und Böse. Der überspitzte, oft manieristische Ehrenkodex, die Riten des Duells und die ihm vorangehenden Redeschlachten, die beschützte und doch vollkommen periphere Situation der Frau, die Kenntlichkeit sozialer Rangordnung an äußeren Attributen – all das vermittelt eine Fraglosigkeit des Daseins, die rückwärtsgewandte »Utopie der ›vita activa‹, des runden, erfüllten Lebens, des ›Lebens selbst‹, wie Theodore Roosevelt schreibt« (Hermann Peter Piwitt). Mit der Sehnsucht nach einer archaischen, d. h. nicht-rationalen, Gesellschaft geht im deutschen Westernroman oft ein unverhohlener Rassismus einher, der sich nicht nur in der negativen Zeichnung von Indianern und Mexikanern manifestiert, sondern auch in der »Macht des Blutes, der man nicht entrinnen kann«.
Der Held des Wildwestromans ist Cowboy (Vormann zumeist, also Vertreter des Ranchers), Sohn eines Ranchers, Marshal oder Sheriff, gelegentlich sogar ein bekehrter *gunman*. Mit ihm auf der Seite des Guten stehen: der *gute* Rancher, ein patriarchalischer, autoritärer Mann, der »viel aufgebaut« hat, seine blonde, jungfräuliche, in spitzbübischer Frechheit nach einer starken, männlichen Hand verlangende Tochter, Prototyp der *guten* Frau im Western, weiterhin der *gute* Städter, ein freundlicher, der Zivilisation dienender Bankier, Rechtsanwälte, Ärzte, schließlich noch das *gute* Faktotum, hilfreich, listig und dem Schnaps zugetan. Zu jedem Typus des Guten gibt es den Antitypus des Bösen: Hauptfeind ist der *böse* Rancher, der durch Usurpation von Macht über Gebühr die Harmonie des Ganzen stört. Besonders deutlich wird seine Funktion dort, wo er versucht, nach der Macht auch in der Stadt zu greifen und sich das dort ansässige Handwerk anzueignen. Stadt und Land sind im Westernroman ausgewogene, zwar voneinander abhängige, aber in sich selbständige Machtzentren; der historische Widerspruch zwischen Feudalismus und Bürgertum ist hier harmonisiert. Diesen sozialen Frieden zu stören ist böse, und wer es tut, ist ein Feind. So gibt es neben dem

Titel der deutschen Wildwestromanreihe »Die großen Western« © Kelter

bösen Rancher auch den *bösen* Bürger, den Bankier oder Kaufmann, der Ranchen oder Farmen aufkauft oder mit Betrug und Gewalt an sich reißt. Diese Hauptfeinde, die oft über lange Zeit unerkannt bleiben, dingen sich Helfer: eine Bande »eiskalter« Killer, einen oder mehrere *gunmen*, Viehdiebe, Desperados usw. In der Stadt wohnt ein wichtiger Verbündeter des *bösen* Ranchers, die *böse* Frau, schwarzhaarig, verdorben, ein Vamp, der die Männer mit provozierender, überlegener Sexualität erniedrigt. Die *böse* Frau ist Barmädchen, Tänzerin oder auch die machtbesessene Frau eines unbescholtenen Bürgers, ihre Waffen sind statt Colt und Faust Gerissenheit und Intrige; sie ist, da sie die unbedingte Ritterlichkeit des Westerners ausnützt, die Achillesferse des Helden. Dem *guten* Faktotum steht ebenso ein *böses* gegenüber, ein sadistischer Psychopath, der Menschen gern mit Peitschen oder Messern traktiert, der Säufer, dem nicht einmal Frauen und Pferde heilig sind etc.

Zu diesen personifizierten Bösen kommen noch die Gegner, die mit dem Stichwort Natur zu umreißen wären: die Tiere, die Wüsten, das Klima und – die Indianer. Während in den Heften noch bis in die fünfziger Jahre die Indianer eine große Rolle spielten – immerhin hat sich der aktuelle Wildwestroman ja aus den Indianergeschichten entwickelt –, wurden sie immer mehr verdrängt und schließlich nur noch als Staffage, als exotischer Teil der natürlichen Kulisse, verwendet. Vom edlen Wilden ist die Rothaut herabgesunken zum »Mitglied umherstreifender und plündernder Banden«. Der Indianer wird im Wildwestroman jeder Eigenständigkeit beraubt, er ist eine Abspaltung der gefährlichen Natur und als solche nur noch Vorwand und Auslösefaktor der Aktionen von Weißen, etwa dort, wo es um die Jagd auf skrupellose Waffen- oder Alkoholschmuggler geht. Die Indianer sind eine Provokation des Unrechts innerhalb der Gruppe der Weißen, ähnlich einer Frau, die den Mann zum Bösen verführt auf Grund ihrer »natürlichen« Sinnlichkeit. Sie sind nicht eigenständig böse, da sie überhaupt nicht eigenständig sind, sie sind Kinder, die sich vom schlechten Teil der Erwachsenen verführen lassen. Im heutigen Western existieren die beiden Indianerstereotypen, der »edle Wilde« (es gab in den frühen sechziger Jahren eine Romanheftserie des Pabel-Verlages, die sich ausschließlich auf Indianergeschichten spezialisierte, »Die Rothaut«) und der »rote Teufel«. Um 1950 setzte in der amerikanischen Literatur und im Film (→ John Ford, → Budd Boetticher, → Delmer Daves) eine Rehabilitierung der Indianer ein, und wohl nur ein Teil der deutschen Autoren hat diese Bewegung mitgemacht. Doch wie auch immer der Indianer charakterisiert wird, in keinem Fall kommt es zu einer rationalen Auseinandersetzung mit der Tatsache, daß immerhin die Ureinwohner eines ganzen Kontinents fast vollständig ausgerottet worden sind. Der Westerner ist weiß, männlich und im Sinne der Erosverdrängung bürgerlich; alles, was diese Eigenschaften vermissen läßt, kann sich nur durch extreme Anpassung davor bewahren, zum Feind zu werden.

Feindgestalten sind im Wildwestromanheft des weiteren auch Goldsucher, Glücksritter, Desperados (mexikanischer Ausdruck für Verzweifelte[!]), Pelzhändler, Fallensteller und Scouts, also gerade jene Charaktere, die dem frühen Indianer- und Trapperroman, dem Pre-Western, die Helden abgaben. Auch daran ist ersichtlich, wie sehr der Western die Domestizierung des archaischen Grundtyps zum Inhalt hat. Zusammenfassend läßt sich sagen: Die Grundkonstellation im Westernheft ist die archaische, patriarchalische und vom paradiesisch »ganzen« Menschen beherrschte Gesellschaft. Um die anarchistische Tendenz dieser Idealwelt zu mindern, wird eine Grundharmonie zwischen Stadt und Land, Bürgertum und feudaler Selbstherrschaft eingeführt; in Siedlern und Städtern verkörpern sich bürgerliche Tugenden wie

Geld im Sattel ...

... das ergibt einen Western; Geld im Überfluß – kann nur Science-fiction sein; Geld im Eimer – ein echter Horror, und Geld im Blut ist natürlich Crime, Kapital-Verbrechen. Und was wäre Abenteuer? Geld im Rucksack, Geld im Schiffswrack, Geld im allgemeinen.
Geld im Rücken – das ist das Allerbeste. Für den Unterhalt und die Unterhaltung.

Fleiß, Aufbau, Geschäftstüchtigkeit, Moral, während die Landbewohner, allen voran die Cowboys, Autarkie und Sippentreue charakterisieren. Das friedliche Nebeneinander von bürgerlicher Moral und archaischer, mythologischer Naturverbundenheit – charakteristisch für die Strategie der Unterhaltungsindustrie, ausformulierte Träume und Sehnsüchte mit den je gültigen gesellschaftlichen Werten zu verknüpfen – wird gestört durch das Erscheinen des Bösen, der bezwungen wird, um den ursprünglichen Zustand wiederherzustellen. Neben dem Bösen, das die Stadt-Land-Harmonie angreift, erhält weiter all jenes Feindcharakter, das sich der Besiedlung des Landes, der Verwandlung der Natur in agrarisch und gar auch schon industriell (Kohlenminen etc.) verwertbares Eigentum widersetzt. Die Geschichte des Helden ist dabei oft die seiner Integration; als Besitzloser ist er zunächst noch ein Außenseiter, aber durch sein entschlossenes Eintreten für das Recht der Besitzenden prädestiniert er sich fürs Eigentum: In 50 % der Hefte heiratet der Held zum guten Schluß die Rancherstochter.

Der Schematisierung der Handlung entspricht eine genormte Sprache. Zunächst gibt sich das Westernromanheft authentisch dadurch, daß möglichst viele amerikanische Satzbrocken in die Dialoge eingestreut werden. Eine Fachsprache wird benutzt, die sich besonders an den Details der Waffen und Geräte mit geradezu fetischistischer Liebe festbeißt. Formelhaft kehren auch bestimmte Stereotypen und Euphemismen immer wieder: Einer »ist in den Stiefeln gestorben«, ein anderer »reitet für die Bar-X-Ranch«, dieser hat »grobgesiebte Luft geatmet«, und wer »mit dem Rükken zur Tür sitzt«, wird sicher bald »auf den langen Trail geschickt«. Neben Amerikanismen und blumiger (Cowboy-)Zunftsprache ist der Dialog im Westernheft gekennzeichnet durch eine zuweilen fast manieristische Verknappung der Ausdrucksweise, vor allem durch das Weglassen des persönlichen Fürworts: »Schätze, gehe mal auf einen Schluck in den Saloon!« Die Sprache des Helden ist geprägt von Understatement; er hat es nicht nötig, viel Aufhebens von seiner Person zu machen. Was er ist, und vor allem wie gefährlich er ist, das zeigt er viel deutlicher in seiner Aufmachung, seinem Gesichtsausdruck und seinem lässigen Auftreten. Die Sprache als Mittel der Reflexion und der Kommunikation ist im Western suspekt, der Wunschtraum nach der archetypisch heilen Welt wird deutlich, wenn der Held seinem Freund rät: »Traue nie dem, was ein Mann sagt. Traue nur seinen Augen.«

Anmerkungen

Jens Ulrich David: Das Wildwestromanheft in der Bundesrepublik. Tübingen 1969. Hermann Peter Piwitt: Atavismus und die Utopie des »ganzen« Menschen. In: Literarisches Colloquium Berlin (Hg.): Trivialliteratur. Berlin 1964.

Literatur

Herbert Brödl/Hugo Wulz: Der kluge Waffenfabrikant und die dummen Revolutionäre. Dokumentation eines Verfahrens mit Trivialliteratur. Frankfurt 1972. Hans Koch: (Hg.): Gift in bunten Heften. Ein Münchner Zeitungskiosk als Spiegel des westdeutschen Kulturverfalls. Berlin (DDR) 1960. Helmut Melzer: Analyse eines Western-Romanheftes. In: Trivialliteratur 1. München 1974. Peter Nusser: Romane für die Unterschicht. Stuttgart 1973. Walter Nutz: Der Trivialroman – seine Formen und seine Hersteller. Köln 1962.

Wyatt Earp

Beliebte Marshal-Figur und Modell für viele Gestalten in Romanen, Filmen und Fernsehserien. Die Legende um Wyatt Earp und Doc Hollyday wurde hauptsächlich genährt durch die Biographie Stuart N. Lakes, der sein Buch in enger Zusammenarbeit mit Earp selber verfaßt hatte. Dieses Buch (»Wyatt Earp, Frontier Marshal«, Boston, 1931), entstand immerhin in einer Zeit, da Amerika Helden sehr notwendig hatte, stilisierte den »Al Capone des Wilden Westens« (Frank Waters) zu einem aufrechten Hüter von Gesetz und Ordnung. Während zum Beispiel Lake berichtet, Earp habe zu seiner Zeit als Hilfsmarshal (*deputy city marshal*) in Wichita rund zweihundert Verbrecher inhaftiert, ist einer neueren Untersuchung von Peter Lyon zufolge den Polizeiarchiven der Stadt lediglich zu entnehmen, daß er entlassen und mit 30 Dollar Geldbuße belegt wurde, weil er eine Schlägerei provoziert hatte. Auch in Dodge City, wo er denselben Posten bekleidete, machte Earp weniger von sich reden, weil er Gesetzlose verhaftete, als vielmehr, weil er sich mit dem nicht weniger schießfreudigen Bat Masterson in den Bordellen der Stadt aufhielt, um sein Gehalt als Berufsspieler aufzubessern. Nach Tombstone lockten ihn, seine Brüder Morgan, Virgil und James und den skrupellosen Mörder Doc Hollyday, schließlich die Nachricht von Goldfunden. Hier verdiente er sein Geld als bewaffneter Eskorte-Reiter bei Wells Fargo, Berufsspieler und *civil deputy sheriff* (Hilfssheriff). Als in Tombstone eine Postkutsche überfallen wurde, fiel der Verdacht auf Hollyday und Earp. Da Ike Clanton, der Anführer der berüchtigten Clanton-Gang, von der Sache zu wissen schien, ergriffen Earp und Hollyday die Gelegenheit, einen Mitwisser und Konkurrenten auszuschalten und gleichzeitig einen Schuldigen zu liefern. Virgil Earp war zu dieser Zeit Friedensrichter in Tombstone, und er übertrug am 26. Oktober 1881 seine Befugnisse auf seine Brüder Wyatt und Morgan, die sich auf die Suche nach Clanton machten, um ihn zum Schweigen zu bringen. Am Nachmittag desselben Tages kam es dann zum berühmten Kampf am O.K.-Corral, in dem sich die Brüder Earp und Doc Hollyday auf der einen und Ike und Billy Clanton sowie die Brüder McLowery auf der anderen Seite gegenüberstanden. In diesem erbarmungslosen Duell wurden Ike und die beiden McLowerys getötet, Hollyday verletzt. Auf die Schießerei hin wurde Wyatt des Mordes angeklagt, aber bald wieder freigelassen. Er ging dann nach Denver, später nach Alaska, und starb schließlich, als Besitzer einer Goldmine und einer Ölquelle reich geworden, 1929 in Los Angeles.

Langsam nur setzte sich die Entmythologisierung der Legende Wyatt Earp/Doc Hollyday durch. In dem Film »My Darling Clementine« (Faustrecht der Prärie – 1946) von → John Ford werden die beiden als zwar widersprüchliche, doch in ihren Absichten durchaus ehrenwerte Männer gezeigt; Doc Hollyday stirbt gar, Shakespeare rezitierend, am O.K.-Corral den Heldentod. Ford konnte sich freilich bei seiner Rekonstruierung nur auf die Arbeit Lakes beziehen. 1957 drehte John Sturges »Gunfight at the O.K. Corral« (Zwei rechnen ab). Earp erscheint hier zwar eher als Durchschnittsmann des Westens denn als strahlender Held, doch an der Legende von der Waffenbrüderschaft für das Recht wird nicht gerüttelt. Zehn Jahre später nahm sich Sturges des Themas noch einmal an, und nun allerdings kommt der Film den historischen Gegebenheiten sehr nahe: »Hour of the Gun« (Die fünf Geächteten – 1967) erzählt von dem eiskalten Killer Earp, der seine Gegner mit Vorsatz tötet und seine Vollmacht benutzt, um persönliche Rache zu üben. In »Doc« (1971 – Regie: Frank Perry) erschießen der opiumsüchtige Doc Hollyday und der homosexuelle Wyatt Earp die nur mit Pistolen bewaffneten Clantons aus sicherer Entfernung mit Schrotflinten. Hier wird auch ein Motiv deutlich, das die geschichtliche Bedeutung von Männern wie Earp erkennen läßt: Um die Wahl zum Sheriff der Stadt zu gewinnen, schafft Earp eine Atmosphäre der Gewalt und tritt dann als der starke Mann auf, der einzig die Ordnung wiederherstellen kann.

Tiefer in der Hierarchie der Unterhaltungsindustrie jedoch lebt Wyatt Earp weiter als moralisch einwandfreier Gesetzesmann. In der → Fernsehwesternserie gleichen Namens, die in den sechziger Jahren auch in Deutschland ausgestrahlt wurde, erscheint Earp (Hugh O'Brien) als eine Vaterfigur, die Dodge City mehr durch

Cleverness, Pfadfindermoral und Amerikanertum als durch Gewalt vor allem Bösen beschützt. Von dieser Fernsehserie gibt es auch eine → Western-Comic-Serie, die zeitweise auch in Deutschland erschien. Die Romanheftserie »Wyatt Earp«, die in den sechziger Jahren im Kelter-Verlag erschien, erfreute sich großer Beliebtheit (sie erschien sogar in einer jugoslawischen Ausgabe). Ihr Autor, ein »William Mark«, preßte das unreflektierte Bild, das sich Stuart N. Lake von Earp und seiner Zeit gemacht hatte, in die schematische Form des Westernromans. Wyatt Earp ist hier der berufsmäßige, beamtete *good-doer*, Doc Hollyday wird zu einer Art moderner Robin Hood, der im Verborgenen viel Gutes tut. In persönlich gehaltenen 2-Seiten-Serien, die den Romanen beigegeben waren, verteidigte Mark den Mythos beleidigt gegen diejenigen, die den »leichtfertigen Irrtum« begingen, Earp als »Al Capone im Westen« darzustellen, und denen er »nicht vorwerfen mochte, daß sie ausschließlich lukrative Absichten bei ihren Veröffentlichungen hatten«. Daß hier mit deutschem Fanatismus ein amerikanischer Mythos im Grunde wider besseres Wissen trotzig hochgehalten wird, ist symptomatisch: Von der komplexen und oft widersprüchlichen Legende des *Far West* übernehmen deutsche Autoren fast ausschließlich die Mythen Polizei (Ordnungsfaktor Gesetz), Landbesitz und Rancher (Ordnungsfaktor Besitz) und technische Errungenschaften wie Eisenbahn und Städtebau (Ordnungsfaktor Zivilisation). Der Traum vom »ganzen Menschen« (→ Wildwestromanhefte) läßt sich nur durch die Methode der systematischen Geschichtsfälschung aufrechterhalten. Wer aber durch diese Methode sich unterhalten läßt, der hinterfragt auch seine eigenen Geschichtsbücher nicht mehr. Als die Serie bei Band 284 vom Verlag unterbrochen wurde, erklärte der Autor, er werde nun nach Amerika fahren, um »die neuen Gesichtspunkte in der Wyatt-Earp-Forschung . . . an Ort und Stelle zu prüfen«.

Wyatt Earp nach zeitgenössischer Darstellung von H. O. Rawson

Wyatt Earp ist ein Mythos der Spätzeit des Westens. Legenden wie die seine sollten darüber hinwegtäuschen, daß die Korruption, die paradoxerweise ein Anzeichen politischer Konsolidierung war, von den Städten des Ostens ausgehend auch den Westen erreicht hatte. Längst war die Natur schon in Heimat verwandelt; worum es jetzt ging, war die politische Macht und die Niederwerfung der durch die nun abgeschlossene Landverteilung entstandenen sozialen Randgruppen.

Anmerkungen

Stuart N. Lake: Wyatt Earp, Frontier Marshal. Boston 1931. Frank Waters: The Earps of Tombstone. New York 1960.

Literatur

Ramon F. Adams: Burs under the Saddle. A Second Look at Books and Histories of the West. Norman, Okl. 1964. John A. Hawgood: The American West. London 1967. Ernest Prodolliet: Lexikon des Wilden Westens. München 1967. H. J. Stammel: Der Cowboy. Legende und Wirklichkeit. Reinbek 1976.

August
WRNY
25 Ce
AMAZING STORI
HUGO GERNSB
EDITOR
Stories by
H. G. Wells
Edward Elmer Smith
Philip Francis Nowlan

Science Fiction

1

Die Science Fiction (SF) als Genre der phantastischen Literatur dürfte eher auf die *Gothic novels* des 18./19. Jahrhunderts zurückzuführen sein als auf die utopischen Staats- und Reiseromane, von denen sie in apologetisierenden Darstellungen gern abgeleitet wird. Die so bezeichneten Utopien der Renaissance und Aufklärung waren eine utopische Oppositionsliteratur des sich gegenüber der Feudalherrschaft und dem Klerus emanzipierenden Bürgertums. Die Science Fiction ist davon nicht nur weit entfernt, sondern kann sogar als eine populäre Form der Gegenutopie angesehen werden. Anhänger der SF versuchen »ihre Literatur« weiterhin gern aufzuwerten, indem sie sie auf klassische Autoren wie Plato, Lucian, Kepler, Bacon, Voltaire etc. zurückführen. Die unmittelbaren und unumstrittenen Vorläufer der SF jedoch waren Jules Verne und H. G. Wells, die die wesentlichen Muster und auch heute noch gültigen Richtungen des Genres begründeten.
Jules Verne wurde 1828 als Sohn eines Rechtsanwalts in Nantes geboren und lebte in materiell gesicherten, bürgerlichen Verhältnissen. Seine utopischen Romane und Erzählungen entstanden in der zweiten Hälfte des 19. Jahrhunderts. Sein erster Roman »Fünf Wochen im Ballon« (1863) wurde auf Anhieb erfolgreich, und der Verleger nahm Verne sogleich für weitere Bücher unter Vertrag. Verne begeisterte seine Leser für den technischen Fortschritt, den er in allen Einzelheiten beschrieb; seine technischen Voraussagen basierten nicht auf mysteriöser Prophezeiungsgabe, sondern auf seinen naturwissenschaftlichen Kenntnissen. Einige seiner technischen Imaginationen wurden später tatsächlich verwirklicht: Luftschiff und Flugzeug, Raketenwaffen, Reise um den Mond, Fernsehen, Überschallgeschwindigkeit, Tauchkammern, Sauerstoffgeräte etc. Doch so sehr Verne an den Fortschritt der Technik glaubte, so sehr war er der gesellschaftlichen Situation seiner Zeit verhaftet. Verne erwies sich in seinen Werken als ein engstirniger bürgerlicher Nationalist und Patriot seines Landes. Neben starken deutschfeindlichen Tendenzen (als Reaktion auf Frankreichs Niederlage von 1871) steht unverhohlener Antisemitismus. Vernes Zukunft war die eines geradlinigen und unbefragten technischen Fortschritts. Die Protagonisten seiner Romane und Erzählungen »entsprachen dem Menschenbild der Bourgeoisie, und für Verne ist

Eines der ersten Science Fiction-Magazine – der Titel illustriert eine Erzählung, die den späteren Buck Rogers-Comics als Vorlage diente © Experimenter Pub. Co.

die Bourgeoisie noch die progressive Gesellschaftsschicht aus der Französischen Revolution, der die neue Zeit als selbstverständliches Erbe zufallen muß« (Hans Joachim Alpers).

Herbert George Wells unterschied sich von Verne nach seiner Herkunft und in der Gestaltung seines Werks. Wells wurde 1866 in Bromley/England geboren. Er wuchs in ärmlichen kleinbürgerlichen Verhältnissen auf und schrieb seine ersten Bücher aus echter materieller Not. Der junge Wells wurde durch Verne wohl angeregt, doch teilte er nie dessen vorrangiges Interesse an der Technik als solcher, sondern beschäftigte sich mehr mit den Auswirkungen der Technik auf den einzelnen und die menschliche Gesellschaft.

Wells war ein utopischer Sozialist, der den technischen Fortschritt für segensreich hielt und sich von dessen Verbindung mit sozialen Zielsetzungen eine Verbesserung der Welt erwartete. Wells glaubte jedoch nicht, daß seine sozialistische Utopie über den Weg der Revolution zu verwirklichen sei; er war kämpferischer Sozialdemokrat, mit einer Utopie vor Augen, die er einerseits in seinen utopischen Romanen und Erzählungen, andererseits auch in heute längst vergessenen politischen Traktaten propagierte. In seinen SF-Werken bemühte er sich, eine Form zwischen Unterhaltung und Aufklärung zu finden; seine Romane waren oft ebensosehr Gesellschaftssatiren wie utopische Abenteuer. So beschreibt z. B. sein Roman »Die Zeitmaschine« (1895) eine Zeitreise in eine weit entfernte Zukunft. In dieser Zukunft macht Wells den Gegensatz zwischen Armen und Reichen, zwischen dem Proletariat seiner Zeit und der Bourgeoisie, in einer biologischen Auseinander-Entwicklung deutlich. Während Jules Verne nur die Technik in die Zukunft projizierte und ihre Entwicklung extrapolierte, beschäftigte sich H. G. Wells sowohl mit der technischen wie auch mit der gesellschaftlichen Entwicklung in der Zukunft.

Beide Richtungen finden sich in der späteren Science Fiction wieder, wobei freilich die von Jules Verne in der heute massenhaft verbreiteten SF-Literatur weit stärker, um nicht zu sagen ausschließlich, vertreten ist. Und auch die Produktionsbedingungen, unter denen Verne schrieb, waren schon weitgehend die der modernen Unterhaltungsindustrie: Sein Verleger nahm ihn gleich für mehrere Bücher unter Vertrag; erfolgversprechende Themen wurden durch Marktbeobachtung festgestellt und von Verne in Romanform ausgeführt.

2

Geschichten der »Klassiker« Verne und Wells wurden auch in dem 1926 von Hugo Gernsback begründeten SF-Magazin »Amazing Stories« nachgedruckt. Es war das erste Magazin mit Science-Fiction-Stories, und Gernsback wird auch der erstmalige Gebrauch des Begriffes »Science

Fiction« zugeschrieben, den er zunächst als *scientifiction* aus *science* (Wissenschaft, vor allem Naturwissenschaft) und *fiction* (Dichtung, Literatur) zusammenzog. In solchen *Pulp Magazines* wie den »Amazing Stories« entwickelte sich die SF als Massenliteratur, deren Genre-Inhalte später auch auf andere Medien wie Comics, Film und Fernsehen übergriffen. Unbedingter Glaube an den Segen des technischen Fortschritts war die Ideologie der Geschichten in Gernsbacks Magazin, in denen eine märchenhaft erscheinende utopische Technik beschrieben wurde, die Errungenschaften moderner Technik fast fetischhaft bewundert wurden – was begeisterte Fans des Genres noch Jahrzehnte später als *sense of wonder* rühmten. Diese Stories antizipierten damit diejenigen Strömungen in der SF, die heute als *positive Utopien* zu definieren sind. Ihr Verhältnis zur Technik ist ungebrochen, weil Technik als gut gilt, so wie sie heute benutzt wird, und also in Zukunft noch besser sein wird.

Genau besehen, gehört der größte Teil der heutigen SF zu den positiven Utopien: die die Technik bewundernde SF von Autoren wie Clarke und Asimov ebenso wie die zahlreichen Weltraumabenteuer, euphemistisch als *space operas* bezeichnet, bis hinab zu den Perry Rhodan-Heften, in denen die Technik als Machtmittel gehandhabt wird. Eine Sonderstellung nimmt die SF des Polen Stanislaw Lem ein, für den Science Fiction die »literarische Erkundung« der Zukunft in einem aufklärerischen Sinn ist.

In den *negativen Utopien* hingegen wird die naive Fortschrittseuphorie in pessimistische Zukunftsvisionen verwandelt; antizivilisatorische Affekte herrschen vor.

3

Die Einteilung in positive und negative Utopien bleibt aber letztlich vordergründig, denn beide gehen von einer positivistischen Geschichtsbetrachtung aus; beide erweisen sich schließlich in gleicher Weise als fortschrittsfeindlich. Auch wenn sie sich in der Bewertung der technologisch bestimmten Zukunft unterscheiden, so ist doch die Voraussetzung identisch: eine als unabänderlich angenommene technologische Entwicklung ohne gesellschaftlichen Fortschritt.

Ob unter den Vorzeichen der Angst oder der Hoffnung, gepredigt wird stets das gleiche, nämlich die Zukunft als Schicksal, dem nicht zu entrinnen ist; stets wird es dem Menschen verwehrt, seine Zukunft selbst in die Hand zu nehmen.

Das hat nicht das geringste zu tun mit der Utopie der Aufklärung, die dem Menschen Befreiung und eine mittels der Vernunft gestaltbare Zukunft versprach. (Soweit im folgenden von den positiven oder negativen »Utopien« der SF die Rede ist, wird dieser Begriff daher unter dem entsprechenden Vorbehalt gebraucht.)

4

Vor allem die Interpretation der technischen Möglichkeiten in bezug auf die künftigen Lebenschancen der Menschen also unterscheidet die beiden Hauptrichtungen der SF. Besonders deutlich wird dies beim häufig vertretenen Themenkreis des Roboters und der Denkmaschine. Der Roboter hat in den künstlich erschaffenen Menschen, dem Homunkulus oder dem Golem, mythologische Vorläufer. Soweit diese Mythen aus dem christlichen Kulturkreis stammen, erscheint der künstliche Mensch als böse oder zumindest unheimlich, insbesondere der Golem. Diese Dämonisierung ist darin begründet, daß die künstliche Anfertigung eines Menschen durch den Menschen in unserem Kulturkreis einer Blasphemie gleichkommt: Der Mensch maßt sich an, selbst Schöpfer zu sein. Diese Angst vor den unbegrenzten Möglichkeiten der Naturwissenschaften findet sich auch heute noch in der SF-Darstellung des Roboters. In diesem Zusammenhang ist auch die Furcht vor einer Technik zu sehen, die sich gegen den Menschen selbst richtet.

Auch die Angst vor der gesellschaftlichen Entfremdung des Menschen spiegelt sich in der Vorstellung, daß die sich verselbständigenden maschinellen Produktionsmitteln den Menschen verdrängen und überflüssig machen könnten. Eine dafür typische SF-Geschichte ist »The Darsteller« von Walter M. Miller jr., in der ein Schauspieler durch computergesteuerte Schauspieler-Puppen ersetzt und nur noch für untergeordnete Arbeiten beschäftigt wird.

In Geschichten dieser Art wird eine wichtige Tendenz der negativen Utopie deutlich: Sie läßt der Hoffnung keinen Raum mehr, und die Zukunft erscheint als auswegloses Schicksal. Ebenso wie die positive Utopie akzeptiert sie die angenommene technologische Entwicklung in fatalistischer Weise als unveränderlich. Indem sie die technologische von der gesellschaftlichen Entwicklung abtrennt, erscheint die Technik als eigenständige Macht, die durch gesellschaftliche Kontrolle weder zu beherrschen noch zu beeinflussen ist. Es wird nicht gefragt: Wer benützt die Technik wozu?, sondern: Was macht die Technik mit dem Menschen? Schon die Fragestellung zeigt die perspektivlose Sicht, indem sie dem Menschen die Fähigkeit abspricht, seine Zukunft human zu gestalten. Sie negiert gesellschaftlichen Fortschritt, und von daher kann ihr der technologische Fortschritt nur als bedrohlich erscheinen.

Im Roboter verdichtet sich das Problem entfremdeter Arbeit. Einerseits ist die Vorstellung, der Roboter könne sich der Kontrolle durch den Menschen entziehen, zwar beängstigend; zum andern symbolisiert er den Wunschtraum, der Mensch könne die tägliche Routinearbeit an eine seelenlose Maschine delegieren. Einen interessanten Hinweis gibt die etymologische Herkunft des Wortes Roboter: Es ist eine Schöpfung des tschechischen Schriftstellers Karel Čapek, abgeleitet von *robota*, das im Slawi-

schen Arbeit heißt. In manchen Gegenden Deutschland wird auch heute noch umgangssprachlich von »Robot« als Fronarbeit, als bedrückender Schufterei gesprochen. In dem indogermanischen Wort *orbho* haben Robot und Arbeit den gleichen Stamm. Von daher kommt auch *arbma* und schließlich *arm*, und auch das englische *orphan* (Waisenkind).
Schon in Čapeks 1922 erstaufgeführtem Theaterstück »W. U. R. Werstands Universal Robots« (dt. RUR) ging es um einen Roboteraufstand: seither ein Standardthema in der SF. »In Elektronengehirn und Roboter werden hier offensichtlich die Angstgefühle der herrschenden Klasse potenziert, die sich in der Mystifikation der Automation als Furcht auch des betroffenen Kollektivs zurückspiegeln. Das Elektronengehirn versucht, die Macht zu übernehmen, es tut nicht mehr das, was man ihm aufgetragen hat. Sein ›Sozialverhalten‹ (das im Grunde das des organisierten Menschen ist) zeigt sich gestört; es rebelliert, kommt auf gedankliche Abwege, zeigt politische Absichten, es streikt – genau das, wovor die Gesellschaft verwahrt wird. Der Mensch hat seinen Robotercharakter beizubehalten, er hat zu ›arbeiten wie eine Maschine‹« (Jürgen Menningen).
Eine Variante des Roboter-Sujets ist der Android, das ebenfalls künstlich geschaffene Wesen, das aber äußerlich völlig dem Menschen gleicht und dem damit auch menschliches Bewußtsein und Gefühle, »Menschlichkeit« schlechthin zugeschrieben werden. Auch der Android kann als Motiv der negativ utopischen SF gebraucht werden. In einer SF-Story von Ray Bradbury, »Marionettes, Inc.« (Marionetten e. V.) werden Menschen durch mechanische Vertreter ersetzt, die von ihren Originalen nicht zu unterscheiden sind. Die Androiden-Vertreter entledigen sich der Menschen und übernehmen deren Positionen.
Typisch für die Rolle der Roboter in den positiven Utopien der SF sind die Stories des amerikanischen Autors Isaac Asimov, der auch die oft zitierten »Gesetze der Robotik« entwickelte. Asimovs Roboter sind menschengleich, oft mit menschlichen Gefühlen versehen, und durch ihre Programmierung mit den drei Robotik-Gesetzen werden sie zu zuverlässigen, genügsamen und ergebenen Dienern ihrer menschlichen Herren. Dazu Stanislaw Lem, polnischer SF-Autor und gleichzeitig einer der intelligentesten Kritiker des Genres: »Asimov hat einfach das alte Paradigma invertiert: Wo in den Mythen die Homunkuli Bösewichter waren, mit dämonischen Zügen behaftet, hat er den Roboter als ›positiven Helden‹ der SF, als ein Wesen sich ausgedacht, welches von Ingenieuren zur ewigen Güte verurteilt wurde.«
Asimov erweist sich damit als ein typischer Vertreter der positiven – und technokratischen – Utopie in der SF. Das geht in »I, Robot« (Ich, der Robot) so weit, daß ein Roboter in höchste Regierungsämter gewählt wird und schließlich im Jahre 2080 gigantische Denkmaschinen zum Wohle der Menschheit die Welt regieren. Auch hier wird dem Menschen die Fähig-

keit, seine eigene Zukunft human zu gestalten, abgesprochen – und die Verantwortung einer verselbständigten Technik übergeben.

5

Den weitaus größten Teil der SF machen noch immer die Weltraum- und Planetenabenteuer der *space operas* aus, wobei hier der Anklang zu den *horse operas* des Western auch inhaltlich bedeutsam ist. Was im Westerngenre der weite wilde Westen, der einsame Reiter, der Kampf gegen die Indianer ist, das findet sich in der *space opera* im Motiv des weiten Weltraums wieder: endlose Raumreisen, gewaltige Raumschlachten – vorwiegend mit außerirdischen und fremdrassigen Feinden – und Kolonisationen fremder Planeten. In diesem in die Zukunft projizierten Motiv der *new frontier*-Bewährung des Westernhelden zeigt sich deutlich, wie wenig sich die SF von anderen Genres der Unterhaltung tatsächlich unterscheidet.
Die klassische Zeit der *space operas* lag zwischen den späten 20er und den frühen 40er Jahren. Sie wurden von den einschlägigen Autoren gleich serienweise verfaßt, so die »Skylark«- und »Lensmen«-Serie von E. E. Smith und die »Captain Future«-Serie von Edmond Hamilton. Auch vom Tarzan-Autor Edgar Rice Burroughs gibt es solche Serien, freilich mit einem Hang zur *heroic fantasy*, wie »John Carter from Mars«.

6

Die Science Fiction, obschon von ihren Wortführern oft zu einer Literatur der Ideen und der Veränderung deklariert, verteidigt zäh das Bestehende. Auch die → New Wave in der SF des englischen Sprachraums hat in dieser Hinsicht keine Erneuerung gebracht, sondern erstarrte in mythologischer Überhöhung und literarischen Formalismen.
Sofern eine »neue« SF denkbar ist, könnten ihre Impulse aus Europa kommen. Hoffnung gegeben haben Beispiele der osteuropäischen Phantastik (Stanislaw Lem, A. & B. Strugatzki). Aber auch die SF westeuropäischer Länder ist in Bewegung geraten. In Frankreich und Italien gibt es Autoren, die eine SF schreiben, die wohl von der anglo-amerikanischen beeinflußt, aber zugleich eigenständig ist und oft über sie hinausgeht, indem sie deren Fehler und Klischees vermeidet. Von den französischen Autoren sind vor allem Jean-Pierre Andrevon, Stefan Wul und Gérard Klein zu nennen, von den italienischen Lino Aldani, Sandro Sandrelli und Ugo Malaguti. Bei diesen Autoren, wie auch bei einigen ihrer skandinavischen Kollegen, findet sich – teilweise zaghaft – wieder etwas von dem, was der amerikanisch geprägten SF weitgehend verlorenging: Satire und Gesellschaftskritik.

Wenn es zutrifft, daß die Science Fiction eine populäre Form der Gegenutopie ist (wie der vermutlich entschiedenste ihrer Kritiker, Manfred Nagl, meint), dann ist die satirische Entlarvung dieser Gegenutopie vielleicht der erste notwendige Schritt, bevor wieder literarische Utopie als Gesellschaftskritik und Ausdruck der Hoffnung auf eine bessere Zukunft denkbar ist.

Anmerkungen

Hans Joachim Alpers: Verne und Wells – zwei Pioniere der Science Fiction? In: Eike Barmeyer (Hg.): Science Fiction. Theorie und Geschichte. München 1972. Stanislaw Lem: Roboter in der Science Fiction. In: Eike Barmeyer (Hg.): Science Fiction. Theorie und Geschichte. München 1972. Manfred Nagl: Science Fiction in Deutschland. Untersuchungen zur Genese, Soziographie und Ideologie der phantastischen Massenliteratur. Tübingen 1972. Jürgen Menningen: Mythos und Kolportage. Erscheinungsformen des Science-Fiction-Films »Egoist« Nr. 13. Frankfurt 1967.

Literatur

Theodor W. Adorno: Aldous Huxley und die Utopie. In: Theodor W. Adorno: Ohne Leitbild. Parva Aesthetica. Frankfurt 1967. Brian W. Aldiss: The Billion Year Spree. New York 1973. Kingsley Amis: New Maps of Hell. London 1961. William Atheling jr.: The issue at hand. Chicago 1964. William Atheling jr.: More issues at hand. Chicago 1970. John Baxter: Science Fiction in the Cinema. New York 1970. J. O. Beiley: Pilgrims through Time and Space. New York 1947. Paolo Bertetto: Il cinema dell'utopia. Salerno 1970. Heinz Bingenheimer: Katalog der deutschsprachigen utopisch-phantastischen Literatur aus fünf Jahrhunderten. Friedrichsdorf/Ts. 1960. J. P. Bouxyou: La Science Fiction au Cinéma. Paris 1971. Hermann Buchner: Programmiertes Glück. Sozialkritik in der utopischen Sowjetliteratur. Wien/Frankfurt/Zürich 1970. Thomas D. Clareson (Hg.): SF: The Other Side of Realism. Essays on Modern Fantasy and Science Fiction. Bowling Green, Ohio 1971. I. F. Clarke: The tale of the Future from the beginning to the present day: 1644 – 1960. London 1961. Das Elend mit der Zukunft. Sonderheft der Zeitschrift »Kino« Nr. 15. Berlin 1974. Basil Davenport (Hg.): The Science Fiction Novel: Imagination and Social Criticism. Chicago 1964. Robert C. Elliot: The Shape of Utopia: Studies in a Literary Genre. Chicago 1970. Rolf Giesen: Die politischen Mechanismen des Science-Fiction-Films. Seminar in Anlehnung an die TV-Reihe »Mythos und Kolportage im Science-Fiction-Film« (WDR III, Oktober/November 1971) von Jürgen Menningen und Dieter Hens. Duisburg 1971. Denis Gifford: Science Fiction Film. London/New York 1971. Vera Graaf: Homo Futurus. Eine Analyse der modernen Science Fiction. Hamburg und Düsseldorf 1971. Gotthard Günther: Die Entdeckung Amerikas und die Sache der Weltraumliteratur (Science Fiction). Düsseldorf 1952. H. W. Hall (Hg.): Science Fiction Book review Index. Detroit 1975. Dieter Hasselblatt: Grüne Männchen vom Mars. Science Fiction für Leser und Macher. Düsseldorf 1974. Jörg Hienger: Literarische Zukunftsphantastik. Eine Studie über Science Fiction. Göttingen 1972. Reimer Jehmlich/Hartmut Lück: Die deformierte Zukunft. München 1975. William Johnson (Hg.): Focus on the Science Fiction Film. London 1972. Fernand Jung: Materialien zum phantastischen Film. In: »Science Fiction Times« Nr. 127 und 130. Bremerhaven 1972/73. Robert Jungk: Wo sind die Erfinder einer menschenwürdigen Zukunft? Plädoyer für eine neue Zukunfts-Literatur: Science Creation. In: »pardon« Nr. 2. Frankfurt 1969. Klaus Keller: Der utopische Film. Aachen 1974. Kino der Utopien. Hg. von der Arbeitsgemeinschaft der deutschen Jugendfilmclubs u. -gruppen im Verband der Deutschen Filmklubs. Aachen 1968. Klaus Peter Klein: Zukunft zwischen Traum und Mythos: Science-fiction. Stuttgart 1976. Damon Knight: In Search of Wonder. Chicago 1967. Hans Jürgen Krysmansik: Die utopische Methode. Eine literatur- und wissenssoziologische Untersuchung deutscher utopischer Romane des 20. Jahrhunderts. Köln/Opladen 1963. Walter W. Lee: Reference Guide to Fantastic Films. Los Angeles 1975. Friedrich Leiner/Jürgen Gutsch (Hg.): Neue Science-Fiction. Texte und Materialien zum Literaturunterricht. Frankfurt usw. 1975. Sam J. Lundwall: Science Fiction: What it's All About. New York 1971. Jürgen Menningen: Filmbuch Science Fiction. Köln 1975. Sam Moskowitz: Explorers of the Infinite Shapers of the Infinite. Cleveland/New York 1963. Sam Moskowitz: Seekers of Tomorrow. New York 1967. (Autorenporträts: E. E. Smith, Heinlein, Bradbury, Simak, Farmer, Williamson, Sturgeon u. a.) Sam Moskowitz:

Science Fiction by Gaslight. A History and Anthology of Science Fiction in the Popular Magazines 1891–1911. Cleveland/New York 1968. Franz Rottensteiner (Hg.): Pfade ins Unendliche. Frankfurt 1971. Franz Rottensteiner (Hg.): Polaris I. Ein Science Fiction Almanach. Frankfurt 1973./Polaris 2. Frankfurt 1974./Polaris 3. Frankfurt 1975. Bernd Rullkötter: Die Wissenschaftliche Phantastik der Sowjetunion. Bern 1975. Martin Schwonke: Vom Staatsroman zur Science Fiction. Stuttgart 1957. Science Fiction: The Great Excape. In: »Newsweek« vom 22. Dezember. New York 1975. Horst Dieter Sihler: Magere utopische Ausbeute. Zehn Jahre Science-fiction-Filmfestival in Triest. In: »Frankfurter Allgemeine Zeitung« vom 1. August. Frankfurt 1973. Jacques Sternberg: Une Sucursale du Fantastique nommée Science-Fiction. Paris, o. J. The Science Fiction Film Image. Sonderheft der Zeitschrift »The Film Journal« Vol. 2 No. 3. Hollins College, Virg. 1974. Utopie – Science Fiction Sonderheft der Zeitschrift »Cinema« Nr. 60. Adliswil 1970. Rudolf Villgradther/Friedrich Krey: Der utopische Roman. Darmstadt 1973. Jörg Weigand (Hg.): Die triviale Phantasie. Beiträge zur Verwertbarkeit von Science fiction. Bonn 1976. Donald A. Wollheim: The Universe Makers. Science Fiction Today. New York 1971.

Asimov

Isaac Asimov, amerikanischer SF-Autor, Professor für Biochemie an der Universität von Boston, geb. 1920 in Petrowitschi/UdSSR. Mit 17 Jahren schrieb er, mittlerweile in die USA emigriert, seine ersten SF-Geschichten. Neben seinen SF-Stories und Romanen hat er auch zahlreiche populärwissenschaftliche Bücher publiziert, die teilweise auch in deutscher Sprache erschienen (»Geschichte der Biologie«, »Weltall ohne Grenzen«). Von Asimov stammt die Vorlage zu dem utopischen Film »Fantastic Voyage« (Phantastische Reise, 1966 von Richard Fleischer). Zu Asimovs bekanntesten SF-Titeln gehören die »Foundation«-Trilogie, »I, Robot« (Ich, der Robot) und »Caves of Steel« (Der Mann von drüben). Seine wichtigsten Romane entstanden schon Anfang der fünfziger Jahre und sind heute schon so etwas wie Klassiker ihres Genres. Von besonderer Bedeutung sind dabei seine Robotergeschichten in »I, Robot«, und Anthologien, in denen er die Robotergesetze entwikkelte.

Auf diesen Robotergesetzen bauen auch Erzählungen und Romane vieler anderer SF-Autoren auf, wobei oft innerhalb der Geschichte sogar darauf verwiesen wird, daß die Gesetze von einem SF-Autor namens Asimov entwickelt und später von Robot-Konstrukteuren in Wirklichkeit umgesetzt wurden. Die Gesetze besagen:

1. Ein Roboter darf niemals ein menschliches Wesen verletzen oder durch sein Nichthandeln zulassen, daß ein menschliches Wesen zu Schaden kommt.
2. Ein Roboter muß den Befehlen folgen, die ihm ein Mensch gibt – es sei denn, diese Befehle stehen im Widerspruch zum ersten Gesetz.
3. Ein Roboter muß seine eigene Existenz schützen, solange dies nicht dem ersten oder zweiten Gesetz widerspricht.

Obwohl diese Gesetze sehr einfach formuliert sind und auf einer leicht verständlichen Logik basieren, können sie zu vielfältigen Konflikten Anlaß geben, weil aus den drei logischen Sätzen in Grenzsituationen geradezu absurde Folgerungen möglich sind – Asimov behandelte sie beispielhaft in seinen Robotgeschichten, deren Heldin oft die »Robot-Psychologin« Susan Calvin ist.

Die Einführung einer Robot-Psychologin weist schon auf die antropomorphe Charakterisierung hin, die Asimov seinen Robotern zuteilwerden läßt. Im Gegensatz zur früher allgemein und auch heute noch oft üblichen Darstellung der Maschinenmenschen als drohende Racheengel der Technik machte Asimov aus ihnen zutrauliche Diener der unzulänglichen Menschen. »Robbies Arme aus verchromtem Stahl lagen zärtlich und liebevoll um das Kind«,

»Der Roboter war sichtlich verletzt«, »Cutie seufzte«; Beschreibungen wie diese finden sich häufig in Asimovs Robotgeschichten.
Seine Roboter haben ein kompliziertes Positronen-Gehirn und sehen dem Menschen zum Verwechseln ähnlich. Ihre Positronik-Gehirne scheinen die Leistungen des menschlichen Gehirns bei weitem zu übertreffen. Doch Asimov baut geschickt vor, um mögliche Unterlegenheitsgefühle der Menschen gegenüber den Super-Robots gar nicht erst aufkommen zu lassen. »Liebe kennen Asimovs Roboter nicht, doch sie vermitteln so, wie sie Asimov einsetzt, den Eindruck von Sympathie, vor allem dem Menschen gegenüber« (Paul Kruntorad).
Asimov wirbt offen für den technisch-naturwissenschaftlichen Fortschritt. Ähnlich wie die Vertreter einer technokratisch orientierten Futurologie – deren bezeichnendes Schlagwort *social engineering* lautet – gibt er vor, daß sich alle gesellschaftlichen und politischen Probleme durch technischen Fortschritt allein lösen lassen. In »I, Robot« wird ein Roboter, der sich als Mensch ausgibt, in höchste Regierungsämter gewählt, doch bleibt das nur eine Vorstufe zur völligen »Rationalisierung« aller wichtigen gesellschaftlichen Entscheidungen. Schließlich beherrschen (im Jahre 2080) gigantische Denkmaschinen die Welt, Computer mit eigenem Bewußtsein und eigener Persönlichkeit, die alles zum »Wohle der Menschheit« tun. Sie bestimmen über Herstellung und Verteilung aller Waren. Ihre Entscheidungen werden von den Menschen widerspruchslos akzeptiert, denn der »*Mensch-Maschine-Union* gehört die Zukunft«, wie eine von Asimovs Figuren sagt.
»Romantik hat abgedankt zugunsten forscher Progressivität. Dennoch irrt diese Progressivität, die meint, alles Heil entspringe den Denkmaschinen. Technik, deren Verselbständigung in minderen SF-Stories als apokalyptische Drohung erscheint, verwandelt sich, ebenso undifferenziert, zur eschatologischen Verheißung. Das positivistische Erbe hat sich endgültig durchgesetzt, hat alle Dialektik, die nach Zweck und Bedingungen des technischen Fortschritts fragt, als schlicht fortschrittsfeindlich diffamiert« (Michael Pehlke/ Norbert Lingfeld).

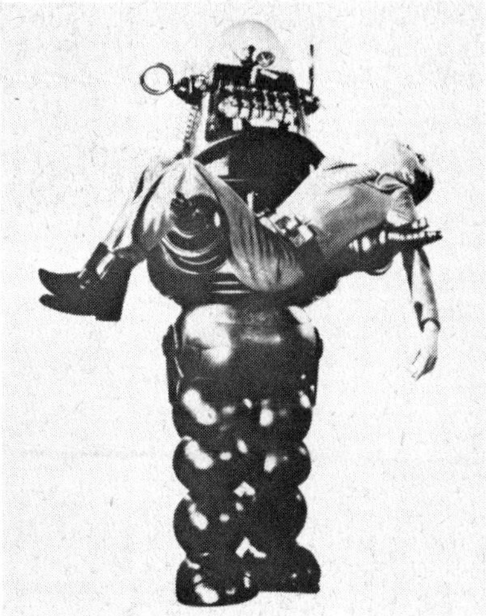

Roboter in einem SF-Film, der gemäß Asimovs Robotikgesetzen handelt: als überlegener Partner des Menschen Foto: MGM

Asimov selbst legt seine Position unverschleiert der Robot-Psychologin Susan Calvin in den Mund, die im Schlußdialog von »Ich, der Robot« sagt: »Wir hatten sie (die Entscheidung über unsere Zukunft) ja nie. Immer waren wir auf Gnade und Barmherzigkeit ökonomischen und sozialen Kräften ausgeliefert, die wir nicht verstanden haben. Wir waren abhängig von den Launen des Klimas und den Wechselfällen der Kriege. Die Maschinen verstehen alle diese Kräfte, und keiner kann sich ihnen in den Weg stellen . . . Denken Sie, daß *für alle Zukunft Konflikte vermeidbar* werden. Nur die Maschinen sind von jetzt an unvermeidbar.«

Anmerkungen
Paul Kruntorad: Arthur C. Clarke und Isaac Asimov oder Science-fiction-Autoren, Hellseher und Pädagogen. In: Leonhard Reinisch/Kurt Hoffmann (Hg.): Führer und Verführer. München. Michael Pehlke/Norbert Lingfeld: Roboter und Gartenlaube. München 1970.
Literatur
Isaac Asimov: Plädoyer für Science-Fiction. In: »Der Spiegel« Nr. II. Hamburg 1972. Isaac Asimov: Science Fiction. In: »Bild der Wissenschaft« Nr. 2. Stuttgart 1970. Neal Goble: Asimov Analyzed. Baltimore 1972. Walter Gillings: Modern Masters of Science Fiction. No. 10. In: »Science Fiction Monthly« Vol. 2. No. 4. London 1975.

Atlan
Wöchentlich erscheinende Romanheftserie des Moewig-Verlags (Redaktion: Pabel-Verlag), die von den gleichen Autoren wie die → Perry Rhodan-Serie geschrieben wird. Anfänglich auf utopische Agentenabenteuer spezialisiert, wurde die Serie erst teilweise, dann ganz umgestellt auf »Atlan-exclusiv« und die Abenteuer des »Helden von Arkon«: »Der junge Atlan erzählt von seinem Leben, seinem abenteuerlichen Kampf um die Krone Arkons. Der junge Kristallprinz Atlan lebt irgendwo in der Galaxis und will sein Erbe zurückgewinnen.« Damit wird das Zukunftsbild der Perry Rhodan-Serien bis in die fernste Vergangenheit erweitert; wie die zukünftige kosmische Geschichte von mächtigen Männern gemacht wird – Perry Rhodan und Atlan –, so wurde auch bereits die vorgeschichtliche Vergangenheit vom unsterblichen Atlan geformt. In Atlan-Romanen in der Reihe der Perry Rhodan-Taschenbücher wird sogar beschrieben, wie der auf die Erde verschlagene Atlan im Lauf der Jahrtausende immer wieder in die Geschichte eingreift und damit die Entwicklung der Menschheit lenkt.
Ebenso wie eine rationale und machbare Zukunft, so wird auch die Rationalität der Geschichte geleugnet; sie wird nicht von Menschen, sondern von Unsterblichen aus dem Kosmos gemacht. Das läßt an Erich von Dänikens Thesen vom außerirdischen Walten über der irdischen Geschichte (Astronauten-Götter aus dem Kosmos) denken – und das kann kaum als Zufall gelten, wenn man berücksichtigt, aus welchen Quellen dieser »Astro-Archäologe« seine Anregungen bezieht. In einem Heft der Atlan-Serie wurde eine Erklärung des überzeugten Perry Rhodan-Lesers von Däniken (»Ich habe Perry Rhodan von Anfang an gelesen und bin von der Fülle des gebotenen Stoffes fasziniert«) über »Atlan-exclusiv« veröffentlicht. Darin äußert sich von Däniken begeistert über »die Abenteuer des jungen Atlan . . . und schließlich seine ersten Begegnungen mit unseren Vorfahren, von denen heute noch die Sagen berichten und für die der konkrete Beweis noch fehlt . . . So vermischen sich in Atlan-exclusiv Realität und Phantasie zu einem gewaltigen Epos unserer eigenen Vergangenheit und der fremder Sternenvölker, deren einstiger Kontakt mit uns vielleicht unser Schicksal . . . beeinflußte und veränderte . . . Ich jedenfalls werde mir kein Abenteuer des jungen Atlan entgehen lassen, und sicherlich wäre es nicht das erstemal, daß ein phantastischer Roman einem Suchenden den langersehnten Hinweis auf die richtige Fährte vermittelt.« Wie Erich von Däniken in den Atlan-Romanen sucht, so scheinen umgekehrt auch die Atlan-Autoren in den Büchern von Dänikens zu suchen und zu finden: ein Beispiel dafür, wie sich antirationales, pseudowissenschaftliches Spekulieren und eskapistische Unterhaltung gegenseitig befruchten.

Anmerkung
Erich von Däniken: Erich von Däniken über Atlan Exklusiv. In: »Atlan« Nr. 100. München 1973.

Bradbury
Ray Bradbury ist der Romantiker unter den Science-Fiction-Autoren, bekannt für den poetisch-lapidaren Stil seiner Kurzgeschichten. Er schrieb lange Jahre für ver-

schiedene → SF-Magazine, bevor ihm auch angesehenere Zeitschriften, die *Slick Papers*, ihre Spalten öffneten. In etwa vier Jahrzehnten schrieb er über 300 Kurzgeschichten, 14 Romane und 10 Drehbücher. Verfilmt wurden nach SF-Vorlagen von Ray Bradbury: »It Came from Outer Space« (Gefahr aus dem Weltall – 1953 – Regie: Jack Arnold), »Fahrenheit 451« (1966 – Regie: François Truffaut) und »The Illustrated Man« (Der Tätowierte – 1968 – Regie: Jack Smight).

Bradburys Arbeiten sind weniger *science* und mehr *fiction*. Die SF-Konstruktionen sind ihm nur Vorwand, um phantastische Gestalten und Symbole wiederzubeleben. In einer seiner Geschichten läßt er auf einem anderen Planeten all jene klassischen Phantasie- und Schreckensgestalten weiterleben, die die Menschen der Erde aus ihrem Bewußtsein verdrängt haben. Bradburys Stories bewegen sich häufig auch eher im Bereich von Fantasy und Horror. Wissenschaft und Magie sind für ihn kaum unterscheidbar; ein Roboter ist ein Fabelwesen, ein Werwolf, ein Wesen wie du und ich. Die Wirklichkeit ist phantastisch, und die Phantasie wird oft in bedrohlicher Weise wirklich. In einer seiner bekanntesten Geschichten (enthalten im Episodenroman »The Illustrated Man«, dt. »Der illustrierte Mann«) läßt ein vollautomatisiertes Kinderzimmer die Phantasie von Kindern zur Realität werden – wirkliche Raubtiere fallen über die Eltern her und zerfleischen sie. Die Phantasie und ihre Trägergestalten befinden sich in einem ständigen Abwehrkampf gegen die Feuerwehr der Vernunft: In »Fahrenheit 451« schildert Bradbury eine autoritäre Gesellschaft, in der das Lesen von Büchern verboten ist und die Feuerwehr die Aufgabe hat, versteckte Bücher aufzuspüren und zu verbrennen. Es wird deutlich, daß die Aktivitäten der uniformierten Bücherverbrenner gegen die in den Büchern enthaltene Phantasie gerichtet sind. Die letzten Bücherleser finden Zuflucht in der Natur. Sie durchstreifen die Wälder und rezitieren laut aus ihren Büchern.

Hier wie zum Beispiel in der Geschichte »The Pedestrian« (Der letzte Fußgänger), die von einer Zukunft handelt, in der das Spazierengehen verboten ist, zeigt Bradbury eine ausgeprägte Empfindsamkeit gegenüber einer Gesellschaft, in der geistige wie körperliche Beweglichkeit zunehmend behindert werden durch die Rationalität einer inhuman angewandten Technologie. Bradburys Phantasie ist dabei vergleichbar der eines kleinen Jungen, der sich den Zwängen seiner Umwelt (noch) nicht zu ergeben vermag und einen Ausweg sucht in seiner eigenen Phantasiewelt.

So ist auch zu erklären, daß Bradbury trotz seines weitgehenden Kulturpessimismus die Technik und die zum Abenteuer stilisierte Raumfahrt in vielen Geschichten romantisch verklärt. Er ist sogar der Meinung, die Raumfahrt sei »eine religiöse Bewegung« von Menschen, die einen anderen Teil des Universums zu erlösen versucht: »Es ist nicht militärisch, nicht politisch, nicht einmal rein technologisch. Es ist das Wachsen und die Bewegung von Menschen, die sich der wunderbaren Situation bewußt sind, in der sie sich selbst befinden. Wir wissen absolut nichts über uns selbst. Das Universum hat viele Dinge, die es uns lehren kann.«

Anmerkung

Gene Beley: Ray Bradbury – der Mann mit dem unglaublichen Denkvermögen. In: »Luther's Grusel-Magazin« Nr. 5. Sasbachwalden o. J.

Brunner

John Brunner ist eine Ausnahme unter den Vielschreibern der SF; trotz mittlerweile über 60 veröffentlichten SF-Titeln zählt er zu den Autoren, die die Möglichkeiten des Genres wenigstens gelegentlich auszuloten versuchen. Er wurde 1934 in Oxfordshire geboren. Noch während seiner Schulzeit erschien – 1951 – sein erster Roman als Taschenbuch («zum Glück erschien es unter einem Pseudonym und versank, ohne jemals wieder aufzutauchen«). Zwei Jahre Dienst bei der Royal Air Force ließen ihn zum überzeugten Antimilitaristen werden, der unter anderem ein Kampflied der britischen Atomwaffengegner verfaßte. Ein von seiner einflußreichen und an einem Chemiekonzern beteiligten Familie angebotenes Stipendium sollte ihn nach Oxford und in eine Big-Business-Karriere führen, aber er lehnte ab und versuchte sich in London als freier Autor, was er in den ersten Jahren aber nur durch verschiedene redaktionelle Tätigkeiten in fester Anstellung durchhalten konnte.

Brunner selbst teilt seine Romane in zwei Kategorien ein: die »ambitionierten« und die »des Spaßes wegen«. Für die letztere Kategorie typisch ist etwa »The Avengers of Carric«, eine einfache und spannende Geschichte, aber nicht ganz ohne die Absicht, aus der *space opera* in die Gegenwart zu verweisen. Es geht um einen unterentwickelten Planeten, dessen Bevölkerung von einer Gruppe von Abenteurern beherrscht und ausgebeutet wird. Es gelingt Agenten der Erde, diesen Zustand zu beenden, aber »die eigentlichen Hintermänner, die das Geschäft finanziert haben und den Gewinn einstecken, werden anderswo sitzen, wahrscheinlich in den Aufsichtsräten respektabler Banken und Konzerne. Das werden wir nie herauskriegen.«

Deutsche Taschenbuchausgabe eines Romans von John Brunner © Goldmann

Der erste längere und ambitioniertere Roman entstand 1960 mit »The Squares of the City« (bisher nicht in Deutsch erschienen). Dieser Roman ist wie ein Schachspiel aufgebaut (ein literarischer Versuch, den viele vor Brunner gemacht haben); dabei ist der Roman nach einem tatsächlich gespielten Meisterschaftsspiel entworfen worden – die Züge der Handlung folgen den Zügen dieses Spiels. Welche Person welcher Spielfigur, welche Handlung welchem Schachzug entspricht, wird in einer Tabelle am Schluß erklärt.

Dieses formale Vorgehen ist aber nicht nur ein Spiel, sondern entspricht der Handlung, die die Manipulation der Bevölkerung eines lateinamerikanischen Staates beschreibt. Aguazul ist äußerlich kein totalitär regiertes Land; doch wird die Bevölkerung durch weit sublimere Methoden beeinflußt: durch suggestive Techniken der Massenkommunikationsmittel zum Beispiel oder durch Verkehrsplanung, die auf ihre soziopolitischen Folgen berechnet ist. Eine politische Stabilität wird dadurch erreicht, daß die beiden führenden und rivalisierenden Politiker des Landes eine Art Schachspiel mit lebenden Figuren spielen, die in ihrem Einflußbereich stehen – aber das Spiel geht zu Ende, als eine der Figuren erkennt, daß sie nur eine Figur ist. Damit bricht der lang angehaltene und hinausgeschobene politische Konflikt als Bürgerkrieg aus.

1968 erschien Brunners »Stand on Zanzibar«, mit 650 Seiten der vermutlich längste SF-Roman, der bisher geschrieben wurde. Der Titel bezieht sich auf eine Berechnung, derzufolge 7 Milliarden Menschen (die Brunner im Jahr 2010 voraussetzt) auf der Insel Sansibar Platz finden würden – so dicht aneinandergedrängt, daß sich niemand mehr bewegen könnte. Die Probleme des Jahres 2010 sind eigentlich die der Gegenwart: Überbevölkerung, Umweltzerstörung, begrenzte Kriege, Rassenunruhen, Manipulation mit elektronischen Mitteln, weltweiter Imperialismus. Diesem weniger utopischen denn realen Inhalt entspricht eine Erzähltechnik, die von Dos Passos (»Manhattan Transfer«) beeinflußt wurde. Im Buch selbst wird »Stand on Zanzibar« zum »Nicht-Roman« erklärt. »Stand on Zanzibar« besteht aus verschiedensten Teilen, die wie eine Collage zusammengefügt sind: Da ist zunächst eine durchgehende Handlung, die für sich ein Roman sein könnte und immer wieder unter der Überschrift »Continuity« aufgegriffen wird. Dazu kommen eingefügte Kurzgeschichten unter »Tracking with close-ups«, Essays unter »Context«. Des weiteren sind unter »The Happening World« verschiedenes Background-Material, Gedichte, Fernsehscripts, Zitate, Überschriften etc. eingefügt. Das alles bildet Stein um Stein zusammen ein Mosaik einer zukünftigen Welt, die nicht einfach beschrieben, sondern aus ihr selbst heraus begriffen wird. Wenn aber eine solche Zusammenstellung kein Roman ist, was dann? »›Stand on Zanzibar‹ ist kein Roman; es ist ein Film in Buchform . . . Was wir hier haben, ist die filmische Technik der geteilten Leinwand, auf den Roman angewandt« (Spinrad).

Im Gegensatz zu den meisten Autoren der sogenannten → New Wave kann Brunner für sich in Anspruch nehmen, daß seine formale Innovation nicht nur Spiel oder Selbstzweck ist, sondern ein Mittel, das dem Inhalt entspricht. Das gilt auch für sein 1972 erschienenes »And the Sheep Look Up«, in dem Brunner von der Voraussetzung ausgeht, daß die öffentliche Gleichgültigkeit und die Überzeugung von Politikern, die »Umwelthysterie« würde von selbst wieder zurückgehen, zunehmen werden, und daß daher die Umweltverschmutzung einen Punkt erreichen wird, von dem aus der Prozeß der Zerstörung nicht mehr rückgängig zu machen ist.

Auch in »Jagged Orbit« extrapoliert Brunner heute erkennbare Tendenzen ein halbes Jahrhundert in die Zukunft. Er beschreibt ein Amerika, das von einem Waffenkonzern dominiert wird, einer Art Fortsetzung der Mafia des 20. Jahrhunderts, der die USA dem Untergang entgegentreibt, um seine Absatzmärkte auszuweiten.

Von Brunners ambitionierten Romanen ist bisher nur »Jagged Orbit« auf deutsch erschienen, freilich in einer Taschenbuchausgabe des Goldmann-Verlags, die weniger als die Hälfte des Originalumfangs aufwies. Zu dieser (branchenüblichen) Verstümmelung schrieb Brunner selbst: »Ich habe aus New York ein Exemplar von einem Buch empfangen, das ›Morgen geht die Welt aus den Angeln‹ heißt. Bitte erklären Sie dem deutschen Leser, daß dies keine Übersetzung von meinem Roman ›The Jagged Orbit‹ ist, sondern eine Verkürzung und eine Travestie. Der Roman hat genau hundert Kapitel; die ›Übersetzung‹ hat nur zweiunddreißig«.

Das ist nur ein krasses Beispiel dafür, wie in diesem Genre ein Autor zurechtgestutzt wird, der fähig ist und die Absicht hat, mehr als nur genrespezifische Trivialitäten zu produzieren: »Aber ich ›glaube‹ nicht mehr an die Kolonisierung des Mars. Ich ›glaube‹ nicht mehr an die galaktische Föderation. Ich ›glaube‹ nicht mehr an das bevorstehende Kommen der Zeitmaschine. Und wie sehr ich mich auch mühe, ich kann meinen Unglauben nicht lange genug aufheben, um diese Ladenhüter-Tricks beim Schreiben einer Geschichte zu benützen, die meinen gegenwärtigen kritischen Standards entspricht«.

Anmerkungen

John Brunner: The Development of a Science

Fiction Writer. In: »Foundation« No. 1. Dagenham 1972. John Brunner, zitiert nach: Hans Joachim Alpers: Leitartikel. In: »Science Fiction Times« Nr. 114/115. Bremerhaven 1971. Norman Spinrad: The Novel as Film. In: Thomas D. Clareson (Hg.): SF: The Other Side of Realism. Bowling Green 1971.

Clarke

Arthur C. Clarke, englischer SF-Autor, wissenschaftlicher Schriftsteller und Unterwasserforscher, geb. 1917 in Minehead/England. Schon als Schüler begann er mit selbstgebauten Teleskopen zu experimentieren. Während des Zweiten Weltkriegs war er technischer Offizier in der Royal Air Force und dabei unter anderem als Dozent für Radartechnik tätig. Ein Studium der Physik und Mathematik und weitere Arbeiten über höhere Mathematik und angewandte Astronomie folgten. Bereits 1945 veröffentlichte er in einer Fachzeitschrift den Plan, künstliche Satelliten für die Nachrichtenübermittlung zu benutzen; 1961 wurde er dafür mit dem Kalinga-Preis der UNESCO ausgezeichnet. Neben seinen zahlreichen SF-Romanen und SF-Geschichten hat Clarke auch eine Anzahl von wissenschaftlichen Sachbüchern geschrieben (in deutscher Übersetzung z. B. »Im höchsten Grade phantastisch«, »Unsere Zukunft im Weltall«, »Eine neue Zeit bricht an«). Mit dem Filmregisseur → Stanley Kubrick zusammen schrieb er das Drehbuch zu dem Film »2001 – Odyssee im Weltraum« (1964–67). Seit 1956 lebt Arthur C. Clarke in Ceylon.
Clarkes Lebenslauf (wie auch seine Science Fiction) weist deutliche Parallelen zu dem des amerikanischen SF-Autors → Isaac Asimov auf. Beide haben eine naturwissenschaftliche Ausbildung erhalten (was nur bei verhältnismäßig wenigen SF-Autoren der Fall ist), beide schreiben SF und wissenschaftliche Sachbücher, beide haben den Stoff für einen utopischen Film geliefert. Beide schreiben optimistische Erzählungen, in denen technischer Fortschritt eine problemlose Zukunft bewirkt. Sie nehmen damit eine technokratische Position ein, die vorgibt, daß die Entwicklung der Zukunft nur den Sachzwängen der Technik unterworfen sei.
Clarke tendiert dabei auffällig zu einer romantisierenden Darstellung der Technik, die mitunter gar in reinste Metaphysik übergeht, so etwa bei »2001«. Ein Kritiker schrieb über die von Clarke in »The City and the Stars« beschriebene utopische Stadt »Diaspar«: »Ihre Technologie ist tatsächlich reine Magie.«

Literatur

Arthur C. Clarke: The Lost Worlds of 2001. New York 1972.

Dick

Philip K. Dick, amerikanischer SF-Autor, geb. 1928 in Chikago. Er verließ 1948 vorzeitig das College und arbeitete in einem Schallplattengeschäft. Ein oder zwei Jahre später begann er SF zu schreiben. Ende 1951 verkaufte er seine erste SF-Geschichte an »The Magazine of Fantasy and Science Fiction«, und bald darauf waren seine Stories in fast allen → SF-Magazinen vertreten. Eine seiner Kurzgeschichten erreichte eine Millionenauflage in der Sowjetunion. Sein erster Roman »Solar Lottery« (Hauptgewinn: Die Erde) wurde in England unter dem Titel »World of Chance« erstveröffentlicht.
Die SF-Welten des Philip K. Dick werden regiert von übermächtigen Führergestalten; er zeichnet das Amerika der Zukunft häufig als Polizeistaat, und nicht selten stellt er direkte Bezüge zum deutschen Faschismus her. Das ist in Wirklichkeit aber nicht sein Thema, denn es sind nicht gesellschaftliche Ursachen und Auswirkungen, die ihn in erster Linie interessieren; sehr viel mehr faszinieren ihn die charismatischen Führergestalten, die zwar stets ein schicksalhaftes Ende finden, aber eben doch von einer unbestimmten Vorsehung zu Trägern fast absoluter Macht und unvorstellbarer Gewaltausübung bestimmt sind. So wird in »The World Jones Made« (Die

seltsame Welt des Mr. Jones) ein Mann zum uneingeschränkten Herrscher der Welt, der um ein Jahr in die Zukunft sehen und einer jeden denkbaren Form von Widerstand im vorhinein begegnen kann. Floyd Jones empfindet seine eigene Rolle als Fluch, und er geht wissend seinem Ende entgegen.

Über eine dieser charismatischen Führergestalten entspinnt sich in »Solar Lottery« ein aufschlußreicher Dialog: »Er ist dein Vater«, sagte Benteley. »Und ich hasse Väter.« – »Du bist – psychotisch. Etwas stimmt nicht mit dir.« – »Ich weiß«, stimmte Benteley zu. »Ich bin krank. Und je mehr ich erlebe, um so mehr verschlimmert sich meine Krankheit. Ich bin so krank, daß ich glaube, alle anderen sind krank und ich bin der einzige unter ihnen, der gesund ist. Es steht ziemlich schlimm um mich, nicht?«

Hier wird bereits offenkundig, wie sehr die Widersacher ihren übergroßen Führern/Vätern gleichen: sie teilen deren Wahnsysteme. Sie verlieren nicht selten ihre Identität; sie sind zu keinen menschlichen Beziehungen mehr fähig; die Wirklichkeit um sie herum löst sich auf; die grundlegenden Strukturen von Raum und Zeit entziehen sich jeder Gesetzmäßigkeit; das ganze Universum erweist sich schließlich gar als Teil ihrer eigenen Psyche, beliebig veränderbar und zerstörbar.

In »The Three Stigmata of Palmer Eldridge« ist eine von dem Industriellen Palmer Eldridge aus einem anderen Sonnensystem zur Erde gebrachte Droge das Mittel, um die ganze Welt in ein solipsistisches Palmer-Eldridge-Universum zu verwandeln; erst durch seine Ermordung kann die Wirklichkeit wiederhergestellt werden.

Ein Kritiker beendete die Besprechung eines Dick-Romans mit der schlichten Frage, ob Philip K. Dick wahnsinnig sei. Wenn man liest, wie bereitwillig Dick Interviewern von eigenen Selbstmordversuchen, Drogensucht oder Nervenzusammenbrüchen erzählt, könnte leicht der Eindruck aufkommen, daß Dick damit kokettiert, wie »kaputt« er ist oder eben gemacht wurde. In einer 1963 durchgeführten Umfrage unter SF-Autoren bezeichnete er als Ereignis mit starkem Einfluß auf sein Schreiben »meinen eigenen ›Nervenzusammenbruch‹, der mir mit 19 und dann wieder mit 24 und 33 widerfuhr«. Dick schrieb nach eigenen Angaben alle seine bis 1970 erschienenen Romane unter Einfluß von Amphetaminen – ein in der Drogensubkultur, in der Dick zeitweise lebte, *speed* genanntes Aufputschmittel. Er glaubte sogar, ohne Drogen nicht mehr schreiben zu können, bis eine klinische Untersuchung ergab, daß auf Grund einer physischen Besonderheit Dicks Amphetamine gar keine Wirkung auf ihn hatten. Mit »The Three Stigmata of Palmer Eldridge« schrieb er einen

Unwirkliche Wirklichkeit: Titel eines Romans von Philip K. Dick © Heyne

»klassischen LSD-Roman« (Paul Williams), ohne diese Droge zuvor genommen zu haben.
Sie mögen Wahnsystemen oder Drogenvisionen vergleichbar sein – Philip K. Dicks Romane verweisen dennoch auf die gesellschaftliche Wirklichkeit bzw. Unwirklichkeit, auf die er sie auch selbst bezieht, wie aus von ihm verfaßten (und in → Fanzines veröffentlichten) Artikeln über polizeistaatliche Tendenzen in den USA hervorgeht. Letztlich sagen seine sich in psychotischer Auflösung befindlichen Zukunftswelten doch sehr viel mehr über die Gesellschaft als über einen einzelnen aus.
Mit der Detailgenauigkeit eines Wahnsystems arbeitete Dick in »The Man in the High Castle« (Das Orakel vom Berge) die Vision einer alternativen Welt aus, in der Japan und Deutschland den Zweiten Weltkrieg gewonnen haben (→ Zeitreise). Nach dem Erfolg dieses Romans versuchte Dick aus dem SF-Getto auszubrechen. Doch nachdem er einen ähnlich ambitionierten Roman »The Martian Time-Slip« (Mozart für Marsianer), nicht an einen Hardcover-Verleger verkaufen konnte, kehrte er zu einer »simpleren Konzeption meines Schreibens« zurück. In seiner Schublade verblieben mindestens zehn belletristische Romane ohne SF-Bezug, für die er keinen Verleger fand.
Dick wird vor allem in Europa von intellektuellen SF-Lesern zunehmend geschätzt, mitunter auch überschätzt. Der polnische SF-Autor → Stanislaw Lem beispielsweise sieht in ihm – trotz kritischer Betrachtungsweise – eine der großen Ausnahmen der amerikanischen Science Fiction: »Er bucht auf seinem Konto mehr Niederlagen als Siege, aber die letzteren sind es, die den Rang eines Schriftstellers bestimmen.«

Anmerkungen

Stanislaw Lem: Science Fiction: Ein hoffnungsloser Fall – mit Ausnahmen. In: Franz Rottensteiner (Hg.): Polaris 1. Frankfurt 1973. Paul Williams: The True Stories of Philip K. Dick. In: »Rolling Stone« No. 199. Boulder 1975.

Literatur

Angus Taylor: Philip K. Dick and the Umbrella of Light. Baltimore 1975.

Dominik

Hans Dominik (1872–1945) begann 1922 mit dem Titel »Die Macht der Drei« die Reihe seiner utopischen Romane, die lange Zeit ungemein erfolgreich waren und Millionenauflagen erreichten. Vor allem jugendliche Leser bevorzugten diese Art von Lektüre. Aus einer Untersuchung von 1944 geht hervor, daß Dominik neben Karl May (vgl. *Abenteuer*) zu ihren Lieblingsschriftstellern gehörte. Eine neuere Untersuchung gibt an, daß seine Bücher zu 67 % von Jugendlichen unter 18 Jahren gelesen werden. Auch heute noch wird Dominik in Taschenbuchausgaben neu aufgelegt.
Dieser lang andauernde Erfolg Dominiks ist um so erstaunlicher, als die technischen Inhalte seiner Romane längst überholt sind. Die technischen Beschreibungen, so sehr sie Dominik von begeisterten Lesern nachgerühmt werden, sind freilich auch nicht der Grund für Dominiks Erfolg. Dominik hatte zwar eine naturwissenschaftliche Ausbildung – er war Ingenieur –, doch blieben die technischen Beschreibungen in seinen Romanen trotzdem vage und riefen den Protest der Fachleute hervor: »Mangel an klaren technischen Vorstellungen, fehlendes Verantwortungsgefühl, keine wirklich neuen technischen Phantasien. Im Deutsch der Kitschromane geschrieben, es gibt noch Exzellenzen, Adel, romantische Bauernhöfe und sentimentale Liebesgefühlchen . . .« (Hardensett, 1928, in »Kultur und Technik«). Martin Schwonke urteilt: »Primär gilt Dominiks Interesse auch gar nicht den technischen Zukunftsaufgaben und -problemen, er ordnet diese vielmehr einem Wunschbild unter, dessen er sich offenbar nur in geringem Maße bewußt ist und dessen Ziel in erster Linie Macht ist. Sie muß groß genug sein, um den Helden zum Retter der Welt zu machen, sie muß ihm Mittel in die Hand geben, die ihn sou-

veràn über die versagenden irdischen Gewalten stellen«.
Globale Machtphantasien also, durch umwälzende technische Erfindungen scheinbar rational begründet, sind der wesentliche Inhalt von Dominiks Büchern. Er schildert zumeist globale Konflikte zwischen kontinentalen Machtgebilden und damit auch zwischen den Rassen (die weiße gegen die gelbe und die schwarze Rasse). Riesenschlachten erfordern gewaltige Opfer, der weißen Rasse droht die Vernichtung, gerettet wird sie alsbald durch einen genialen nordischen Tatmenschen, wie ihn Dominik als Helden bevorzugt. Dieser verbindet sich oft mit einem geheimnisvollen Asiaten als einem Träger der »Weisheit des Ostens«. So kommt der Held in den Besitz geheimer Mittel von unvorstellbarer Macht, die ihn befähigen, auch über die Köpfe der Regierungen hinweg rettend einzugreifen. Er weiß sich dabei immer in Übereinstimmung mit dem Schicksal. Als ein weißer Held – im Roman »Atlantis« (1925) – durch einen Sabotageakt Tausende von Schwarzen tötet, vermag er sein Gewissen mit dem Gedanken zu beruhigen, daß er im Auftrage des Schicksals gehandelt hat. Gegenspieler des Helden ist auch fast immer ein Verräter der weißen Rasse, der aber nie durch die Justiz oder die Hand des Helden gerichtet wird, sondern gleichfalls durch das unergründliche »Schicksal«. Ab 1933 gingen die utopischen Perspektiven in Dominiks Romanen zurück. Die Auseinandersetzungen kontinentaler Machtgruppierungen wurden auf die bestehenden politischen Verhältnisse reduziert, aus einem deutschnationalen Blickwinkel gesehen. Die Erfindungen wurden weniger überdimensioniert, die genialen Erfinder weniger übermächtig – sie erhoben sich jetzt kraft ihrer technischen Machtmittel nicht mehr über die politischen Instanzen, sondern dienten diesen und verhalfen so Deutschland zu wirtschaftlicher bzw. wissenschaftlicher Vormachtstellung. Aus schicksalhaften Weltkonflikten wurden mäßig utopische Pionierleistungen deutscher Ingenieure. Ein Beleg für Dominiks Anpassung an die jeweils herrschenden politischen Verhältnisse und Ideologien ist auch seine Darstellung der Japaner. Waren sie anfangs oft als Verräter der weißen Rasse gezeichnet (z. B. in »Wettflug der Nationen«, 1934), so wurden sie später im Zeichen des Antikominternpaktes zunehmend positiver dargestellt (»Treibstoff SR«).
Dominiks Romane, die jugendliche Begeisterung für die Macht der Technik auf nationalistische Ziele hinlenkten, konnten den Nationalsozialisten natürlich nur recht sein. Seine Bücher wurden während des Dritten Reichs in Massenauflagen verbreitet, und noch heute gilt Dominik als *der* deutsche Autor von Zukunftsromanen.

Anmerkung
Martin Schwonke: Vom Staatsroman zur Science Fiction. Stuttgart 1957.

Literatur
Hans Dominik: Vom Schraubstock zum Schreibtisch. Lebenserinnerungen. Berlin 1942.

Fanzines
Aus *fan* und *magazine* zusammengezogener Begriff für kleine, von SF-Fans zusammengestellte Zeitschriften. Ihre Machart ist meist recht billig, sie werden normalerweise auf den gebräuchlichen Vervielfältigungsgeräten abgezogen. Oft sind es Club-Zeitschriften, die von → SF-Clubs für ihre Mitglieder publiziert werden.
Die ersten Fanzines erschienen schon wenige Jahre nach dem ersten professionellen → SF-Magazin, dem von Hugo Gernsback 1926 herausgebrachten »Amazing Stories«. Sie hießen »Cosmic Stories« und »Cosmic Stories Quarterly«, bestanden aus hektographierten Blättern und wurden von zwei jungen Fans gemacht, die sich durch die Leserbriefspalte von »Amazing Stories« kennengelernt hatten. Sie hießen Jerome Siegel und Joseph Shuster, besuchten zu dieser Zeit noch die High School und sollten später als die Schöpfer der SF-Comicserie → Superman bekannt werden,

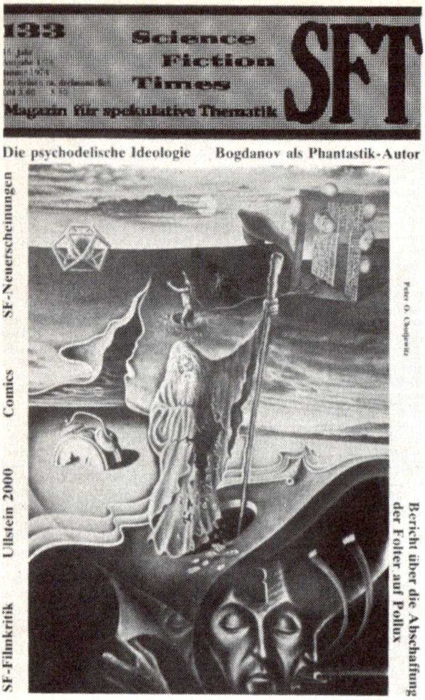

»Science Fiction Times« – ein Magazin der SF-Kritik

die von Siegel getextet und von Shuster gezeichnet wurde.
Etwa zur selben Zeit wurde der erste SF-Club in den USA gegründet, der »Science Correspondence Club«, der ein kleines vervielfältigtes Fanzine namens »The Comet« herausgab. 1930 erschien ein SF-Fanzine, das schon weitgehend so aussah wie die meisten seiner gegenwärtigen Nachfahren. Es hieß »The Planet« und brachte vor allem SF-Kurzgeschichten, die von Clubmitgliedern geschrieben wurden, Film- und Buchkritiken, Neuigkeiten und allerlei Klatsch aus dem SF-Fandom (zusammenfassender Begriff für die SF-Clubs).
In den fünfziger Jahren begannen sich die SF-Clubs auch in westeuropäischen Ländern zu verbreiten, und mit ihnen die Fanzines. Viele Autoren, Herausgeber und Redakteure von SF-Magazinen und Buchreihen kommen selbst aus dem Fandom.
Die SF publizierenden Verlage nehmen die Fanzines deshalb ernst, weil sich in ihnen der Kern einer festen Leserschaft äußert, wenn auch nicht immer in besonders qualifizierter Form. Da SF eher ein spezielles Publikum anspricht, finden sich in Zeitschriften und Zeitungen kaum Rezensionen zu SF-Neuerscheinungen; in den Fanzines aber wird alles besprochen, was an SF in irgendeiner Form erscheint: Comics, Romanhefte, Bücher, Filme.
Fanzines bilden oft auch eine Verbindung zwischen SF-Autoren und den Lesern. Bekannte Autoren und Redakteure schreiben nach wie vor für Fanzines (ohne Honorar) und beteiligen sich an den Diskussionen in den Leserbriefspalten. Was den Umfang anbetrifft, so hält ein schwedisches Fanzine den Rekord; eine Ausgabe des »Science Fiction Forum« erschien 1969 mit einem Umfang von 240 engbedruckten Seiten – die Auflage war freilich bescheidener als der Umfang: 100 Exemplare. Trotz ihrer meist kleinen Auflagen gehen die Fanzines oft über viele Ländergrenzen hinweg. Mitunter erscheinen sie sogar in verschiedenen Sprachen gleichzeitig, insbesondere Sondernummern aus Anlaß internationaler SF-Veranstaltungen, die von den Clubs organisiert werden.
Im deutschsprachigen Bereich erscheinen regelmäßig etwa dreißig Fanzines – ihre Publikationsdauer ist sehr unterschiedlich, viele erreichen nicht mehr als eine Ausgabe. Eine der langlebigsten und die heute wohl bekannteste dieser Publikationen ist die »Science Fiction Times«, die sich über ein Fanzine hinaus zu einem Forum der SF-Kritik entwickelte.

Literatur
Fredric Wertham: The World of Fanzines. A special form of communication. Carbondale 1975.

Farmer

Philip José Farmer ist ein Autor, der zwei in der SF zuvor tabuisierte Themenbereiche »entdeckte« und seither immer wieder behandelt: Sexualität und Religion. Er wurde 1918 in North Terre Haute, Indiana, geboren. Der junge Farmer »litt unter einem ausgeprägten Minderwertigkeitskomplex und hatte einen besonders strengen Stich ins Puritanische« (Sam Moskowitz). Er besuchte ein College, was er zeitweilig unterbrach, um Geld für sich und später seine Familie zu verdienen. Sein erster SF-Roman erschien 1952; wenig bekannt ist, daß Farmer ab 1956 Handbücher für das Militär verfaßte.

Bereits mit seinem ersten SF-Titel verstieß er gegen das Sex-Tabu, das in der Massen-SF, verbreitet in Form von Pulps und Magazinen, bis dahin unumstößlich war; Sexualität und Erotik wurden völlig ausgeklammert oder in unbewußte Erotik verdrängt. Wenn überhaupt ein weibliches Wesen eine Rolle in einer gängigen SF-Geschichte spielte, so war sie die Tochter eines Professors, die vom strahlerbewehrten Helden vor einem Ungeheuer mit riesigen Glotzaugen gerettet werden mußte.

Bezeichnend, daß ein amerikanischer SF-Kritiker (und -Apologet) wie Sam Moskowitz selbst eine so eindeutige Symbolhandlung nicht mit Sex in Verbindung gebracht wissen wollte: »Einige Psychologen haben in dieses Handlungsschema sexuelle Implikationen hineinzulesen versucht, aber die Leser waren wohl mehr korrekt als naiv in ihrer Annahme, daß das Ungeheuer einfach hungrig war«. Für die auffallende Sex-Tabuisierung schließlich mußte die Erklärung herhalten, daß »Science-Fiction eine Literatur der Ideen« sei, deren Leser sich nur durch »geistige Stimulation« unterhalten ließen.

Eine überzeugendere Erklärung fand Gershon Legman in einer Untersuchung erotischer Folklore in den USA. Er konstatierte, daß der größte Prozentsatz der Leserschaft der echten *Pulp*-SF sich aus männlichen Jugendlichen zusammensetzt, die dieser Lektüre sogar als Erwachsene noch oft die Treue halten, und die sich vor Frauen und Sexualität fürchten. Eine repressive Erziehung also unterdrückte jegliche erotische Phantasie, als Ausweg bietet die SF eine Flucht in kosmische Macht- und Zerstörungsphantasien. Das gilt für die trivialere SF nach wie vor, insbesondere aber für die Heftroman- und Comicserien.

Die Tabuisierung ist aber inzwischen weit weniger rigide als zu der Zeit, in der Farmer zu schreiben begann. Damals herrschte noch unangefochten die »Baden-Powell-sche Ära der SF«, wie → Stanislaw Lem (nach dem bekannten Begründer und Führer der Pfadfinderbewegung) zutreffend formulierte; nicht einmal Ausnahmen in bezug auf Erotik waren zugelassen.

Farmers Kurzroman »The Lovers«, 1952 erstveröffentlicht in dem SF-Magazin »Startling Stories«, beschrieb die Liebe eines irdischen Raumfahrers zu einer außerirdischen Lebensform, einem parasitenhaften Insekt, das die genaue äußere Form einer Frau annehmen konnte. Auf Grund der biologischen Verschiedenheit findet die Liebe ein tragisches Ende; erst im Verlauf der Entwicklung erfährt der Mann von der Erde, daß er es mit keiner menschlichen, sondern mit einer andersartigen Lebensform zu tun hat.

In einem Kommentar erklärte die Redaktion von »Startling Stories« dazu: ». . . wir glauben, daß ›The Lovers‹ eine bedeutende Geschichte ist. Bedeutend nicht unbedingt, weil sie etwa große Literatur wäre, sondern weil sie eine ganze Anzahl guter Autoren nachdenklich stimmen und sagen lassen wird: ›Mein Gott, ich wußte nicht, daß man in der Science-Fiction so etwas machen kann!‹ . . .« Das traf in etwa zu; obwohl es natürlich nicht nur »gute« Autoren waren, die sich an die zuvor verleugnete Thematik wagten. Philip José Farmer jedenfalls wird noch heute gerühmt, mit »The Lovers« das Tabu durchbrochen und damit zu einer Reifung des SF-Genres beigetragen zu

haben.
An »The Lovers« wie auch an weiteren Geschichten Farmers fällt auf, daß Sexualität nicht unbefangen und als selbstverständlich behandelt wird, sondern als eine biologische Besonderheit. Diese biologistische – für den SF-Fan also *wissenschaftliche* – Form der Darstellung war vermutlich auch der wesentliche Grund, warum Farmer über die Tabugrenze hinwegkam. Eine wertneutrale Biologie lieferte gewissermaßen erst die Rechtfertigung für die Behandlung des Themas: Sexualität nicht als Teil der Wirklichkeit, sondern als Fiktion – auf Biologiebuch-Grundlage. Das trifft auch für die Geschichte »Open to Me, My Sister« zu, in der Farmer die Kultur von menschenähnlichen Marsbewohnern und vor allem deren Fortpflanzungsmethoden beschreibt.
Daß Farmers Geschichten und Romane eine im Grunde puritanische Moral vermittelten, half ihm sicher ebenfalls, über das Tabu hinwegzukommen. Seine erotischen Ausflüge enden fast immer in Tragik, der Sünde folgt die Bestrafung. In seinem Roman »Flesh« (Der Sonnenheld) kehrt ein Astronaut nach vielen Generationen zur Erde zurück – in die USA, etwa tausend Jahre in der Zukunft. Durch eine Operation wird er biologisch verändert, so daß er im Rahmen einer gewaltigen Prozession alle Frauen des Landes zu befruchten vermag. Dieser religiöse Kult endet damit, daß der »Sonnenheld« selbst grausam verstümmelt und zum Tode gebracht wird.
In einer Reihe seiner Erzählungen nahm Farmer auch religiöse Themen auf – einen in der SF ebenfalls weitgehend ausgeklammerten Bereich. Philip José Farmer galt lange Zeit als einer der vielversprechendsten Autoren der SF, der neue Themen und Behandlungsweisen in das Genre einbezog. Seine früheren Ambitionen haben sich jedoch bei einem Schreiben unter kommerziellen Bedingungen zunehmend verloren.

Anmerkungen

Sam Moskowitz: Seekers of Tomorrow. New York 1967. Gershon Legman: Folkliterature and Folklore. With a Few Words on Science Fiction. In: Gershon Legman: The Horn Book. Studies in Erotic Folklore and Bibliography. New York 1964.

Franke

Herbert W. Franke, Autor von Science-Fiction-Romanen, -Stories und -Hörspielen, wurde 1927 in Wien geboren. Nach dem Studium (Physik, Chemie, Psychologie, Philosophie) promovierte er über ein Thema der theoretischen Physik zum Doktor der Philosophie. Er arbeitete einige Zeit an einem Forschungsauftrag und dann in der Industrie. Seit 1957 lebt er als freier Schriftsteller in der Nähe von München.
Neben einer Anzahl von wissenschaftlichen und populär-wissenschaftlichen Veröffentlichungen erschienen von ihm bisher sechs SF-Romane und zwei Bände mit SF-Stories. Hörspiele Frankes wurden vom SDR und anderen Anstalten gesendet. Schon seit längerer Zeit soll beim ZDF, das eine eigene Abteilung für SF-Produktionen eingerichtet hat, eine utopische Serie nach Vorlagen von H. W. Franke geplant sein.
Franke, dessen Titel auch in Übersetzungen in den USA und Frankreich erschienen, gilt seit Jahren als der einzige wirklich ernstzunehmende SF-Autor in der Bundesrepublik. Er war im übrigen auch Herausgeber der Reihe »Goldmanns Zukunftsromane«, hatte die »wissenschaftliche Beratung« für die »Weltraum Taschenbücher« dieses Verlags inne und ist jetzt zusammen mit Wolfgang Jeschke an der Herausgabe der SF-Taschenbücher des Heyne-Verlags beteiligt. Die populärtechnische Zeitschrift »hobby« führt ihn als ihren ständigen Mitarbeiter in München.
Franke ist ein Autor, der das Genre der SF als das seine betrachtet und es zu ernst nimmt, um es nur als Unterhaltungsliteratur gelten zu lassen, wie es viele seiner Kollegen tun. Er ist auch ein eifriger Verfechter und Apologet der SF, der ihre Aufgabe (»in einer Welt von morgen mit einem Bil-

dungsstand von gestern«) beschreibt als »Training im utopischen Denken, Vorbereitung auf die Zukunft, die anders sein wird als die Gegenwart, Übung, mit Modellvorstellungen zu operieren, Lösung von traditionellen Vorstellungen, zur nötigen Relativierung der Werte, Bildung geistiger Einstellung, Öffnung zu neuartigen Denkmöglichkeiten . . .«

Franke fordert eine SF der Naturwissenschaftler: Es »wären phantasievolle und ausdrucksstarke Persönlichkeiten aus den Reihen der Naturwissenschaftler und Techniker zum Schreiben von Science-Fiction prädestiniert«, die »humanistisch ausgebildeten Literaten aber müßten sich zu einer positiveren Beziehung zur naturwissenschaftlich-technischen Welt durchringen«.

Den Vorzug der Science-Fiction gegenüber aller anderen Literatur sieht Franke darin, daß ihre Konflikte Aufgaben seien, »mit denen sich der Mensch heute und morgen auseinandersetzen muß«. Das gilt insbesondere gegenüber der Hochliteratur, die er von »Humanisten« geschrieben glaubt, die entweder nicht auf technische Entwicklungen eingehen oder diese »erschreckend undifferenziert« beschreiben: »Häufig handelt es sich um antitechnisches Gedankengut, das über den Text vermittelt wird; damit überträgt sich aber die Schizophrenie der Schreiber auf die Leser: die der Angehörigen einer technischen Welt, die von deren Einrichtungen profitieren, ohne diese nicht lebensfähig sind, sich aber gegen technisches Gedankengut wenden – nicht bereit, in die Zusammenhänge einzudringen«.

Sich auf C. P. Snow berufend, geht Franke von einer »Grenze quer durch jedes ideologische Lager aus«, die die Anhänger einer naturwissenschaftlich-technischen und einer künstlerisch-literarischen bzw. humanistischen Denkweise trennt. Er bedauert, daß in unserem Gesellschaftssystem noch immer die »Humanisten« tonangebend seien, denn »nur selten findet man Angehörige der naturwissenschaftlich-technischen Geisteshaltung an den Schlüsselstellen der Politik«.

Was immer das »technische Gedankengut« ist, es ist jedenfalls eine unpolitische Größe; Herbert W. Frankes Bemühen, die technologische Entwicklung wertfrei zu sehen, sie von jeder ideologischen bzw. politischen Bewertung fernzuhalten, tritt in seinen SF-Texten wie in der direkten Argumentation zutage. Er gibt wohl zu, daß eine »schlechte« Technik betrieben wurde mit unangenehmen und gefährlichen Folgen (wie Umweltverschmutzung), doch er stellt nie die Frage, wer die Technik betreibt, in wessen Interesse Forschungsprioritäten gesetzt werden, für wessen Bedürfnisse Forschung und Technologie eingesetzt werden. Technologie ist für ihn unabänderlicher Sachzwang, Geschwindigkeit und Richtung ihrer Entwicklung sind vorherbestimmt, nicht von gesellschaftspolitischen Entscheidungen abhängig. Die gesellschaftliche Entwicklung ist eine Funktion der technologischen, nicht umgekehrt.

In seinem Roman »Der Elfenbeinturm« bildet Franke die klare Konsequenz dieses Technikverständnisses ab. Die Menschheit wird mittels des auf dem Mond stationierten Riesencomputers OMNIVAC regiert. Eine revolutionäre Gruppe, die als Liberale Partei firmiert, versucht diese Ordnung umzustürzen: »Wir wollen ja keine zentrale Regierung. Wir wollen, daß jeder Mensch einsichtig genug wird, um selbst richtig handeln zu können. Wir zerschlagen das Überwachungssystem, wir vernichten die statistischen Unterlagen und werfen den OMNIVAC auf den Schrotthaufen.«

Diese Revolte im Namen individueller Freiheit scheitert, statt des von ihnen gewollten Umsturzes übernimmt ein Gewaltregime die Macht. Aber »es ist ganz gleich, wer die Regierung führt – ein Diktator oder die Liberale Partei – nach einiger Zeit laufen alle ins selbe Geleise ein.« Die Revolutionäre müssen erfahren, daß selbst ein erfolgreicher Umsturz nichts geändert hätte,

daß die technologischen Zwängen gehorchende Rationalität des Computers jede politische Entscheidung irrelevant macht, daß auch sie nicht die allumfassende Kontrolle durch das Computersystem hätten vermeiden können: »Und allmählich hättet ihr einsehen müssen, daß ihr auch nicht auf das Geringste verzichten könnt. So ist es bisher allen Regierungen gegangen, demokratischen, sozialistischen, theokratischen, marxistischen und wie sie alle heißen mögen. Jede Regierung geht diesen Weg.«
Die gescheiterten Revolutionäre flüchten mit einem Raumschiff, um zusammen mit Wissenschaftlern eine andere Welt zu besiedeln. Doch auch hier können sie ihre menschliche Freiheit nicht verwirklichen, jedenfalls nicht als Menschen; eine lebensfeindliche Umwelt zwingt sie, ihr eigenes Bewußtsein unwiderruflich in fremdartige Wesen zu verpflanzen, die in einem Ammoniakmeer leben.
Franke geht hier nicht von einer Gestaltung der Zukunft durch den Menschen aus, sondern predigt die unvermeidliche Anpassung des Menschen, zunächst an die Produkte der eigenen Technologie, dann an eine fremdartige Umwelt. Frankes Zukunft ist fatal und vorherbestimmt, ist Schicksal, zu erhoffen oder zu fürchten, aber unabänderlich. Eine etwas andere Anpassungsvariante bietet »Der Orchideenkäfig«, in dem die Entwicklung der Menschheit zu einer völligen Entmenschlichung führt. Die Menschen einer fernen Zukunft sind nur noch »blütenhafte, schlaffe Organismen in ihren Schutzhüllen aus Metall, Glas und Kunststoff«, die von Maschinen versorgt werden und deren Gehirne nicht mehr denken, sondern – durch ständige Reizung – in angenehmen Empfindungen schwelgen.
Drei von Frankes Romanen spielen bezeichnenderweise auf einer Erde, die durch einen Atomkrieg verwüstet wurde: »Die Glasfalle«, »Die Stahlwüste« und »Zone Null«. Es scheint, als gehöre auch die fast totale atomare Vernichtung zum unabwendbaren technologischen Schicksal. In »Zone Null« haben sich die beiden politischen Supermächte, sichtlich auf Ost und West bezogen, nach einem atomaren Konflikt voneinander isoliert weiterentwickelt, sind aber beide zu einem Endpunkt der Entwicklung gekommen, selbstverständlich bedingt durch die Technologie – in diesem Fall eine perfektionierte kybernetische Umwelt.
Auch die 1972 erschienene Storysammlung »Einsteins Erben« transportiert vorwiegend fatalistische Zukunftserwartung und Anpassungsideologie. In zwei Geschichten zur aktuellen Thematik der Umweltverschmutzung (»Expedition«, »Die Enklaven«) geht Franke davon aus, daß ein Teil der Menschheit sich der ungesunden Umwelt anpaßt, während die anderen in abgekapselter Sterilität leben und schließlich untergehen. Die Erzählung »Asyl« erinnert sogar an die Handlung des »Elfenbeinturm«. Auch hier fliehen Revolutionäre ins All, um erkennen zu müssen, daß sich auch auf einer fernen Welt ihre Ideen nicht verwirklichen lassen, weil es ihnen nicht gelingt, die unterdrückte Klasse menschlicher Wesen auf einem anderen Planeten bewußt zu machen. In der ebenfalls enthaltenen Geschichte »Zentrale der Welt« schließlich ist Frankes Fatalismus-Botschaft in völlig unverstellter Form ausgeprägt: Eine höhere Kraft kontrolliert die Welt; was immer der einzelne unternimmt, wie falsch oder richtig, fügt sich in deren Plan.
». . . nichts bleibt uns als das Staunen« – Titel eines populärwissenschaftlichen Buchs von Herbert W. Franke.

Anmerkungen

Herbert W. Franke: Literatur der technischen Welt. In: »Quarber Merkur« Nr. 29. Bremerhaven 1972. Herbert W. Franke: Literatur des Möglichen. In: »apero« Nr. 3. Gurtendorf 1967.

Heinlein

Robert A. Heinlein, geb. 1907 in Missouri, USA, erhielt eine technische Ausbildung an der amerikanischen Marineakademie in

Annapolis; von 1929 bis 1934 fuhr er als Offizier auf amerikanischen Kriegsschiffen zur See. Danach Studium der Physik und Mathematik. Während des Zweiten Weltkriegs diente er als Maschineningenieur in der US-Kriegsmarine. Seit 1939 schreibt Heinlein SF; es erschienen von ihm mehr als dreißig Bücher und über 100 Stories. Bei der Leserumfrage eines amerikanischen → SF-Magazins wurde er neben van Vogt und Bradbury als beliebtester Autor genannt.

Im Gegensatz zu vielen anderen SF-Autoren beschreibt Heinlein neben der technischen auch die gesellschaftliche Zukunft, arbeitet dabei bis ins kleinste logische Detail die Wechselwirkungen zwischen technischer und gesellschaftlicher Entwicklung aus, wobei er freilich zumeist mit einer Zukunft vorliebnimmt, die von seinen eigenen reaktionären Ansichten geprägt ist. Ein Beispiel dafür ist die »Future History«-Serie, eine Anzahl von Geschichten, die Heinlein im Verlauf von etwa einem Jahrzehnt schrieb. Diese Geschichten spielen alle in einer bestimmten, »ultrareaktionären Zukunft, die einen Senator Goldwater vor unbändiger Freude jubeln ließe« (Sam J. Lundwall). Das eindeutigste Beispiel für Heinleins Ideologie ist der 1959 erschienene Roman »Starship Troopers« (über den ein deutscher Lektor, der fast alle anderen Heinlein-Romane betreute, einmal äußerte, er sei zu militaristisch, als daß man ihn in einer deutschen Ausgabe herausbringen könne).

In diesem Roman beschreibt Heinlein eine Zukunftsgesellschaft, in der jeder Bürger zuerst eine harte militärische Ausbildung absolvieren muß, bevor er das demokratische Grundrecht der Wahl erhält. Das Ergebnis einer solchen gesellschaftlichen Organisation wäre, so Heinlein, eine bemerkenswert stabile Gesellschaft mit hoher Moral und Disziplin, ein Einparteiensystem usw. Man könnte diesen Roman durchaus in der Tradition der utopischen Staatsromane sehen, da er eine ideale Gesellschaft beschreibt, wie sie sich ein *law and order*-Autor vorstellt. Heinleins utopischer Staat ist zweifelsohne faschistisch; deshalb wurde Heinlein wegen dieses Romans selbst in SF-Kreisen hart angegriffen, besonders nachdem »Starship Troopers« 1959 den »Hugo«-Preis der SF-Literatur erhielt.

Kosmisches Kolonialabenteuer: Titel der deutschen Ausgabe eines Romans von Robert A. Heinlein © Gebrüder Weiß

In einer 1941 unter Pseudonym veröffentlichten Kurzgeschichte (»Solution unsatisfactory«) beschreibt Heinlein ebenfalls eine militärische Lösung für politische Probleme. Er läßt darin Amerikaner eine Atomwaffe entwickeln und den Zweiten Weltkrieg beenden, indem sie Berlin mit dieser Waffe zerstören. Der weitblickende Führer dieses »Friedenswerks«, der Amerikaner Manning, muß sich notgedrungen zum Diktator der Welt machen; er diktiert

allen anderen Ländern eine »Pax Americana«.
So sehr diese Geschichte Heinleins reaktionäre Absicht verrät, wird in ihr zugleich seine Stärke deutlich, denn »als politische und als wissenschaftliche Voraussage bekommt diese Geschichte die Note eins plus« (James Blish). Zwar wählte Heinlein Berlin statt Hiroshima, seine Atomwaffe war radioaktiver Staub, nicht eine Bombe – die Tendenz seiner Vorhersage aber erwies sich zweifellos als richtig. So wurde denn sogar das amerikanische Bundesfahndungsamt auf seine wie auf ähnliche Geschichten anderer Autoren aufmerksam – es vermutete, die Autoren hätten Informationen über das »Manhattanprojekt« (so der Deckname für das geheime Unternehmen zur Entwicklung der Atombombe) erhalten.
Daß Heinlein in allen seinen Büchern den Mythos des Stärkeren kolportiert, hat vermutlich viel mit seinem eigenen Werdegang zu tun. Heinlein mußte seine militärische Karriere 1934 aufgeben, da er wegen Krankheit für untauglich erklärt wurde. Seither schreibt er von kosmischen Kämpfen seiner Helden, die oft ehemalige oder aktive Soldaten sind, oder zumindest Raumfahrer, die »neun Zehntel der Zeit in Uniform« stecken – allemal aber sind Amerikaner weißer Rasse die neuen Herrenmenschen des Universums. Kurzum, seine Helden sind die John Waynes des wilden Weltraums: »Die Romane Heinleins sind in Zusammenhang zu sehen mit anderen Massenerzeugnissen der amerikanischen Kulturindustrie: den Helden der Western- und Kriminalromane, die in der Bundesrepublik vor allem durch Fernsehserien bekannt wurden. Wie der Rancher im Wilden Westen gegen die Indianer zu Felde zieht, so tut es der Raumfahrer Heinleins gegen die Außerirdischen; der Kampf gegen die Raumpiraten ersetzt den Kampf des Detektives gegen die Gangs in Chicago« (Bernd Holzrichter).
Es gibt eigentlich nur einen Roman Heinleins, der nicht in sein von Militarismus und Rassismus geprägtes Schema paßt: »Stranger in a Strange Land« (Ein Mann in einer fremden Welt; die Originalausgabe erschien 1961). Auf den ersten Blick scheint dieser Roman das genaue Gegenteil aller anderen Heinlein-Produkte zu sein. Er war sogar eine Zeitlang in der amerikanischen Hippie-Subkultur sehr populär; zu seinen begeisterten Lesern zählte nach eigenem Eingeständnis Charles Manson.
Der Held des Romans, Valentine Michael Smith, ist der einzige Überlebende einer Marsexpedition. Er wächst unter Marsianern auf und erhält die Erziehung der Marskultur. Als er nach 25 Jahren irdischer Zeitrechnung zur Erde zurückkehrt, ist seine Heimatwelt für ihn völlig fremd und unverständlich. Er beginnt, die Erde nach seinen Vorstellungen zu verändern. Durch marsianische Religion und Erziehung ist er mit parapsychologischen Fähigkeiten ausgestattet. Er kann zum Beispiel Menschen oder Dinge verschwinden lassen, sie in Nichts auflösen. Er begründet, bevor er als Märtyrer getötet wird, eine neue religiöse Bewegung, die die Erde in seinem Sinne umgestalten wird.
Dennoch verleugnet dieser Roman nicht seinen Autor. Auch Valentine Michael Smith gehört zu den übermächtigen Superhelden Heinleins, die immer über der Masse stehen und mächtiger sind als alle anderen.

Anmerkungen

James Blish: Nachruf auf die Prophetie. In: Eike Barmeyer (Hg.): Science Fiction. Theorie und Geschichte. München 1972. Bernd Holzrichter: Heinlein und Asimov. In: »Science Fiction Times« Nr. 26, Bremerhaven 1972.

Literatur

Walter Gillings: Modern Masters of Science Fiction No. 11. Robert Heinlein. In: »Science Fiction Monthly« Vol. 2 No. 5. London 1975. Alexej Panshin: Heinlein in Dimension. Chicago 1968.

Invasion

Die Invasion aus dem Weltraum ist noch immer eine der gebräuchlichsten Stereotypen der Science Fiction. Das klassische Beispiel ist »Der Krieg der Welten« von H. G. Wells (als Buch 1897 erschienen), in dem schreckenerregende Bewohner des Nachbarplaneten Mars die Erde erobern wollen. 1938 wurde »War of the Worlds« in einer Hörspielfassung des damals 23jährigen Orson Welles vom Columbia Broadcasting System gesendet, die nahezu eine Massenhysterie und Panik verursachte. Statistiker errechneten später, daß sechs Millionen Amerikaner die Sendung hörten und rund zwei Millionen von ihnen geglaubt hatten, sie beruhe auf Wahrheit. Ein Bericht von Edwin H. James in der Monatsschrift »Redbook« gibt die Atmosphäre dieser Massenhysterie wieder: »Über Polizeibehörden, Zeitungsredaktionen und Rundfunksender brandete eine Flut angsterfüllter Anrufe herein. Mütter drückten schluchzend ihre Kleinen zum letztenmal an die Brust, überzeugt, jede Minute werde sie ein grauenvoller Tod von den schleimigen Händen der Unholde ereilen. Ganze Viertel waren wie ausgestorben . . . Autofahrer rasten durch die Nacht, um dem Feuertod durch die Flammenwerfer der Roboter zu entrinnen. Viele Familien fanden sich zu einem verzweifelten Gebet zusammen . . . In San Franzisko rief ein Mann bei der Polizei an: ›Herrgott – wo kann ich mich als Freiwilliger melden? Dieser gräßlichen Sache muß ein Ende bereitet werden . . .‹«

Diese Hysterie beruhte, wie auch damals schon in Zeitungsleitartikeln erkannt wurde, auf der Atmosphäre des in Europa drohenden Krieges; nur durch sie war es möglich geworden, daß Millionen Menschen unter Ausschaltung aller Rationalität an eine phantastische Bedrohung glaubten und entsprechend reagierten.

Der politische Bezug des Invasionsthemas in der SF wird damit schon deutlich. Wenig verwunderlich, daß es in der Epoche des Kalten Krieges in den 50er Jahren zu einem Höhepunkt des amerikanischen Invasionsfilms kam. 1953 wurde unter der Regie von Byron Haskin »The War of the Worlds« (Kampf der Welten) als Film abgedreht, in dem nun schon der Einsatz von Atomwaffen gegen die Invasoren als moralisch gerechtfertigt dargestellt wurde. In weiteren Invasionsfilmen, die zusammen fast schon ein eigenes Genre bilden, wurden die Invasoren immer mehr als Projektionen des politischen Feindes erkennbar, als kosmisches Abbild der gefürchteten kommunistischen Bedrohung: »Flying Disc Man from Mars« (1950), »Earth vs. Flying Saucers« (Fliegende Untertassen greifen an – 1956 – Regie: Fred F. Sears), »Man from Planet X« (1951 – Regie: Edgar G. Ulmer), »It Came from Outer Space« (1953 – Regie: Jack Arnold), »Invasion of the Body Snatchers« (Die Dämonischen – 1956 – Regie: Don Siegel), »Phantom from Space« (1953 – Regie: W. Lee Wilder), »The Beast with a Million Eyes« (Ausgeburt der Hölle – 1955 – Regie: David Kramarsky).

Die Aufladung des politischen Klimas im Gefolge des McCarthyismus fand schließlich ihren unverstellten Ausdruck in einer Fiktion kommunistischer Weltherrschaft als utopisches Schreckbild. In »Invasion USA« (Invasion gegen USA – 1952 – Regie: Alfred E. Green) wird Alaska von feindlichen Streitkräften besetzt, Kalifornien bombardiert und San Franzisko von Fallschirmspringern eingenommen. Während des Koreakrieges gedreht, sollte der Film »das Gefahrenbewußtsein in den Vereinigten Staaten verdichten« – so die Produktionsgesellschaft. »Die Bedrohung aus dem Weltall steht stellvertretend für die Bedrohung des Menschen durch den Menschen, freilich durch den, den der Mensch sich selbst zum Feind erklärt« (Jürgen Menningen). Diese Richtung zeigte schon der Stummfilm-Pionier D. W. Griffith mit seinem 1916 produzierten Film »The Flying Torpedo« an, in dem asiatische Horden mit fliegenden Torpedos in Südkalifornien eindringen und bereits Roboterbomben als Angriffswaffen benützen.

Der Übergang von den irdischen zu den

außerirdischen Feinden ist insbesondere auch an der trivialen SF-Heftliteratur zu belegen. In dem Roman »Die Unsichtbaren« von J. E. Wells (Eberhard Seitz) findet eine Invasion durch eine außerirdische Rasse statt, die als mongolisch gekennzeichnet wird. Diese »Außerirdischen« verbünden sich auch noch mit den Chinesen der Erde, um die anderen Rassen niederzuwerfen und zu unterdrücken, bis ein amerikanischer Held namens Tex Terra mit neuartigen Vernichtungswaffen den Kampf gegen sie aufnimmt.

Dieser Roman (als Leihbuch und als Heftroman erschienen) war so voll von ungetarnter Gewaltverherrlichung und Rassenhaß, daß er zu den verhältnismäßig wenigen SF-Produkten gehört, die von der Bundesprüfstelle für jugendgefährdende Schriften indiziert wurden.

Mit dem Abflauen des Kalten Kriegs ging die Thematik der Invasion vom Film auf das Fernsehen über (→ SF-Fernsehserien wie »The Invaders« – Invasion von der Wega – und »UFO«).

Anmerkung

Jürgen Menningen: Mythos und Kolportage. Erscheinungsformen des amerikanischen Science-Fiction-Films. In: »Egoist« Nr. 13. Frankfurt 1967.

Literatur

Cantril Hadley: The Invasion from Mars. A Study in the Psychology of Panic with the Complete Scripts of the Famous Orson Welles Broadcast. New York 1966. Hans Scheugl: Sexualität und Neurose im Film. Die Kinomythen von Griffith bis Warhol. München 1974. (Kapitel über Science-Fiction-Filme der fünfziger Jahre)

Katastrophe und Weltuntergang

Die große Katastrophe und der Weltuntergang sind mit die häufigsten Themen in der SF. Eine Vielzahl von Romanen und Stories beinhaltet den globalen Atomkrieg oder das Leben danach, eine neue Eiszeit, das Erkalten oder Explodieren der Sonne, eine zukünftige Umweltkatastrophe etc. Insbesondere nach dem Abwurf der ersten Atombombe über Hiroshima und während der Epoche des Kalten Krieges in den 50er Jahren entstanden in SF-Literatur und -Film apokalyptische Visionen von einer globalen atomaren Auseinandersetzung. Selten war darin jedoch die Katastrophe eine endgültige Zerstörung; vielmehr wurde der Atomkrieg zumeist als Symbol eines neuen Anfangs gebraucht, wurde ihm die Funktion einer Katharsis gegeben. Mitunter erschien die Weltzerstörung gar als schicksalhafte Bestrafung der Menschheit: »Mit einem Wort, die Science Fiction hat die Erbsünde wiederentdeckt« (Edmund Crispin).

Viele Geschichten (*post-doomsday stories*) beschreiben den Daseinskampf weniger Überlebender in einer chaotischen Umwelt. Nicht selten sind es ein Mann und eine Frau, die überleben und die menschliche Zivilisation neu begründen. Dieses Adam-und-Eva-Motiv suggeriert einen schicksal-

Zivilisationsreste: Titel eines deutschen SF-Heftromans © Zauberkreis

haften Kreislauf von Vernichtung und Wiedergeburt. Zu den Gefahren für die wenigen menschlichen Überlebenden gehören (auch dies ein häufig angewandtes Klischee) → Mutanten, durch radioaktive Strahlung veränderte Menschen oder Tiere.
Die isolierten Überlebenden fallen in vorzivilisatorische Barbarei zurück oder versuchen, die Zivilisation wieder aufzubauen – aber fast ausnahmslos mit Hilfe derselben Maßstäbe, die eben den Zusammenbruch bewirkt hatten. In vielen dieser negativen Utopien mißlingt auch dies: hier postulieren die Autoren die Unmöglichkeit jeglicher Erneuerung. »Katastrophenangst verführt die Autoren solcher ›post-doomsday stories‹ zu einem tiefen Pessimismus über die menschliche Zukunft. Sie wird in den düstersten Farben geschildert, es bleibt kein Raum für Hoffnung auf ein anderes, besseres Schicksal ...« (Bernd Holzrichter).
1974 entstand eine Welle sogenannter »Katastrophenfilme«, in denen – wohl nicht zufällig in einer Zeit weltweiter Wirtschaftskrise – Natur- und technische Großkatastrophen genüßlich und mit großem Aufwand ausgemalt wurden.
In »Der Untergang Japans« (1974 – Regie: Shiro Moritani) wurde das Massensterben von Millionen Menschen als gleichgültiges Riesenspektakel abgebildet. »Earthquake« (Erdbeben – 1974 – Regie: Mark Robson) ließ alle Bewohner der Stadt San Franzisko wieder als »gleiche« erscheinen, die alle in einem Boot sitzen (darunter auch sympathische Firmenchefs und Spitzenmanager, die ihr Leben für »ihre Leute« riskieren). In »The Towering Inferno« (Flammendes Inferno – 1974 – Regie: John Guillermin) schließlich stand ein 138-stöckiges Glas- und Betongebäude als Sinnbild moderner Zivilisation in Flammen. Als letzte Möglichkeit werden die Wassertanks auf dem Hochhausdach gesprengt, und die Reste der sündigen Hochhaus-Zivilisation werden vom Element des Wassers erfaßt: »Ungeheure Wassermassen begraben die (die Einweihung des höchsten Hochhauses der Welt) feiernden Partygäste in einer raffgierigen Sintflut ...« (Wolfgang Kühn).

Anmerkungen
Edmund Crispin in der Einleitung zu: Best SF. London 1958. Bernd Holzrichter: Die negativen Utopien der amerikanischen SF. In: »Science Fiction Times« Nr. 128. Bremerhaven 1972. Wolfgang Kühn: Katastrophenfilme. In: »Vampir« Nr. 10. Nürnberg 1975.

Literatur
Film: Die letzten Tage der Menschheit. In: »Der Spiegel« Nr. 9. Hamburg 1975. George Fox: Earthquake. The Story of a Movie. New York 1974. Michel Hangartner: Krisenkino. Hollywoods Erneuerung durch Katastrophenfilme. In: »Zoom« Nr. 7. 1975. Susan Sontag: Die Katastrophenphantasie. In: Kunst und Antikunst. Reinbek 1968.

Klassiker der SF-Literatur
Die moderne Science Fiction fand 1926 ihre Bezeichnung und zog sich gleichzeitig in das Getto der SF-Magazine zurück. Ihre klassischen Vorläufer, oft euphemistisch als »Pioniere« der SF bezeichnet, bewegten sich vor allem im Bereich der *scientific romance*, die vom *Gothic novel* beeinflußt und noch als Teil der allgemeinen Literatur angesehen wurde. Als unumstrittene Klassiker gelten vor allem Jules Verne und H. G. Wells, die weitreichenden Einfluß auf die spätere Entwicklung des SF-Genres hatten (vgl. hierzu einleitenden Essay).
Sie sind zu Klassikern geworden, aber sie waren noch keine Genre-Autoren. Weder Verne noch Wells hatten sich ausschließlich dem utopischen Abenteuer verschrieben. Die zeitgenössische Belletristik und die politischen Schriften Wells' wurden in seiner Zeit sogar als wichtiger betrachtet als die utopischen Romane und Erzählungen, mit denen sein Name heute fast ausschließlich verbunden ist.
Als Pioniere der SF in einem engeren Sinne wurden Joseph Conrad und vor allem → Edgar Allan Poe (vgl. *Horror*) entdeckt,

dessen konsequent angewandte Rationalität die Elemente des Übernatürlichen im gothischen Roman ablöste.
Verschiedene europäische Länder brachten auch »ihre« Klassiker der Utopie hervor, die in ihren technischen Vorhersagen wie auch in literarischer Hinsicht Vergleichbares leisteten, im Gegensatz zu Wells und Verne jedoch im wesentlichen auf ihren Sprachraum beschränkt blieben und teilweise in Vergessenheit gerieten.
Für die deutsche Zukunftsphantastik muß hier Kurd Laßwitz (1848–1910) genannt werden, der vor allem durch seinen Weltraumroman »Auf zwei Planeten« (1897) bekannt wurde. Laßwitz' technische Phantasie (Erdtunnels, Flugmaschinen, schwerelose Substanzen, Hypnobioskop etc.) stellt ihn gleichberechtigt neben Verne und Wells. Daneben erwies er sich als bürgerlicher Moralist, der sich in seinen »technischen Märchen« in philosophischen Höhenflügen und sentimentaler Schwärmerei erging, bisweilen aber auch satirische Glanzlichter aufsetzte. Mit Paul Scheerbarth ist ein weiterer deutscher Autor fast völlig der Vergessenheit anheimgefallen, dessen skurrile Utopien noch auf eine Wiederentdeckung warten.
SF-Anhänger zählen im übrigen bevorzugt anerkannte Autoren der Weltliteratur zu den Klassikern »ihres« Genres. Zum anderen wird der Begriff des Klassikers zunehmend entwertet, wenn unter dem Etikett »science fiction classics« bereits Autoren der zwanziger bis vierziger Jahre vermarktet werden, die zwar keine literarischen Meriten aufweisen, aber noch immer verkäuflich zu sein scheinen (→ Hans Dominik, Rudolf Daumann, E. E. Smith).

Literatur

Kenneth Abott: Jules Verne. Port Washington, N. Y. 1954. Hans Joachim Alpers: Verne und Wells – zwei Pioniere der Science Fiction? In: Eike Barmeyer (Hg.): Science Fiction. Theorie und Geschichte. München 1972. Otto Barber: H. G. Wells' Verhältnis zum Darwinismus. Leipzig 1934. Reprint: New York 1967. Bernard Bergonzi: The Early H. G. Wells: A Study of the Scientific Romances. Manchester 1961. Lovat Dickson: H. G. Wells: His Turbulent Life and Times. London 1969. Mark R. Hillegas: The Future as Nightmare: H. G. Wells and the Anti-Utopians. New York 1967. Jean Jules-Verne: Jules Verne. Paris 1973. Klaus Günther Just: Über Kurd Laßwitz. In: Ders.: Aspekte der Zukunft. Zwei Essays. Bern 1971. Julius Kagarlitzski: The Life and Thought of H. G. Wells. London 1966. Norman and Jean Mackenzie: The Time Traveller. The Life of H. G. Wells. London 1973. Charles-Noel Martin: Jules Verne, sa vie et son oevre. Lausanne 1971. Heinz Mattick: H. G. Wells als Sozialreformer. Leipzig 1935. Reprint: New York 1967. Franz Rottensteiner: Ordnungsliebend im Weltraum: Kurd Laßwitz. In: Franz Rottensteiner (Hg.): Polaris 1. Frankfurt 1973. Christian Ruosch: Die phantastisch-skurrile Welt im Werke Paul Scheerbarths. Bern 1970. Bruno Schulze: H. G. Wells und der Erste Weltkrieg. Berlin 1971.

Kubrick

Stanley Kubrick, amerikanischer Filmregisseur, geb. 1928. Er drehte mehrere Filme mit utopischer Thematik, die vielleicht auch seine bekanntesten wurden. Vor allem in »2001: A Space Odyssey« (2001 – Odyssee im Weltraum – 1964–67) lieferte er mit vorher nicht dagewesener technischer Perfektion neue Maßstäbe, die sich erst nach und nach in den SF-Produktionen für Film und Fernsehen durchsetzten.
Kubrick war Fotograf bei der Zeitschrift »Look«, bevor er mit einem selbstfinanzierten Kurzfilm sein Regiedebut gab. Seine ersten längeren Filme waren »Fear and Desire« (1953), »Killer's Kiss« (1955), der 196 Minuten lange Mammutfilm »Spartacus« (1959–60) und »Lolita« (1961). Sein erster Film mit utopischer Thematik war dann »Dr. Strangelove or How I Learned to Stop Worrying and Love the Bomb« (Dr. Seltsam oder Wie ich lernte, die Bombe zu lieben – 1963).
Mit diesem Film nahm er das Thema eines drohenden Weltuntergangs (→ Katastrophe und Weltuntergang) auf, ein Thema, mit dem sich schon eine ganze Anzahl von utopischen Filmen beschäftigt hatte.

Kubrick drehte so etwas wie den letzten möglichen Film über die atomare Katastrophe, und es ist gewiß kein Zufall, daß daraus eine schwarze Komödie wurde. In diesem Film Kubricks lösen sich, in der Form einer grotesken Satire, die langgehegten Ängste vor dem drohenden Atomtod, den Folgen der Aufrüstungspolitik der Großmächte.

1964–67 schließlich entstand »2001: A Space Odyssey«, der in erster Linie durch seine technische Perfektion bestach. Die Tricktechnik wurde in mehrjähriger Arbeit so genau ausgeführt, daß sie kaum mehr als solche erkennbar war. Kubrick gestattete dem Zuschauer keinen Blick hinter die Kulissen seines Films, kein Trick war auszumachen. Er schuf die optisch überzeugende Vision einer schönen, utopischen Technik, wobei ihm die ins Gigantische projizierte Technik als totales, mystifizierendes Kino-Spektakel diente. Kubricks 2001-Gesellschaft ist eine Zukunft zwischen IBM und Coke, wie sie sich Unternehmensberater amerikanischer Konzerne in ihren lieblichsten Tagträumen vorstellen mögen: Ein Computer im Raumschiff ist natürlich ein »Space Hilton«, und Raumschiffe fliegen für die »Pan American Trans All Airways« – *American way of life* 2001.

»2001« wurde nach der Kurzgeschichte »The Sentinel«, unter Verwendung von Motiven aus anderen Romanen und Stories von → Arthur C. Clarke gedreht; das Drehbuch schrieben Kubrick und Clarke zusammen. In Diskussionen um den Film weigerte sich Clarke, für den mystifizierenden Schluß eine Erklärung zu geben. Selbst auf die Frage an den Autor Clarke, ob er den Film verstanden habe, wich er aus: »Statistische Untersuchungen haben ergeben, daß für den Besucher 48 Stunden notwendig sind, um den Schock des Films zu

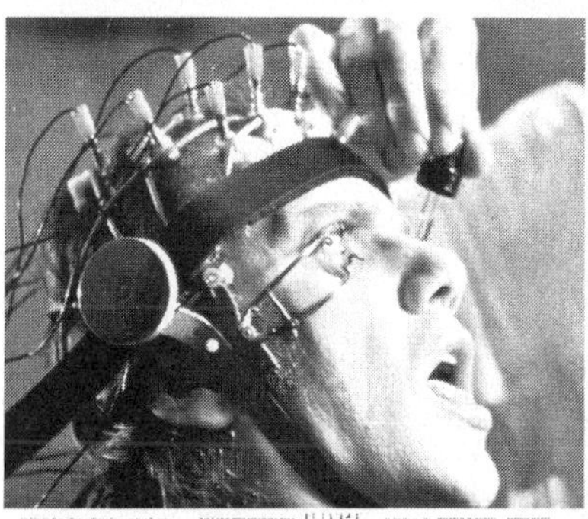

Dreimal Kubrick: Technik als märchenhafte Utopie – als tödliches Spielzeug – als Mittel der Unterdrückung Verleih: MGM/Warner-Columbia

verdauen . . . Es ist der erste metaphysische Film . . .«
Ein metaphysischer Film ist es in der Tat – ganz im Gegensatz zu der *Special Effects Cinerama Vision* technologisch-rationaler Zukunft. Schon die Wahl des Jahres 2001 gibt den entscheidenden Hinweis. Die Jahreszahl weist auf einen Neuanfang hin, der einem abgeschlossenen Jahrtausend folgt, was unschwer auf die bekannten Theorien vom zyklischen Auf- und Niedergang der Geschichte zu beziehen ist. Diese mythologisierende Auffassung von Geschichtszyklen kommt in der Handlung und in den Bildern des Films deutlich zum Ausdruck. »2001« beginnt mit langen Einstellungen, in denen der Kampf zwischen Affenmenschenhorden dargestellt wird. Einer der Affenmenschen wirft einen als Waffe benützten Knochen in die Luft. Die Kamera folgt dem in den blauen Himmel fliegenden Knochen – Schnitt – ein in der Form ähnliches Raumschiff nähert sich dem Mond. Der Bezug ist offensichtlich: die Aggression als treibende Kraft der menschlichen Geschichte – vom Affenmenschen zum Astronauten. Aber es gibt noch etwas, was über dieser Geschichte des Menschen zu stehen scheint. Zwischen den kämpfenden Urhorden erscheint plötzlich ein schwarzer Quader, ein Monolith. Im Jahr 2001 nun wird ein ebensolcher Monolith aus dem Mondgestein ausgegraben, der dort schon seit Millionen Jahren begraben liegt. Es gibt Hinweise, daß der Ursprung dieses Monolithen auf dem Jupiter zu finden sein könnte, und eine Raumschiff-Expedition wird dorthin ausgesandt. Eine Auseinandersetzung mit dem eigenmächtig handelnden Bordcomputer HAL überlebt nur einer der Astronauten, Keir Dullea. Es gelingt ihm, mit einer fremden Lebensform auf Jupiter in geistige Verbindung zu treten. Es folgen psychedelisch anmutende Farbsequenzen, in denen Dullea unter anderem Geburt und Entwicklung des Universums erlebt – dann findet er sich als alternder Greis in einem Doppelbett, das in einem französischen Empirezimmer steht, wieder. Erneut taucht der Monolith auf, und die nächste Einstellung läßt einen menschlichen Embryo in einer durchsichtigen eiförmigen Blase vor der Kulisse des unendlichen Weltraums schweben.
Durch den Tod des alten Lebens wird neues geboren. Der Astronaut Dullea, stellvertretend für die Menschheit, wird unsterblich durch Wiedergeburt, durch einen neuen Anfang. Nur der Monolith scheint ewig und unveränderlich zu sein, wachend über Werden und Vergehen. »2001« enthält »die mystische Hypothese einer umfassenden Allmacht, die den Menschen gebiert und eines Tages wieder in sich aufnimmt, eine Erlösungsmystik, die dem Menschen die Fähigkeit abspricht, sich selber zu erlösen« (Uwe Nettelbeck in »Die Zeit« vom 20. September 1968).
Auch in »Clockwork Orange« (Uhrwerk Orange – 1970–71) verneint Kubrick die Möglichkeit gesellschaftlichen Fortschritts. Hier zeichnet er zwar keine heile IBM-Welt mehr, zukünftige Technik tritt hinter der Kulisse pop-moderner Inneneinrichtungen zurück. Das wichtigste Problem der von Kubrick geschilderten Gesellschaft scheint jugendliche Kriminalität zu sein, wie sie von Alex und seinen *droogies* ausgeübt wird. Alex ist Anführer einer Bande von Jugendlichen, die sich allabendlich in einer Milchbar drogenhaltige Milchcocktails verabreichen lassen und dann zusammen Gewalttaten begehen, die ausführlich und in aller Brutalität vorgeführt werden. Alex wird verhaftet und wegen Totschlags verurteilt. Nach zwei Jahren Gefängnis wird er Versuchsobjekt in einem Experiment, das ihn auf chemischem Wege resozialisieren, ihn für immer unfähig zur Ausübung von Gewalt machen soll. Das Experiment gelingt und scheitert zugleich: Alex kann keine Gewalt mehr ausüben, wird aber auf Grund seiner Hilflosigkeit nunmehr selbst Opfer der gewaltsamen Gesellschaft. Da Alex die erste Versuchsperson war, gerät er in politische Intrigen zwischen

Regierung und Opposition. Er wird als ohnmächtiges Opfer des Experiments und der großen Politik dargestellt. Im Zuge dieser Intrigen ergibt es sich, daß das Experiment wieder rückgängig gemacht und Alex' früherer triebhafter Zustand wiederhergestellt wird.

Gewalt und Herrschaft werden mystifiziert, in metaphorische, dämonisch wirkende Bilder gebracht, die gesellschaftlichen Ursachen der Gewalt aber kaum angedeutet. Politik scheint nur eine gladiatorenhafte Auseinandersetzung von wenigen Leuten zu sein, wobei für die Regierung ein Innenminister, für die Opposition ein Schriftsteller steht, der als rachsüchtiger und neurotischer Intellektueller dargestellt wird.

Es ist dies Ausdruck einer irrationalen, gesellschaftliche Entwicklungen nicht unterscheidenden Verschwörungsangst, für die rechts und links, Faschismus und Revolution schließlich gleichbedeutend sind – die Angst des ohnmächtigen Kleinbürgers, der in beiden nur eine Bedrohung der Illusion eigener bürgerlicher Freiheit sieht. Kubricks Sympathien stehen eindeutig auf seiten eines unreflektierten Helden, »des natürlichen Menschen in dem Zustand . . . in dem er geboren wird, uneingeschränkt, noch nicht unterdrückt«. Diese Ideologie spricht auch Anthony Burgess, nach dessen 1961 erschienenem gleichnamigen Roman der Film gedreht wurde, ganz offen aus: »Kubrick und meine Fabel versuchen zu sagen, daß wir eine Welt der Gewalttätigkeit, die mit vollem Bewußtsein praktiziert wird, einer Welt vorziehen, die auf das Gute und Harmlose konditioniert ist.«

Dem daraus entstandenen Film ließe sich freilich eher die bewußte Konditionierung seiner Zuschauer zur Hinnahme von Gewalttätigkeit nachsagen. Oder, wie Reinhard Baumgart in der Süddeutschen Zeitung schrieb: »Dieser Film, der angeblich für exzessive Freiheit plädiert, einschließlich der Freiheit für Mord und Totschlag, läßt seinem Zuschauer nicht die geringste.« Diese Feststellung trifft auf »2001« ebenso wie auf »Uhrwerk Orange« zu: Es sind Filme, die dem Zuschauer keinen Zentimeter Distanz gestatten, die ihn mit rhetorisch kalkulierten Bildern zu vereinnahmen versuchen – ihm bereits heute die Freiheit entziehen, sich eine human gestaltete Zukunft auch nur vorzustellen.

Anmerkungen

Reinhard Baumgart in: »Süddeutsche Zeitung«. München 1972. Uwe Nettelbeck in: »Die Zeit« vom 20. Sept. Hamburg 1968.

Literatur

Jerome Agel (Hg.): The Making of Kubrick's 2001. New York 1970. Walter Evans: Violence and Film. The Thesis of Kubrick's A Clockwork Orange. In: »The Velvet Light Trap« No. 13. Cottage Grove 1974. Geliebte Bombe. In: »Der Spiegel« Nr. 4. Hamburg 1964. Norman Kagan: The Cinema of Stanley Kubrick. New York 1972. Werner Kließ: 2001 – Odyssee im Weltraum. In: »Film« Nr. 8. Velber 1968. Joachim von Mengershausen: Uhrwerk Orange. In: »Filmkritik« Nr. 186. München 1972. Robert Plank: Der häßliche Götterfunke. In: Franz Rottensteiner (Hg.): Polaris 1. Frankfurt 1973. Alexander Walker: Stanley Kubrick Directs. New York 1972. Kraft Wetzel: Vom Himmel hoch da komm ich her . . . Zu Solaris und 2001: Odyssee im Weltraum. In: »Kino« Nr. 15. Berlin 1974. 2001 – Panam zum Mond. In: »Der Spiegel« Nr. 21. Hamburg 1968.

Lem

Stanislaw Lem ist heute der bekannteste Autor phantastischer Literatur in den osteuropäischen Ländern und gewinnt auch zunehmende Anerkennung im Westen. Er wurde 1921 als Arztsohn in Lwów (Lemberg) geboren. Nach der polnischen Besetzung 1939 begann er ein Medizinstudium in der Sowjetunion, das jedoch durch den Kriegsausbruch unterbrochen wurde. Während der Besatzungszeit arbeitete er als Autoschlosser und Monteur und »lernte, deutsche Kraftwagen so zu beschädigen, daß es nicht sofort entdeckt werden konnte«. Nach dem Krieg studierte er weiter Medizin und Philosophie. Sein erster großer Roman war eine Auseinandersetzung

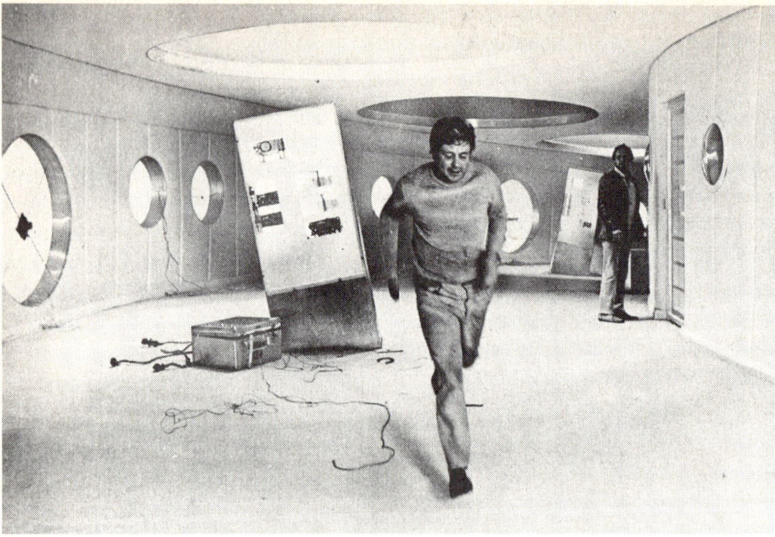

Verzicht auf perfekte Technik und Übermenschen: Szene aus der sehr eigenständigen Verfilmung von Stanislaw Lems Roman »Solaris« Verleih: Freunde der Deutschen Kinemathek

mit den Erlebnissen eines bürgerlichen Intellektuellen während des Krieges und danach (eine deutsche Ausgabe erschien 1959 als »Die Irrungen des Dr. Stefan T.« in der DDR). Dieser Roman konnte wegen kritischer Auffassungen Lems in den frühen fünfziger Jahren noch nicht erscheinen; später erhielt er dafür den Literaturpreis der Stadt Kraków.

Lem schrieb zwar bereits während der Besatzungszeit in Lwów eine Novelle »Der Marsmensch«, »die man abends in unserer Familie las, die aber weder von mir noch von anderen ernstgenommen wurde«; zur wissenschaftlichen Phantastik, wie die SF in osteuropäischen Ländern generell bezeichnet wird, kam er aber eigentlich durch Zufall. Während des Aufenthalts in einem Erholungsheim für Kulturschaffende unterhielt er sich mit einem anderen Gast über wissenschaftlich-phantastische Literatur, an der Lems Gesprächspartner sichtlich interessiert war. Wenig später erhielt Lem einen Vertrag von einem Warschauer Verlag, unterzeichnet von seinem Gesprächspartner, der sich als Leiter dieses Verlags erwies. Lem brauchte nur noch den Titel seines Romans einzusetzen und den Vertrag durch seine Unterschrift abzuschließen.

Er setzte den Titel »Astronauci« ein, ohne eine Vorstellung von dem Roman oder auch nur eine allgemeine Idee zu haben. So kam es zu seinem ersten utopischen Roman (deutsch »Der Planet des Todes«, auch von der DEFA verfilmt) über eine Raumexpedition zur Venus, die auf die Überreste einer Zivilisation stößt, die sich durch einen globalen Krieg einst selbst vernichtet hat.

Ebenso wie in »Eden« ging es Lem darum, »in der Verkleidung anderer Planeten die Probleme des unsrigen zu zeigen«. Als »zivilisatorische Warnung« wollte er den Roman »Die Rückkehr von den Sternen« verstanden wissen, in dem Kosmonauten nach zehn Jahren Flugzeit auf eine Erde zurück-

kehren, auf der inzwischen hundertfünfzig Jahre vergangen sind – die Zurückgekehrten finden sich in der veränderten Zivilisation nicht mehr zurecht.
In seinen kürzeren Erzählungen pflegte Lem vor allem eine humoristische (»Sterntagebücher«, »Test«, »Die Jagd«) und märchenhafte Form von Phantastik (»Cyberiada« und »Robotermärchen« – wo er sich konsequent damit beschäftigte, was für eine Art von Märchen Roboter für Roboter schreiben würden). Hauptfigur vieler Erzählungen ist der Pilot Pirx, eine völlig unheldenhafte Figur, die nicht über die Superfähigkeiten westlicher SF-Helden verfügt, aber auch nicht in Ohnmacht gegenüber Gesellschaft und dämonisch erscheinender Technik verharrt. Pirx macht oft eine eher komische Figur, aber sein vernünftiges und menschliches Handeln demonstrieren doch konsequent die Beherrschbarkeit der Technik durch den Menschen.
In den Romanen Stanislaw Lems läßt sich eine deutliche Entwicklung ausmachen. Während seine früheren Romane sich wesentlich auf die Schilderung technischer Probleme stützen, zeigen die späteren die Entstehung eines philosophischen Konzepts, das unbeirrbar durchgehalten wird. In »Gast im Weltraum« herrscht noch ein Verständnis vor, das den technischen Fortschritt und die Raumfahrt als eine direkte Fortsetzung des gesellschaftlichen Fortschritts sieht. An Bord des auf jahrelanger Reise befindlichen Raumschiffs »Gea« berichtet ein Historiker über das Schicksal eines während des Dritten Reichs in Berlin hingerichteten Kommunisten: »Sein Tod in dem Schweigen, das er sich selbst auferlegte, hat den Sieg des Kommunismus beschleunigt; vielleicht nur um Minuten, Tage oder Wochen – einerlei! Wir sind jetzt auf dem Weg zu den Sternen. Auch dafür ist er gestorben, und das ist ebenfalls eine Rechtfertigung seines Todes ... und des Kommunismus ...« (Freilich fügt der Historiker in einem »zornigen und zugleich schmerzlichen Aufschrei« hinzu: »Aber wo – wo sind die Kommunisten?!«)
In späteren Romanen wie »Solaris« (in der Sowjetunion verfilmt) und »Der Unbesiegbare« hingegen findet Lem zur konsequenten Ausführung der Idee, daß der Mensch nicht den Kosmos, sondern einen Spiegel seiner selbst, nicht ferne Planeten, sondern die Erde sucht. Er geht immer wieder davon aus, daß eine Verständigung mit den völlig andersartigen Lebensformen in der Galaxis unmöglich sein wird. Diese Unmöglichkeit der Kommunikation ist zentrales Thema von »Solaris«. Solaris ist eine Welt, die eine einzige Lebensform hervorgebracht hat, eine Art von Ozean aus gallertartiger Substanz, die zu intelligentem Handeln fähig ist. Von einer Forschungsstation auf Solaris aus werden immer wieder Kontaktversuche unternommen, die aber ausnahmslos daran scheitern, daß sich keine der Lebensformen einen Begriff von der anderen machen kann. Das Solaris-Wesen reagiert, aber es kann als einziges Wesen seiner Art die Individualität der Menschen nicht verstehen.
Diese Erfahrung zeigt den Forschern, daß es keine neuen Welten gibt, die von Menschen zu erfahren sind; einer von ihnen sagt: »Wir wollen gar nicht den Kosmos erobern, wir wollen nur die Erde bis an seine Grenzen erweitern. Die einen Planeten haben nichts als Wüste zu sein, wie die Sahara, die anderen eisig wie der Pol oder tropisch wie der brasilianische Urwald. Wir sind humanitär und edel, wir wollen die anderen Rassen nicht unterwerfen, wir wollen ihnen nur unsere Werte übermitteln und, als Gegengabe, ihrer aller Erbe annehmen. Wir halten uns für die Ritter vom Heiligen Kontakt. Das ist die zweite Lüge. Menschen suchen wir, niemanden sonst. Wir brauchen keine anderen Welten. Wir brauchen Spiegel.«
Eine ähnliche Symbolhandlung enthält auch der Roman »Der Unbesiegbare«. »Der Unbesiegbare« ist ein Raumkreuzer auf der Suche nach dem verschollenen

Schwesterschiff »Kondor«, dessen Wrack schließlich auf einem Planeten im Sternbild der Leier gefunden wird. Die Kosmonauten forschen nach den Verursachern der Katastrophe und stoßen auf metallische Fliegenschwärme, die sich zu einem einheitlich handelnden kybernetischen System zusammenschließen können. Diese Lebensform betrachtet die Menschen als Eindringlinge; Verständigung ist unmöglich; die Menschen müssen erkennen, daß »Der Unbesiegbare« nicht das ist, was sein Name verheißt. Der notwendige Rückzug des Menschen führt zu der Erkenntnis eines Expeditionsteilnehmers: »Die Leere erobern, natürlich, warum nicht. Aber nicht das angreifen, was existiert, was sich in Jahrmillionen ein eigenes, unabhängiges, außer den Kräften der Strahlung und der Materie niemandem und nichts unterworfenes Gleichgewicht seiner Existenz geschaffen hat, einer tätigen Existenz, die weder besser noch schlechter ist als die Existenz der Eiweißverbindungen, die Tier oder Mensch genannt werden.«

Das ist lichtjahreweit von den Eroberungsphantasien westlicher SF entfernt, ist eine konsequente Absage an die unverzichtbaren Mythen trivialer SF: »Der Mythos des Raumfahrtzeitalters und vom Drang nach den Sternen wird schonungslos kompromittiert als Flucht vor den Problemen der Menschheit und des eigenen Ich« (Karl Pax).

In diesem Zusammenhang steht auch »Glos Pana« (Die Stimme des Herrn; noch nicht in Deutsch erschienen), in dem es um ein Großprojekt amerikanischer Wissenschaftler geht, ein mutmaßliches Signal aus dem All zu entziffern – am Ende bleibt offen, ob der »Brief von den Sternen« vielleicht nur ein »neutronisches Rauschen« ist. »Die Stimme des Herrn« ist freilich nicht mehr nur Belletristik; es ist zugleich ein philosophischer Essay. Neben seinen Romanen und Erzählungen hat Lem auch nicht-belletristische Titel veröffentlicht, darunter Bücher zu Themen der Futurologie, der Kybernetik, der Literaturtheorie. 1970 erschien sein 750-Seiten-Essay über »Phantasie und Futurologie«, der ihn auch als einen profunden Kenner und Kritiker westlicher SF ausweist.

Ein Sonderfall ist Lems »Die vollkommene Leere«, ein Buch, das nur aus Rezensionen anderer, nie geschriebener Bücher besteht. Dieser Sammlung voraus geht eine Rezension von »Die vollkommene Leere«, abfällig gehalten und dem Autor Lem gegenüber sehr kritisch. Sie legt nahe, daß die rezensierten, aber nicht existierenden Bücher Einfälle Lems seien, deren Realisierung er aus bestimmten Gründen nicht geschafft habe.

Stanislaw Lem hat heute mit 28 Büchern, in fast 30 Sprachen übersetzt, eine Gesamtauflage von rund acht Millionen Exemplaren erreicht. Das liegt sicher – neben seiner literarischen Leistung – nicht zuletzt daran, daß er wissenschaftliche Phantastik mit einer im SF-Genre unüblichen Ernsthaftigkeit geschrieben hat, daß er ganz konsequent die Fehler westlicher Kollegen nicht wiederholte; daß er ehrlich genug war, nicht einfach Gegenwartsprobleme in die Zukunft zu verlegen, den Kosmos nicht zum Tummelplatz unrealer Trivialhandlungen machte, sondern die *Science* ebenso ernst nahm wie die Fiktion.

Lem: »Die phantastische Literatur ist für mich nicht Selbstzweck, sondern eine Methode, um die menschliche Natur zu erfassen. Ebenso wie ein moderner Wissenschaftler durch ein Experiment in einem künstlich geschaffenen Milieu die präzisesten Versuchsergebnisse erzielt, begreife ich über die Konstruktion eines phantastischen Romans am besten die Ereignisse auf der Erde«.

Anmerkungen

Stanislaw Lem in Selbstzeugnissen. In: »Science Fiction Times« Nr. 128. Bremerhaven 1972. Karl Pax: Stanislaw Lem: Solaris. In: »Science Fiction Times« Nr. 130. Bremerhaven 1973.

Literatur

Werner Berthel (Hg.): Stanislaw Lem. Der dialektische Weise aus Krakow. Frankfurt 1975. David Ketterer: Solaris und die illegitimen Sonnen der Science Fiction. In: »Quarber Merkur« Nr. 31. Bremerhaven 1972. Frank Rainer Scheck: Stanislaw Lem, ein moderner Revisionist. Essen-Holsterhausen 1974.

Mad Scientist

Der verrückte Wissenschaftler. Soweit Wissenschaftler überhaupt eine Rolle spielen, treten sie im Film zumeist als dämonische Genies und *mad scientists* auf. Der Göttinger Soziologe M. Osterland untersuchte 2300 Filme nach dem Gesellschaftsbild, das Kinogängern heute vermittelt wird; dabei schnitt die Wissenschaft am schlechtesten ab. Entweder wird sie thematisch gemieden, oder ihre Vertreter haben ein höchst negatives Image: Genial meist nur auf dämonische Art, dazu wahnsinnig, gefährlich, verantwortungslos und unkontrollierbar. In einem Bericht über diese Untersuchung heißt es: »Den Wissenschaftler bei der Arbeit – wie ihn sich die Drehbuchautoren vorstellen – zeigen vor allem die Science-Fiction-Filme, die meist aus den USA, aber auch aus England und Japan zu uns kommen, sowie ein Teil der Horrorfilme aus den USA, England und Frankreich. Diese beiden engverwandten Gattungen schrecken mit einem Typus von Wissenschaftler, dem die Macht über sein Werk entgleitet . . . Dadurch wird oftmals gleich die ganze Menschheit bedroht, zumindest aber der Forscher selbst, der mit blindem, nahezu zwanghaftem Forschungseifer entweder von falschen Voraussetzungen ausging, oder seine Experimente mit ungeeigneten Mitteln betrieb. Die bekannteste Figur dieses Typs ist jener Wissenschaftler, der auf englisch treffend mit ›Mad Scientist‹ bezeichnet wird. Mit fast der Hälfte (46 Prozent) machte er unter den Wissenschaftlern als Filmfiguren den Hauptanteil aus«. Das Verrückte und Dämonische am Wissenschaftler wird meist schon durch sein Aussehen deutlich: er ist mißgestaltet, häßlich.

Von ähnlichem Typus wie der beschriebene Wissenschaftler sind Gestalten wie Dr. Mabuse oder Dr. No, die mit Hilfe von willigen Kriminellen oder als Werkzeug finsterer politischer Mächte die Weltherrschaft zu erobern trachten; sie bedienen sich dabei stets einer umfassenden und perfekten Organisation und setzen utopisch anmutende technische Neuerungen für ihre bösen Ziele ein.

Anmerkung

»akut« Nr. 2/3. Hamburg 1975.

Literatur

Martin Osterland: Gesellschaftsbilder in Filmen. Eine soziologische Untersuchung des Filmangebots der Jahre 1949 bis 1964. München 1970.

Metropolis

Den 1927 von Fritz Lang (vgl. *Crime*) gedrehten utopischen Film »Metropolis« muß man vor seinem historischen Hintergrund sehen, um seinen gewaltigen Erfolg (auch im Ausland, besonders in den USA) zu verstehen. Der Film wurde von Alfred Hugenbergs UFA mit riesigem Aufwand produziert, in einer Zeit, die durch Massenarbeitslosigkeit und den zunehmenden Zerfall der Weimarer Republik gekennzeichnet war. Langs Film bezieht sich eindeutig auf diese gesellschaftliche und politische Entwicklung, verkleidet sie aber in utopische und mythologisch überhöhte Bilder.

Metropolis, utopische Stadt des Jahres 2000, wird von John Frederson, dem »Herrn über Maschinen und Arbeiter«, beherrscht. Während die wenigen Besitzenden dieser Stadt nur ihren Genüssen leben, schuften Arbeitermassen unter unvorstellbaren Bedingungen, werden sinnbildlich vom »Moloch Maschine« verschlungen. Es gibt eine wie eine Erlöserin wirkende »Arbeiterführerin«, Maria, die den Arbeitern Besserung ihres Loses verspricht. Der Monopolherr Frederson läßt die Arbeiter durch einen Roboter (der Maria aufs Haar gleicht) zum Aufstand aufstacheln, um ihn sodann gewaltsam niederschlagen lassen zu können. Der Arbeiteraufstand führt zur

Katastrophe – aber alles löst sich schließlich wieder, indem der Sohn Fredersons sich mit der Arbeiterführerin Maria vermählt: die Versöhnung der Klassen als Melodrama.
Diese Parabel verfolgt unmißverständlich die Absicht, soziale Gegensätze zu verschleiern, predigt die Utopie der Klassenharmonie. Als schuldig an der Katastrophe werden letztlich noch die Arbeiter erklärt, die sich von einem Roboter (!) aufhetzen ließen. Schließlich aber hebt die Liebe zwischen dem »gemäßigten« Sohn des Herrschers zu einer Arbeiterin alle Konflikte wieder auf und eint die Gesellschaft – was in der weiteren politischen Entwicklung seine Entsprechung in der »Volksgemeinschaft« des Dritten Reiches finden sollte.
Gregor/Patalas über Langs »Nibelungen« und »Metropolis«: »Im Zusammenhang gesehen, enthalten die beiden Filme einen Katalog aller wesentlichen Bestandteile der NS-Ideologie: ›Die Nibelungen‹ den Kult des Nordischen, die Diffamierung des ›Undeutschen‹, die Unterordnung unter den Willen des ›Führers‹, die Vergötzung des ›Heldentodes‹; ›Metropolis‹ die Verschleierung der sozialen Gegensätze, die ›Erlösung‹ des Proletariats durch den überlegenen, dem Klassenkampf entrückten Führerwillen.«
Fortschrittliche französische Filmkritiker nannten den Film schon damals treffend »eine Kreuzung von Krupp und Wagner«. Lang selbst distanzierte sich später von seinem Film und ging, obwohl ihm eine führende Position im Filmwesen des Dritten Reiches angeboten wurde, nach Amerika. Seine Frau, Thea v. Harbou (die Drehbuchautorin von »Metropolis« und »Nibelungen«) aber blieb und arbeitete als Regisseurin für die nationalsozialistische Filmproduktion. Lang selbst war nicht Nationalsozialist, und seine späteren Hollywood-Filme lassen sozialkritische Ansätze erkennen.
»Metropolis« bestach vor allem durch seine technische Perfektion, die mehrere Millionen Reichsmark kostete, und wurde ein Mythos, der das SF-Genre in vieler Hinsicht prägte; seine Spuren finden sich bis hinab zum Comic-Helden → Superman, dem Mann aus Stahl, der seine gewaltigen Taten just in einer Stadt namens »Metropolis« vollbringt.
Mit einigen anderen seiner deutschen (Stumm-)Filme streifte Lang ebenfalls das phantastische Genre, so mit »Die Nibelungen« (1923/24), »Dr. Mabuse, der Spieler« (1922) und seinem wenig bekannten frühen Abenteuerzyklus »Die Spinnen« (1919/20), in dem es um dunkle, geheimnisvolle Gestalten, rivalisierende Kräfte, eine geheimnisvolle unterirdische Chinesenstadt und eine Gefahr aus diesem Untergrund geht – die »gelbe Gefahr«. Wie reich Fritz Langs Schaffen an Widersprüchen ist, zeigt vor allem auch Dr. Mabuse. Lang selbst behauptete, er habe die Mabuse-Organisation als Synonym für die Nazi-Organisation gesehen und den Anhängern des Dr. Mabuse die Parolen der Nationalsozialisten in den Mund gelegt. Sein Produzent Erich Pommer (Decla-Filmgesellschaft) jedoch gab an, daß Mabuse selbst als Spartakist (Kommunist) gedacht gewesen sei. Gleich zu Beginn des Films ließ Fritz Lang seinen Dr. Mabuse sagen: »Wir müssen die Welt in einen Abgrund des Terrors stürzen.«
Langs Selbstdarstellung steht sicherlich im Widerspruch zur Ideologie und Wirkung seiner Filme: »Für mich muß der Film eine Art Sozialkritik sein . . . Natürlich bin ich links.« Dem steht die Rezeption seiner Filme zum Beispiel durch die Nationalsozialisten entgegen – so sagte der Propagandaminister des Dritten Reichs, Josef Goebbels, über »Die Nibelungen«: »Hier ist ein Filmschicksal nicht aus der Zeit genommen worden, aber so modern, so zeitnah, so aktuell gestaltet, daß es auch Kämpfer der nationalsozialistischen Bewegung innerlich erschüttert hat!«

Anmerkungen

Josef Goebbels, zitiert nach Curt Belling: Der

Blick nach unten: Die Arbeiter kehren in den unterirdischen Stadtbereich von Metropolis zurück Foto: UFA

Film in Staat und Reich. Berlin 1936. Ulrich Gregor/Enno Patalas: Geschichte des Films. Reinbek 1976. Erich Pommer, zitiert nach The Sociology of Film Art. New York/London 1965.

Literatur

Rolf Giesen (Hg.): Fritz Lang. Duisburg o. J. Frieda Grafe/Enno Patalas/Hans Helmut Prinzler: Fritz Lang. München 1976. Gottfried Knapp: Man stellt Denkmäler nicht auf den flachen Asphalt. Das Architektonische in den Stummfilmen Fritz Langs. In: »Süddeutsche Zeitung« vom 19./20. Juli. München 1975. E. P.: Gigantomanie. Metropolis. In: »Fernsehen und Film« Nr. 6. Velber 1971. Peter H. Schröder: Ornament und Ideologie. In: »Filmkritik« Nr. 8. München 1964. Viktor Sidler: Metropolis. Aus den Schätzen der Cinemathèque. In: »Cinema« Nr. 65. Adliswil 1971.

Mutation und Telepathie

Mutation bedeutet in der Biologie Artumwandlung, d. h. eine Abwandlung der Erbfaktoren durch äußere Einflüsse. Normalerweise sind Mutationen Störungen der normalen Entwicklung der Individuen, manchmal sind sie biologisch indifferent, selten auch vorteilhaft. Alle Tier- und Pflanzenarten unterliegen der Mutation; diese stellt gewissermaßen den Motor der Evolution dar.

In der Science Fiction ist die Mutation ein häufig benutztes Sujet, das zumeist eine Weiterentwicklung des Menschen betrifft. Sie wird als gelenkte Mutation, d. h. Züchtung von Veränderungen, beschrieben (z. B. werden menschliche Wesen an die Umwelt eines fremden Planeten angepaßt) oder als spontane, nicht gelenkte Mutation (am häufigsten durch radioaktive Strahlung nach einem Atomkrieg; → Katastrophe und Weltuntergang). Im Typ der *post-doomsday stories* werden solche Mutanten oft als bedrohliche, nur noch entfernt menschenähnliche Ungeheuer ausgemalt.

Die Ausbildung parapsychologischer Fähigkeiten wie Telepathie, Teleportation,

Telekinese etc. wird in der SF ebenfalls gern auf denkbare Mutationen zurückgeführt. Spekulationen dieser Art werden oft auf die parapsychologische Forschung zurückgeführt; eine »Grenzwissenschaft«, die seit Jahrzehnten beständig mehr Hypothesen denn Ergebnisse an die Öffentlichkeit bringt. Viele dieser Hypothesen erwiesen sich durch geringfügige Modifikationen als SF-geeignet; des weiteren übernahmen die SF-Autoren parapsychologische Fachterminologie und Abkürzungen in ihren pseudowissenschaftlichen Vokabelbestand.

Die Parapsychologie ist jedoch nach wie vor eine umstrittene Wissenschaft, die unscharfe Grenzbereiche zu Okkultismus und pseudowissenschaftlichen Spekulationen aufweist; unter Berufung auf ihre »Wissenschaftlichkeit« versucht die Science Fiction zu verbrämen, daß sie tatsächlich Motive der spiritistischen Literatur weiterführt.

Die parapsychologischen Phänomene werden zumeist als Form direkter Kommunikation beschrieben: Gedanken oder bildhafte Vorstellungen werden unmittelbar von Bewußtsein zu Bewußtsein vermittelt; durch Gedanken lassen sich andere Menschen oder auch Materie beeinflussen. Das ist unschwer als Wunschprojektion des in dieser Gesellschaft isolierten Individuums auszumachen; oft wird auch beschrieben, wie Personen in ihrem Gehirn Stimmen vernehmen. Die Telepathie dient häufig als Ersatz für entbehrte zwischenmenschliche Kommunikation. In einigen der bekanntesten Romane dieser Art – wie »Slan« von A. E. van Vogt und »The Demolished Man« (Sturm aufs Universum) von Alfred Bester kommt die Motivation der Telepathie durch Isolation von einzelnen dadurch verstärkt zum Ausdruck, daß telepathisch begabte Mutanten als isolierte Minderheit beschrieben werden, die von der Gesellschaft bzw. allen Machtgruppen der Welt verfolgt werden. Freilich wird diese Minderheit alsbald zu einer äußerst fähigen, Autorität verdienenden Elite stilisiert, zu Vorboten der künftigen Übermenschen, die einst die »normalen« Menschen ablösen und die Welt beherrschen werden.

Nur selten führen die Para-Fähigkeiten zu einer positiven Wendung. In »This Fortress World« von James E. Gunn etwa wird Telepathie zur Lösungsmöglichkeit für alle Konflikte erklärt: Da Telepathie, direktestmögliche Kommunikation zwischen Menschen, nicht wie andere Kommunikationsformen verfälscht und nicht zur Lüge mißbraucht werden kann, macht sie auf Unterdrückung beruhende Herrschaft unmöglich.

Ein weiteres Beispiel findet sich in »Last and First Men« von Olaf Stapledon, in dem die Entstehung eines überindividuellen menschlichen Geistes – »group mind« – durch direkte telepathische Kommunikation zwischen einzelnen Individuen beschrieben wird.

New Wave

Neue Welle der SF-Literatur, die vor allem auf die Autoren des britischen → SF-Magazins »New Worlds« zurückgeht. Schon Ende der 50er Jahre hatten sich kritische Tendenzen in dem von der *mainstream*-Literatur weitgehend isolierten Genre bemerkbar gemacht; doch die Produktionsbedingungen der Science Fiction als triviale Massenliteratur hatten eine entsprechende Entwicklung verhindert.

1964 übernahm der Autor Michael Moorcock die Redaktion des Magazins, der zuvor Geschichten in allen möglichen Sparten geschrieben hatte: Tarzan-Geschichten, alle Arten von Abenteuerliteratur, Sword & Sorcery, Comics etc. Doch Moorcock nutzte seine Chance und gab dem dahinsiechenden »New Worlds« eine entscheidende Wendung. Seine erste Ausgabe begann er mit einem Leitartikel, in dem er »eine neue Literatur für das Raumzeitalter« forderte. In weiteren *editorials* griff er die bekannten SF-Autoren an, verschmähte die Formen der traditionellen SF und propagierte neue Schreibweisen für das Genre. Diese Provokation wurde praktiziert in den Geschichten des Magazins, die mehr und mehr literarische Techniken der allgemeinen Literatur in der SF einführten. Die bis dahin üblichen Action- und Pointengeschichten wurden durch Formen experimenteller Prosa, mitunter auch Lyrik, ersetzt.

Was den Inhalt angeht, so verbreitete sich von »New Worlds« ausgehend kennzeichnend der Slogan vom *inner space*, dem »inneren Weltraum«. Die New Wave-Autoren gingen von den kosmischen Eroberungsphantasien zurück auf die menschliche Psyche: gerade die SF-typischen Raumfahrt-Motive wurden oft als Wahnvorstellungen von Psychotikern dargestellt. Die Veränderung des Menschen und seines Bewußtseins durch Drogeneinfluß und Mittel der technischen Umwelt wurden häufiges Thema der »New Worlds«-Autoren; sie wollten sich mit der »künftigen Psychologie, sozialer Ordnung und Metaphysik« (Moorcock) der Menschheit befassen. Den Begriff *inner space* hatte J. G. Ballard geprägt, der ihn als »Zone, in der sich Psyche und Realität treffen« definierte: »Inneren Raum findet man in den Gemälden der Surrealisten Max Ernst, Dali, Tanguy, Chirico. Sie sind Maler des Inneren Raums, und ich hatte das Gefühl, daß die Science Fiction dieses Gebiet erkunden sollte, das Gebiet also, in dem die Psyche auf die Außenwelt stößt . . .«

Ballard wurde neben Moorcock der bekannteste der New Wave-Autoren, jedenfalls der typischste unter ihnen. Er begann mit Katastrophenromanen wie »The Wind from Nowhere« und »The Terminal Beach«, in denen schon die düstere Untergangsstimmung aufkam, die seine späteren Erzählungen noch mehr bestimmen sollte. Er verfremdete seine Schreibform immer mehr, bis zu einer literarischen Form, die er *condensed novels* nannte. Seine Motive wirken resignativ, ohnmächtig und willenlos gesellschaftliche Unterdrückung widerspiegelnd.

Mit solchen formalen und inhaltlichen Innovationen gelang es »New Worlds« tatsächlich, großen Widerhall in der britischen und mehr noch in der amerikanischen SF-Szene zu finden. Wohl mußte das Magazin mit Nr. 200 sein Erscheinen in der bisherigen Form einstellen, doch erschien es weiterhin als vierteljährliches Taschenbuch-Magazin gleichzeitig in USA und England. Von den US-Autoren sind Thomas M. Disch (»Camp Concentration«) und John T. Sladek zur New Wave-Bewegung zu zählen, des weiteren auch Harlan Ellison und Norman Spinrad (»Bug Jack Barron«). Von ihnen ist Disch zweifellos der bemühteste und beste Autor, während Harlan Ellison sich durch lautstarke Propagierung politisch engagierter SF hervortat, selbst aber nur Geschichten produzierte, die expressionistischer Aufschrei der Emotionen gegen Rationalität, moderne Zivilisation und Technik sind.

Gelegentlich wurde auch noch Robert Silverberg zur New Wave gezählt, der seine traditionelle SF stärker ästhetisierte, es aber weitgehend bei den alten Inhalten beließ. Auch → Roger Zelazny (»Lord of the Light«, dt. Herr des Lichts) und Samuel R. Delany (»Babel 17«, »Nova«) gerieten in den Ruf, New Wave-Autoren zu sein.

Literatur

Franz Rottensteiner: Erneuerung und Beharrung in der Science Fiction. In: Eike Barmeyer (Hg.): Science Fiction. Theorie und Geschichte. München 1972.

Perry Rhodan

SF-Romanheftserie des Moewig-Verlags (inzwischen mit dem Pabel-Verlag verbunden und dem Heinrich-Bauer-Konzern angegliedert). Die Rhodan-Serie ist mit bisher weit über 700 Heften und über 100 Taschenbüchern die erfolgreichste Reihe dieser Art; sie erscheint wöchentlich in mehreren Auflagen gleichzeitig. Die Auflagenhöhe allein der Erstauflage wird vom Verlag mit ca. 150 000 angegeben. 1966 wurde mit »Perry Rhodan – SOS aus dem Weltall« (Regie: Primo Zeglio) auch ein

Film nach Motiven der Serie gedreht. Auslandsausgaben erscheinen in verschiedenen Ländern (Frankreich, Holland, Japan, USA, Brasilien), zumeist in Form von Taschenbüchern.

Die Romane werden von mehreren Autoren nach Exposés geschrieben, in denen die genaue Handlungskonstruktion eines jeden Heftes vorgeschrieben wird. Die Handlung verläuft in Zyklen von meist 50 Bänden, deren Zusammenhang vor allem darin besteht, daß Perry Rhodan in allen Heften eines Zyklus gegen einen bestimmten Hauptfeind im All zu kämpfen hat.

Die Rhodan-Serie trägt deutlich die Handschrift des Heftroman- und Leihbuchautors Karl Herbert Scheer, auch wenn er inzwischen nicht mehr direkt an der Serie mitarbeitet. Seine vorwiegend in den fünfziger Jahren erschienenen Leihbuchromane (inzwischen als Hefte und Taschenbücher mehrfach neu aufgelegt) enthielten oft noch eine irdische Feindbestimmung, wie zum Beispiel der Titel »Der Gelbe Block« verrät. Steht heute die »menschliche Rasse« gegen fast alles Außerirdische, waren es damals die Vertreter der weißen Rasse, die sich einer diktatorisch regierten »Asiatischen Union« zu erwehren hatten.

Landserheft im Zukunftskleid: Perry Rhodan © Moewig

Die Handlung in Heft Nummer 1 begann mit einem Mondflug im Jahre 1971 (!), an dem Perry Rhodan als Raumpilot der US-Space-Force teilnimmt. Auf dem Mond begegnet Rhodan einem Raumschiff außerirdischer Intelligenzwesen, deren Technik der der Menschen weit überlegen ist. Nach einigen Auseinandersetzungen überlassen die Außerirdischen Rhodan ein Raumboot, das über technische Machtmittel verfügt, die erlauben, die Erde zu beherrschen. Rhodan nützt seine Chance und begründet, auf die Erde zurückgekehrt, eine »Dritte Macht«, die allein durch die Demonstration ihrer überlegenen technischen Mittel »alle Mächte der Erde zum Frieden und zur Zusammenarbeit zwingt«. Die Einigung erfolgt jedoch nur unter dem Gesichtspunkt einer immer wieder akuten Bedrohung von außen: Eine außerirdische Rasse nach der anderen will die Erde erobern und muß von der vereinigten Menschheit unter Rhodans Führung zurückgeschlagen werden. In dieser permanenten Notstandssituation wird Rhodan zum charismatischen Führer einer kämpfenden Menschheit.

Nicht zu Unrecht wird der Serie wegen dieser Konzentration auf die Führergestalt und der damit verbundenen Militanz vorgeworfen, sie transportiere ein Gedankengut, nicht allzuweit entfernt von dem der Nationalsozialisten. In einem Interview erklärte der frühere Produktionsleiter des Moewig-Verlags dazu: ». . . wenn Sie die gesamte Linie, den roten Faden verfolgen, oder sagen wir, wenn Sie die politische Richtung der ganzen Geschichte verfolgen, dann kann man absolut nicht von Faschis-

mus im herkömmlichen Sinne, sondern allenfalls von einer Benutzung von Machtmitteln sprechen, aber zum Besten der Menschheit« (Willi Hauck).
Nachdem Perry Rhodan die Erde geeint hat und die Menschheit zu immer neuen Eroberungsfeldzügen ins All führt, begründet er ein »Solares Imperium« und wird selbst zum »Großadministrator« dieses auf militärischer Expansion beruhenden Imperiums. Die Menschheit wird zur Herrenrasse des Universums, der »das Erbe des Universums« (Untertitel der Serie) zufällt. Andere intelligente Lebensformen werden als »krank, degeneriert«, und wenn schon »geistig hoch entwickelt«, dann zugleich als »hinterhältig wie Skorpione und gut bewaffnet« beschrieben. Harmlos können sie nur dann sein, wenn sie auf einer primitiven Entwicklungsstufe stehen. In jedem Falle sind sie der Rasse der Menschen von der Erde unterlegen. Wenn sie feindlich sind, dann sind sie meist auch von nichtmenschlichem Äußeren und kennen »nur ein Ziel: Töten!«, lassen sich schließlich »nicht von ihrem Vorhaben abbringen, das Solare Imperium der Terraner zu zerschlagen«. Das heißt, wenn Rhodan sie nicht mit immer vernichtungskräftigeren Superwaffen daran hindert.
Perry Rhodan baut sein Weltraum-Reich durch Eroberungen aus, sichert es durch machtpolitische Schachzüge gegen innere Feinde, doch die »vereinte Menschheit« steht immer wieder neuen übermächtigen Gegnern gegenüber, die das Erreichte bedrohen oder zunichte machen. Die Geschichte der Zukunft stellt sich so als ein Auf und Nieder verschiedener Weltraum-Imperien dar, als eine Folge kosmischer Kriege, in denen es keinen wirklichen Sieg geben kann, ohne daß eine noch größere Niederlage und ein noch übermächtigerer Feind folgt.
Solchen Inhalten entspricht denn auch die inhumane Sprache der Autoren: »Nicht nur die Inhalte der Serie künden von autoritärer Herrschaft, aggressivem Imperialismus und technokratischer Rationalität, auch die Sprache tut es. Wo Terraner aufeinandertreffen, werden fast ausschließlich Herrschafts- und Gehorsams-Formeln getauscht. Die Sprache ist auf Befehls- und Ausführungserklärungen verkürzt. Treffen Terraner auf andere Wesen, und wird dabei überhaupt geredet und nicht sogleich geschossen, beschränkt sich Sprache auf das Hin und Her von Imponiersprüchen, Drohungen und Unterwerfungsforderungen. Diskussionen unter Experten bestehen in der Wiedergabe von technischen Daten. Die Berichtssprache der Autoren beherbergt dieselben Elemente. Sie ist rein indikativisch (fast völliger Verzicht auf Kausalsätze), eng, gedrängt, geladen, angestrengt atemlos. Vokabeln und Rhythmus sind die der Frontberichterstattung, militant-aggressiv und im Stakkato, so die Feld-Szenerie reproduzierend« (Conrad Schuhler).
Wie die Leser auf die Fiktion des durch technische Mittel unsterblich gemachten kosmischen Feldherrn reagieren, der die Menschheit durch Jahrtausende hindurch zukünftigen Raumschlachten entgegenführt, zeigte sich in den Einsendungen auf einen Werbeslogan-Wettbewerb des Verlags. »Wie Perry Rhodan denken, das Universum lenken« schlug ein Leser vor, und ein anderer bekräftigte: »Perry Rhodan, der Herrscher des Imperiums, bekämpft die Feinde gegen Terranium«. Fast alle Einsendungen konzentrierten sich auf die Fiktion eines Mannes, der Geschichte gestalten, die Zukunft machen, schließlich gar »das Universum lenken« kann. In »unserem Mann im All« wird sichtlich die ohnmächtige Situation des Lesers in der Gesellschaft kompensiert; die überwiegende Zahl der Leser sind männliche Jugendliche. Die Hauptgruppe stellen Schüler und Lehrlinge mit 31 % aller Leser.
Die offensichtlichen Bezugspunkte zwischen der gesellschaftlichen Wirklichkeit der Leser und den Fiktionen der Rhodan-Serie führt Conrad Schuhler aus: »Die in den Heften propagierten Tugenden: auto-

ritäre Haltung von Befehlsgeber und -empfänger, militant-aggressives Wettbewerbsverhalten und ›natürliche Auslese‹ durch den Kampf aller gegen alle sowie Unterwerfung unter Sachverstand und Sachzwänge sind nämlich auch die institutionellen und ideologischen Grundlagen, auf denen die Einrichtungen von Ausbildung und Produktion im Kapitalismus ruhen – also dort, wo fast alle Perry-Rhodan-Leser ihre Lern- bzw. Arbeitsplätze haben. Der Massenzukunftsroman hilft dabei, ihnen die real einlösbare Zukunft zu nehmen.«
Eine Comicserie mit Abenteuern Perry Rhodans (»Perry – unser Mann im All«) erschien jahrelang mit unrentabler Auflage und ständig wechselnder Konzeption, wurde 1975 wieder eingestellt. Ebenfalls wöchentlich erscheint im gleichen Verlag die »Perry Rhodan Sonderreihe« → Atlan, die mit einem Hauch von Däniken-Mystik in die vorgeschichtliche galaktische Vergangenheit zurückreicht.

Anmerkungen
Willi Hauck, zitiert nach »Munich Round Up«. München 1970. Conrad Schuhler: Perry Rhodan. In: »Kürbiskern« Nr. 4. München 1970.
Literatur
Beate und Jürgen Ellerbrock/Frank Thieße: Perry Rhodan. Untersuchung einer Science Fiction-Heftromanserie. Gießen 1976. Perry Rhodan. Rechtfertigung von Herrschaft. In: »focus« Nr. 23. Zürich 1971.

Planet der Affen
Einer der kommerziell erfolgreichsten SF-Filme, zu dem vier weitere Nachfolgefilme gedreht wurden: »Beneath the Planet of the Apes« (Rückkehr zum Planet der Affen – 1969 – Regie: Ted Post), »Escape from the Planet of the Apes« (Flucht vom Planet der Affen – 1971 – Regie: Don Taylor), »Conquest of the Planet of the Apes« (Eroberung vom Planet der Affen – 1972 – Regie: J. Lee Thompson), »Battle for the Planet of the Apes« (Die Schlacht um den Planet der Affen – 1973 – Regie J. Lee Thompson).
»Planet of the Apes« (1967 – Regie: Franklin Schaffner, Buch: Rod Serling und Michael Wilson) wurde nach Motiven eines Romans von Pierre Boulle gedreht, der allerdings eher eine satirische Parabel denn eine SF-Erzählung war. Der Planet der Affen beherbergt eine Zivilisation intelligenter Affen, in der intelligenzlose Menschen als Haustier-Sklaven gehalten werden. In dieser grotesken Affen-Zivilisation spiegelte Boulle die menschliche Gesellschaft, während der Film stärker die *action*-Effekte des *plots* herausbringt. Gegen Schluß der Filmhandlung stellt sich heraus, daß der Planet der Affen tatsächlich die Erde der Zukunft ist, auf der die Raumfahrer durch Zeitdilatation gelandet waren. Und die Affen-Zivilisation war erst entstanden, nachdem sich die Menschheit mit einem Atomkrieg selbst zerstört hatte, während die freigewordene Radioaktivität in den Gehirnen von Gorillas, Orang-Utans und Schimpansen einen Mutationssprung bewirkt hatte.
Dem erfolgreichen ersten Film folgten die vier weiteren Kinofilme, deren Handlungen teilweise auf unterschiedlichen Voraussetzungen basieren, die aber als durchaus eigenständige Filme den Erstling teilweise sogar übertrafen. Die »Planet der Affen«-Filme sind zwitterhafte und oft widersprüchliche Filme, die den satirischen Ansatz des Originals immerhin nicht völlig vernachlässigen. Andererseits »belegen sie treffend, wie sehr Hollywood fehlgehen kann, wenn es den SF-Film mit irgendeinem Teil der phantastischen Literatur, Parodie, Satire oder der Science Fiction selbst zu eng zu verbinden versucht« (John Baxter).
Der Fehltritt war jedenfalls ein Erfolg, der sicher mit den im »menschlichen« Sinne ausdrucksvollen Affenmasken in Verbindung zu bringen ist und damit wohl nicht zuletzt auf die Kunst des Maskenbildners zurückgeht. Der Verkauf verschiedenster Spielfiguren, von Affenmasken und T-Shirts mit »Planet der Affen«-Motiven weist darauf hin, wie sehr sich eine zahlrei-

Ein Hauch von Satire in einer »Planet der Affen«-Verfilmung Verleih: Centfox

che Fangemeinde mit ihren Affen-Menschen-Lieblingen identifiziert.
Die weitere Auswertung des Filmerfolgs erfolgte durch eine amerikanische Fernsehserie, des weiteren durch ein Comic-Magazin gleichen Titels, das auch in der Bundesrepublik erschienen ist.

Anmerkung
John Baxter: Science Fiction in the Cinema. London/New York 1970.

Roboter, Androiden, Cyborgs

Das Sujet des »künstlichen Menschen« hat eine vielfältige mythologische Herkunft (zum Beispiel im Golem der jüdischen Sage), läßt sich zum anderen aber auch auf die bizarren Spielautomaten vergangener Jahrhunderte (mechanische Trompeter, Musiker, Schachspieler etc.) zurückführen, in denen das Bedrohliche des nicht gezeugten, nicht beseelten, aber doch lebendigen Wesens durch seine Spielzeugeigenschaften aufgehoben wurde. Der Roboter des Science Fiction-Films hat heute noch viel von einem Riesenspielzeug aus der Bastlerwerkstatt an sich.
Der Roboter (vgl. einleitenden Essay *Science Fiction* und → Isaac Asimov) ist eines der wichtigsten und zugleich aufschlußreichsten Motive der Science Fiction, das bisher nur in Teilaspekten ausgedeutet wurde. Es wäre vielleicht interessant, die von Erich Fromm (»Anatomie der menschlichen Destruktivität«) entwickelten Thesen von der nekrophilen, in das Nicht-Lebendige, Maschinenhafte verliebten Gesellschaft auf die Phantasien von künstlichen Menschen anzuwenden. Die Wandlungen dieser auch außerhalb der SF vertretenen Phantasievorstellungen stehen in deutlichem Zusammenhang mit der technokulturellen Entwicklung.
Joachim Kalka sieht im Roboter eine verdeckte Darstellung des Arbeitsprozesses und kommt dabei zu interessanten Schlußfolgerungen. »Und ebenso ist bei aller technischen Aufgeladenheit des Roboterbildes seine eigentliche ›Ladung‹ magisch. Der Roboter als Strukturelement einer Science Fiction-Erzählung ist beinahe beliebig ersetzbar durch die ihn auch tatsächlich immer mehr verdrängenden Dämonen, Voodoo-Puppen, gebannten Kadaver, Marionetten, die mit ruckenden Bewegungen ›automatenhaft‹, aber ohne noch technische Innereien vorzuspiegeln, eine Arbeit tun. Von dieser magischen Seite der Roboter-*fantasy* ist auch als eigentliches Problem der Robotererzählung nicht die Arbeit und ihre Organisation erkennbar, sondern ihre Kontrolle beziehungsweise deren Zusammenbruch. Diese Kontrolle wird – hinter bürokratischen, elektronischen, hypnotischen, polizeistaatlichen Staffagen – im Grunde immer wieder als magische geschildert. Als magische: das heißt, als nicht bekämpfbare.«
Im Roboter-Mythos verdichten sich verschiedene gesellschaftliche Bedeutungen, die nur schwer voneinander zu lösen sind.

Das gilt in gleicher Weise für den Androiden, der im Gegensatz zum Roboter aus organischen Stoffen besteht und seine geschichtlichen Vorläufer im Homunculus (Retortenwesen) und in der Alraune hat (die aus dem letzten Samen eines Gehenkten wächst, nach den Brüdern Grimm eines »reinen Jünglings«). Im Androiden werden auch die in der SF verbreiteten antisexuellen Tendenzen deutlich: Liebe und Sexualität werden durch »saubere« Wissenschaft und Technik umgangen.
Eine Sonderform des künstlichen Menschenwesens stellt der Cyborg (kybernetischer Organismus) dar. Diesen auch in der SF mittlerweile häufig zu findenden Ausdruck prägten die Naturwissenschaftler M. Clynes und N. Kline. Sie schlugen vor, für Raumfahrtprojekte speziell geeignete Menschen zu züchten, die mit künstlichen Sinnesorganen versehen, deren Organe durch stärker belastbare künstliche Teile ersetzt und deren Herzfrequenzen durch Medikamente gesteuert werden soll. Der Cyborg der SF hat oft einen künstlichen Körper (»Vollprothese«) und nur noch ein organisches menschliches Gehirn. Der deutsche Physiker und SF-Autor → Herbert W. Franke hat ernsthaft vorgeschlagen, in Weltraum-Cyborgs das Gehirn eines menschlichen Embryos zu verwenden, da es sich solch lebensfremden Bedingungen problemlos anpassen könne. Solche Beispiele illustrieren lustvolle Unterwerfung unter eine Technologie und Wissenschaft, die nicht einmal mehr den Anschein einer humanen Zielsetzung braucht.

Anmerkung
Joachim Kalka: »Irgendwo begannen mächtige Maschinen zu dröhnen . . .«. Arbeit als abstrakte Exotik in der science fiction. In: »Kursbuch« Nr. 43. Berlin 1976.

Literatur
John Cohen: Golem und Roboter. Über künstliche Menschen. Frankfurt 1968. James T. Culbertson: The Minds of Robots. Urbana 1963. Stanislaw Lem: Roboter in der Science Fiction. In: Eike Barmeyer (Hg.): Science Fiction. Theorie und Geschichte. München 1972. Robert Plank: Golems und Roboter. In: Franz Rottensteiner (Hg.): Pfade ins Unendliche. Frankfurt 1971. René Simmen (Hg.): Der mechanische Mensch. Texte und Dokumente über Automaten, Androiden und Roboter. Zürich 1967. Helmut Swoboda: Der künstliche Mensch. München 1967. Klaus Voelker (Hg.): Künstliche Menschen. Dichtungen und Dokumente über Golems, Homunculi, Androiden und lebende Statuen. München 1971.

SF-Clubs
Die Science-Fiction-Clubs – zusammenfassend oft als »Fandom« bezeichnet – entstanden fast gleichzeitig mit der Entwicklung der Science Fiction als eigenes Genre. Durch Leserbriefspalten in den ersten → SF-Magazinen lernten sich einige Leser kennen und schlossen sich in Clubs zusammen. Diese zumeist jugendlichen Leser nahmen ihre SF-Lektüre sehr ernst und hatten von daher das starke Bedürfnis, mit Gleichgesinnten in Verbindung zu treten. Die Atmosphäre dieser Clubs kann wohl nur jemand wiedergeben, der sie selbst erlebt hat. Donald A. Wollheim (heute SF-Autor und Herausgeber einer SF-Taschenbuchreihe) berichtet in seinem 1971 erschienenen Buch »The Universe Makers« fast wehmütig über die Anfänge:
»Ich gehörte zu dieser Pioniergruppe, dem fanatischen Science-Fiction-Fandom der dreißiger Jahre, zu denen, die glaubten, wenn andere spotteten, die diese drei oder vier Magazine mit den wilden Titelbildern und Illustrationen kauften und sie am Leben erhielten, als sie zum Geringsten und Schlechtesten dessen gehörten, was in jenen Vorkriegstagen an den Kiosken hing. Wir waren eine kleine Gruppe im Vergleich zu den Legionen von Science-Fiction-Lesern heute – und daher natürlich auch eine sehr eng verbundene Gruppe. Unsere Leben schienen einander zugeordnet zu sein, und wir lebten in einer eigenen Welt unendlicher Horizonte, die sich der grimmigen und heimgesuchten Welt um uns herum nicht mitteilen ließ.«

Aus Wollheims einstigem Pionier-Fandom ist inzwischen eine Anzahl lose zusammenhängender SF-Clubs in vielen Ländern der Welt geworden. Es gibt SF-Clubs vor allem in den USA, in fast allen westeuropäischen Ländern, in Japan, Australien, auch in einigen osteuropäischen Ländern und in Südamerika. In der Bundesrepublik und Österreich existiert seit den 50er Jahren ein ausgeprägtes Fandom mit einer Anzahl von Clubs und → Fanzines (von Clubs oder einzelnen Fans herausgegebene Zeitschriften in kleiner bis Kleinstauflage).

Es gibt auch Kontakte auf internationaler Ebene. Regelmäßige Veranstaltungen – Cons genannt – führen regionale oder nationale Clubs zusammen. SF-Con ist eine Abkürzung für »Science Fiction Convention« und steht für ein meist von Clubs organisiertes Zusammentreffen einer mehr oder weniger großen Anzahl von SF-Fans. Der erste große Con fand 1934 in Philadelphia in den USA statt; an ihm nahmen 40 Fans teil. Schon drei Monate später gab es auch die erste britische SF-Convention. Und 1939 gab es schließlich die erste »World SF Convention« (Welt-SF-Konferenz), die gleichzeitig mit der New Yorker Weltausstellung stattfand.

Heute findet jährlich eine dreitägige Weltkonferenz (World Con) statt. Dort wird auch der »Hugo« (nach Hugo Gernsback, dem »Erfinder« der SF) für den besten SF-Roman, die beste SF-Story usw. vergeben – eine Art von Literaturpreis der SF. Ein anderer Literaturpreis ist der »Nebula Award« für die besten SF-Publikationen. Der »Weltcon« findet abwechselnd in den USA und in Europa statt. Daneben gibt es seit 1972 einen »Eurocon«, der alle zwei Jahre in einem anderen europäischen Land abgehalten wird. Außerdem finden noch regionale Konferenzen statt (der Science Fiction Club Deutschland – SFCD – veranstaltet jährlich eine Konferenz und eine Unzahl von kleineren Veranstaltungen).

Dieses SF-Fandom macht direkte Kontakte vor allem zwischen Lesern, aber auch mit Autoren und Mitarbeitern der SF-publizierenden Verlage möglich. Es ist jedoch nicht zu leugnen, daß Verlage und Autoren immer wieder versucht haben, durch Clubs und ihre Veranstaltungen geschäftliche Absichten zu verfolgen. Besonders augenfällig ist das bei den Perry Rhodan-Clubs, die der Verlag organisiert und unterstützt, um die zumeist jugendlichen Leser noch stärker an seine → Perry Rhodan-Serie zu binden.

Im übrigen haben die regionalen SF-Clubs – etwas im Gegensatz zu der rührigen internationalen Organisation – weitgehend an Bedeutung verloren. Das dürfte daran liegen, daß das SF-Genre nicht mehr wie früher eine belächelte »Außenseiterliteratur« ist, ihm vielmehr zunehmende Anerkennung zuteil wurde. Damit ist die Situation nicht mehr gegeben, unter deren Druck viele SF-Leser sich in den Clubs zusammenschlossen. Ein in einem Interview befragtes Mitglied eines Wiener SF-Clubs erklärte dazu: »Früher hat man also mit größter Aktivität kleine hektographierte Zeitschriften herausgegeben, hat also stundenlang, nächtelang diskutiert, über verschiedene Aspekte der Science Fiction – heute trifft man sich unter Umständen auch nur, um Tarock zu spielen.«

Anmerkung

Donald A. Wollheim: The Universe Makers. Science Fiction Today. New York 1971.

Literatur

Sam Moskowitz: The Immortal Storm. Atlanta 1954. Alfred Vejchar/Hans Sigmund/Heinz-Jürgen Ehrig: 20 Jahre SFCD-Geschichte. In: »Andromeda« Nr. 85. Sonderausgabe zum 20jährigen Bestehen des Science Fiction Club Deutschland e. V. Letmathe 1975. Harry J. Warner: All Our Yesterdays. Chicago 1969. Hagen Zboron: Ein Traum aller Träume. Die Geschichte des deutschsprachigen Science-Fiction-Fandoms. In: »Nibelungen« Nr. 6. Unterensingen 1969.

SF-Comics

Die bekanntesten SF-Helden im amerikanischen Zeitungsstrip waren Buck Rogers und Flash Gordon, daneben entwickelten sich später in den *Comic Books* die → Superhelden-Comics, die ebenfalls mit Versatzstücken aus der SF-Literatur arbeiteten. Buck Rogers geht auf eine SF-Erzählung von Philip Nowlan zurück, die 1928 in dem → SF-Magazin »Amazing Stories« erschien. Darin ging es um einen Helden namens Anthony Rogers, der durch eine Art von radioaktivem Gas in einen Tiefschlaf verfällt, aus dem er erst 500 Jahre später erwacht – in einer Zukunft, die von Mongolen beherrscht wird. Diese Beherrscher der Erde sind die »Han Airlords« und eine orientalische Rasse, deren Vorfahren von einem fernen Planeten stammen. Der amerikanische Held kämpft als Kampfflieger gegen diese gelbe Gefahr aus dem All. Ab 1929 wurden die Abenteuer von »Buck Rogers 2429 A.D.« als *Comic Strips* in zahlreichen Zeitungen verbreitet. Die Jahreszahl im Titel wurde jährlich geändert, so daß die Handlung immer genau 500 Jahre in der Zukunft spielte. Schließlich bekam die Serie den feststehenden Titel »Buck Rogers in the Twenty-Fifth Century«. Die Scripts für die Comics wurden ebenfalls von Philip Nowlan verfaßt, die Zeichnungen waren von Dick Calkins. Buck Rogers wurde auch zum Helden einer *radio show*-Serie, geschrieben und produziert vom gleichen Autor und Produzenten, der auch »Superman«-Hörspiele verfaßte.

Die Flash Gordon-Strips wurden am 7. Januar 1934 begonnen und ähnelten in ihrem Inhalt der Buck Rogers-Serie, waren aber wesentlich besser gezeichnet (von Alex Raymond, der später auch mit »Rip Kirby« und »Secret Agent X-9« bekannt wurde, vgl. *Crime* → Detektiv- und Kriminalcomics). Der blonde und blauäugige Held kämpft gegen urzeitliche Ungeheuer und bösartige humanoide Rassen, die zumeist von dem mit mongolischen Gesichtszügen ausgestatteten Tyrannen »Ming – Der Grausame« angeführt werden. Begleitet wird Gordon dabei von seiner Verlobten Dale und dem Wissenschaftler Dr. Zarkoff. Flash Gordon kämpft inmitten einer feindlichen Umwelt (dichter Dschungel, Eisregion) auf einem Planeten, dessen Zivilisation in primitivstem Feudalismus befangen ist. Besonders fällt immer wieder der Gegensatz zwischen einer feudalen Gesellschaft und technisch fortschrittlichen Mitteln auf: Es wird gleichermaßen mit Atomkanonen wie Schwertern gekämpft, Held und Gegenspieler sind wie mythologische Figuren, die mit technischen Mitteln das Schicksal des Volkes entscheiden, während das Volk nur immer wieder dem siegreichen Helden zujubelt oder vor dem bösen Gegenspieler in die Knie geht.

Flash Gordon ist einer der bekanntesten SF-Comics überhaupt geworden. Die Serie erschien in großen Auflagen und in vielen Ländern, sowohl in Form von *Comic Strips* wie auch in eigenen *Comic Books*; auf die Popularität Flash Gordons weist zum Beispiel die Tatsache hin, daß der italienische Filmregisseur Federico Fellini eine Zeitlang die italienische Variante schrieb, weil zur Zeit des italienischen Faschismus amerikanische Comic-Serien im Lande unerwünscht waren. Der Erfolg der Comics zog auch Hörspielserien und Flash Gordon-Filmserien nach sich, in denen Gordon durch Buster Crabbe, einen frühen Tarzan-Darsteller, verkörpert wurde. Dauerhaften Erfolg hatte auch bis heute der Held eines englischen Zeitungsstrips, Jeff Hawke (geschrieben und gezeichnet von Sydney Jordan), der aus alltäglichen Situationen in kosmische Raum- und Zeitabenteuer gerissen wird.

1938 erschien zum erstenmal → Superman, und ihm folgten zahllose weitere Superhelden-Comics, welche die Entwicklung des SF-Comics weiterhin bestimmten – von einigen *Comic Book*-Reihen wie »Strange Stories« und »From Beyond the Unknown« abgesehen, die aber vergleichsweise bedeutungslos blieben. Außerdem wurden eine Reihe von → SF-Fernsehserien als Comics übernommen, so zum Beispiel »Space Family Robinson« und »Star Trek«

SF-Comicserie in Form wöchentlich erscheinender Streifenhefte, wie sie in den fünfziger Jahren verbreitet waren © Lehning

(Raumschiff Enterprise).
Durch einen ausgeprägten Zeichenstil fallen verschiedene französische Comic-Zeichner auf (Druillet, Moebius und andere), die insbesondere in der Comic-Zeitschrift »pilote« eine eigene Schule von SF-Comics entwickelte. Ihre *bandes dessinés* (gezeichnete Streifen) erscheinen inzwischen auch in der aufwendigeren Form von großformatigen Comic-Alben.
In der Bundesrepublik erschien ab 1954 die Serie »Testpilot Speedy« (später innerhalb einer anderen Reihe weitergeführt und umbenannt in »Raumpilot Speedy«). Sie enthielt eine Mischung von Raumpiloten- und utopischen Agentenabenteuern. Speedy war Raumpilot eines Staatenbundes, der in permanenter Auseinandersetzung mit einer feindlichen Macht stand, und mußte sich vorwiegend mit feindlichen Sabotageversuchen herumschlagen. Diese Handlung war sichtlich eine Paraphrasierung des Kalten Kriegs zwischen West und Ost; die Zeichnungen waren noch schlechter als die Texte.
Italienischer Herkunft waren »Fulgor, der Weltraumflieger« und »Raka, der Held des Jahres 2000«. Sie erschienen in Form von kleinen Piccolo-Streifencomics, wie später auch die deutsche Produktion »Nick, der Weltraumfahrer« (Autor und Zeichner: H. Wäscher), von der dann aber ab 1959 auch bunte »Großbände« erschienen (Neuauflage 1976). Die Handlungen dieser Serie nahmen die gebräuchlichen Sujets der SF-Literatur auf.
Es erschienen noch weitere SF-Comic-Serien in deutscher Sprache, doch vermochten sie sich meist nicht allzu lange auf dem Markt zu behaupten (sieht man einmal von der Variante der Superhelden-Comics ab). Selbst der Comic-Version der erfolgreichen → Perry Rhodan-Romanhefte gelang dies auf die Dauer nicht; »Perry – unser Mann im All« wurde 1975 eingestellt.

Literatur

Alfred C. Baumgärtner: Die Welt der Comics. Bochum 1965. Pierre Couperie: 100 000 000 de lieues en ballon. La science-fiction dans la bande dessinée. In: »Phénix« No. 4. Paris 1967. Wiltrud Ulrike Drechsel/Jörg Funhoff/Michael Hoffmann: Massenzeichenware. Die gesellschaftliche und ideologische Funktion der Comics. Frankfurt 1975. Reinhold C. Reitberger/Wolfgang J. Fuchs: Comics. Anatomie eines Massenmediums. Reinbek 1973.

SF-Fernsehserien
In den für das Fernsehen produzierten Serien blieb das alte Thema der → Invasion noch lange populär, so in den beiden vom ZDF gesendeten Serien »The Invaders« (Invasion von der Wega, USA) und »UFO« (Großbritannien). Die deutsche Serie »Alpha Alpha«, die mit verhältnismäßig geringem Aufwand für das Werberahmenprogramm gestaltet wurde, handelte von einer »unpolitischen« Geheimorganisation (»Braintrust«), die es sich zur Aufgabe gemacht hat, künftige Globalkatastrophen zu verhindern und den Weltfrieden zu sichern. Dem Helden, einem ehemaligen Studienrat, steht ein gigantisches Elektronengehirn zur Seite, das potentielle Konfliktsituationen vorausberechnet.
Von der Produktionstechnik her weit aufwendiger war die siebenteilige Bavaria-Serie »Raumpatrouille« mit den Abenteuern des Raumschiffs Orion und seiner Mannschaft, die aber auch nur auf klischeehaften Handlungsversatzstücken der Trivial-SF aufgebaut war (z. B. Bedrohung durch außerirdische Wesen namens »Frogs«). Nach der Fernsehserie wurde auch eine entsprechende Taschenbuchreihe von Hans Kneifel verfaßt, die nach über dreißig Bänden schließlich in Heftromanform weitergeführt wurde.

Mr. Spock – ein Außerirdischer als populärste Figur einer SF-Fernsehserie

Die bisher erfolgreichste SF-Fernsehserie aber ist »Star Trek« (Raumschiff Enterprise), die gleichfalls in Form von Taschenbüchern und Comics weiterverbreitet und sogar als Werbemotiv auf Konsumartikeln wie Cornflakes-Packungen eingesetzt wurde. Die populärste Figur dieser Serie war nicht ein Mensch der Erde (wie etwa der Enterprise-Captain James Kirk), sondern ein Außerirdischer, Mr. Spock. Dieser Mr. Spock, von Menschen äußerlich nur durch seine auffällig geformten Ohren zu unterscheiden, stammt vom Planeten Vulcan und ist im Gegensatz zu den Menschen ein nur rational denkendes und handelndes Wesen, bar jeder Emotion. Der Vulcanier ist eine Art von Odysseus im Weltraum, der Konflikte nicht durch Gewalt (die Captain Kirk oft anwenden will), sondern immer nur durch List und überlegenen Verstand löst. Es ist sicher erstaunlich für eine populäre Unterhaltungsserie des Fernsehens, daß vernunftgemäßes Handeln und Rationalität so eindeutig als der Gewalt von Faust und Strahlenwaffen überlegen dargestellt werden.
Im übrigen aber ging auch diese Serie nur selten von den genretypischen Klischeehandlungen ab, was bei den Produktionsbedingungen insbesondere amerikanischer Fernsehserien auch kaum vorstellbar wäre. In den drei Jahren, in denen sie von einer US-Fernsehgesellschaft wöchentlich produziert wurde, verlor sie zunehmend an Substanz. Was sie hingegen nicht verlor, war ihre Popularität. Während die Serie nur noch in Wiederholungen lokaler TV-

Stationen lief, sammelten sich in den USA die zumeist jugendlichen Fans in einem eigenen Star Treck-Fandom (› SF-Fandom), einem ziemlich einzigartigen Phänomen in der Geschichte des Mediums Fernsehen. Sie veranstalteten regelmäßig Fan-Kongresse, sogenannte *Star Trek-Conventions*, die sich zu wahren Massenveranstaltungen auswuchsen. Allein in den ersten Monaten des Jahres 1976 fanden in New York drei miteinander konkurrierende *cons* statt, von denen ein jeder mehrere Tage dauerte und – bei Einschreibgebühren zwischen zehn und zwanzig Dollar – von mehr als 20 000 Menschen besucht wurde. Auch in der Bundesrepublik sollen sich bereits Raumschiff Enterprise-Clubs aufgetan haben.

Eine auch in den USA erfolgreiche SF-Fernsehserie neueren Datums ist die englische Produktion »Space 1999«, von einem Kritiker kühl in »Space 1949« umgetauft; eine tricktechnisch aufwendige Weltraum-Serie, doch inhaltlich gegenüber der SF-Literatur um einige Jahrzehnte zurück.

Literatur

John Brosnan: SF on TV. America. In: »Science Fiction Monthly« Vol. 2 No. 1. London 1974. John Brosnan: SF on TV. Britain. In: »Science Fiction Monthly« Vol. 2 No. 5. London 1975. Heinz Brüdigam: Science Fiction. Über Bildschirm-Märchen zur Rettung der Menschheit. In: »Spontan« Nr. 8. Hamburg 1971. David Gerrold: The Trouble with Tribbles. New York 1973. David Gerrold: The World of Star Trek. New York 1973. Isar 12 im All. In: »Der Spiegel« Nr. 38. Hamburg 1966. Otto Köhler: Invasion von der Wega. In: »Der Spiegel« Nr. 24. Hamburg 1970. Hans Krammer: In sieben Fortsetzungen durch das Weltall. Die Science-Fiction-Welle brandet über Mattscheibe, Filmleinwand und Groschenliteratur. In: »Süddeutsche Zeitung« Nr. 277. München 1966. Baird Seals: Space 1949. In: »The Magazine of Fantasy and Science Fiction« Vol. 50 No. 2. Cornwall, Conn. 1976. Werner Waldmann: Babykost vom ZDF. Über die Serie Alpha Alpha. In: »Deutsche Volkszeitung«. Düsseldorf 1971. Stephen E. Whitfield/ Gene Roddenberry: The Making of Star Trek. New York 1968.

SF-Hörspiele

SF-Hörspiele werden in der Bundesrepublik von verschiedenen Rundfunkanstalten, vor allem in den regelmäßigen SF-Programmen des SDR und des Bayerischen Rundfunks gesendet. Dabei wird heute weitgehend von der lange Zeit üblichen einfachen Vertonung anglo-amerikanischer SF-Stories zugunsten von Hörspieltexten deutscher Autoren abgegangen; auch nicht nur durch SF-Veröffentlichungen bekannte Autoren wie Jochen Ziem, Werner Kließ, Uwe Brandner und Friedrich Dürrenmatt (»Das Unternehmen der Wega«) sind in diesen Reihen vertreten.

Die »Science Fiction als Radiospiel« (Reihentitel des vierwöchentlichen Programms des SDR) ist nicht den Erfolgszwängen ausgesetzt, unter denen die SF in Taschenbuch- und Heftform oder aber → SF-Fernsehserien produziert werden, und sie kann daher oft über die durch Serienpublikationen bereits typisierten Erwartungen hinausgehen, mit denen der Begriff der SF bei ihren Konsumenten sich zumeist verbindet. In dieser relativen »Rundfunkfreiheit« entstehen von Zeit zu Zeit Beispiele einer eigenständigen SF, die Satire und Sozialkritik einbezieht.

In »Daisy Day« von Hermann Ebeling beispielsweise geht es um eine von Konsumzwang bestimmte Zukunft, in der selbst Städte nur ein Jahr lang bewohnt und dann zerstört werden, während die Bewohner in eine neue Stadt umsiedeln müssen. In »Projekt Pandora« des gleichen Autors beschäftigen sich die Computer Pandora 1, 2 und 3 mit der Frage, wie die Bevölkerung der Föderation Europa auf den Einsatz von ABC-Waffen reagieren wird. Bandaufnahmen öffentlicher und nichtöffentlicher Meinungen wechseln mit Computerdialogen, und erst allmählich wird deutlich, daß der Krieg bereits vor zwanzig Jahren stattgefunden hat und die Menschheit nicht mehr existiert.

Literatur

Dieter Hasselblatt: Kein Happy-End am Daisy-

Day – Analysen zum SF-Markt. In: Jörg Weigand (Hg.): Die triviale Phantasie. Beiträge zur Verwertbarkeit von Science Fiction. Bonn 1976.

SF-Literatur in Deutschland

Die utopisch-phantastische Literatur hat in Deutschland eine weitaus umfangreichere Tradition als allgemein angenommen. Weithin bekannt sind Klassiker wie Kurd Lasswitz, R. H. Daumann und → Hans Dominik; tatsächlich erlebte das utopische Genre in Deutschland bereits vor dem Ersten Weltkrieg eine regelrechte Blütezeit. Damals erschienen eine ganze Reihe von utopisch-phantastischen Buch- und Heftromanserien, die heute nur noch einem engeren Kreis von Sammlern und Kennern der Szene bekannt sind und teilweise in Nachdrucken zu exorbitanten Preisen zirkulieren.

Mindestens 165 Ausgaben erreichte die Serie »Der Luftpirat und sein lenkbares Luftschiff«, die ab 1908 wöchentlich erschien, zu dieser Zeit eine Sensation unter den Berliner Schülern gewesen sein soll und 1915 als »ältere Schundliteratur« verboten wurde. Diese Serie läßt Jules-Verne-Einflüsse vermuten, nach Art und Umfang aber ist sie zweifellos mit heutigen Weltraumabenteuer-Serien wie → Perry Rhodan zu vergleichen. Einige Titel der jeweils abgeschlossenen Abenteuer bezeichnen den Inhalt deutlich genug: »Kapitän Mors im Meteorstein-Regen«, »Die Todesfahrt auf dem Mars-Kanal«, »Auf dem Krystall-Mond des Saturn«, »Die Weltreise nach dem Feuerplaneten« etc. Bereits 1902/03 erschienen »MacMilfords Reisen im Universum«, wenig später kam bei Münchmeyer in Dresden die Reihe »Aus dem Reiche der Phantasie« von Robert Kraft heraus, die Zeitreise- (»Der letzte Höhlenmensch«) und Raumabenteuer (»Die Weltallschiffer«) enthielt. Diese Hefte waren laut Prospekt »durch alle Buch-, Kolportage- und Schreibwarenhandlungen zu beziehen«.

Als Buchreihen erschienen – ebenfalls in der Zeit vor dem Ersten Weltkrieg – »Wunder der Zukunft – Romane aus dem dritten Jahrtausend«, »Illustrierte Weltraum-Bibliothek« und »Thomas Alva Edison – Der große Erfinder«. Die Edison-Titel wurden dabei als »Zukunfts-Romane von John Merriman – Deutsche Ausgabe« ausgegeben, stammten aber tatsächlich von einem deutschen Autor, was nicht zuletzt in einer Glorifizierung des wilhelminischen Deutschland deutlich wird. Neben Titeln wie »Die künstlichen Menschen«, »Die Welt verhungert«, »Die Marsmenschen kommen« erschien in dieser Reihe auch eine Sozialutopie (»Der Weltstreik«), der den Kampf einer weltweiten Arbeiterbewegung – von deutschen Sozialdemokraten im Ruhrgebiet entfacht – beinhaltet.

Zwischen den beiden Weltkriegen erschienen einige Abenteuer- und Kriminalserien mit utopisch-phantastischem Einschlag; am bekanntesten davon wurde »Sun Koh – Der Erbe von Atlantis«, eine 1949 noch einmal neuaufgelegte Reihe. Die in dieser Zeit in Deutschland erschienene SF wies deutliche Übereinstimmungen mit den pseudowissenschaftlich-weltanschaulichen Mystizismen des Dritten Reichs (Welteislehre, Hohlwelttheorie, Rassenlehre, Atlantismythos etc.) auf, wie Manfred Nagl in einer materialreichen Untersuchung belegt hat.

Die SF amerikanischer Prägung (1926/27 erschienen in den USA die ersten → SF-Magazine) etablierte sich in Deutschland erst Anfang der 50er Jahre. Es begann mit Heftromanreihen des Pabel-Verlags (»Jim Parker«, »Utopia«, »Utopia-Großband«, »Utopia-Kriminal«), des Semrau-Verlags (»Der Weltraumfahrer«, »Abenteuer im Weltraum«), des Lehning-Verlags (»Luna-Weltall«) und des Moewig-Verlags (»Terra«, »Terra-Sonderband«). Dazu kamen noch ein gutes Dutzend kleinerer Verlage, die Leihbuch-Romane etwa derselben Machart herausbrachten. Die Leihbücher wurden oft als Hefte nachgedruckt, später auch Hefte in Form von Leihbüchern.

Doch die vielen Reihen übersättigten alsbald den Markt, und die meisten wurden wieder eingestellt. Ebenso scheiterte der Versuch, SF-Magazine nach amerikanischem Vorbild herauszubringen. Das im Pabel-Verlag erschienene »Utopia-Magazin«, das auch Geschichten deutscher Autoren brachte, und die bei Moewig erschienene deutsche Ausgabe von »Galaxy« (Galaxis) wurden nach 15 bzw. 26 Nummern eingestellt.

Mit den 60er Jahren gewann der Moewig-Verlag eine marktbeherrschende Position in bezug auf die SF, vor allem durch die von deutschen Autoren geschriebene und überraschend erfolgreiche Perry Rhodan-Serie. Konkurrierende Serien hielten sich meist nicht allzu lange oder vermochten keine vergleichbaren Auflagen zu erzielen. Heute werden die früheren Moewig-Reihen im Pabel-Verlag betreut, der zum Heinrich-Bauer-Konzern gehört.

In dem damals zum Moewig-Verlag gehörenden Heyne-Verlag erschien auch die erste erfolgreiche SF-Taschenbuchreihe. Inzwischen ist es bei den Taschenbüchern zu einem ähnlichen SF-Boom wie in den fünfziger Jahren bei den Heftserien gekommen. Nachdem verschiedene Reihen wieder eingestellt wurden, bringen noch immer mehrere Taschenbuchverlage eine eigene SF-Reihe mit einem oder mehreren monatlichen Titeln heraus. Dabei handelt es sich wiederum zumeist um Übersetzungen aus den englischsprachigen Ländern.

In Buchform hingegen hat sich die SF in der Bundesrepublik nicht durchsetzen können. In der Nachkriegszeit erschienen utopische Buchreihen bei Gebrüder Weiß und im Rauch-Verlag. Kein dauerhafter Erfolg war auch mehreren Versuchen des Goldmann-Verlags und der Reihe »science fiction & fantastica« bei Marion von Schröder beschieden. Insbesondere den Autoren der → New Wave vorbehalten war die bei Lichtenberg erschienene Reihe »science fiction für kenner«, die jedoch nach fünfzehn Bänden eingestellt wurde. Am stärksten am Literarischen orientiert war die von Franz Rottensteiner herausgegebene Reihe im Insel-Verlag, in der unter anderem eine Anzahl von Titeln des polnischen Autors → Stanislaw Lem erschienen sind.

Der Luftpirat – eine Weltraumabenteuer-Serie aus der Zeit vor dem Ersten Weltkrieg

Literatur

Ronald M. Hahn: Wissenschaft & Technik = Zukunft. Geschichte und Ideologie der SF-Hefte. In: Eike Barmeyer (Hg.): Science Fiction. Theorie und Geschichte. München 1972. Jürgen Holtkamp: Die Eröffnung des rhodesischen Zeitalters oder Einübung in die freie Welt. Science-Fiction-Literatur in Deutschland. In: »Kursbuch« Nr. 14. Frankfurt 1968. (Dossier) Manfred Nagl: Science Fiction in Deutschland. Tübingen 1972. Uwe Nettelbeck: Fleißige Schreiber erobern den Weltraum. Ein Überblick über die in der Bundesrepublik erscheinenden Science-Fiction-Reihen. In: »Die Zeit« Nr. 45. Hamburg 1966.

SF-Magazine

Die Science Fiction-Magazine werden von Kennern des Genres als »Blutstrom der Science Fiction« bezeichnet. Fast alle Stories und Noveletten (Kurzromane) erscheinen hier zum erstenmal; sie bringen auch Romane in Fortsetzungen, deren Buchausgabe dann erst später erfolgt. Die wichtigsten amerikanischen SF-Magazine sind »Analog Science Fiction«, »Magazine of Fantasy and Science Fiction« und »Galaxy«. In der Bundesrepublik erscheinen regelmäßig Auswahlbände aus »The Magazine of Fantasy and Science Fiction« in Taschenbuchform.

Der typische Inhalt dieser Magazine besteht aus einem Kurzroman, einigen Kurzgeschichten und der monatlichen Fortsetzung des Roman-*serials*. Daneben finden sich noch Leitartikel, Buchbesprechungen und populärwissenschaftliche Artikel. Mit der Geschichte der SF-Magazine verbindet sich auch die Entstehungsgeschichte der amerikanischen SF.

Das erste regelmäßig erscheinende SF-Magazin in den USA war »Amazing Stories«, dessen erste Nummer 1926 erschien. Es wurde herausgegeben von Hugo Gernsback, dem der erstmalige Gebrauch des Begriffs *science fiction* zugeschrieben wird. Gernsback, der auch populärwissenschaftliche Magazine wie »Science and Invention« und »Modern Electrics« veröffentlichte, kreierte eine Art von utopisch-technischen Erzählungen, in denen eine märchenhaft erscheinende utopische Technik beschrieben wurde (vgl. einleitenden Essay *Science Fiction*).

Ab 1930 widmete sich das neue Magazin »Astounding Science Fiction« (heute »Analog«) unter seinem Herausgeber John. W. Campbell einer anderen Art von SF, in der die Wirkung technischer Entwicklungen auf den Menschen und seine Umwelt mehr berücksichtigt wurde. Dabei war die Linie Campbells eine konservativ-technokratische: Mit Hilfe der Technik ließen sich alle gesellschaftlichen Probleme lösen. In Campbells »Astounding« begannen unter anderem so typische Vertreter der amerikanischen SF wie → Isaac Asimov und → Robert A. Heinlein ihre Karriere. Campbell hielt seine Autoren oft dazu an, ihre Geschichten entsprechend seiner Ideologie zu schreiben.

Campbell prägte eine ganze Epoche der Science Fiction, bis 1949 »Fantasy and Science Fiction« und 1950 »Galaxy« erschienen, in denen menschliche und mitunter auch gesellschaftliche Probleme in den Vordergrund rückten. Insbesondere die Autoren Frederick Pohl und Cyril M. Kornbluth entwickelten eine gesellschaftssatirische Art von SF, mit der sie eine alptraumhafte Zukunft heraufbeschworen, in der der Mensch durch eine perfektionierte Werbeindustrie manipuliert und von gigantischen Wirtschaftskonzernen beherrscht wird.

Heute geht die Bedeutung der SF-Magazine zurück; magazinähnliche Anthologien in Taschenbuchform lösen sie teilweise ab.

Literatur

Alva Rogers: A Requiem for Astounding. Chicago 1964.

Simak

Clifford D. Simak, geb. 1904, Nachrichtenredakteur bei einer amerikanischen Tageszeitung, schreibt schon seit Jahrzehnten Science Fiction. Seine wichtigsten Titel erschienen in den 50er Jahren, so »City« (1952), »Ring Around the Sun« (1954) und »Time and Again« (1951). Simaks Romane und Stories werden getragen von gewissen anti-zivilisatorischen Ressentiments, was oft auch in einer nostalgischen Trauer über den Verlust des einfachen Lebens zum Ausdruck kommt. Simak beschreibt Sehnsüchte nach der »guten alten Zeit«, projiziert agrarische Idylle der Vergangenheit in die Utopie einer märchenhaft schönen Zukunft. Seine Haltung ist dabei ambivalent: Simak verbreitet sowohl rückwartsgewandte, gesellschaftlichen wie technischen Fortschritt verneinende Romantik; er bringt aber auch utopische Gegenmomente, ist im Gegensatz zu den meisten anderen SF-Autoren fähig, Utopien zu beschreiben, sich bessere Zustände der menschlichen Gesellschaft vorzustellen als die gegenwärtig bestehenden.

In »Ring Around the Sun« (Ring um die Sonne) geht Simak davon aus, daß es Parallelwelten der Erde gibt, in der Zeit verschoben, jeweils Sekunden vor oder nach der Zeit unserer Erde: »Eine endlose Kette von Welten, eine hinter der anderen. Ein Ring um die Sonne.« Der Held des Romans, der Schriftsteller Jay Vickers, kann in die nächste Parallelwelt gelangen, da er ein latenter Mutant (→ Mutation und Telepathie) ist. Diese Fähigkeit hatte er schon in seiner Kindheit entdeckt, als er sich durch Konzentration auf einen sich drehenden Kreisel in ein Märchenland wünschte und dadurch in die Parallelwelt kam, die er für ein Märchenland hielt.

Es gibt eine Gruppe von einigen hundert Mutanten, die ihre Fähigkeiten bereits voll entwickelt und sich auf eine Parallelwelt begeben haben, um von dort helfend in die Geschicke der Menschheit auf unserer Welt einzugreifen. So verhindern sie immer wieder den Ausbruch eines Dritten Weltkriegs (die Handlung spielt im Jahr 1977). Schließlich versuchen sie, die Zivilisation der alten Erde zum Zusammenbruch zu bringen, da sie die zivilisatorische Entwicklung der Menschheit als verhängnisvoll erkannt haben und in eine andere Richtung lenken wollen. Sie tun das, indem sie auf ihrer parallelen Welt Waren produzieren, die nicht verschleißbar sind – einen *forever car*, der ohne Reparaturen Generationen lang fährt, eine elektrische Glühbirne, die nie defekt werden kann, vorgefertigte Häuser, die fast nichts kosten. Diese Wunderprodukte werden auf die Erde gebracht und verursachen Wirtschaftskrisen in allen Ländern der Erde. Regierungen und Industrien aller Länder verbünden sich, um gegen die Mutanten zu kämpfen. Aber die Mutanten sind ihnen überlegen; sie führen die Menschheit in eine – vermutlich – bessere Zukunft in den parallelen Welten der Erde, in ein utopisches Märchenland.

In den Mutanten sieht Simak den vollkommenen Menschen, der nicht mehr der Berührung mit der Technik bedarf, für den menschlich wirkende Roboter alles Technische erledigen. Industrie und Regierungen werden abgeschafft, die Menschen können sich wieder auf kleine Farmen zurückziehen, Land bebauen und glücklich sein. Ähnliche Motive kommen auch in »City« (Als es noch Menschen gab) vor. In dieser zu einem Roman erweiterten Folge von Erzählungen läßt Simak die Stadt als Lebensform verkümmern. Die Menschen ziehen wieder aufs Land: »Stolz – stolz auf das Land und das Leben, auf die Dauer und Größe, die der Mensch im einfachen Leben gewinnt. Zufriedenheit und gelegentliche Muße und Gewißheit eines Lebensziels. Freiheit der ungebundenen Scholle.«

Die menschliche Zivilisation löst sich zusehends auf, die letzten Menschen emigrieren von der Erde zum Jupiter. Zurück bleiben nur ein paar vereinzelte Menschen, die dem Ende ihrer Art entgegendämmern. Die Rolle des Menschen wird übernommen von intelligent gewordenen Haustieren und Robotern. Schließlich ist der Mensch nur noch eine Legende, von der sich intelligente Tiere und Roboter erzählen. Die Zivilisation der Tiere wird von Simak als paradiesisch und moralisch besser als die vergangene der Menschen beschrieben. Töten ist verboten, eine Bruderschaft der Tiere wird gegründet.

Daß Simak hiermit keine Utopie einer menschlichen Gesellschaft, sondern nur noch die einer besseren Tier- und Roboter-Gesellschaft beschreibt, wird von ihm selbst auf seine »tiefe Enttäuschung über das moralische Versagen der Menschheit im Zweiten Weltkrieg« zurückgeführt. Als

Motivation seiner »City«-Erzählungen gibt er an:
»Die Serie ist aus dem Widerwillen gegen Massenmord und aus Protest gegen den Krieg entstanden. Sie wurde als eine Art Wunschtraum geschrieben. Ich schuf eine Welt, wie sie meiner Meinung nach sein sollte . . .; sie war nostalgisch, weil ich mich nach der alten Welt zurücksehnte, die wir verloren haben . . . Ich machte aus den Hunden und Robotern Leute, mit denen ich gern leben würde. Und der entscheidende Punkt ist der: sie müssen Hunde und Roboter sein, denn Menschen sind nun einmal anders beschaffen.«

Elemente der *space opera* finden sich in zahlreichen Planetenabenteuern wieder
© Bastei

Space Opera

Unter diesem Begriff läuft eine verbreitete Form des Planeten- und Weltraumabenteuers (vgl. einleitenden Essay *Science Fiction*). Kingsley Amis sieht in ihr ein der Science Fiction benachbartes und mit ihr konkurrierendes Gebiet, das »zutreffend als *space opera* bezeichnet wird, was zu Recht an die *horse opera* erinnert, der sie unter einer molekular dünnen Haut so sehr ähnelt. In der *space opera* tritt der Mars an die Stelle von Arizona, mit nur geringfügigen landschaftlichen Veränderungen, der Held zieht einen Strahler anstelle eines Colts, und die Bösen werden ersetzt durch böse Außerirdische, die genau wie die irdischen Schurken aussehen, aber eine grüne Haut und vielleicht einen zusätzlichen sechsten Finger haben, und Indianer tauchen auf in der etwas veränderten Form der *bug-eyed monsters* (glotzäugige Ungeheuer) . . .«
Die »Weltraum-Oper« geht denn auch auf ganz irdische Vorlagen zurück. Henry Rider Haggard entwickelte in seinen phantastischen Abenteuerromanen die Elemente, die nur noch auf einen anderen Planeten übertragen und mit gelegentlichen Monstrositäten versehen werden mußten, und das unternahm ab 1912 (»Under the Moons of Mars«) Edgar Rice Burroughs (vgl. *Abenteuer* → Tarzan) mit Serien von Mars- und Venusabenteuern.
Den gesamten Kosmos als Westernlandschaft eroberten sich sodann die Helden von Hamilton, Smith, Evans und anderen Autoren, die ebenfalls vorzugsweise Serienabenteuer verfaßten. Die Ideologie dieser Geschichten braucht nicht entschlüsselt zu werden. Sie tritt offen zutage in den übermenschlichen Helden, ihren uneingeschränkt bösen und vernichtungswürdigen Gegnern, und in den planetaren Königreichen oder galaktischen Imperien, deren gewaltsame Aufrechterhaltung und Expansion Sache der Helden ist.
Die *space opera* hatte in den zwanziger bis vierziger Jahren ihre Blütezeit, doch finden sich ihre Elemente im größten Teil der heute als Massenliteratur verbreiteten SF wieder.

Anmerkung
Kingsley Amis: New Maps of Hell. London 1961.
Literatur
Ron Ellik/Bill Evans: The Universes of E. E. Smith. Chicago 1968. Roger Lancely Green: Into Other Worlds: Space Flights in Fiction from Lucian to Lewis. New York 1958. Richard A. Lupoff: Edgar Rice Burroughs: Master of adventure. New York 1965.

Superhelden-Comics
Die Superhelden bilden eine verbreitete Form von *Comic Book*-Serien, die in der Tradition von → SF-Comics wie Buck Rogers und Flash Gordon entstanden. Als erster Superhelden-Comic erschien 1938 → Superman. Der plötzliche und gewaltige Erfolg von Superman (auch als Held von Hörspielen und Film-*serials*) brachte alsbald zahlreiche Nachahmungen hervor, deren erste noch gerichtlich als Plagiat verfolgt und verboten wurde. Doch im Lauf der Zeit folgte Superman eine Flut von Superhelden, die heute zum Teil im selben Verlag (National Periodicals – DC) erscheinen, zum Teil bei der konkurrierenden Marvel Comics Group.
Während Superman in jeder Hinsicht überlegen und stärker ist, sind die meisten seiner Kollegen nur eine Art von »Spezialisten« mit extremen Spezialbegabungen. So ist »Flash« der schnellste Mann der Welt, kann »Plastic Man« seinen Körper beliebig verformen, kann sich »The Human Torch« in ein lebendes Flammenwesen verwandeln, zieht »Green Lantern« seine geheimnisvollen Kräfte aus der Energie grünen Lichts. Einige Helden haben zudem einen mythologischen Hintergrund, so »The Mighty Thor«, ein Gott aus der nordischen Mythologie, der über eine Dimensionsbrücke aus Asgard, der Stadt der nordischen Götter, auf die Erde kam.
Bei vielen Helden fällt auch die totemhafte Verwendung eines Tiersymbols auf, so bei »Hawkman«, der eine Falkenmaske trägt und geflügelt ist, und bei »The Amazing Spider Man« (Die Spinne), der durch den Biß einer radioaktiven Spinne Superfähigkeiten erwarb und durch ein entsprechendes Kostüm einer Spinne gleicht. Dieses Totemsymbol bezeichnet das Wesen und alle Fähigkeiten des jeweiligen Helden. So hat »Batman« ein Batmobil, als Unterschlupf eine Bathöhle und ein Batkostüm, das ihm Ähnlichkeit mit seinem Totemtier Fledermaus verleiht. Dieses Totem-Verfahren bewirkt eine alles andere ausschließende Typisierung, die den Superhelden zum Mythenwesen erhöht:
»Die Superhelden sind Charaktere, die durch die Beschränkung auf einen homogenen, weil winzigen Ausschnitt aus dem Spektrum des Denkbaren (vom Namen über Redegewohnheiten, Aussehen, Verhalten und Schicksal) aus einem Guß erscheinen – eine das Zurechtkommen mit den Erscheinungen des Alltags ungeheuer

Bewegung ist alles: Seite aus einem von Jim Steranko gezeichneten Superhelden-Comic © Marvel Comics Group

erleichternde Rotwelsch-Technik, jene *simplification terrible*, von der Sartre noch vor einigen Jahren andeuten konnte, sie sei ein Merkmal des Faschismus. Die Identität eines Charakters besteht einzig aus seinem Namen und der Aura vager Begrifflichkeit, welche sich um diesen verbreitet. Die sich daraus ergebende Mythologie ersetzt und verhindert jede Utopie« (Oswald Wiener).
So gut wie alle Superhelden übernehmen auch das Modell der geheimen Doppelidentität von ihrem Vorbild Superman. Sie alle leben unerkannt unter den Menschen, um nur in permanent wieder auftretenden Notsituationen sich in das ihnen innewohnende Superwesen zu verwandeln, das als charismatische Führerfigur den Tag und oft die Welt rettet. In ihrem Privatleben haben die Superhelden zumeist angesehene bürgerliche Berufe wie Journalist, Arzt, Rechtsanwalt oder sind vielfache Millionäre wie »Batman« und »Iron Man«. Implizit wird damit vorgegeben, daß eine Elite der Gesellschaft sich in ihrem geheimen Superleben für alle aufopfert.

Immer sind die Superhelden von einem nur wenig begreiflichen Schicksal auserwählt, Bewahrer des Bestehenden, des Rechts und der Ordnung zu sein. Mehr noch, sie sind in ihrer Moral und ihrem Verhalten meist an der Vergangenheit orientiert, Vertreter einer feudalen Schutzherrschaft, die sich mühsam, oft mit melancholischer Miene an das System anpassen, dem sie dienen, ohne es ganz zu verstehen. Der Superheld greift, obwohl übermächtiger Beschützer des Volkes, nie nach direkter politischer Macht – er wird nicht vom Volk gewählt, sondern von höheren Mächten auf die Erde gesandt (wie »Green Lantern« von den uralten »Wächtern des Universums«). Seine Existenz muß immer wieder erneut gerechtfertigt werden durch drohende Katastrophen, vor allem aber durch die immer wiederkehrenden Superfeinde, die sich nicht selten überlegener technischer Mittel (Superwaffen) bedienen und auch häufig mit politisch feindlich gesinnten Mächten in Zusammenhang gebracht werden.

So kompensieren die Superhelden nicht nur individuelle, sondern auch nationale Unterlegenheitsgefühle. In vielen Geschichten wurde und wird von Superhelden der politische Kampf der USA gekämpft, von den Auseinandersetzungen um immer neue und vernichtungsträchtigere Superwaffen in der Epoche des Kalten Kriegs bis zum Vietnamkrieg. Auch bei Unruhen im Lande selbst hatten die »Rächer in höherem Auftrag« einzugreifen, entlarvten gefährliche Rauschgifthändler als Rädelsführer studentischer Demonstrationen oder kämpften gegen eine Organisation militanter Farbiger. Solch politischer Kampf spielte sich insbesondere auch in den Serien der Marvel Comics Group ab, die ihrer zeichnerischen Qualitäten und der oft ironischen Texte wegen von intellektuellen Kritikern häufig begeistert rezipiert wurden.

Marvels Superhelden kämpften sogar gegen revolutionäre Bewegungen in Südamerika oder in Vietnam für den Sieg ihres Vaterlandes. Dem besonders patriotischen »Captain America« (in ein Kostüm gehüllt, das die Farben der Nationalflagge trägt) stand als Superfeind ein von den Chinesen geschaffener »Roter Wächter« gegenüber. »Iron Man« mußte dem von Russen geschaffenen »Titanium Man« gegenübertreten, um in einem Duell von Superwesen zu beweisen, daß der freie Westen dem Ostblock überlegen sei.

Diese offensichtlich reaktionäre politische Ausrichtung wurde freilich im Lauf der Jahre gedämpft, was parallel ging mit der allmählichen Auflösung der politischen Spannungen des Kalten Kriegs. In jüngster Zeit müht sich Marvel um einen kritisch-realistischeren Anstrich, indem sich ihre Superhelden häufig in den Slums von *sin city* New York wiederfinden, bei einem Spaziergang im Central Park überfallen werden und gelegentlich auch einiges von der Korruption im öffentlichen Leben Amerikas mitbekommen. Mit »Luke Cage,

Hero for Hire« und »Black Panther« wurden Serien herausgebracht, deren Helden vorgeblich als Vertreter der farbigen Minderheit Amerikas kämpfen. Bei anderen Serien wurden gewisse Retuschen vorgenommen. So wurde beispielsweise bei »Iron Man« – in seiner geheimen Identität als Tony Stark größter Rüstungsindustrieller der Welt – hervorgehoben, seine Firma »Stark Enterprises International« betreibe erfolgreich ökologisch orientierte Projekte, suche nach neuen Energiequellen etc., während die Rüstungsproduktion gar nicht mehr erwähnt wurde.
Auch National Periodicals (DC) versuchte Anfang der siebziger Jahre, durch Aktualisierung verschiedener Serien die etwas älteren (bis hin zu erwachsenen) Altersgruppen zu erreichen, auf die Marvel mit seinen auf *campy* getrimmten Superhelden längst schon abzielte. Ein interessanter Versuch wurde dabei mit der Serie »Green Lantern« (Die Grüne Laterne) unternommen, deren Script-Autor Denny O'Neil eine Zeitlang die Freiheit hatte, seinen Superhelden mit gesellschaftlichen und politischen Problemen wie Umweltzerstörung und Rassendiskriminierung zu konfrontieren und ihn dabei als nicht nur ruhelos handelnde, sondern zweifelnde, denkende Figur zu zeichnen; für einen Superhelden fast schon ein Widerspruch in sich. Die Serie wurde jedoch vorübergehend eingestellt, und die Helden kehrten sodann zur Routine (dem Kampf gegen die immer gleichen Superfeinde) zurück.
Superhelden-Serien erscheinen in der Bundesrepublik im Ehapa-Verlag (Superman und Batman) und bei Williams (Marvel Comics). Sie waren hier lange weit weniger erfolgreich als *animal funnies* wie »Micky Maus« oder »Fix und Foxi«, doch holten die Superhelden-Comics wie auch andere *action*-Serien in den siebziger Jahren erheblich auf. Sie sprachen dabei offenbar eine im Durchschnitt ältere Leserschaft an, mithin auch Heranwachsende, die bislang Heftromanserien bevorzugten.

Anmerkung
Oswald Wiener: der geist der super-helden. In: Vom Geist der Superhelden – Comic strips. Berlin 1970.

Literatur
Dagmar v. Doetinchem/Klaus Hartung: Zum Thema Gewalt in Superhelden-Comics. Berlin 1974. Wiltrud Ulrike Drechsel/Jörg Nunhoff/ Michael Hoffmann: Massenzeichenware. Die gesellschaftliche und ideologische Funktion der Comics. Frankfurt 1975. »Entsetzen bringt Galaktus!« Superhelden stürmen den westdeutschen Comics-Markt. In: »Der Spiegel« Nr. 3. Hamburg 1976. Jules Feiffer: The Great Comic Book Heroes. London 1967. Dick Lupoff/Don Thompson (Hg.): All in Color for a Dime. New York 1970. Günter Metken: Comics. Frankfurt 1970. Reinhold C. Reitberger/Wolfgang J. Fuchs: Comics. Anatomie eines Massenmediums. Reinbek 1973. Karl Riha: zok roarr wumm. Zur Geschichte der Comics-Literatur. Steinbach/Gießen 1970. »Science Fiction Times« Nr. 129. Sonderdruck über Comics. Bremerhaven 1972. Jim Steranko: The Steranko History of Comics. I. Reading 1970.

Superman

»Superman« ist ein Motiv aus der Science-Fiction-Literatur, das Ende der 30er Jahre von der Comic-Industrie aufgegriffen und in immer neuen Varianten von → Superhelden-Comics verwertet wurde. Superman selbst war der erste und ist heute wohl noch der bekannteste dieser kostümierten und übermenschlichen Helden. Seine Vorläufer hatte er zweifellos in einigen Helden von SF-*Pulps* wie »Captain Future« und »Doc Savage«. In Superman kamen drei beliebte Themen der SF-Literatur zusammen: der Besucher von einer anderen Welt, der Übermensch, und schließlich die *secret identity.* Es läßt sich sogar nachweisen, daß die Idee des Comic-Helden Superman auf einen Roman von Philip Wylie zurückgeht, der 1930 unter dem Titel »Gladiator« veröffentlicht wurde. Darin läßt Wylie die mögliche Superstärke eines Menschen so erklären:
»Warum nicht?« sagte er. »Sieh dir die Insekten an – die Ameisen. Die sind hundertmal so stark wie wir. Eine Ameise kann

eine große Spinne tragen – und doch besteht auch dieses Insekt aus Gewebe und Fasern. Wenn man einem Menschen dieselben Sehnen geben könnte – er könnte sein eigenes Haus davontragen. Denk mal an die Heuschrecken. Mach einen Mann so stark wie eine Heuschrecke – und er wird über die Kirche springen können. Ich sage dir, es gibt etwas, was die Qualität eines jeden Muskels und jeder Sehne ausmacht. Finde es – verpflanze es – und du hast die Lösung.«

In Wylies Roman findet ein Wissenschaftler die Lösung, indem er seiner schwangeren Frau eine chemische Mixtur injiziert, die ihr Kind zu einem Mann mit übermenschlicher Stärke werden läßt. Der Schöpfer von Superman, Jerry Siegel, hat diesen Roman gekannt – er hat ihn sogar in einem von ihm selbst herausgegebenen → Fanzine rezensiert. Siegel entwickelte die Superman-Idee bereits 1933 und ließ sie von seinem 17jährigen Freund Joe Shuster in Zeichnungen umsetzen. Die beiden versuchten nun fünf Jahre lang vergeblich, ihren Comic an einen Verlag oder ein Comic-Syndikat zu verkaufen. Aber sie bekamen nur ablehnende Bescheide, da es sich um »eine ziemlich unreife Arbeit« handle. Tatsächlich waren Text und Zeichnungen etwas dürftig. So kam es, daß die ersten Abenteuer des *Man of Steel* erst 1938 erstmalig in der neuen *Comic Book*-Reihe »Action Comics« erschienen. Durch den Erfolg dieser Hefte wurde bald erkannt, daß hier ein großes Bedürfnis bestand. So begann die explosionsartige Ausbreitung des Superman-Mythos: Die Abenteuer des stählernen Übermenschen wurden in 230 Tages- und Sonntagszeitungen gebracht, Film-*serials* wurden als Trickfilme und als Filme mit menschlichen Darstellern produziert, Superman-Hörspiele gesendet, und die *Comic Books* mit »The World's Greatest Adventure Strip Character« verkauften sich in steigenden Auflagen von zeitweise bis zu anderthalb Millionen Stück. Der Mythos vom Superman entsprach einem Bedürfnis, das wesentlich in der politisch-gesellschaftlichen Atmosphäre der dreißiger Jahre begründet war:

»Es war 1938, und das Land erholte sich nur langsam und unstetig von dem Schlag, der 1929 seine Wirtschaft gelähmt hatte. Die Luft war voll von dem Gerede über einen Krieg in Europa und von dem verrückten Clown namens Hitler. Die Technokraten predigten, daß die Wissenschaft die Welt regieren und alle Probleme des Menschen für immer lösen könnte, während die Kommunisten eine geeinte Welt des Sozialismus unter der Diktatur des Proletariats anstrebten. Es war eine Zeit des Idealismus und der zerschmetterten Ideale. Wir waren niedergeschlagen, aber noch war nicht alles vorbei. Unsere Welt war zerbrochen, aber wir wußten, daß wir eine bessere würden aufbauen können« (Ted White).

In dieser Situation war Superman so etwas wie die Erfüllung eines allgemein verbreiteten Wunschtraums: »Niedergestiegen zur Erde, war er ein Amerikaner geworden, ein echter Patriot« (Stephen Bekker in »Comic Art in America«).

Superman war natürlich auch all das, was seine Schöpfer nicht waren. Jerome Siegel und Joe Shuster wurden als »zwei schmächtige, schüchterne, nervöse, kurzsichtige Jungen« beschrieben; sie waren beide siebzehn Jahre alt und besuchten die High School, als sie Superman entwickelten. So machten sie denn ihren »Mann aus Stahl« groß, stark, selbstbewußt und umgänglich; darüber hinaus zu einem übermächtigen Wesen mit perfekten Reflexen und Röntgen-Superblick (Superman kann durch Hausmauern hindurch und in weiteste Entfernungen sehen). Superman stellte permanent eine ausgleichende Gerechtigkeit wieder her, brachte die Welt mit stählerner Kraft wieder in Ordnung. Und wie der Erfolg der Serie beweist, gab es viele Siegels und Shusters im Land, die sich gleich ihnen ohnmächtig fühlten und sich nur zu gern den Machtphantasien um ein übermenschliches Wesen hingaben, das aus dem Kos-

mos zur Erde gekommen war, um hier Recht und Ordnung zu wahren.
Bevor Supermans Heimatplanet durch eine Katastrophe vernichtet wurde, schickte ein Wissenschaftler seinen Sohn in einer Versuchsrakete in Richtung Erde. Hier wurde das Superbaby von einem älteren, kinderlosen Ehepaar adoptiert – aus dem Kind wurde Superboy und schließlich Superman; nach und nach erwiesen sich seine Superfähigkeiten. Doch auch der vollendete Superman war noch nicht am Ende seiner Entwicklung. In den ersten Heften konnte er beispielsweise noch nicht fliegen, sondern nur (wie der Held von Wylies Roman) auf Grund seiner übermenschlichen Kraft große Sprünge machen. Doch das »Super«-Konzept und die Erwartungen der Leser erzwangen geradezu eine immer weitergehende Steigerung. Seine Kraft wuchs im Lauf der Jahrzehnte so sehr an, daß Superman gar Planeten aus ihrer Bahn werfen konnte. Auch war Superman nicht von Anfang an unverwundbar. Er wurde erst im Lauf der Zeit zu dem unbesiegbaren und unverletzlichen Übermenschen.
Doch wie viele spannende Abenteuer kann ein Held erleben, der unschlagbar und unverwundbar ist? So mußten Superman denn auch wieder bestimmte Schwächen gegeben werden. Sie wurden in die Handlung gebracht durch das rote und grüne Kryptonit, radioaktive Gesteinsarten von Supermans zerstörtem Heimatplaneten, die in Form von Meteoriten auf der Erde niedergingen. Dieses Kryptonit hob Supermans Superkräfte ganz auf oder bewirkte körperliche Veränderungen – so daß er nun seinen Gegnern fast machtlos ausgeliefert sein konnte, wenn Kryptonit in seine Nähe gebracht wurde. Eine weitere Schwäche Supermans wurde seine doppelte Identität, die er um jeden Preis wahren muß. Denn im »Privatleben« heißt Superman Clark Kent und ist Reporter einer Tageszeitung (später einer Fernsehgesellschaft) und eher hilflos. Nur wenn er gebraucht wird, verwandelt sich der in seiner Umgebung als

Bedrohte Männlichkeit: Titel einer deutschen Superman-Ausgabe © National Periodical Publications/Ehapa

leicht vertrottelt und feige angesehene Clark Kent in Superman.
Superman wurde in der Zeit des Weltkriegs natürlich Super-Patriot, der seine Kräfte voll dem Kampf gegen die Amerika feindlich gesinnten Nationen widmete. Das Titelbild einer Superman-Ausgabe vom September 1941 zeigte Superman, wie er Arm in Arm mit einem Soldaten und einem Matrosen ging. Von da an hatte der Mann aus Stahl die ihm gebührenden Feinde aus Stahl: Schlachtschiffe, U-Boote, Panzer, Flugzeuge. Er kämpfte zugleich an allen Fronten: gegen die Nazis, gegen die Japaner und in seinem Heimatland USA gegen Saboteure und Kriegsgewinnler. Nebenbei half er auch noch alten Damen, sicher die Straße zu überqueren. Die chauvinistische Aussage von Supermans Kriegsführung

wurde noch ergänzt durch Aufrufe zum Kauf von Kriegsanleihen.

Nach dem Zweiten Weltkrieg spiegelte der menschgewordene Traum aus dem kollektiven Unterbewußtseins Amerikas weiterhin den *American way of life* und seine Veränderungen. Wie die aus dem Krieg heimkehrenden G.I.s, die »Supermans zahlreiche Abenteuer im Tornister trugen, als sie den Atlantikwall erstürmten« (Günter Metken), so kehrte nun auch Superman in den zivilen Alltag zurück, des Kampfes müde. Die Tücken des Alltags machten ihm fortan oft mehr zu schaffen als seine schlimmsten Feinde, Superman wurde zur Slapstick-Figur degradiert, seine Geschichten enthielten mehr Kostümkomödie als Aktion. Das ging bis zum Haareschneiden Supermans, bei dem eine Schere nach der anderen an seinen stählernen Haaren zerbrach. Vor allem aber wurde seine doppelte Identität stärker ausgespielt, der Kontrast zwischen dem hilflosen Clark Kent und seiner Superman-Version wurde immer größer: Der unscheinbare, unbeholfene und ängstliche Clark Kent liebt seine Reporter-Kollegin Lois Lane; diese aber zeigt nur Verachtung für ihn, da sie Superman liebt. Aus dieser Konstellation und aus dem ständigen Versteckspiel um Supermans geheime Identität ergeben sich immer neue komödiantische Verwicklungen. Doch Superman kann, von allen begehrt, nicht lieben: sein Mannestum erfüllt sich nur in Aktion und Kampf.

»Hier ist eine Sage vom männlichen Amerikaner, der auf Grund seiner Omerta, ein Macho, so viele Frauen haben kann, wie er nur will, aber, absorbiert von seiner männlichen Welt und abgestoßen von seiner eigenen Begehrtheit, nichts mit ihnen anfangen kann – ganz anders als der Schwächling (der er zugleich ist), dessen Impotenz sich paradoxerweise an seiner positiven Einstellung zu den Frauen offenbart . . .« (Oswald Wiener).

Superman, der saubere Amerikaner, der Über-Boyscout, hat keinen Sexualtrieb – den haben bestenfalls seine Gegner, die Superschurken, die er immer und immer wieder besiegen muß. Und noch etwas zeichnet seine Superfeinde aus, was Superman vermissen läßt: sie sind intelligent. Der Superman-Skripter Jerry Siegel erklärte dazu: »Wir betonen die intellektuelle Seite Supermans nicht. Die Leute träumen nicht davon, superintelligent zu sein.« Intellekt haben nur seine Feinde, die oft genug vom Typ des → Mad Scientist sind, als verrückt gekennzeichnete Wissenschaftler, die ihres Intellekts wegen nicht in die ersehnte einfache Ordnung eines Superman-Amerikas passen. Ihre Intelligenz bringt und befähigt sie dazu, immer neue und perfektere Verbrechen sich auszudenken, die Superman nie durch intellektuelle Anstrengung zu verhindern vermag, sondern immer nur durch die Gewalt seines Faustschlags.

Es hätte »ein amerikanischer Traum« werden können, meinten Jerry Siegel und Joe Shuster 1975 über den von ihnen erträumten Helden; für seine Schöpfer jedoch wurde er es nicht. Gegen entsprechende Zusicherungen und 130 US-Dollar hatten sie »National Periodical Publications« (DC) alle Rechte überlassen und waren nach einigen Jahren der Mitarbeit ausgebootet worden, ohne jemals noch einen Cent für »ihren« Traum zu erhalten, an dem nun andere verdienten. Langjährige Rechtsstreitigkeiten blieben für die beiden erfolglos. Erst 1976 – beide waren mittlerweise 61, verarmt, und Shuster war eines schweren Augenleidens wegen nicht mehr arbeitsfähig – gewährte ihnen der mittlerweile über die Rechte an der Superman-Figur verfügende Medienkonzern »Warner Communications« eine Jahresrente von jeweils 20 000 Dollar. Vorausgegangen war eine Kampagne bekannter Comic-Zeichner, die öffentlich für ihre alternden Kollegen eintraten, während zugleich ein Superman-Filmprojekt im Millionen-Dollar-Bereich anstand.

Anmerkungen

Günter Metken: Comics. Frankfurt 1970. Jerry

Siegel: Jerry Siegel Talks about the Case against Superman. In: »Mediascene« No. 17. Reading, Pa. 1976. Ted White: The Spawn of M. C. Gaines. In: Dick Lupoff/Don Thompson (Hg.): All in Color for a Dime. New York 1970.
Literatur
Kirk Alyn: A Job for Superman. Los Angeles 1971. Robert von Berg: Der aufhaltsame Abstieg Supermans. Neuer Trend in der amerikanischen Comic-strip-Industrie. In: »Süddeutsche Zeitung« vom 4. Januar. München 1971. Nicolas Born: Superman oder: Die Helden der schweigenden Mehrheit. In: »Konkret« Nr. 8. Hamburg 1971. Heinz Politzer: Mehr David als Goliath. Eine Analyse des »Superman«. In: »tendenzen« Nr. 53. München 1968. Carna Zacharias: Charlie Brown contra Superman. In: »tz« vom 27./28. Januar. München 1973.

Zeitreise

Die Zeitreise ist ein Sujet unzähliger SF-Stories und Romane, in denen meist von der Veränderbarkeit der geschichtlichen Entwicklung durch einen Eingriff in die Vergangenheit ausgegangen wird. Dabei wird oft suggeriert, daß die geschichtliche Entwicklung auf kleinen Zufällen beruhe; daß z. B. die ganze menschliche Geschichte ganz anders verlaufen würde, wenn jemand zu einem bestimmten Zeitpunkt an einem bestimmten Ort ein Geldstück liegenläßt – dies ist die Konstruktion einer der bekanntesten Zeitreise-Stories. Häufig findet auch eine Auseinandersetzung zwischen den Vertretern zweier alternativer Zukunftswelten in der Gegenwart statt, und ein Mensch der Gegenwart entscheidet über die Zukunft.

Dennoch gehen die SF-Autoren auch hier kaum von der Möglichkeit der Gestaltung der Geschichte durch den Menschen aus. Meist sind es doch schicksalhafte Mächte (mitunter in Form des Zufalls), die die geschichtliche Entwicklung bestimmen. Auch das sogenannte Zeitparadoxon spielt oft eine große Rolle: Was geschieht, wenn jemand in die Vergangenheit reist und durch sein Handeln einer seiner Vorfahren ums Leben kommt – im selben Augenblick könnte der Zeitreisende selbst logischerweise nicht mehr existieren. Durch pointierte Ausarbeitung solcher Zeitparadoxien zu verblüffenden logischen oder pseudologischen Folgerungen wird wiederum suggeriert, daß die Geschichte unabänderlich bleibt, der Mensch seine Zukunft eben doch nicht selbst bestimmen kann, sondern nur in schicksalhafter Weise die Metalogik der Zeitparadoxien, und somit eine durch höhere Mächte unveränderbar festgelegte Entwicklung hinnehmen muß.

Eine interessante Variante sind die *time track*-Stories und Romane, die von einer möglichen parallelen Entwicklung der Geschichte ausgehen, nämlich davon, daß an einem entscheidenden Wendepunkt die Geschichte anders verlaufen ist. So basiert »Bring the Jubilee« von Ward Moore auf der Voraussetzung, daß der amerikanische Bürgerkrieg von den Südstaaten gewonnen wurde und sich deswegen die Geschichte in den USA anders entwickelte. Der vielleicht bekannteste *time track*-Roman wurde »The Man in the High Castle« von → Philip K. Dick: Deutschland und Japan haben den Zweiten Weltkrieg gewonnen und teilen die USA in eine japanische und eine deutsche Besatzungszone auf.

Die *time track*-Konstruktion bietet dem SF-Autor die (freilich selten genutzte) Chance, die Prozesse und Konsequenzen historischer Entwicklung in realistischer Romanform nachzuzeichnen. Das ist Michael Moorcock in »The Warlord of the Air« (Der Herr der Lüfte) gelungen. Darin wird ein Mann aus dem Jahre 1902 ins Jahr 1973 versetzt, ein 1973 freilich, das ganz anders aussieht als das in unserer Zeitlinie. Die Geschichte hat sich unterschiedlich entwickelt: Es gab keine Weltkriege, keine russische Oktoberrevolution; statt dessen blieb das alte Gleichgewicht der Großmächte erhalten. Die ganze Welt ist unter die alten imperialistischen Mächte aufgeteilt, vor allem England, Deutschland und Rußland spielen eine beherrschende Rolle, daneben Japan, Frankreich, Amerika. Auch die technische Entwicklung verlief anders: so gibt es Zeppeline statt Flugzeuge etc. Und diese ganz andere Welt wird mit den Augen des Zeitreisenden beschrieben, der aus dem Staunen nicht mehr herauskommt. In der weiteren Handlung erweist sich, daß die geschichtliche Entwicklung wohl angehalten werden kann, aber nicht verhindert. Aus der veralteten politischen Ordnung ergeben sich zunehmend Konflikte; es kommt zu revolutionären Bewegungen in den Kolonialländern, die auch von revolutionär gesinnten Europäern unterstützt werden. Der Mann aus dem Jahr 1902 erfährt, wie und wodurch sich die Geschichte weiterentwickelt; er nimmt teil an den weltverändernden Geschehnissen, bevor er wieder in seine Zeit zurückgeschleudert wird.

Literatur

Guy S. Robinson: Warum die Zeitmaschine nicht funktionieren kann. Vom Wahrheitsgehalt der Science-fiction-Literatur. In: »Stuttgarter Zeitung« Nr. 87. Stuttgart 1967.

Zelazny

Roger Zelazny. SF-Autor, der es neben seiner ästhetisierenden Form bevorzugt, geschichtliche Mythen in eine SF-übliche technologische Zukunft zu versetzen. Bezeichnend dafür ist etwa der Roman »Lord of Light« (Herr des Lichts), der nach dem Untergang der Erde spielt. Eine Gruppe von Menschen auf einem Kolonieplaneten hat die Kontrolle über die einstige Technologie wiedergewonnen und sich damit Unsterblichkeit und gottgleiche Macht erworben, dank derer sie ihre Welt als die Götter des Hindu-Pantheons zu regieren vermögen. Sie sind Kali, Göttin der Vernichtung, Yama, Herr des Todes, Krishna, Göttin der Begierde; ihnen gegenüber steht Siddhartha, genannt Mahasamatman, der Herr des Lichts. Zelazny läßt alte Mythen orientalischen Ursprungs in einer fernen Welt wiederauferstehen, ohne dem freilich eine wirkliche Bedeutung geben zu können; seine mythenschwangeren Figuren fallen schnell wieder auf sich selbst und ihre technischen Tricks zurück.

Auch »This Immortal« (Fluch der Unsterblichkeit) lebt von alten Mythen, ohne dadurch auch nur die geringste Substanz zu gewinnen. Conrad Nomikos ist ein durch Mutation unsterblicher Mensch, der auf einer durch einen dreitägigen Krieg verwüsteten Erde lebt, die sich inzwischen unter Besitz und Kontrolle von Außerirdischen mit einer offenbar überlegenen Zivilisation befindet. Nomikos ist Einzelgänger und unverwundbarer Supermann, der seit vielen Jahrhunderten unter verschiedenen Namen lebt und schon selbst eine Legende geworden ist. Die Handlung besteht aus Abenteuern Nomikos' im Stil eines Herkules-Films. Daneben kommen immer wieder mythologisierende Momente ins Spiel, Erinnerungen und Mythen vergangener Kulturen, vor allem der griechischen. Nomikos' endliche Erhöhung zu einem wirklichen Gott erfolgt schließlich durch die Außerirdischen, die ihn zum Herrn der Welt machen, indem sie ihm den Besitz der Erde überschreiben, da er der einzige ist, der ihrer Ansicht nach diese Verantwortung tragen kann.

Das ist wieder eine Vermengung von Mythen, denen der Vergangenheit und denen der trivialen SF; aber die tiefe Bedeutung, die Zelazny damit vortäuschen will, stellt sich nicht ein. Dennoch werden seine pseudomythologischen Romane und Erzählungen von SF-Lesern und der SF-Kritik geschätzt und ernstgenommen (Zelazny erhielt mehrfach den »Hugo«, einen von SF-Fans jährlich vergebenen Preis für die besten SF-Titel), so inhaltsleer sie sind. Die nachgemachten Mythen bleiben bedeutungslos, haben keinen Zusammenhang und keine Wirklichkeit. Sie erweisen sich bei genauerer Betrachtung als bloße Fassade – als Kitsch, der nach Ansicht des polnischen SF-Autors und -Kritikers → Stanislaw Lem ohnehin die Substanz der trivialen SF bildet:

»Die das gesamte SF-Milieu füllende Substanz, von welcher sich das Schaffen der Autoren nährt, bildet der Kitsch. Es ist die späte, entartete Form von Mythen. Er hat von ihnen seine starre Struktur geerbt, denn was im Ödipus-Mythos etwa die prästabilisierte Schicksalsstruktur darstellt, ist im Kitsch ihr Klischee. Superman ist ein verhunzter Herakles ... In unserer Kultur ist *Kitsch* das, was *ehemals* das Heilige und/ oder Begehrte, das Scheu- und/oder Grauenerregende war, und *jetzt* fix und fertig zum sofortigen Gebrauch zubereitet ist«.

Die fehlende Bedeutung versucht Zelazny mit einer sich in gefälligen Ästhetizismen verlierenden Form zu maskieren, was bei seinen Erzählungen am stärksten ausgeprägt ist. Man kann darin einen Einfluß der → New Wave sehen, zu der Zelazny sich selbst allerdings nicht zugehörig fühlt.

Ähnlich wie Zelazny hat auch Samuel R. Delany mit der Verwertung vergangener Mythen seinen Erfolg als SF-Autor begründet. Beide Autoren haben weiterhin gemeinsam, daß sie trotz gewisser Experimente in der Schreibtechnik keine neuen Inhalte suchen, sondern bei den Klischeehandlungen der traditionellen SF bleiben; ihre pseudomythologisch verbrämte SF hat durchaus Platz für die Jagd auf Raumpiraten, den Kampf mit einem Riesenmonster oder galaktische Machtkämpfe zwischen feudalen Dynastien.

Sie flüchten in den Raum, in die Verherrlichung des archaischen Kampfes und göttlicher Macht, in die Gewißheit des vorbestimmten Schicksals – wovor? Vielleicht gibt es einen Hinweis, daß auch Zelaznys »Today We Choose Faces« (Heut wählen wir Gesichter) eine zerstörte Erde voraussetzt; nur ein Rest der Menschheit überlebt und bleibt eingeschlossen in einem Gebäude, das als »Haus« bezeichnet wird – und die restliche Menschheit wird generationenlang gelenkt durch die Philosophie eines einzelnen Mannes.

Für Zelazny scheint es keine Zukunft mehr zu geben. Er erwartet die Katastrophe, und danach wird die Menschheit von Göttern oder Menschen, die wie Götter sind, in ein unabänderliches Schicksal geführt – von indischen Göttern, Außerirdischen oder Menschen, denen das Schicksal Unsterblichkeit und gottgleiche Macht verliehen hat. Wenn es keine Zukunft mehr gibt, bleibt nur noch der Rückgriff auf die Vergangenheit, deren Schicksalsmythen wieder als gültig erklärt werden.

Der Erfolg der mythologisch orientierten SF von Zelazny und Delany verweist damit letztlich auf die Gegenwart: »Der Erfolg dieser beiden genannten Autoren, die nach Meinung vieler amerikanischer Kritiker die Spitzenposition der gegenwärtigen SF besetzt halten, stimmt nachdenklich, und es ist bezeichnend, daß sie gerade in den USA, dem Land mit der höchstentwickelten Wissenschaft der Welt, so beliebt geworden sind (bezeichnend wie auch der Erfolg von Tolkien): dort ist der Druck der modernen Industriegesellschaft am stärksten und darum auch das Bedürfnis, einem als bedrückend empfundenen Dasein in Märchenwelten zu entfliehen« (Franz Rottensteiner).

Anmerkungen

Stanislaw Lem: Science Fiction: Ein hoffnungsloser Fall – mit Ausnahmen. In: Franz Rottensteiner (Hg.): Polaris 1. Frankfurt 1973. Franz Rottensteiner: Erneuerung und Beharrung in der Science Fiction. In: Eike Barmeyer (Hg.): Science Fiction. Theorie und Geschichte. München 1972.

Horror

1
Die Quellen dieser Gattung und der mit ihr eng verwandten Phantastik gehen vor allem in das 18. Jahrhundert zurück. Während des siebzehnten und achtzehnten Jahrhunderts war die phantastische und übernatürliche Literatur in Europa vernachlässigt worden, dann kam die Phantastik jedoch durch drei Zugänge wieder stärker in die westliche Literatur: einmal durch die orientalische Fantasy-Erzählung, die zuerst durch Gallands französische Übersetzung der »Arabischen Nächte« auftauchte; dann durch den *Gothic novel* (gotischer Schauerroman), der durch Horace Walpole mit seinem »Castle of Otranto« (1764) von Deutschland nach England gebracht wurde; und schließlich durch das Märchen, das auf den von Andersen und den Gebrüdern Grimm aufgezeichneten Volksmärchen beruht.
Vor allem in der Tradition der *Gothic novels* entwickelte sich in England die Horror-Literatur, deren bekannteste Zeugnisse die »Geschichten des Grauens« von → Edgar Allan Poe, der → Frankenstein-Roman von Mary W. Shelley und → Dracula von Bram Stoker wurden.
Zum politisch-gesellschaftlichen Umfeld der *Gothic novels* gibt es eine interessante Erklärung des Marquis de Sade in »L'Idée sur les Romans« (1800):
»Dieses Genre ... war das unvermeidliche Produkt der revolutionären Schocks, die ganz Europa erschütterten. Für diejenigen, die mit all den Übeln vertraut waren, die durch das Böse über die Menschen gebracht werden, wurde das Romantische etwas schwierig zu schreiben, und nur langweilig, es zu lesen: Es war niemand übrig, der nicht in vier oder fünf Jahren mehr Unglück erfahren hatte, als in einem Jahrhundert durch die berühmtesten Romanciers der Literatur zusammengestellt werden könnte: Es wurde notwendig, nach der Hölle zu rufen, um Interesse zu erwekken und im Land der Phantasien das zu finden, was allgemein bekannt war durch die geschichtliche Beobachtung des Menschen in diesem eisernen Zeitalter.«
Die Romantik zerbrach mit der bislang festgefügten Welt des Feudalismus. Das erstarkende Bürgertum drängte zur Macht, und mit der bürgerlichen Revolution einher gingen Säkularisierung und Aufklärung, die auch die zuvor unanzweifelbaren Werte von Religion und Moral erschütterten.

Charles Ogle als Frankensteins Ungeheuer in einer frühen Stummfilm-Version (1910) von J. Searle Dawley

Es war eine Zeit des Umbruchs, die ihren adäquaten Ausdruck in einer Literatur voll von morbiden Phantasien fand. Diese Literatur gab in ihren phantastischen Projektionen die gesellschaftlichen Veränderungen wieder und die Spannungen, die diesen vorausgingen und sie begleiteten.
Schon der Klassiker der *Gothic novels*, Walpoles »Castle of Otranto« (1764), paraphrasiert in düsteren Bildern den bevorstehenden Niedergang des Feudalismus. Die Handlung spielt in der Burg von Otranto, deren rechtmäßiger Herr von einem Kreuzzug nicht mehr zurückkam und an dessen Stelle jetzt der grausame Burgherr Manfred regiert. Der Gang der Ereignisse scheint durch eine furchtbare, alte Prophezeiung bestimmt zu werden. Eines Tages fällt ein gigantischer Helm vom Himmel und erschlägt Manfreds Sohn. Weitere Zeichen sind blutende Statuen, Gespenster und andere Erscheinungen. Die schöne Isabella, die die Braut des Sohnes des Burgherrn werden sollte, fürchtet sich nun vor Manfred selbst, der ihr eindeutige Avancen macht. Doch in »Castle of Otranto« wird die zerbrochene Welt noch einmal in eine heile zurückverwandelt: gegen Ende des Romans stellt sich der Protagonist des Romans als Erbe des rechtmäßigen Burgherrn heraus und heiratet Isabella, die schöne.
Ein deutliches Beispiel dafür, wie die *Gothic novels* sich neben dem Niedergang der feudalen auch auf die tiefgreifenden Wandlungen der religiösen und sittlichen Ordnung bezogen, ist der Roman »The Monk« (1796) von Gregory Lewis. Der besessene Mönch Ambrosio jagt seine tugendhafte Schwester durch mondbeschienene Burgen und Klöster, hetzt Dämonen hinter ihr her, ermordet ihre Freunde und Verwandten. Ambrosio vergewaltigt seine Schwester schließlich in der Grabkammer des Klosters, tötet sie, muß zum Schluß aber auch seine eigene Schuld sühnen. Das Erscheinen des Buchs verursachte einen Skandal, und der Autor des Romans mußte Teile davon umschreiben. Die Affinität dieser *Gothic novels* zu den Werken des Marquis de Sade ist offensichtlich. De Sade wird zwar immer noch oft nur als ein Vorfahre moderner Pornographie angesehen; tatsächlich kamen gerade in seinen Werken in phantastischen Projektionen die unterdrückten Triebe und Begierden des Menschen zum Vorschein. Mehr oder weniger verdrängt, mehr oder weniger sublimiert, bestimmen diese Triebkräfte die Motive der phantastischen Genres der Unterhaltung, die aus den *Gothic novels* hervorgingen.

2

Die zentrale Figur unter den von der gotischen Schauerliteratur beeinflußten Autoren ist → Edgar Allan Poe, der als Klassiker mehrerer Gattungen der modernen Unterhaltung, des Horrorgenres, der Detektivgeschichte und der Science Fiction gilt. »The Murder in the Rue Morgue« (1841) ist die erste Detektivgeschichte und das klassische Muster des heutigen Kri-

minalromans. Mit »The Unparalleled Adventure of One Hans Pfaall« (1836) und »The Narrative of Arthur Gordon Pym's Adventures« (1838) setzte er auch Muster für die spätere SF-Literatur; zur letztgenannten Erzählung schrieb übrigens der SF-Klassiker Jules Verne eine Fortsetzung unter dem Titel »Die Eis-Sphinx« (1897).
Poes Hauptwerke jedoch führen die Tradition der *Gothic novels* auf die reine Schreckensliteratur, den Horror, hin: »The Fall of the House of Usher« (1839), »The Cask of Amontillado« (1846), »The Facts in the Case of M. Valdemar« (1845), »The Raven« (Gedicht, 1845). In anerkannt literarischer Form stellte Poe Angstprojektionen dar, die aus der Spannung zwischen den mehr oder weniger bewußten Begierden und ihrer Nichterfüllbarkeit innerhalb der überkommenen Ordnung resultierten. Poes Werk ist sehr viel sublimierter als das des Marquis de Sade, ist mit diesem aber doch in vieler Hinsicht vergleichbar. Beide beschrieben auf ihre Weise den Zerfall der alten Ordnungen, wie sich mit der gesellschaftlichen auch die Triebstruktur des einzelnen löste, wie menschliche Begierden und Grundtriebe nach außen projiziert und oft als Bedrohung gesehen wurden. Während aber de Sade daraus eine rationale Philosophie abzuleiten versuchte, beschrieb Poe nur stellvertretend für seine Leser den Schrecken, der der Schrecken vor dem war, was aus den ungeahnten Abgründen seiner eigenen Seele kam.

3

Die Klassiker des Horrorgenres schrieben bürgerliche Literatur, in der wichtige Wendepunkte der gesellschaftlichen Entwicklung signalisiert wurden. Der 1818 veröffentlichte Roman »Frankenstein oder Der moderne Prometheus« von Mary W. Shelley war gekennzeichnet durch das neue technische Bewußtsein. Das von Baron Frankenstein künstlich geschaffene Wesen war kein Dämon; es entstand nicht durch unbegreifbare Mächte oder durch ein Wunder, sondern durch rational begreifbare Wissenschaft. Insofern könnte der Roman auch als früher Vorläufer der Science Fiction gesehen werden, die ja später noch viele Motive des Horrorgenres übernehmen sollte. Die bürgerliche Aufklärung findet ihren Ausdruck darin, daß der Mensch selbst sich zum Schöpfer erhebt. Zugleich findet sich in dem sehr vielschichtigen Roman auch vehemente soziale Anklage, wird die grundlegende Ungerechtigkeit zwischen den Menschen und (in der erzählerischen Allegorie) zwischen dem künstlich geschaffenen »Ungeheuer« und seinem Schöpfer, zwischen Mensch und Gott, bloßgestellt.
Im 1897 erstveröffentlichten »Dracula«-Roman von Bram Stoker wird als Symbolhandlung die Bekämpfung eines Feudalherrschers durch ein emanzipiertes Bürgertum beschrieben, der damals gesellschaftlich fortschrittlichsten Klasse. Die Ableitung des Dracula-Sujets vom blutdürstenden

Fürsten, der sein Volk mit blutiger Gewalt regierte, läßt sich unschwer belegen; der Vampirismus ist »eine Metapher für Feudalismus und gesellschaftliche Zustände vor einer bürgerlichen Revolution« (Peter O. Chotjewitz).

Zugleich aber erscheint, und das dürfte wesentlich mit zur Popularisierung des Vampirmythos beigetragen haben, der Vampir als sexuelle Bedrohung: die Angst vor den eigenen Begierden, nach außen projiziert. Es ist wohl diese Bedeutung, die das Vampirsujet in zahllosen Film- und Comicversionen noch immer wesentlich hat. Zugleich aber spiegelt sich in der immer wiederkehrenden Gefahr des Vampirismus, die ja nie endgültig beseitigt werden kann (immer wieder ersteht Dracula aus seinem Grab, um neue Opfer zu suchen), das Ohnmachtsempfinden in der bürgerlichen Ideologie wieder: Herrschaft kehrt auch dann unweigerlich wieder, wenn sie durch gemeinsames Handeln vermeintlich beseitigt wurde.

Der letzte gesellschaftliche Wendepunkt, den das Horrorgenre signalisiert, ist schließlich der Niedergang des Bürgertums oder zumindest eines Teils desselben. Ein dafür typischer Autor ist → H. P. Lovecraft (1890 bis 1936), in dessen Erzählungen eine mit wollüstiger Freude beschriebene Atmosphäre von Verfall und Degeneration herrscht. Lovecrafts Welt ist eine Welt ohne Zukunft; es gibt nur eine Gegenwart, in rapidem Verfall begriffen und von mythologischen Gefahren aus ferner Vergangenheit bedroht.

4

Das Horrorgenre im Film geht vor allem auf den deutschen Stummfilm und frühen Tonfilm zurück. Der Horrorfilm entwickelte sich, ganz ähnlich der Horrorliteratur, in einer Zeit, in der die alte Ordnung zerbrochen war und neue Maßstäbe sich nur langsam herausbildeten. Es war die Zeit der sozialen Depression nach dem Ersten Weltkrieg, in der in Deutschland so makaber-düstere Filme gedreht wurden wie »Das Kabinett des Dr. Caligari« (1920 – Regie: Robert Wiene) oder »Nosferatu« (1922 – Regie: F. W. Murnau).

Bezeichnend auch, daß der erfolgreiche Start von »Dracula« (Regie: Tod Browning) und »Frankenstein« (Regie: James Whale) 1931 mit der großen wirtschaftlichen Depression in den USA zusammenfiel.

Parallel zu einer noch immer andauernden Welle von Horrorfilmen seit den 50er Jahren entwickelten sich auch die → Horror-Comics, heute vor allem in den USA, Italien und Frankreich verbreitet. Dabei ist gerade bei den Horror-Comics auffallend, daß kein anderes Genre, abgesehen von Erotik und Pornographie, so viel Schwierigkeiten mit den Zensurinstitutionen bekam. Der amerikanische Comics-Code verbot praktisch lange Zeit fast jegliche Horror-Darstellung. Ähnlich war es beim Film, als in den

30er Jahren in England Horrorfilme verboten wurden und Hollywood sie nicht mehr produzierte.

5

In den wiederkehrenden Sujets des Horrorgenres wird in der Sekundärliteratur mitunter eine Entsprechung zu den Mythen verschiedenster Kulturkreise gesehen. Tatsächlich beschäftigt sich das Genre jedoch mit realen Ängsten der Gegenwart, die es durch den Verweis ins Übernatürliche mystifiziert und damit der rationalen Erklärung und Auflösung entzieht. Diese zum Zweck der technischen Vervielfältigung hergestellten Mythen erweisen sich jedoch letztlich nur als Mystifikation; und nichts anderes wäre es, wollte man in ihnen eine Entsprechung antiker Mythen sehen.
Eine kritische, das Dunkel der (mitunter auch in psychologischer Überinterpretation zutagetretenden) Mystifikation aufhellende Position vertritt Friedrich Geyrhofer: »Eine solche Disposition, die der Horrorfilm ausbeutet, ist alles andere als der archaische Überrest einer psychisch fundierten Mythologie: geschichtlich ist sie die negative Kehrseite der bürgerlichen Ratio . . . Der Trick des Horrorfilms, die Welt in Schwarz und Weiß, Gut und Böse abzuzirkeln, ist aber das Verfahren der bürgerlichen Rationalität selbst: der Herrschaft. Auf ihrer Seite ist der Horror stets zu finden.«

6

Die → Fantasy-Literatur, obwohl aus denselben Quellen gespeist wie der Horror, entwickelte sich doch getrennt von diesem und hat heute nur noch weit weniger Bedeutung. Als Massenliteratur und damit Teil der Unterhaltungsindustrie ist eigentlich nur die *heroic fantasy* anzusprechen. Die Helden dieses Subgenres, das auch → Sword & Sorcery genannt wird, verkörpern ebenfalls ins Monströse projizierte Begierden, die vor allem in Form blutiger Gewalttätigkeit dargestellt werden. Auch hier wird Sexualität als Bedrohung erfahren (oftmals stehen böse Intrigantinnen oder Magierinnen dem Helden gegenüber), doch löst sich in der regressiven Fluchtwelt der *heroic fantasy* alles auf in archaisch einfacher Gewalt.
Die »phantastischen« Genres des Horrors und der *heroic fantasy* fanden gerade in den letzten Jahren massenhafte Verbreitung. Es zeigt, wie bedroht ihren Konsumenten die eigene und die gesellschaftliche Zukunft erscheint.

Anmerkungen

Peter O. Chotjewitz: Der Vampir. Theorie einer Mythe. In: Franz Rottensteiner (Hg.): Pfade ins Unendliche. Frankfurt 1971. Friedrich Geyrhofer: Horror und Herrschaft. In: Karsten Witte (Hg.): Theorie des Kinos. Ideologie der Traumfabrik. Frankfurt 1972.

Literatur
David Annan: Cinefantastic. Beyond the Dream Machine. London 1974. Everett F. Bleiler (Hg.): The Checklist of Fantastic Literature. A Bibliography of Fantasy, Weird and Science Fiction Books Published in the English Language. Chicago 1948. Edith Birkhead: The Tale of Terror – A Study of the Gothic Romance. New York 1963. Ivan Butler: Horror in the Cinema. New York 1971. Carlos Clarens: Horror Movies. London 1968. Les Daniels: Living in fear: A History of Horror in the Mass Media. New York 1976. Allen Eyles/Robert Adkinson/Nicholas Fry (Hg.): The House of Horror. The Story of Hammer Films. London 1973. André Gerely: Horror im Kino. In: »Film-Ton-Magazin« Nr. 6 ff. 1975. Denis Gifford: A pictorial History of Horror Movies. London 1973. Roy Huss/T. J. Ross (Hg.): Focus on the Horror Film. Englewood Cliffs, N. J. 1972. Siegfried Kracauer: Von Caligari bis Hitler. Ein Beitrag zur Geschichte des deutschen Films. Hamburg 1958. W. A. Losano: The Horror Film and the Gothic narrative tradition. Diss. Troy, N. Y. 1973. Howard Phillips Lovecraft: Supernatural Horror in Literature. New York 1973. Peter Penzoldt: The English Short Story of the Supernatural. London 1952. David Pirie: A Heritage of Horror. The English Gothic Cinema 1946–1972. London 1973. M. Praz: Liebe, Tod und Teufel. Die schwarze Romantik. München 1963. Franz Schöler: Die Erben des Marquis de Sade. In: »Film« Nr. 8, 9 und 10. Velber 1967. Spécial Fantastique. »Cinema« No. 160/161. Paris 1975. Chris Steinbrunner/Burt Goldblatt: Cinema of the Fantastic. New York 1974. Montague Summers: The Gothic Quest. A History of the Gothic Novel. London 1938. Devendra P. Varma: The Gothic Flame. London 1957. Claudius Weil/Georg Seeßlen: Kino des Phantastischen. Geschichte und Mythologie des Horror-Films, München 1976. Rein A. Zondergeld (Hg.): Phaicon I. Almanach der phantastischen Literatur. Frankfurt 1974. Rein A. Zondergeld (Hg.): Phaicon 2. Frankfurt 1975.

Bloch
Robert Bloch, amerikanischer Autor, geb. 1917, der in jugendlichen Jahren mit → H. P. Lovecraft korrespondierte, später selbst für verschiedene *Pulp-Magazines* SF und Weird Fiction zu schreiben begann (seine erste Geschichte verkaufte er zwei Monate nach seinem 17. Geburtstag an »Weird Tales«) und nach dem Sprung nach Hollywood vor allem durch seine Drehbuch-Vorlage zu Alfred Hitchcocks »Psycho« (1960) bekannt wurde.
Bloch schrieb auch einige Horror- und Science-Fiction-Romane, darunter »Yours Truly, Jack the Ripper« (Jack the Ripper). Neben seiner Arbeit für den Film verfaßte er jedoch vorwiegend Kurzgeschichten – bislang über 400 –, mit denen er in fast allen bekannten Horroranthologien vertreten ist. Trotzdem ist Bloch kein typischer Horrorautor (die Mehrzahl dieser Autoren variiert ohnehin nur die klassischen Vorlagen, ohne dabei auch nur ein Mindestmaß an Originalität und Eigenständigkeit erkennen zu lassen), er bewegt sich vielmehr häufig an den Grenzen des Genres.
Wie bereits in »Psycho« beschreibt er dabei oft gespaltene Persönlichkeiten, die zunächst als zwei völlig unterschiedliche Personen erscheinen, bis sich erweist, daß die einer Gewalttat schuldige Person mit der »unschuldigen« identisch ist; daß in ihr unterdrückte Emotionen Gestalt angenommen haben. Bloch hat dieses Thema in immer neuen Variationen ausgearbeitet. Die Verunsicherung geht dabei in beide Richtungen: wie sich bedrohliche Erscheinungen als Ausgeburt des Wahnsinns erweisen können, können auch scheinbare Wahnsysteme plötzlich in der Realität münden.
Zwar geht auch Bloch mit den typischen Schreckgestalten des Horrorgenres um, ebenso wie bei ihm auch Zeitreisende oder Außerirdische auftauchen können; doch nimmt er sie kaum als Wirklichkeit, vielmehr als unwirkliche Erscheinungen, die nur in einem schattenhaften Bereich zwischen Realität und Einbildung lebendig sind.
Sein eigentliches Thema ist der Schrecken, der aus der Tiefe der menschlichen Seele kommt – als Reaktion auf die soziale Um-

welt, der die Manifestationen des Schrekkens wiederum als bedrohlich erscheinen müssen.
In Robert Blochs Geschichten wird oft die Künstlichkeit, die Machbarkeit des Schrekkens deutlich. Mit einer gewissen Vorliebe bezieht er seine Schreckensvisionen auf die Traumfabrik Hollywood. In der Geschichte »Terror over Hollywood« (Die ganz oben) beispielsweise stellt sich heraus, daß die ewig jugendlichen Filmstars keine Menschen mehr sind, sondern Metallkörper in Menschengestalt.
In »The Plot Is the Thing« (King Kong kehrt zurück) zieht sich eine junge Frau völlig in eine Phantasiewelt, gespeist aus Horrorfilmen, die sie wieder und wieder ansieht, zurück. Nach ärztlichem Eingriff (Lobotomie) scheint sie geheilt zu sein und unternimmt eine Weltreise; doch nach und nach erlebt sie alles wie im Film: »Sie traf eine Entscheidung oder ging irgendwohin und tat etwas, und ganz plötzlich fand sie sich in einer anderen Szene – genau wie im Film, in dem von Szene zu Szene geschnitten wurde.« Sie erlebt auf diese Weise Szenen aus klassischen Horrorfilmen, bis sie sich auf einer Insel wiederfindet, deren Eingeborene sie einem Riesenaffen namens »Kong« zum Opfer darbringen.

Filmprogramm zu einer Poe-Verfilmung von Roger Corman © Vereinigte Verlagsgesellschaft Franke & Co. KG

Corman
Roger Corman, amerikanischer Autor, Produzent und Regisseur, geb. 1926. Unter seiner Regie entstanden vor allem Ende der 50er Jahre eine Menge von billigen Horror- und SF-Filmen, so daß er in der Branche »King of the Bs« genannt wurde; was sich darauf bezieht, daß seine Filme in den Kinos zumeist als »B-Filme« neben aufwendigeren A-Produktionen eingesetzt wurden. Aus dieser Zeit datieren zum Beispiel »The Day the World Ended« (Die letzten Sieben – 1955), »The Undead« (1956), »It Conquered the World« (1956), »Not of this Earth« (Gesandter des Grauens – 1957), »Attack of the Crab Monsters« (1957), »War of the Satellites« (Planet der toten Seelen – 1958), »A Bucket of Blood« (1959) und »Wasp Woman« (1959).
Erst durch seine aufwendigeren und farbenfreudigen Filmadaptionen von Erzählungen des englischen Horror-Klassikers → Edgar Allan Poe kamen Cormans Fähigkeiten als Regisseur besser zum Ausdruck; durch sie wurde Corman zu einem Geheimtip vor allem unter Afficionados des Horror-Genres.
Cormans Poe-Periode begann Anfang der 60er Jahre: »The Fall of the House of Usher« (Der Untergang des Hauses Usher – 1960), »Buried Alive« (Lebendig begraben – 1961), »The Pit and the Pendulum« (Das Pendel des Todes – 1961), »The Masque of the Red Death« (Satanas, das Schloß der blutigen Bestie – 1964), »The Tomb of Ligeia« (1964). Mit »The Haunt-

ed Palace« (Die Folterkammer des Hexenjägers – 1963) verfilmte er eine Erzählung von → H. P. Lovecraft.
Mit seinen späteren Filmen kam Roger Corman von seiner weitgehenden Spezialisierung auf Horror-Sujets ab und drehte auch Kriminalfilme (vgl. *Crime* → Roger Corman).

Literatur

Paul Willemen/David Pirie/David Will/Lynda Myles: Roger Corman, the Millenic Vision. Cambridge 1970.

Dämonen und Teufelsaustreibung

Dieses verbreitete Sujet des Horrorgenres wird gespeist vom heidnischen Dämonenglauben, den das Christentum später als kirchliche Dämonenlehre übernahm. Der Dämonenglaube findet sich in allen primitiven Kulturen; die Natur und ihre Kräfte werden als von guten oder bösen Geistern beseelt angesehen, häufig werden auch Tiere als die Wohnstätten dämonischer Geister betrachtet. Das Dämonische ist alles, was nicht in anderer Weise zu erklären ist; es ist das, was die Natur beseelt, ihr Leben verleiht. Gleich den Naturgewalten wurden die Dämonen nicht selten als bedrohliche Mächte verstanden, die auch dem Menschen gefährlich werden, schließlich gar von ihm selbst Besitz ergreifen können.
Das Christentum war in Europa jahrhundertelang in der Auseinandersetzung mit heidnischen Volksbräuchen, Sitten und Anschauungen begriffen, wobei heidnischer Aberglaube und heidnische Magie zunächst erbittert bekämpft, schließlich jedoch Stück für Stück übernommen, »christianisiert« wurden. Auf einer Synode im Jahre 785 wurde sogar mit dem Tode bedroht, wer »durch den Teufel verblendet, nach der Art der Hexen glaubt, daß jemand eine Hexe sein kann und deshalb diese verbrennt«. In einer um 900 entstandenen katholischen Anordnung an die Bischöfe wurden diese geheißen, »in ihren Gemeinden den Glauben an die Möglichkeit dämonischer Zauberei und nächtlicher Fahrten zu und mit Dämonen als reine Illusion energisch zu bekämpfen und alle diejenigen, welche einem solchen Glauben huldigen, aus der kirchlichen Gemeinschaft auszustoßen«.
Erst gegen Ende des 13. Jahrhunderts wurde diese Bestimmung aufgehoben; die Kirche nahm eine vollständige Umkehrung ihrer Position vor. Nicht mehr der Glaube daran, sondern Hexentum und Zauberei selbst wurden unter schärfste Strafandrohung gestellt und verfolgt. Damit war der Weg frei für die Hexenverfolgungen, denen Hunderttausende, nach Schätzungen von Historikern sogar Millionen von Menschen zum Opfer fallen sollten. Gerhard Zwerenz führt aus, daß diese Schwenkung der Kirche der Aufrechterhaltung der klerikalen Macht diente, nachdem in den ersten Jahrhunderten des zweiten Jahrtausends Ketzer und Sekten stark in Erscheinung traten. »Unchristliches und kirchenfeindliches Verhalten galt nun nicht mehr als heidnisch, das heißt als noch-nicht-christlich, sondern als nicht-mehr-christlich. Es galt als Abfall von der Kirche, als Ketzerei und Werk des Teufels.«
Die phantastische Literatur hat sich zumeist mehr Formen des Übernatürlichen zugewandt, die nicht direkt mit der christlichen Dämonenlehre übereinstimmen. Teilweise bemühte sie sich auch um eine rationale Auflösung dämonischer Erscheinungen; dies gilt vor allem für die englische Tradition der *Gothic novels*. Eine direkte oder indirekte Quelle der mit dem Übernatürlichen kokettierenden Horrorliteratur und Phantastik blieb die christliche Dämonologie freilich immer, und in der neueren Trivialliteratur wird wieder sehr direkt Rückgriff auf sie genommen, ebenso wie im Film.
Das nicht nur kommerziell erfolgreichste, sondern auch aufschlußreichste Beispiel hierfür ist der Roman »The Exorcist« (Der Exorzist) von William Peter Blatty und seine Verfilmung durch William Friedkin

(1973). Das Buch hatte bereits eine Auflage von sechs Millionen allein in den USA erreicht, als der Film bei seiner Uraufführung mehrere hundert Meter lange Schlangen vor den Kinokassen, hysterische Reaktionen in den Kinosälen und auch außerhalb hervorrief. Eine Anzahl von Kinobesuchern glaubte anschließend an eigene Besessenheit und suchte Priester auf, um eine Teufelsaustreibung an sich vornehmen zu lassen. Diese Reaktionen können freilich nicht allein dem Film »The Exorcist« zugeschrieben werden, obschon er mit seiner Mischung aus unterkühlter Regie und ausgeklügelten Trickspektakeln auf Wirkung im Bereich menschlicher Eingeweide berechnet war. Buch wie Film bauten vielmehr auf einer Welle von Okkultgläubigkeit auf, die sich zuvor schon in einer Flut von okkulter Literatur niedergeschlagen hatte. Im Mai 1971 hatte »Newsweek« 2345 Bücher über Mystizismus , Geheimkulte und Schwarze Messen im US-amerikanischen Verlagsangebot gezählt, und in den folgenden Jahren wurde noch ein Mehrfaches davon ausgestoßen.

»Der Exorzist« handelte von einem vom Teufel besessenen zwölfjährigen Mädchen, das mit obszönen Ausdrücken um sich wirft, seltsame Flüssigkeiten erbricht und mit poltergeistartigen Symptomen seine Umgebung terrorisiert. Nachdem ärztliche Kunst versagt, vermögen zwei Priester unter Aufopferung ihres Lebens den Teufel mittels des »Rituale Romanum« auszutreiben.

Der Teufel als Poltergeist: Schwebeszene aus »Der Exorzist« Verleih: Warner-Columbia

Dabei wird der Schrecken nicht aufgelöst, Buch wie Film werden vielmehr dazu eingesetzt, von ihm zu überzeugen. Der Hysterieanheizung dienten auch nicht zuletzt die Public-Relations-Aktivitäten des Autors William Peter Blatty, der das Buch erst schrieb, nachdem ihm eine Garantiesumme von 500 000 Dollar zugesagt worden war, und der auch an den Filmeinnahmen eine mehr als übliche Beteiligung erhielt. Blatty trat beispielsweise in Fernseh-Talkshows auf und referierte mit getragenem Ernst über von ihm untersuchte Besessenheitsfälle, tat des weiteren unerklärliche Zwischenfälle beim Schreiben des Romans und telepathische Beziehungen mit seiner toten Mutter kund. Das Filmstudio arbeitete später mit der gleichen Methode, indem in gezielten Dosen Nachrichten über unerklärliche Zwischenfälle bei den Dreharbeiten des Films bekanntgegeben wurden.

Bereits der Roman wurde von zwei Jesuiten inspiriert, und im Film wirkten Pater der Gesellschaft Jesu als religiöse Berater und sogar als Schauspieler mit. Der religiöse Hauptberater des Films, Reverend John J. Nicola, S. J., distanzierte sich später jedoch:

»Wenn ich heute darüber zu entscheiden hätte, ob dieser Film der großen Öffentlichkeit vorgeführt werden sollte – würde ich zögern. Und zwar wegen der Gefahr der Hysterie – ich glaube, der Film könnte sich, was seine Wirkungen anbetrifft, durchaus mit den mittelalterlichen Veitstänzen messen.«

Der Glaube an teuflische Mächte, die vom Menschen Besitz ergreifen können, erwies sich durch die Hysterie um diesen Film als nach wie vor verbreitet. Nach einer 1974 veröffentlichten Umfrage glauben 36 % aller Amerikaner an Teufelsbesessenheit, und jeder 20. erwachsene US-Bürger (rund sechs Millionen) ist davon überzeugt, daß er selber oder eine ihm nahestehende Person vom Teufel besessen ist oder war. Nach repräsentativen Umfragen in der Bundesrepublik sind Teufels- und Besessenheitsgläubigkeit auch hier verbreitet. Die Autorität der Kirche steht nach wie vor hinter diesem Glauben; wie Papst Paul VI. erklärte, ist die »Dämonologie« ein sehr wichtiges Kapitel in der katholischen Lehre, das wieder studiert werden sollte, obwohl es heute vernachlässigt wird.«

Die Teufelsaustreibung ist eine nach wie vor geübte kirchliche Praxis, in den USA wie auch in Europa, am verbreitetsten offenbar in England. Auch in der Bundesrepublik wurden Fälle bekannt. 1973 trieb ein Altöttinger Kapuzinermönch einer 35jährigen Bauerntochter, die von ihren Ärzten als epileptisch diagnostiziert wurde, mit ausdrücklicher Genehmigung des Passauer Bischofs Antonius Hofmann einen Teufel namens »Pluto I.« aus. 1976 starb das Opfer einer solchen Teufelsaustreibung, eine Studentin, an Schwäche und Unterernährung; auch in diesem Fall war der Exorzismus mit bischöflicher Genehmigung vorgenommen worden, wie nach dem Todesfall bekannt wurde.

»Der Exorzist« beutete die vorhandene Glaubensbereitschaft nicht nur aus, er gab darüber hinaus vor – und das offenbar erfolgreich –, selbst ein Glaubensfilm zu sein. Er diffamierte Rationalität und Wissenschaft: Die Besessenheit des Mädchens wird mit einer medizinischen Technik konfrontiert, die ebenso alptraumhaft wie machtlos erscheint. Als allein mächtig erweist sich schließlich wieder das religiöse Ritual. Der von Jesuiten erzogene Exorzist-Autor Blatty: »Ich bin überzeugt, daß die jungen Leute sich mitten in einer Wende vom extremen wissenschaftlichen Materialismus zum Mystizismus befinden.« Diesem Mystizismus Auftrieb gab vor allem auch die aktuelle gesellschaftliche Situation (Watergate, die Nachwirkungen des Vietnamkrieges, Ölkrise, Inflation und Arbeitslosigkeit).

Bemerkenswert ist ein früherer Film von vergleichbarer Thematik, »Rosemary's Baby« (1968 – Regie: → Roman Polanski, nach einem Roman von Ira Levin). Er handelte von einer Gruppe von Teufelsanbetern und einer jungen Frau, die gezwungen wird, ein Kind des Teufels auszutragen. Polanskis Film leitete seinen Schrecken freilich sehr viel mehr aus Unstimmigkeiten und Rissen in der sozialen Umwelt ab. Eine kritische Auseinandersetzung mit der Thematik leistete bereits 1960 der polnische Film »Matha Joanna od aniolów« (Mutter Johanna von den Engeln, von Jerzy Kawalerowitz).

Mit dem Erfolg des Exorzisten aber brach ein Damm, der eine Flut von Teufelsfilmen freigab, die im wesentlichen auf die Kombination »Sex, Satan und Sadismus« (Paul Wilson) setzten, und auch die Horrorliteratur griff das ihr schon bekannte Thema erneut auf (→ Hexen und Magier).

Anmerkungen

»Ich treibe dich aus, unreiner Geist«. In: »Der Spiegel« Nr. 39. Hamburg 1974. Paul Wilson: What the Devil Is Going on? In: »photoplay« No. 3. London 1976. Gerhard Zwerenz: Magie, Sternenglaube, Spiritismus. Frankfurt 1974.

Literatur

William Peter Blatty: William Peter Blatty on The Exorzist from Novel to Film. New York 1974. Ulrich K. Dreikandt (Hg.): Schwarze Messen. Dichtungen und Dokumente. München 1970. Peter Travers/Stephanie Reiff: The Story behind The Exorcist. New York 1974. Satan im Kind. In: »Der Spiegel« Nr. 4. Hamburg 1974.

Hie facht sich an gar ein grausſem liche erſchrockenliche hyſtorien von dem wilden wütrich. Dracole wayde. Wie er die leüt geſpiſt hat. vnd gepraten. vnd mit den haübtern yn einem keſſel geſoten. vñ wie er die leüt geſchunden hat vñ zerhacken laſſen als ein kraut. Jtez er hat auch den müterñ ire kind gepratẽ vnd ſy habẽs müſſen ſelber eſſen. Vnd vil andere erſchrockenliche ding die in diſſem Tractat geſchriben ſtend. Vnd in welchem land er geregiret hat.

Seite aus einem 1499 in Nürnberg publizierten Pamphlet gegen den blutdürstigen Herrscher Vlad Dracul

Dracula

Die Figur des Grafen Dracula, durch → Vampirfilme und eine Renaissance älterer Horrorliteratur bekannt, geht auf den 1897 erschienen Roman »Dracula« von Bram Stoker zurück. Die diesem Roman zugrundeliegenden Vampirlegenden lassen sich – ganz im Gegensatz zur Aura des Geheimnisvollen, die sie umgibt – unschwer auf ihre Herkunft aus der gesellschaftlichen Wirklichkeit zurückführen. Diesen Versuch unternahmen z. B. die Bostoner Collegeprofessoren Raymond T. MacNally und Radu Florescu in ihrem Kompendium »In Search of Dracula«.

In Stokers Dracula-Roman taucht zwischen den Romanfiguren kurz der Budapester Orientalist Armin Vambéry auf, der tatsächlich gelebt hat – und von dem der Autor die Geschichte des Fürsten Vlad Dracul erfahren haben soll, aus dem er in seinem Roman den Grafen Dracula werden ließ. Einem 1493 in Leipzig erschienenen Traktat zufolge war dieser Herrscher aus dem 15. Jahrhundert »ein großer Wüterich«, und eine seiner blutrünstigen Gewohnheiten war das »Pfählen« von Untertanen und Feinden. So wird in einer zeitgenössischen Darstellung davon berichtet, daß an einer Straße im Reich des Fürsten 20 000 Türken und Bulgaren auf Pfähle gespießt worden sind. In einem Bildtraktat von 1493 wird gezeigt, wie der Fürst zwischen aufgepfählten Menschen tafelt, während vor seinem reichlich gedeckten Tisch auch noch einem Menschen der Kopf abgeschlagen wird. In einer Studie wird die gesamte Zahl der Opfer des Fürsten Dracul auf über 100 000 beziffert. Wohl verliert sich vieles im Dunkel und in der Mystifikation der Geschichte; es soll auch nicht unerwähnt bleiben, daß es auch noch andere, doch sehr ähnliche Theorien über die historische Abkunft des Dracula-Sujets gibt. Auch dürften viele der schaurigen Traktate über die Untaten des Vlad Dracul durch den ungarischen König Matthias Corvinus verbreitet worden sein, der Gegner der Unabhängigkeitspolitik Draculs war. Die Historizität der Figur jedoch läßt sich belegen und auch die des Landes Transsylvanien – es ist der alte Name Siebenbürgens. Das Land des Grafen Dracula lag inmitten Rumäniens, zwischen Klausenburg, Bistritz, Kronstadt und Hermannstadt. Vlad Dracul starb 1476 nahe Bukarest im Kampf gegen die Türken, 45 Jahre alt.

Die Verfälschung der historischen Wirklichkeit läßt sich so Schritt um Schritt nachvollziehen, von den Legenden und Erzählungen um einen Fürsten, der sein Land mit blutrünstiger Gewalttätigkeit regierte, bis hin zum unsterblichen Vampirgrafen der »Hammer Productions«. Der unsterbliche Fürst, der sein Volk für seine Willkürherrschaft ausbluten ließ, wurde zunehmend mystifiziert und in den Bereich der Dämonie vertrieben – es sind die gesellschaftliche Entwicklung und daraus resultierende Bedürfnisse, die den blutsaugenden Grafen zu dem werden ließen, als was er heute gilt.

Diese Transformation der gesellschaftlichen Wirklichkeit blutiger Unterdrückung in den populären Mythos des Fledermaus-Menschen läßt sich schon an Stokers Original-»Dracula« belegen. Der Vampirismus erweist sich darin schlicht als »eine Metapher für Feudalismus und gesellschaftliche Zustände vor einer bürgerlichen Revolution« (Peter O. Chotjewitz). In Stokers Roman wird die Übersiedlung des Grafen Dracula nach England geschildert, wo er nicht mehr der unantastbare Herrscher wie in seiner Heimat sein kann. Er sieht sich hier mit einem emanzipierten Bürgertum konfrontiert, das sich gegen die Gefahr zusammenschließt, den Vampir vertreibt und bis in sein Heimatland verfolgt, um ihn dort endgültig zu vernichten. In der Person Draculas tritt also ein Feudalherrscher aus einem unterentwickelten, der Vergangenheit zugehörigen Land einem erstarkten Bürgertum und aufstrebendem Frühkapitalismus entgegen, welche die vergangene Gewaltherrschaft, auf offener und blutiger Gewalt basierend, brechen. »Dracula« ist eine mythologisch verkleidete Darstellung von der Überwindung des Feudalismus durch das Bürgertum, die damals gesellschaftlich fortschrittlichste Klasse. »Dracula« als Sujet des Horrorgenres entfernte sich freilich zunehmend von dieser Aussage; es entwickelte sich in zahllosen → Vampirfilmen (→ Bela Lugosi) und → Horror-Comics weiter.

Anmerkung

Peter O. Chotjewitz: Der Vampir. Theorie einer Mythe. In: Franz Rottensteiner (Hg.): Pfade ins Unendliche. Frankfurt 1971.

Literatur

Basil Copper: The Vampire in Legend, Fact and Art. London 1975. Donald F. Glut: True Vampires of History. New York 1975. Raymond T. McNally/Radu Florescu: In Search of Dracula. New York 1973. Dieter Sturm/Klaus Voelker: Von denen Vampiren oder Menschen-Saugern. Dichtungen und Dokumente. München 1968.

Dr. Jekyll und Mr. Hyde

Erzählung von Robert Louis Stevenson («The Strange Case of Dr. Jekyll and Mr. Hyde«), die ab 1908 vielfach verfilmt wurde. In der 1885 entstandenen Vorlage bewirkt ein Arzt durch Experimente mit Drogen eine Spaltung seiner Persönlichkeit. Während er tagsüber das ehrenwerte Leben des Dr. Jekyll führt, verwandelt er sich des Nachts in den unmoralischen und zügellosen Mr. Hyde, ein aus seiner eigenen Seele herausgelöstes Ungeheuer. Dieses nächtliche Wesen verdeutlicht sich in seinem Tun als triebhafte Abspaltung eines

puritanischen Ichs: Mr. Hyde gestattet sich all das, was dem durch Konventionen gezügelten Dr. Jekyll versagt blieb.
Die erste Filmversion von Dr. Jekyll und Mr. Hyde war ein fünfzehnminütiger Einakter im Jahre 1908. Zwei Verfilmungen folgten 1910, eine weitere (Regie: Lucius Henderson) 1912. In »Dr. Jekyll and Mr. Hyde« (1920 – Regie: John S. Robertson) jedoch kam erstmals die erotische Begierde des Hyde-Ungeheuers auch im Film zum Ausdruck.
Der deutsche Stummfilm nahm sich der Thematik in »Der Januskopf« (1920 – Regie: Friedrich Wilhelm Murnau) an, in dem Conrad Veidt die Rolle eines Arztes spielte, dessen Persönlichkeitsspaltung durch eine unheimliche Büste ausgelöst wird, die er in einem Antiquariat erworben hat. Eng verwandt mit der Jekyll-Hyde-Verwandlung ist auch das Motiv des Doppelgängers (→ Phantastik im deutschen Stummfilm).
Zur bekanntesten Version von »Dr. Jekyll and Mr. Hyde« wurde die 1932 von Rouben Mamoulian in den USA gedrehte, in der die Lüsternheit Mr. Hydes deutlich der puritanischen Selbstkasteiung Dr. Jekylls gegenübersteht. Doch die »ruinösen Ausschweifungen des Mr. Hyde entpuppen sich als armselige Quälereien; so pflegen schüchterne Chefs, die ihre Tippmamsellen heimlich begehren, diese bis aufs Blut zu seckieren. Unverhüllte Sexualität, der Ausdruck des eigentlichen Humanen, gilt als »tierisch«: sie darf allein in der Gestalt des depravierten Affenmenschen erscheinen. Das ist die unglückliche Antinomie des bürgerlichen Bewußtseins: ideale Reinheit oder zwanghafter Trieb, holder Engel oder schmutziges Vieh« (Friedrich Geyrhofer).
Zahlreiche Filme zehrten mit mehr oder meist weniger Originalität von Stevensons Novelle. So etwas wie eine Transvestiten-Version erfolgte mit »Dr. Jekyll and Syster Hyde« (1971 – Regie: Roy Ward Baker), in der sich der Doktor durch Selbstversuche in eine männermordende Frau verwandelte. Mit »Le Testament du Dr. Cordelier« (Das Testament des Dr. Cordelier) versuchte Jean Renoir 1959 eine gesellschaftsbezogene Interpretation der Vorlage. Eine treffsichere Parodie bot 1963 »The Nutty Professor« (Der verrückte Professor, von und mit Jerry Lewis).

Anmerkung
Friedrich Geyrhofer: Horror und Herrschaft. In: Karsten Witte (Hg.): Theorie des Kinos. Ideologiekritik der Traumfabrik. Frankfurt 1972
Literatur
Richard J. Anobile (Hg.): Dr. Jekyll and Mr. Hyde. New York 1975. (Drehbuch)

Fantasy-Literatur
Die *Fantasy* ist ein Subgenre der Science-Fiction, das aber durchaus eine eigenständige Tradition hat. Heute findet sich der Genrebegriff etwa im Titel von »The Magazine of Fantasy and Science Fiction« wieder. Die größte aktuelle Verbreitung hat freilich ein Zweig der Fantasy-Literatur, der als *heroic fantasy* oder auch → Sword & Sorcery bezeichnet wird.
Bezeichnend für die meisten Fantasy-Geschichten ist, daß sie sich in ihren Sujets auf alte Sagen und Volksmärchen beziehen, wobei freilich die Bedeutung dieser Sujets heute zwingend eine andere ist, da sie in der gegenwärtigen Literatur schlicht anachronistisch sind. So ist zum Beispiel die Subliteratur der Sword & Sorcery keineswegs als eine literarische Wiederbelebung klassischer Mythen, der Epen Homers oder nordischer Heldensagen zu verstehen, wie es die Anhänger dieses Genres mit Überzeugung propagieren. Wenn sich Autoren und ihre Leser aus der gegenwärtigen Gesellschaft und der technischen Zivilisation in eine vergangene Flucht- oder Traumwelt zurückziehen, so bedeutet der Verweis auf die klassische Herkunft der Themen nicht mehr als eine Rechtfertigung.
Der Herausgeber Terry Carr schreibt in seiner Einführung zu »New Worlds of Fantasy/2«, daß die »Fantasy sich bewegt auf

einer Grundlage von Gefühlssymbolen, wie sie auch in Träumen vorkommen. Fantasy ist somit die literarische Entsprechung von Träumen«. Das kann natürlich auch die Science Fiction, letzthin sogar jede Unterhaltungsliteratur von sich behaupten; auf die Fantasy aber trifft es weit stärker zu, da in ihr Logik und Naturgesetze durch eine stillschweigende Vereinbarung zwischen Autor und Leser einfach außer Kraft gesetzt werden. Rationalität mehr oder weniger stark mißachtend, eignet sich die Fantasy als ein Genre romantischer und eskapistischer Fluchtliteratur und wird auch zumeist als solche benützt. Dem steht dann freilich eine schwarze Romantik mit Alpträumen von grauenhaften Ungeheuern, lebenden Toten, bösen Magiern, schwarzer Magie und unterirdischen Labyrinthwelten gegenüber. Besonders im Film nehmen mystisch angehauchte Fantasy- und Horrorthemen stark zu: Schwarze Romantik, Magie, Teufelsanbetung als neue alte Welle des Eskapismus im phantastischen Film. Auch Klassiker der Fantasy-Literatur werden wieder ausgegraben und in Taschenbuch- und Buchreihen veröffentlicht, wobei zwischen Fantasy und Horror oft nicht leicht zu unterscheiden ist, da es fließende Grenzen zwischen den beiden Genres gibt. In der Bundesrepublik haben sich vor allem die beiden Reihen »Bibliothek des Hauses Usher« (Insel) und die »Bibliotheca Dracula« (Hanser) der Genre-Klassiker angenommen; im Ernst Klett Verlag erschien eine Gesamtausgabe von J. R. R. Tolkiens bekannter Fantasy-Trilogie »Der Herr der Ringe«.

Die Fantasy-Literatur entwickelte sich aus dem Märchen (Anderson, Gebr. Grimm) und der orientalischen Fantasy-Erzählung, aber auch Elemente aus den *Gothic novels* wurden mit einbezogen (zur historischen Abkunft des Genres vgl. einleitenden Essay *Horror*). Eric R. Eddison und Lord Dunsany sind die bekanntesten klassischen Fantasy-Autoren, die heute eine Renaissance in neuen Taschenbuchausgaben finden.

Die *heroic fantasy* entstand als Subliteratur vor allem in den amerikanischen Pulp-Magazinen »Weird Tales« (ab 1923) und »Unknown Worlds« (ab 1939). In ihnen erschienen zahllose Geschichten von Schwertkämpfen und der finsteren Macht der Magie von Autoren wie Clark Ashton Smith, Robert E. Howard, C. L. Moore, Henry Kuttner, L. Ron Hubbard und Fritz Leiber. Da diese Magazine 1943 bzw. 1953 wegen Auflagenschwund eingestellt wurden, schien das Sword & Sorcery-Genre ein ruhmloses Ende gefunden zu haben. Ende der 60er Jahre bahnte sich eine Renaissance der *heroic fantasy* an.

Das erste Anzeichen dieser Wiederbelebung war der unerwartete Erfolg von Tolkiens Trilogie »Der Herr der Ringe«. J. R. R. Tolkien, Professor in Oxford, betrieb als private Leidenschaft die Erfindung und die genaue, in sich logische Beschreibung einer fiktiven Welt mit fiktiven Lebewesen. Er begann mit den »Hobbits«, phantastischen menschenähnlichen Wesen, gruppierte um sie herum Zwerge, Elfen, Trolle, Zauberer, Drachen und setzte alles zusammen in das fiktive Land »Mittelerde«. Das Faszinierende an Tolkiens Fantasy-Welt war ihre Perfektion, daß die fiktive Welt bis in genaueste Einzelheiten beschrieben wurde, einschließlich eigener Geschichte und Kultur. Die Handlung des umfangreichen Werkes war eine Parabel über die Macht, die in ihrer verrückt-verspielten Form tiefste Bedeutung zu beinhalten scheint. »The Times«: »Eine große Leserschaft vertiefte sich in sein Werk, und zwar mit einem Gefühl der Erfülltheit . . .« Tolkiens Trilogie bekam ein gutes Dutzend Nachdrucke und Neuauflagen, und über sechs Millionen Exemplare wurden insgesamt in der Welt verkauft. In Amerika bildete sich eine Tolkiengesellschaft, Studenten untersuchten Tolkiens Sagenwelt in allen Einzelheiten und verwendeten Namen aus seinen Büchern als Symbole. Ein »Tolkien Journal« beschäftigt sich regelmäßig

mit Tolkien, dessen Werk zur »mythopoetischen Prosadichtung« erhoben wird, die danach trachtet, »über ihre selbstgeschaffene Welt einen Hauch moralischer und psychologischer Wahrheit zu legen«.
Die überraschenden Millionenauflagen Tolkiens bereiteten jedenfalls ein neues und wachsendes Interesse an der Fantasy-Literatur vor, in deren Folge vor allem auch die barbarischen Helden der *heroic fantasy* unerwartet größere Verbreitung denn je fanden (→ Sword & Sorcery).

Literatur

Mark R. Hillegas (Hg.): Shadows of Imagination: The Fantasies of C. S. Lewis, J. R. R. Tolkien and Charles Williams. Carbondale 1969. Neil D. Isaacs/Rose A. Zimbardo (Hg.): Tolkien and His Critics. South Bend 1968. Tolkien. Ash nazg gimbatul. In: »Der Spiegel« Nr. 35. Hamburg 1969

Frankenstein

Frankenstein und das von ihm geschaffene Monster wurden zu einer der meistgebrauchten Vorlagen für Horrorfilme. Allerdings wird in vielen Filmtiteln das Wort Frankenstein als generelle Bezeichnung für → Monster gebraucht (»Frankensteins Monster jagen Godzillas Sohn«), auch dann, wenn im Film überhaupt nicht mehr von Frankenstein die Rede ist. Darüber wurde die ursprüngliche Vorlage weitgehend vergessen.
Der Roman »Frankenstein oder Der moderne Prometheus« wurde im März 1818 in England veröffentlicht. Die erste Auflage erfolgte anonym; erst später wurde zum Erstaunen der Kritik bekannt, daß eine Frau, nämlich Mary Wollstonecraft Shelley, das Buch verfaßt hatte. Mary W. Shelley stammt aus einer literarisch ambitionierten, aufgeklärten Familie. Ihr Vater William Godwin war Verfasser politisch-philosophischer Traktate und »engagierter« Romane, ihre Mutter Mary Wollstonecraft eine bedeutende Frauenrechtlerin. Im Kreis der Schüler und Anhänger ihres Vaters lernte sie Percy B. Shelley, den Dichter der englischen Romantik, kennen und brannte mit ihm auf den Kontinent durch – ein wohl recht skandalöses Verhalten für die damalige Zeit. Über die Entstehung ihres Frankenstein-Romans schrieb sie selbst: »Ich beschäftigte mich damit, eine Geschichte zu erfinden . . . eine Geschichte, welche die geheimnisvollen Ängste in unserer Natur ansprechen und einen durchdringenden Schauder erwecken sollte – eine, die den Leser vor lauter Furcht nicht mehr um sich blicken und die das Blut gerinnen ließe und die die Schläge des Herzens beschleunigen würde.«
Das Motto des Romans ist Miltons »Lost Paradise« entnommen:

»Ersucht' ich, Schöpfer, dich, aus meinem Lehm
Mich Mensch zu formen? Bat ich dich, mich gar
Aus Finsternis zu ziehen? –«

Dieselbe Frage stellt auch das von Frankenstein geschaffene Wesen an seinen

Geschöpf des Menschen: Boris Karloff als Frankensteins »Ungeheuer«
Foto: Universal

Schöpfer. Die Schöpfungssituation wird von Gott auf den Menschen übertragen. In Miltons Werk war dem Schöpfungsgeschehen jede metaphysische Dimension genommen und Satan zu einem Revolutionär wider die absolutistische Tyrannei Gottes gedeutet worden. In einer Interpretation heißt es über diesen Satan Miltons: »Warum rebelliert der Teufel gegen seinen Schöpfer? Weil er keinen echten Grund für die extreme Ungleichheit an Macht und Geltung erkennen kann! Warum verharrt er nach seinem Sturz in der Opposition? Weil er sich ungerecht behandelt fühlt und kein Sklave sein will!« Dasselbe revolutionäre Pathos findet sich auch in Mary Shelleys Frankenstein wieder, wobei hier der Schöpfungsmythos nicht nur entmythologisiert, sondern auf den Menschen und ein von ihm erschaffenes Wesen übertragen wird.

Die Handlung: Baron Victor Frankenstein studiert an der Universität Ingolstadt »Naturphilosophie«. Der korrekte Jüngling aus gutem Haus benutzt das an der medizinischen Fakultät erworbene Wissen, um mit Leichenteilen aus dem Seziersaal einen menschlichen Körper zu formen. Er belebt diesen Körper nicht durch überirdische Magie, sondern mit Hilfe physikalischer Gesetze. Aus den elektrischen Entladungen eines Gewitters bezieht er die Energie, mit der er den Körper seines Geschöpfes zum Leben erweckt.

Das Geschöpf ist übergroß und von einer »unirdischen Häßlichkeit . . . fast zu schrecklich für menschliche Augen«. Durch sein abstoßendes Äußeres wird es von vornherein nicht als Mensch anerkannt. Seine Einsamkeit und sein Bedürfnis nach menschlichem Kontakt und Liebe schlägt allmählich in Haß um. Frankensteins Geschöpf verlangt von seinem Schöpfer eine Gefährtin. Als ihm dieser Wunsch nicht erfüllt wird, rächt sich das »Ungeheuer«, indem es unmittelbar vor der Hochzeit die Braut des Wissenschaftlers ermordet. Die Verfolgung des »Ungeheuers« führt Frankenstein bis in nordpolare Eiswüsten. Das Geschöpf hinterläßt immer wieder Spuren und Nachrichten, um Frankenstein ins Verderben zu locken: »Folge mir, mein Feind . . .« Frankenstein stirbt vor Erschöpfung in der Eiswüste.

Dieser Schluß wurde in späteren, vor allem den filmischen Versionen geändert. Verwässert wurde aber vor allem die antibürgerliche und sozialkritische Tendenz, die in der »Frankenstein«-Erzählung Mary Shelleys enthalten war. Denn Shelleys Buch ergriff für das »Ungeheuer« Partei, gab den Roman sogar als autobiographische Erzählung des namenlosen Wesens aus. Es kam in der Erzählung »ein radikal revolutionärer Impuls zum Ausdruck: der Haß des jahrtausendealten Sklaven, der ohne Unterlaß von den Herren ausgenützt wird, dessen grundsätzliche Gutwilligkeit (hier im Bild des heimlichen Brennholzsammelns für andere Menschen gestaltet) nicht beachtet oder nicht positiv vermerkt wird, dessen geistige und charakterliche Anlagen sich unter dem Druck der gesellschaftlichen Ungerechtigkeit nicht entfalten können und darum in Haß, Neid, sogar Verbrechen umschlagen. Das sorgfältig ausgemalte Bild von der hellen Bürgerstube und dem im dunklen Loch hockenden ›asozialen Element‹, das sein Auge sehnsüchtig ans winzige Guckloch preßt – das von den im Licht stehenden Bürgern ganz übersehen wird, obwohl der Namenlose so nahe ist und sich dienstbar macht, symbolisiert in sehr anschaulicher Weise das Verhältnis der sozialen Klassen« (Christian Barth). Das Monstrum, als häßlich und abstoßend gezeichnet, symbolisiert die gesellschaftliche Unterschicht. Wie das »Ungeheuer« außerhalb der bürgerlichen Gesellschaft steht und von ihr verfolgt wird, verkörpert die absolute Isolation der Unterschicht gegenüber der bürgerlich-aristokratischen Herrenschicht. »Die beredte Stimme des namenlosen ›Ungeheuers‹ protestiert also aufklärerisch-human gegen jegliche Ungerechtigkeit, sozialrevolutionär gegen die

Klassenjustiz, idealistisch-anarchistisch gegen die kodifizierte Ordnung überhaupt« (Barth). »Ich, der Elende, der Preisgegebene«, sagt das ›Ungeheuer‹, »ich bin eine Mißgeburt, die man verächtlich zurückweisen, mit Füßen treten, auf der man herumtrampeln kann. Selbst in diesem Augenblick kocht mein Blut durch die Erinnerung an diese Ungerechtigkeit.«

Anmerkung

Christian Barth: Einleitung zu Mary Shelley: Frankenstein oder Der moderne Prometheus. München 1963.

Literatur

Forrest J. Ackerman: The Frankenscience Monster. New York 1969. Cecily Mary Callaghan: Mary Shelley's Frankenstein. A Compendium of Romanticism. Stanford 1936. Donald F. Glut: The Frankenstein Legend. A tribute to Mary Shelley and Boris Karloff. Metuchen, N. Y. 1973. R. Glynn Grylls: Mary Shelley, a Biography. London 1938.

Frankenstein-Filme

Zwei sehr frühe Frankenstein-Versionen (literarische Herkunft des Sujets → Frankenstein) sollen schon vor 1915 realisiert worden sein. Außerdem ging eine Theaterversion von Hamilton Deane, der auch → Dracula auf die Bühne brachte, der berühmt gewordenen Universal-Produktion von 1931 voraus. Dieser Universal-Film entstand unter der Regie von James Whale, und die Hauptrolle des Ungeheuers wurde von → Boris Karloff übernommen. Der Film hatte sehr überzeugende und eindringliche Szenen und enthielt auch noch viel von der Atmosphäre des Romans. Das Ungeheuer, das von Karloff mit vitaler Identifikation dargestellt wird, zeigt sich humaner als die Menschen, die es verfolgen.

In einer Szene, die allerdings später vom Regisseur entfernt wurde, trifft das verlorene und verfolgte »Ungeheuer« an einem See auf ein kleines Mädchen. Es allein wendet sich nicht mit Entsetzen von ihm ab, sondern bittet ihn, mit ihm zu spielen. Die beiden ungleichen Wesen werfen Blumen ins Wasser und beobachten, wie sie dahintreiben. Da auch das Mädchen so schön dahintreiben soll, wirft das Ungeheuer das Kind ins Wasser. Unfähig, sein Handeln zu verstehen, sieht das Ungeheuer hilflos zu, wie es ertrinkt.

». . . die große Qualität, die Whale in Frankenstein einbrachte, war Würde. Eine Würde der Behandlung; Respekt nicht nur für die ›normalen‹ Menschen, nicht nur für das Ungeheuer, sondern auch für die ganze Bedeutung seines Wesens. Trotz seiner vielen Schwächen gibt es in diesem frühen Frankenstein ein Ausmaß an Absicht und Wirkung . . . das man in seinen Nachahmungen vergeblich suchen wird« (J. van Butler). Drei Jahre später realisierte derselbe Regisseur »The Bride of Frankenstein« (Frankensteins Braut), in dem Frankenstein ein weibliches Gegenstück zu seiner Kreatur erschafft, ein ähnlich unglückliches Wesen wie das ursprüngliche Ungeheuer. Dieser Handlungsverlauf entfernt sich schon weit von der Romanvorlage, gibt aber durchaus noch etwas von der Atmosphäre des Originals wieder. Ähnliches gilt für »Son of Frankenstein« (1939 – Regie: Rowland V. Lee), in dem das Ungeheuer eine Generation später wieder zum Leben erweckt wird. Es war der letzte der drei Spielfilme, in denen Boris Karloff das Ungeheuer verkörperte.

Das Frankenstein-Sujet verlor in der Zeit danach an Popularität und wurde in den parodistischen Filmen der »Abbott and Costello«-Serie der Lächerlichkeit preisgegeben. Doch mit der neuen Horror-Welle Ende der fünfziger Jahre kam auch Frankenstein wieder. Es begann 1957 mit »The Curse of Frankenstein« (Frankensteins Fluch), der unter der Regie von Terence Fisher in den Hammer-Studios in England entstand. Der Film wurde ein kommerzieller Erfolg, der die zuvor kleine und bedeutungslose Produktionsfirma in der Branche etablierte. Fishers Regie zielte allerdings wie auch bei seinen Dracula-Filmen zu sehr auf vordergründige Wirkung. Es folgten

»The Revenge of Frankenstein« (Frankensteins Rache – 1958 – Regie: Terence Fisher) und viele andere, in denen Christopher Lee die Rolle des Ungeheuers übernahm, doch Lees Darstellung war weit weniger beeindruckend als die Karloffs. Weitere Frankenstein-Titel sind unter anderen: »Evil of Frankenstein« (Frankensteins Ungeheuer – 1964 – Regie: Freddy Francis), »Frankenstein Created Woman« (Frankenstein schuf ein Weib – 1966 – Regie: Terence Fisher), »Frankenstein Must Be Destroyed« (Frankenstein muß sterben, später: Frankenstein sucht ein neues Opfer – 1969 – Regie: Terence Fisher).
Mit »Young Frankenstein« (Frankenstein junior) entstand 1974 unter der Regie von Mel Brooks eine aggressiv-witzige Frankenstein-Parodie, die in Schwarz-weiß gedreht wurde und auch die Atmosphäre der ersten Frankensteinverfilmungen nachvollzog.

Anmerkung

Ivan Butler: Horror in the Cinema. New York 1971.

Literatur

Jean Pierre Bouyou: Frankenstein. Lyon 1969.
Ornella Volta: Frankenstein & Company. Milano 1965

Holzschnitt-Illustration von 1531: Eine Hexe versucht einen Mann zu verführen. Über ihrem Kopf ist ihr Schutzteufel, im Hintergrund ein Hagel-Wetterzauber dargestellt

Hexen und Magier

Verbreitetes Sujet des Horrorgenres, das aus okkulter Überlieferung und christlicher Dämonenlehre entlehnt ist (→ Dämonen und Teufelsaustreibung).
In der Hexe – die nach christlicher Lehre mit dem Teufel im Bunde ist, mit ihm Beischlaf übt und die Gläubigen zu verführen bemüht ist – stellt sich in auffälliger Weise die aggressive weibliche Sinnlichkeit dar. Hier zieht sich eine Linie von der »Frau mit Penis« der griechischen Mythologie über die auf einem Besen reitende Hexe des christlichen Mittelalters bis zu feministischen Gruppen, die sich – ironisch – selbst als Hexen bezeichnen. Diese stets als Bedrohung erfahrene weibliche Sinnlichkeit findet sich in ähnlicher Weise im weiblichen Vampir (schließlich in der domestizierteren Form des »männermordenden« *Vamps*) oder in der Tierfrau, die als Werwolf oder *Cat Woman* umgeht. Die erotische Begierde der Frau wird mehr noch als die des Mannes als tödliche Bedrohung erfahren, die nur durch ein äußerstes Maß an Grausamkeit gebannt, nur durch einen infernalischen Akt der Gewaltsamkeit wieder vergessen gemacht werden kann: die Verbrennung bei lebendigem Leibe, wie sie in Horrorfilmen immer wieder genüßlich abgebildet wird. Durch eine realistische Darstellung der inquisitorischen Praktiken der Hexenverfolgung zeichnete sich »The Witchfinder General« (Der Hexenjäger – 1968 – Regie: Michael Reeves) aus; andere Filme beuteten zumeist nur die dämonische Seite des Hexenmythos aus.

Eine interessante These zur Entstehung von Hexenglauben und -furcht hat der amerikanische SF- und Wissenschaftsautor Isaac Asimov (vgl. *Science Fiction*) entwickelt, der sie in erster Linie auf die geschichtliche Stellung der alten Frau zurückführt. Er geht dabei von der in unserem Kulturkreis geprägten (durch Volksmärchen bis heute übermittelten) Vorstellung der Hexe als einer häßlichen alten Frau aus, deren nach unten gekrümmte Nase sich fast mit dem zahnlosen Kinn trifft.
In Altertum und Mittelalter kamen nur wenige Männer über die durchschnittliche Lebensspanne von etwa dreißig Jahren hinaus und brachten es dann zu großen Ehren, da sie allein die politische und kulturelle Kontinuität garantierten. Frauen wurden noch viel seltener alt, da sie Geburten häufig nicht überlebten; im Alter waren sie sozial isoliert und konnten sich häufig nur durch Anwendung überlieferter Heilpraktiken und Beschwörungsformeln die Position einer ebenso respektierten wie gefürchteten »Kräuterhexe« sichern, die bei unerwarteten Krankheiten und Unglücksfällen dann oft als Schuldige angesehen wurde.
Bezeichnend ist auch der griechische Ursprung des Wortes Priester (der Alte). Sieht man den Priester in Altertum und Mittelalter als »guten Magier« an, so ist als sein Widerpart die als Hexe verschriene alte Frau denkbar, die offiziell nicht geduldete, verbotene Überlieferungen auch an junge Frauen weitergab; ein Wissen, das mit dem Herrschaftswissen der Priester konkurrierte.
Die Hexe ist nach kirchlicher Lehre eine Sklavin des Teufels; in Horrorliteratur und -filmen wird sie stets als böse bezeichnet, immer als verloren auf Grund einer oft weit zurückliegenden Schuld, die letztlich nur durch den Tod in den Flammen gesühnt werden kann.
Der Hexenmeister – oder schwarze Magier – hingegen ist ein Herr, der befiehlt, der auf Grund geheimer Riten den Teufel beschwören und sich die Mächte der Hölle untertan machen kann; freilich auf Grund eines Paktes, den er mit seiner Seele wird bezahlen müssen. Der Magier kann auch ein weißer Magier sein (oder durch Abfall von Satan zu einem solchen werden), der seine magische Kunst im Kampf gegen die dämonischen Mächte einsetzt. Er ist dann fast so etwas wie ein Priester, eine Autorität, die ihre Rechtfertigung durch die angenommene Bedrohung durch Dämonen, Hexen und schwarze Magie erfährt. Ein »guter« Magier ist beispielsweise auch der Exorzist, der mittels magischer Riten böse Geister unter seine Kontrolle zu bringen vermag.
Gestalten dieses Typs wurden zu Titelfiguren deutscher Romanheftserien wie »Dr. Zamorra« (Der Meister des Übersinnlichen) und »Dämonen-Killer« (Untertitel: Aus dem Leben eines Exorzisten). Der »Dämonen-Killer« beispielsweise ist ein Mann, der sich vor Jahrhunderten um den Preis der Unsterblichkeit dem »Fürsten der Finsternis« verschrieben hat. Seitdem wanderte seine Seele von einem zum andern, während er gegen die »Schwarze Familie« der Dämonen kämpfte. Er erfährt seine Wiedergeburt in der Gegenwart als »Dorian Hunter« und bringt Heft um Heft Dämonen zur Strecke. Die solchen Serien zugrundeliegende paranoide Welterfahrung wird hier überdeutlich formuliert:
»Die Dämonen sind mitten unter uns. In der Maske ganz normaler Menschen gehen sie im verborgenen ihren abartigen Neigungen nach. Sie spielen bei den Menschen Schicksal, holen sich ihr Blut, ihre Körper und ihre Seelen. Aber die Dämonen wollen noch mehr. Sie haben sich zu der mächtigen ›Schwarzen Familie‹ zusammengeschlossen, um eines Tages die Herrschaft über die Welt anzutreten. Es gibt nur einen, der das verhindern kann: Dorian Hunter, der Dämonen-Killer!«
Dem Killer zur Seite steht eine eigene »Inquisitions-Abteilung«. Entlarvend für eine solche Handlungskonzeption ist, wie einfach sie sich durch einen Vokabelaustausch

auf die gesellschaftliche Wirklichkeit übertragen läßt (statt Dämonen: Hexen, Juden, politische Gegner; statt Dämonen-Killer: Inquisitor, Führer).

Einen vergleichbaren Heldentyp stellt der Geisterjäger oder Spukjäger dar, der sich manchmal auch als Parapsychologe bezeichnet und in aller Welt unterwegs ist, um das Böse schlechthin auszumerzen. Hier finden sich auch weitgehende Parallelen zu okkultistischem Gedankengut; das Horrorgenre entlehnt aus ihm, ebenso wie aus der christlichen Dämonenlehre, ein Weltbild, das nur Gut und Böse, nur Lebenswertes und Vernichtungswürdiges kennt.

Anmerkungen

Isaac Asimov: The Wicked Witch Is Dead. In: »The Magazine of Fantasy and Science Fiction« Vol. 49 No. 2. Cornwall, Conn. 1975. Die Dämonen sind mitten unter uns. In: »Dämonen-Killer« Nr. 18. Rastatt 1974.

Literatur

Julio C. Baroja: Die Hexen und ihre Welt. Stuttgart 1967. Gerhard Zwerenz: Magie, Sternenglaube, Spiritismus. Frankfurt 1974.

Horror-Comics

Horror-Comics sind vor allem in USA, Italien und Frankreich stark verbreitet. In den USA gibt es neben den normalen, in Farbe gedruckten *Comic Books* auch noch größere Magazine mit Horror-Comics, die nur in Schwarzweiß gehalten sind und auch weit grausamere Bilder bringen als die bunten *Comic Books*, die noch immer an einen strengen Comics-Code gebunden sind, der etwa der früheren deutschen »Filmselbstkontrolle« entspricht. Dieser Comics-Code untersagte (inzwischen liberalisiert) lange Zeit eine ganze Anzahl von Motiven und Darstellungen aus dem Horror-Genre: »Alle Szenen mit Horror, übertriebenem Blutvergießen, blutigen oder grausigen Verbrechen, Verderbtheit, Wollust, Sadismus, Masochismus sind untersagt«; »Szenen mit wandelnden Toten, Folter, Vampiren und Vampirismus, Ghoulen, Kannibalismus und Werwolftum oder mit Gerätschaft, die zu diesen in Beziehung stehen, sind untersagt.«

Die großen Schwarz-weiß-Magazine brachen zuerst aus dem Rahmen dieses Sauberkeits-Codes aus; auch die sogenannten *Underground-Comics* brachten, ganz offensichtlich als Reaktion auf die Fernhaltung alles Häßlichen und Unheimlichen aus den kommerziellen Comic-Serien (»Alle unheimlichen, ekeligen, grausigen Illustrationen müssen entfernt werden«), pervertiert anmutende Horrorvisionen. Typisch dafür ist vor allem der Zeichner S. Clay Wilson: »Wilson zeichnet mit ungeheurer Akribie Bilder, die vollgestopft sind mit sadistischen Szenen, blutigen Gemetzeln, fressenden Ghoulen, schwachsinnigen, schielenden Mördern, die in Gedärmen wühlen und sich daran sexuell erregen ... sie sind eine Dokumentation von Horrorvisionen eines pervertierten Geistes.« (Ronald M. Hahn).

Im Vergleich dazu gingen die kommerziellen Schwarz-weiß-Magazine weit weniger weit. Sie erklärten sich wohl als Comics »für Erwachsene« und ignorierten den Comics-Code, indem sie alles, was irgendwann in der Literatur an Schauer-, Gespenster- und Gruselsujets produziert wurde, in Bildstreifen umsetzten, vom klassischen Ungeheuer Frankensteins über Vampire, Werwölfe bis zu utopischen Schreckvisionen von riesigen Kreaturen, die Städte zerstören. Die Bilder in diesen Magazinen sind eine einzige Serie von Angstvisionen: »... überall droht Gefahr. Wie in den Heroe Strips den Rettungsvorgang präsentieren hier die Gipfelszenen den nackten Schreckvorgang in verschiedenen Einstellungen, in Großaufnahme grell überlichtete Physiognomien in verängstigter Verzerrung, mit wild aufgerissenen Augen ... Die Horror Strips sind nur das Negativ zum Positiv der Super Heroe Comics. Die Spannung liegt in der Abwesenheit des erlösenden Prinzips, das jedoch gerade als Leerfleck mächtig bleibt: der Leser fällt aus der Supermann-Welt nicht heraus. Batman, der durch eine Fledermaus zu seiner Ver-

Deformationsphantasien in einem Horror-Comic © Warren Publications

kleidung inspiriert ist, ist ein dem Bösen entrissener, veredelter Vampir.« (Riha).
Die Titel der Magazine signalisieren schon den permanent wiederholten Schreckvorgang: »Eerie«, »Creepy«, »Web of Horror«, »Worlds of Fear«, »Horrific«. Einige von ihnen pflegen auch einen etwas besser goutierbaren Horror, durch mitunter sehr gute Zeichnungen und auch Texte, die zumindest die Absicht einer besseren literarischen Qualität vortäuschen: Sie verschönen den Schrecken, um ihn besser domestizieren zu können.

Auch bei den farbigen *Comic Books*, die ja keineswegs nur oder vorwiegend von Jugendlichen gelesen werden, nehmen Horror-Sujets zu, seit 1971 eine leicht liberalisierte Neufassung des Comics-Code gültig wurde. Durch diese Neufassung werden zum Beispiel Szenen mit Vampiren, wandelnden Toten und Werwolftum usw. nicht mehr strikt untersagt; sie *sollen* nur nicht mehr verwendet werden. Was zur Folge hatte, daß mittlerweile selbst Vampir-Graf Dracula zur Titelfigur einer Comic-Serie avancierte.

Dergleichen Hindernisse gibt es für die Comic-Industrie in Italien nicht; außerdem werden Comics in Italien massenhafter verbreitet und gelesen als in jedem anderen Land. Die in riesigen Auflagen vertriebenen italienischen Horror-Comics unterscheiden sich vom eher puritanischen US-Horror (in dem selbst bedrohliche Schönheiten noch in makellos reiner Form erscheinen) durch die Verbindung mit voyeuristischen Sexszenen. Schematisch und einfallslos wiederholen die *fumetti* immer wieder das Thema vom Ungeheuer und der Schönheit.

Auch in Frankreich hat das Horrorgenre im Comic eine relativ starke Verbreitung gefunden. Neben einigen Eigenproduktionen gibt es hier vor allem Ausgaben von US- und Italo-Serien. In der Bundesrepublik wurde die Herausgabe amerikanischer und italienischer Horrorcomics ebenfalls versucht, doch scheiterten diese Versuche häufig an der Indizierungspraxis der Bundesprüfstelle für jugendgefährdende Literatur.

Anmerkung

Ronald M. Hahn: Untergrund-Comix. In: »Science Fiction Times« Nr. 129. Bremerhaven 1972. Karl Riha: Zok roarr wumm. Zur Geschichte der Comics-Literatur. Steinbach 1970.

Literatur

Gerd Eversberg: Die Horror-Comic-Welle/Horror Comics und Jugendschutz. In: »Science Fiction Times« Nr. 135. Bremerhaven 1974.

Horrorliteratur in Deutschland

Trotz starker Traditionen in diesem Genre (z. B. Ewers, Meyrink, Hoffmann → Phantastik im deutschen Stummfilm) gab es in der Bundesrepublik lange Zeit keine ausgeprägte Horrorliteratur, weder in der trivialen Massenliteratur noch in der gehobenen Belletristik. Erst ab Ende der 60er Jahre erlebte sie jedoch, in beiden Bereichen fast gleichzeitig, einen neuen Aufschwung. Klassische Horror-Literatur wurde ausgegraben und in eigenen Buchreihen veröffentlicht: »Bibliothek des Hauses Usher« bei Insel, »Bibliotheca Dracula« bei Hanser.

Die eigentliche Entwicklung des Genres als eine verbreitete Sparte der Unterhaltungsliteratur begann jedoch mit einer Romanheftserie des Zauberkreis-Verlags, die lange Zeit allein stand und erst in jüngster Zeit Nachahmungen findet: die Reihe der

Titel eines deutschen Horror-Magazins mit Szene aus einem Horrorfilm © Luther

»Grusel-Krimis von Dan Shocker«. Der Hauptautor der Serie ist Joachim Grasmück, der früher zahlreiche SF-Hefte und Leihbücher unter dem Pseudonym »Jay Grams« verfaßte. Die Serie wurde durch den Erfolg von Horrorfilmen begünstigt. Die einzelnen Titel verraten schon fast alles über Inhalt und Machart der Hefte: »Das Gebeinhaus der Medusa«, »Nachts, wenn die Toten kommen«, »Draculas Liebesbiß«, »Schreie aus dem Sarg«, »Die Leichenkammer des Dr. Sarde«, »Amöba saugt die Menschen aus«.

Der Held heißt Larry Brent, wird auch als »X-Ray-3« bezeichnet und ist Agent einer Organisation, die sich mit außergewöhnlichen und unerklärlichen Fällen befaßt. Sie wird als »PSA« (Psychoanalytische Spezialabteilung) bezeichnet. Brent ist »Sohn einer deutschen Mutter und eines amerikanischen Vaters« und hat Charakteristiken eines typischen deutschen Romanheftelden: »Das Haar ist blond, die Augen sind rauchgrau«, »liebt schnelle Wagen und fährt selbst das neueste Modell eines Lotus Europa«. Was ihn von anderen Krimi- und Agentenserien-Helden trennt, sind eigentlich nur die von ihm zu lösenden Fälle, die die bekannten Horror-Sujets variieren.

Das Handlungsschema dieser Serie verlangt, daß eine klassische Horrorgefahr in der Gegenwart wieder auftaucht. In »Das Gebeinhaus der Medusa« wird dies mit der Unsterblichkeit der Medusa erklärt; auch dafür, daß die Medusa allein durch ihren Anblick Menschen zu Stein erstarren lassen kann, wird eine pseudowissenschaftliche Erklärung gegeben.

Anfang der 70er Jahre kam es zu einem Boom der trivialen Horrorliteratur, der sich in Heftroman-, Taschenbuch- sowie *Comic Book*-Reihen und sogar einem Story-Magazin ausprägte. Die Überproduktion freilich mündete in ein rasches Abklingen der Welle, zu dem vielleicht auch gelegentliche Indizierungsmaßnahmen der Bundesprüfstelle für jugendgefährdende Literatur beitrugen. Die verbliebenen Reihen jedoch scheinen ihr festes Publikum gefunden zu haben.

Literatur

Volker Neuhaus: Literaturbericht. Ansichten zur Nachtseite der Literatur. Zur »Bibliotheca Dracula« und verwandten Reihen. In: »Arcadia« Nr. 8. Berlin 1973. »Science Fiction Times« Nr. 135. Schwerpunktthema: Horror. Bremerhaven 1974. »Science Fiction Times« Nr. 137. Horror 2. Bremerhaven 1975. Vampir-Roman. Der große Durst. In: »Der Spiegel« Nr. 22. Hamburg 1967.

Karloff

Boris Karloff (William Pratt), amerikanischer Horrorfilm-Star (1887–1969), der vor allem durch seine Verkörperung von Frankensteins Ungeheuer in mehreren → Frankenstein-Filmen bekannt wurde. Karloff war 45 Jahre alt, als er diese Rolle zum erstenmal in James Whales »Frankenstein« (1932) spielte. Karloffs Darstellung des »Ungeheuers« weckte sowohl Furcht wie auch Mitgefühl, und seine Verkörperung wurde zum Modell für alle folgenden.

Karloff spielte die gleiche Rolle auch in »The Bride of Frankenstein« (Frankensteins Braut – 1935 – Regie: James Whale) und zuletzt in »The Son of Frankenstein« (1939 – Regie: R. V. Lee). Dann jedoch gab er diese Rolle auf: »Ich bemerkte, daß die Qualität der ursprünglichen Konzeption schnell verschwand ... Ich wollte nicht mehr weitermachen und die Rolle zerstören.«

Später spielte Karloff in einer Unzahl von Horrorfilmen Würger, Mad Scientists, Henker, Mumien, orientalische Despoten wie Dr. Fu Man Chu etc. Die bekanntesten Filme, in denen er wichtige Rollen spielte, sind: »The Mummy« (Die Mumie – 1932 – Regie: Karl Freund), »The Old Dark House« (Das alte finstere Haus – 1932 – Regie: James Whale), »The Mask of Dr. Fu Man Chu« (1932 – Regie: Charles Brabin), »The Raven« (1935 – Regie: Louis Friedländer), »The Walking Dead« (1936 – Regie: Michel Curtiz), »The Body Snatcher« (Der Leichendieb – 1945 – Regie: Robert Wise), »House of Frankenstein« (1945 – Regie: Erle C. Kenton), »The Raven« (1962 – Regie: Roger Corman), »I tre volti della paura« (Die drei Gesichter der Furcht – 1964 – Regie: Mario Bava), »The Sorcerers« (Im Banne des Dr. Monserrat – 1967 – Regie: Michael Reeves), »Curse of the Crimson Alter« (Die Hexe des Grafen Dracula – 1968 – Regie: Vernon Sewell).

Insgesamt war Karloff in 143 Horrorfilmen zu sehen. Er spielte auch seit 1910 Theater; seine bekannteste Rolle auf der Bühne war die des Jonathan in »Arsenic and Old Lace« (Arsen und Spitzenhäubchen). Der berühmte Horror-Darsteller wurde auch als Herausgeber zahlreicher Horror-Anthologien genannt, und schließlich mußte sein Name auch noch für den Titel einer Comic-Book-Reihe herhalten.

Seine klassische Rolle von Frankensteins Monster nahm er noch einmal in den 60er Jahren in einer »Route 66«-TV-Show auf.

In einem seiner letzten Filme, »Targets« (Bewegliche Ziele – 1968 – Regie: Peter Bogdanovich), spielte er sich selbst: einen alternden Horrorfilm-Star, der mit der Wirklichkeit, mit Tod und Gewalt im heutigen Amerika konfrontiert wird.

Literatur

Alan G. Barbour/Alvin H. Marill/James Robert Parish: Karloff. Kew Gardens 1969. Denis Gifford: Karloff. The Man, the Monster, the Movies. New York 1973. Paul M. Jensen: Boris Karloff and his Films. Cranbury, N. Y./London 1973. Boris Karloff: Frankenstein and me. Hollywood 1969. Boris Karloff: My Life as a Monster. In: Films and Filming. November 1957. London. Cynthia Lindsay: Dear Boris. The Life of William Henry Pratt also known as Boris Karloff. New York 1975. N. Simsolo: Boris Karloff 1887–1969. »Anthologie du cinéma« No. 49. Paris 1969. Peter Underwood: Boris Karloff. The Life of Boris Karloff. New York 1972.

Lebende Tote

Dieses verbreitete Horror-Sujet hebt die Grenze zwischen Leben und Tod auf, gibt den Toten wieder ein Leben zurück, aber ein zumeist grausam reduziertes Leben. Zum Ausdruck kommt hier die Angst vor dem Tod wie auch vor dem (unerfüllten,

Spiel mit Lebens- und Todesangst: Titelillustration eines deutschen Heftromans
© Pabel

unvollständigen) Leben selbst. In gewisser Weise ist das Angstbild vom irdischen Leben nach dem Tode auch die Kehrseite der religiösen Hoffnung auf ein himmlisches Leben nach dem Tode; beides sind Antworten auf ein irdisches Dasein ohne freie Lebensentfaltung. Im roboterhaft reduzierten »Zombie« tritt ein von sich selbst entfremdetes Leben zutage, das nicht mehr als das eigene erfahren wird.

Als klassische Verfilmung dieses Sujets gilt »White Zombie« (1932 – Regie: Victor Halperin). Dieser Film hatte viel von der Künstlichkeit des expressionistischen deutschen Stummfilms und zeichnete die durch Voodoo-Magie wieder zum Leben erweckten Zombies als bewußtlose und gehorsame Sklaven. Die beeindruckendste und aufschlußreichste Szene des Films zeigt die unglücklichen Geschöpfe, wie sie ein Mühlrad drehen; sie bewegen das Rad starren Blicks weiter, als einer von ihnen vor Erschöpfung in das Mahlwerk fällt.

»White Zombie« löste ähnlich wie »Frankenstein« und »Dracula« eine ganze Welle von Filmen aus, darunter »Revenge of the Zombies« (1943 – Regie: Steve Szekeley) und »I Walked with a Zombie« (1943 – Regie: Jacques Tourneur). Eine neuere Version von beeindruckender Intensität ist der Film »Night of the Living Dead« (Die Nacht der lebenden Toten – 1969 – Regie: George A. Romero), der mit geringen Mitteln und in Schwarzweiß gedreht wurde. Außerirdische Strahlung läßt Tote auferstehen, die sich gleich den legendären Ghoulen von Menschenfleisch ernähren.

Die lebenden Toten stehen teilweise dem Sujet des → Roboters (vgl. *Science Fiction*), in ihrer dämonischen Spielart eher dem des Vampirs (→ Dracula, → Vampirfilme) nahe. Nicht selten erwachen auch Tote aus ferner Vergangenheit wieder zum Leben, so in den zahlreichen »Mumien«-Filmen. Klerikal-dämonischen Ursprungs sind zumeist die reitenden bzw. schwimmenden Leichen in den Titeln der spanischen Filmproduktion.

Lovecraft

Howard Phillips Lovecraft, amerikanischer Autor, 1890–1936, schrieb mehr als 50 Geschichten, die alle ins Gebiet des Makabren und Phantastischen gingen. Obwohl seine Geschichten vor allem in dem 1923 begründeten *Pulp Magazine* »Weird Tales« erschienen, schrieb er in einem altmodischen und verhältnismäßig gepflegten Stil, was vielleicht teilweise das wachsende Interesse an diesem Autor erklärt.

Lovecraft verwob viel von seinen persönlichen Lebensumständen in seine literarischen Phantasiegebilde. Er wurde am 20. August 1890 in Providence, Rhode Island, geboren. Lovecraft war acht Jahre alt, als sein Vater gelähmt und in geistiger Umnachtung starb. So wurde das Kind von seiner Mutter und zwei Tanten erzogen, die offenbar alles taten, um es vor den Proble-

men des Lebens zu beschützen. Seine Mutter wird als Psychoneurotikerin beschrieben, »hart an der Grenze des Wahnsinns, die endlich im März 1919 ins Butler Hospital eingeliefert wurde, wo sie einige Jahre später an geistiger und physischer Erschöpfung starb« (August W. Derleth).
Er lebte verzärtelt und zurückgezogen und beschäftigte sich von früh an mit phantastischer Literatur. 1914 trat er einer Selbsthilfe-Organisation von Amateur-Schriftstellern bei; hier erhielt er auch den Rat, es mit Horrorgeschichten zu versuchen. Nach einer gescheiterten Ehe zog er sich wieder in seinen Heimatort Providence zurück. Er verständigte sich mit der Außenwelt neben seinen Erzählungen eigentlich nur durch eine ungewöhnlich umfangreiche Korrespondenz mit über 100 Briefpartnern.
Die wenigen Geschichten, die Lovecraft an »Weird Tales« verkaufen konnte, brachten ihm kaum das Existenzminimum ein. Nach schwerer Krankheit starb er im Alter von 46 Jahren. Michel Deutsch nennt ihn eine der »tragischsten Figuren der Literaturgeschichte«. In der Erzählung »The Outsider« malt Lovecraft selbst ein tragisches Porträt seiner selbst: ». . . weiß ich, daß ich immer ein Außenseiter sein werde; ein Fremder in diesem Jahrhundert und unter jenen, die Menschen sind.«
Selbst die Sprache seiner Erzählungen ist oft im Stil von Autoren des 18. Jahrhunderts gehalten. In seinem Leben wie in seinem Schreiben zeigte sich Lovecraft eigentlich als lebendes Fossil einer niedergegangenen Vergangenheit; der Schrecken in seinen Geschichten ist im wesentlichen der Niedergang des Bürgertums, wie er von Lovecraft selbst schmerzhaft erfahren wurde, durch Herkunft, Erziehung und Lebensform.
Das häufigste Motiv in H. P. Lovecrafts Horror-Erzählungen ist die Beschreibung von Verfall und Degeneration: »Es gibt kaum eine Erzählung von Lovecraft, in der nicht von Verfall, Dekadenz und degenerierten Menschen die Rede ist. Für ihn bildet der ›decay‹ und der damit verbundene Gestank den absoluten Gipfel des Grauens« (Rolf-Ingo Behnke).
Schauplatz von vielen seiner Geschichten ist der fiktive Ort Arkham, »die alte verfallende und auf fast unmerkliche Weise Furcht einflößende Stadt«. Die Menschen sind »in widerwärtiger Weise dekadent und weit den Weg des Rückschritts gegangen«. Neben im Verfall begriffenen Schauplätzen (». . . vermodernde Giebel, eingeschlagene uralte Fensterscheiben und rußdunkle, unwirklich hohe Schornsteine, die im hellen Mondlicht wie Kirchhofsgespenster wanken«) beschreibt Lovecraft auch mit Vorliebe dekadente Charaktere.
Er achtete in seinen Erzählungen mehr auf die Atmosphäre als auf die Handlung. Typisch dafür ist die düstere Stimmung, die er zu Beginn der Erzählung »The Shunned House« durch entsprechende Beschreibung aufbaut: »Im Mittelpunkt steht ein altes verfallenes Haus, von Menschen und selbst von Tieren gemieden.« Lovecraft beschreibt es mit Vokabeln wie »ungesunde Feuchtigkeit«, »pilziges Gewucher im Keller«, »über allem ein eigenartiger Geruch«.
In diese verfallende, vermodernde Welt nun läßt Lovecraft übermächtige Gefahren eindringen, die von weit außerhalb kommen. Um diese Gefahren zu erklären, hat er eine eigene Mythologie geschaffen, den *Cthulhu-Mythos*, der viele seiner Geschichten lose verbindet. Diese Mythologie nimmt Momente der Science Fiction auf: In vergangenen Erdzeitaltern seien verschiedene Rassen aus dem Kosmos oder gar »von außerhalb des Einsteinschen Raum-Zeit-Kontinuums« gekommen; zunächst die »Alten Wesen«, »eine schreckliche interstellare Rasse«, dann die Cthulhu-Wesen, deren Gestalt an Oktopoden erinnerte, und schließlich im Jurazeitalter »halb pilzartige, halb krebsartige Wesen«.
Lovecraft war zeit seines Lebens kein erfolgreicher Autor. Er wurde erst lange nach seinem Tode einer größeren Lesergemeinde bekannt. Seine Erzählungen wurden

nun in zahlreiche Sprachen übersetzt; heute dienen sie sogar als Vorlagen für Comic Books. Schon zu Lebzeiten war Lovecraft für viele junge Autoren Vorbild und Mentor.
Einer dieser Autoren ist → Robert Bloch, der seit dem Alter von 15 Jahren mit Lovecraft korrespondierte und von diesem auch zum Schreiben ermuntert wurde.
Neben seinen Horror-Erzählungen schrieb Lovecraft auch »Fantasies« in der Tradition des bekannten Fantasy-Autors Lord Dunsany (→ Fantasy-Literatur), märchenhafte Geschichten, in denen Zauberwesen auftraten. Doch blieben diese Geschichten weit weniger bedeutsam und zahlreich als seine Horror-Stories. »Wann immer Lovecraft als vorbehaltloser und unglaubwürdiger Chronist die abseitigen Fratzen beschreibt, von denen sein Dasein erfüllt ist, beschreibt er das einzige unförmige Monster, mit dem er von Grund auf Erfahrung hat, sich selbst« (Giorgio Manganelli).
Wenig bekannt ist, daß Lovecraft mit »Supernatural Horror in Literature« einen ausführlichen Essay über die traditionelle Horrorliteratur schrieb.

Anmerkungen
Rolf-Ingo Behnke: H. P. Lovecraft. In: »Quarber Merkur« Nr. 30. Bremerhaven 1972. August W. Derleth: Anmerkungen zu: H. P. Lovecraft: Autobiographie – Bemerkungen über einen unbedeutenden Menschen. In: Franz Rottensteiner (Hg.): Pfade ins Unendliche. Frankfurt 1971. Giorgio Manganelli: Nachwort zu: H. P. Lovecraft: Cthulhu. Frankfurt 1968.
Literatur
Urs Jenny: Wie aber sieht das Ungeheuer aus? In: »Süddeutsche Zeitung« vom 21./22. März. München 1970.

Lorre
Peter Lorre (Laszlo Löwenstein), deutscher Schauspieler, 1904–1964, wurde vor allem durch seine vielseitigen Rollen in Horrorfilmen bekannt. Dabei war er im Unterschied etwa zu → Bela Lugosi oder → Boris Karloff nicht so sehr auf bestimmte Rollen festgelegt. Seine hervortretenden Augen wie auch sein ängstlich und schüchtern wirkendes Verhalten konnten ihn sowohl sympathisch wie auch unheimlich wirken lassen. Dazu kam ein Maß an darstellerischem Können und eine Vielseitigkeit, wie es bei Schauspielern dieses Genres äußerst selten ist.
Seinen ersten Erfolg hatte er als psychopathischer Mörder in Fritz Langs »M« (1931). Nach »F.P.1 antwortet nicht« (1932) folgten zwei Filme in England: »The Man who Knew Too Much« (Der Mann, der zuviel wußte – 1934 – Regie: Alfred Hitchcock) und »Mad Love« (1935). Dann ließ er sich in Hollywood nieder und spielte bis zu seinem Tod 1964 in einer großen Anzahl von Filmen vor allem des Kriminal- und des Horrorgenres, unter anderem in der »Mr. Moto«-Serie (1937–39), in »The Maltese Falcon« (Der Malteser Falke – 1941 – Regie: John Huston) und »Arsenic and Old Lace« (Arsen und Spitzenhäubchen – 1944 – Regie: Frank Capra).
1951 schrieb, produzierte und inszenierte er den deutschen Spielfilm »Der Verlorene«. In diesem seinem eigenen Film spielte er einen Wissenschaftler in der Zeit des Dritten Reichs, der zu einem manischen Mörder wird. Während der Herstellung dieses Films nahm Lorre durch Krankheit fast 100 Pfund zu; dieses Übergewicht kennzeichnete seine späteren Rollen. Einige seiner weiteren Filme: »Twenty Thousand Leagues under the Sea« (20 000 Meilen unter dem Meer – 1954 – Regie: Richard Fleischer), »Tales of Terror« (Der grauenvolle Mr. X – 1962 – Regie: Roger Corman), »The Raven« (1962 – Regie: Roger Corman), »A Comedy of Terrors« (Ruhe Sanft GmbH – 1963 – Regie: Jacques Tourneur).
Zuschauer und Kritiker bekamen oft den Eindruck, daß Lorre seine Rollen mit manischer Vehemenz spielte, daß er seine Figuren nicht nur äußerlich verkörperte. Der Filmjournalist Harry Lang: »Erstaunliche Wandlungsfähigkeit? Ja – aber mehr als

das. Sein Geheimnis: er hört *nie* auf, zu spielen. Während der Dreharbeiten spielt er 24 Stunden am Tag. Und zwischen seinen Filmen spielt er sogar die Rolle des Peter Lorre.«
Charles Chaplin bemerkte 1935 über ihn: »Er ist der größte lebende Darsteller.« Und der Filmhistoriker Herbert G. Luft ahnte, was Lorres Entwicklung als Schauspieler durchaus treffen sollte: »Er begann seine Filmkarriere als ein Psychopath und könnte sie als Clown beenden.«

Lugosi
Bela Lugosi (Bela Lugosi Blasko oder Arisztid Olt), ungarisch-amerikanischer Schauspieler, 1888–1956. Lugosi wurde mit seiner Rolle als Graf → Dracula so sehr identifiziert, daß Jahre nach seinem Tod ein Gericht in Los Angeles entschied, daß seiner Witwe und seinem Sohn auch heute noch Einnahmen und Lizenzen an Dracula-Spielen, -Hemden, -Masken etc. zustehen, die »Universal Pictures« vergibt. Lugosi selbst schätzte einmal, daß er mehr als 5000mal die Rolle des Grafen Dracula auf der Bühne, im Film und in Radio-Shows verkörperte. 1931 entstand der erste Dracula-Film unter der Regie von Tod Browning (der mit »Freaks« einen weiteren klassischen Horrorfilm drehte). Kameramann war Karl Freund, der auch Fritz Langs »Metropolis« aufgenommen hatte. Lugosi glaubte selbst an den von ihm verkörperten → Vampir-Mythos – oder gab es zumindest vor: »Obwohl ›Dracula‹ eine phantastische Geschichte über eine erfundene Gestalt ist, enthält sie doch viele wesentliche Elemente der Wahrheit. Ich wuchs in fast derselben Gegend auf, in der die Geschichte spielt, und ich mußte erfahren, daß eben das, was von Ignoranten als Aberglauben abgetan wurde, tatsächlich auf Tatsachen basiert, die buchstäblich haarsträubend sind in ihrer Fremdheit – aber sie sind *wahr.*« Der erste Dracula-Film mit Lugosi wurde ein solcher Erfolg, daß er eine Welle von weiteren Vampirfilmen auslöste. Lugosi war von da an als Dracula-Darsteller festgelegt. Er spielte diese seine Rolle immer wieder; nur in gelegentlichen Ausflügen durfte er Wolfsmenschen, Mad Scientists (vgl. *Science Fiction*) und bisweilen sogar einmal einen ganz gewöhnlichen Filmschurken darstellen.
Allerdings legte er niemals seine etwas exaltierte Theatergestik ab, spielte immer mit übertriebenem Pathos, was vor der Kamera eher komisch wirken mußte. Nur einer Rolle war sein Stil auch noch Jahrzehnte später angemessen: Dracula. Außerdem konnte er viele Rollen nicht spielen, da er kein akzentfreies Englisch zu sprechen vermochte – zu dem Vampirgrafen aus Transsylvanien jedoch paßte der osteuropäische Akzent. So fiel denn der Filmstar Lugosi der Vergessenheit anheim, als in England Horrorfilme verboten wurden und Hollywood die Produktion einstellte. Erst 1938 kam eine neue Begeisterung für Horrorfilme auf, und in der folgenden Zeit spielte Lugosi wieder in vielen Filmen, zusammen

Bela Lugosi in Tod Brownings Dracula-Verfilmung von 1931 Foto: Universal

mit → Boris Karloff. Bis Bela Lugosi am 18. August 1956 starb, konnte er dem »Dracula-Fluch« nicht entkommen, wie er es einmal selbst nannte.

Anmerkung
Lugosi zitiert nach: Bela Lugosi. 14 Fantastic Pages of Facts you'll never Forget! In: »Famous Monsters of Filmland« Nr. 92. New York 1972.

Literatur
Robert Cremer: Lugosi – the Man behind the Cape. Chicago 1976. Arthur Lennig: The Count. The Life and Films of Bela »Dracula« Lugosi. New York 1974.

Monster
Sujet des Horror- und auch des Science-Fiction-Genres, das insbesondere in den optischen Medien, Comic und Film, oft verwendet wird. Im Monster verkörpern sich unterdrückte Triebe und Bedürfnisse des Menschen. In das Monster wird projiziert, was man sich selbst nicht erlauben oder nicht einmal als Wunsch eingestehen darf. Dabei erscheint nun das Verdrängte fast immer als Bedrohung: Die Furcht vor den eigenen untersagten Bedürfnissen wird nach außen projiziert, um bekämpft zu werden.
Das wird schon in den traditionellen animalischen Monstermythen deutlich: etwa dem des Werwolfs oder des Affenmenschen. Der Werwolf zum Beispiel steht unter einem inneren Zwang, zur Zeit des Vollmonds sich in eine Mischung aus Mensch und Wolf zu verwandeln, die animalische Seite seines Wesens nach außen zu kehren.
Das Monstersujet machte jedoch im Lauf der Zeit eine Entwicklung durch, die auf eine pseudowissenschaftliche Rationalisierung hinausläuft. Die Science Fiction übernahm das Motiv, ließ das Ungeheuer aber nicht mehr durch einen inneren Zwang oder naturgewolltes Schicksal entstehen, sondern durch Eingriffe aus dem Bereich der Naturwissenschaften. Schon → Frankensteins Ungeheuer war kein willkürliches Zufallsprodukt mehr, auch kein Zeugnis schwarzer Magie, sondern wurde als künstliches Wesen aus Körperteilen verstorbener Menschen zusammengefügt und durch elektrische Entladungen eines Gewitters belebt. In weiteren Variationen wurde die Verwandlung eines Menschen in ein Ungeheuer immer häufiger durch Experimente von wahnsinnigen Wissenschaftlern oder aber als Folge atomarer Strahlung erklärt. Typisch dafür ist der Held einer *Marvel Comic*-Serie, »The Incredible Hulk«, der durch radioaktive Strahlung zum unförmigen Monster wird, sich ab und zu aber in einen Menschen zurückverwandelt. Als Monster ist »Hulk« ein unschuldiges, gutmütiges Wesen, doch von irrationaler Animalität. Bei dieser Figur wird die ungeheure Aggressivität deutlich, die den Monstergestalten innewohnt. »In ihnen personifiziert sich die Furcht vor der durch den Menschen freigesetzten Dämonie der Naturkräfte; gleichzeitig illustrieren sie die Auswirkungen des Terrors. Häuser werden zerstört, Autos und Züge zertrampelt, Brücken niedergerissen, ihr Auftreten verbreitet Panik. Zugleich aber verdeutlicht sich mit den Monstern eine gesellschaftliche Grundsituation. Die menschlichen Triebkräfte werden innerhalb der Zivilisation und durch die Technik in der Weise verändert, eingeengt und unterdrückt, daß sie im Film wieder konzentriert hervorbrechen. Die animalische Triebhaftigkeit wird in pseudomythologische Figuren verlagert, um als feindliche Mächte, als Monster, in den sozialen Ordnungsraum einzubrechen« (Jürgen Menningen).
Bei »Hulk«, ebenso wie bei dem Monsterfilm »King Kong« (1932/33), wird auch der Zusammenhang zwischen unterdrückter Sexualität und vehementen Vernichtungsphantasien deutlich. Hulk vernichtet und zerstört meistens, um damit vermeintlich einem unschuldig-naiven Mädchen zu helfen – der Verlobten des Wissenschaftlers Bruce Banner, der durch radioaktive Strahlung in den Hulk verwandelt wurde. Auch in dem Film »King Kong« (deutscher

Titel: »King Kong und die weiße Frau«) liebt das gigantische Ungeheuer eine Frau (gespielt von Fay Wray), die es ritterlich beschützen will.
»King Kong« fand eine weniger gelungene Fortsetzung mit »Son of Kong« (1934), die ebenfalls unter der Regie von Merian Cooper und Ernest Schoedsack entstand. Mit »King Kong« begann eine Reihe von Filmen über urzeitliche Monster. Wie der riesige Gorilla auf einer abgelegenen, unerforschten Insel entdeckt und dann als Zirkusattraktion nach New York gebracht wird, so wird z. B. in »The Beast from the 20 000 Fathoms« (Panik in New York – 1953 – Regie: Eugène Lourié) ein eingefrorenes prähistorisches Ungeheuer durch Atomversuche am Nordpol aufgetaut. Es schwimmt mit der Meeresströmung in Richtung Nordamerika, Schiffe und Leuchttürme verschlingend, um schließlich in New York Angst und Schrecken zu verbreiten.
Von etwa 1954 bis 1959 wurden in vielen Horrorfilmen insektenhafte Wesen in den Mittelpunkt der Handlung gestellt. In Filmen wie »Them« (Formicula – 1953 – Regie: Gordon Douglas), »Tarantula« (1956 – Regie: Jack Arnold), »The Monster that Challenged the World« (Alarm für Sperrzone 7 – 1957 – Regie: Arnold Laven) und »The Spider« (Die Rache der schwarzen Spinne – 1958 – Regie: Bert I. Gordon) ging es um Bedrohungen durch fast alle denkbaren Arten von Rieseninsekten: Ameisen, Spinnen, Skorpione, Wespen, Fliegen, Heuschrecken etc. Fast immer kommen die Insektenungeheuer aus fernen Gegenden und bedrohen plötzlich die menschliche Zivilisation. Die Mittel, mit denen diese Bedrohungen abgewehrt werden, geben schon einen Hinweis auf die auch politische Symbolbedeutung der angreifenden Rieseninsekten: In »Them« wird das Nest der Riesenameise inmitten der Wüste mit Flammenwerfern und Gas ausgeräuchert. In »Tarantula« gar wird die Riesenspinne zunächst erfolglos mit Handgranaten, Maschinengewehrfeuer und »gewöhnlichen« Bomben angegriffen. Erst ein Geschwader von Kampfflugzeugen entscheidet den Kampf durch Abwurf von Napalmbomben. Es sind Mittel der Kriegsführung, insbesondere des Dschungelkrieges, die hier Anwendung finden. Gedreht wurden diese Filme in den Jahren nach dem Koreakrieg.

Mit der Größe der Monster wächst auch ihre unfreiwillige Komik: Werbeplakat für japanischen Monsterfilm Verleih: Constantin

Einen anderen Weg schlug der japanische Monsterfilm ein, der wieder stärker auf die Tradition von »King Kong« und der prähistorischen Monsterfilme zurückgriff. Es begann 1955 mit »Gojira« (Godzilla – 1954 – Regie: Inoshiro Honda), dessen Titel-Ungeheuer – dem *Tyrannosaurus rex* ähnlich – wie auch zahlreiche »Frankensteins Ungeheuer« und »King Kong«-Adaptionen fortan einen nicht geringen Teil der japanischen Filmproduktion ausmachten. Im Gegensatz zum traditionellen amerikanischen Film treten im japanischen Monsterfilm Ungeheuer auf, die weniger individuell-psychologische Traumen signalisieren, als vielmehr politisch-historische Bedrohungen. Im japanischen Horrorfilm geht es weniger um den melodramatischen bzw. sentimentalen Aspekt, als vielmehr um eine naive Freude an der Tricktechnik und der Gewandtheit, mit der das Ungeheuer schließlich besiegt wird. Zweifellos verkörpern diese Monster des japanischen Films die Atombombe, die Hiroshima zerstörte. Nicht selten wird ein solches Ungeheuer aus seinem jahrtausendelangen unterirdischen Tiefschlaf auf irgendeiner fernen Insel ausgerechnet durch eine Atomexplosion gerissen. Moderne Technik und Zivilisation werden als Bedrohung erfahren, die augenscheinlich in den Vernichtungspotentialen nuklearer Waffen gipfelt. Insbesondere der Regisseur Inoshiro Honda tat sich durch eine ganze Anzahl solcher Monsterfilme hervor, zumeist billig und mit leicht durchschaubaren Tricks produziert; die Trickqualität etwa von »King Kong« erreichen sie bei weitem nicht. Gerade diese Durchschaubarkeit der Tricks (so der unschwer zu erkennende Reißverschluß des Monsterkostüms) wurde von einigen Kritikern freilich mitunter als Absicht Hondas interpretiert. Gegen diese Interpretation spricht allerdings, daß Hondas neuere Produktionen inzwischen aufwendiger und mit besserer Trickqualität gemacht sind.

Eine neuere Tendenz im japanischen Monsterfilm ist eine gewisse »Vermenschlichung« des Monsters, die die Zerstörungswut verständlich erscheinen läßt (so in »Godzilla no musuko/Son of Godzilla« (Frankensteins Monster jagen Godzillas Sohn – 1967 – Regie: Jun Fukuda).

Anmerkungen

Jürgen Menningen: Mythos und Kolportage – Erscheinungsformen des amerikanischen Science-Fiction-Films. In: »Egoist« Nr. 13. Frankfurt 1967.

Literatur

Werner Adrian: Freaks: Cinema of the Bizarre. London 1976. David Annan: Ape. The Kingdom of Kong. London 1974. Edward Edelson: Great Monsters of the Movies. Garden City, N. Y. 1973. Walter Evans: Monster Movies: A Sexual Theory. In: »The Journal of the Popular Film« Vol. 2 No. 4. Bowling Green 1973. Walter Evans: Monster Movies and Rites of Initiation. In: »The Journal of the Popular Film« Vol. 4 No. 2. Bowling Green 1975. Alan G. Frank: Monsters and Vampires. London 1976. Frank D. McConnell: Song of Innocence: The Creature from the Black Lagoon. In: »The Journal of the Popular Film« Vol. 3 No.I. Bowling Green 1975. Klaus Voelker (Hg.): Von Werwölfen und anderen Tiermenschen. Dichtungen und Dokumente. München 1972. Lawrence Wharton: Godzilla to Latitude Zero: The Cycle of the Technological Monster. In: »The Journal of the Popular Film« Vol. 3 No. 1. Bowling Green 1975.

Phantastik im deutschen Stummfilm

Der deutsche Stummfilm prägte sich vor allem in seiner phantastischen Schule aus, die auch deutlichen Einfluß auf spätere amerikanische Produktionen nahm. Die phantastische Thematik ging dabei einerseits auf die bekannten angelsächsischen Vorlagen zurück (Stokers »Dracula«, Stevensons »Dr. Jekyll and Mr. Hyde«), mehr aber noch auf die Tradition der phantastischen Literatur in Deutschland – des »Schauerromans«, der Schwarzen Romantik. Zu nennen sind hier vor allem E. T. A. Hoffmann (»Die Elixiere des Teufels«), de la Motte Fouqué (»Undine«) und Wilhelm Meinhold (»Die Bernsteinhexe«).

Von dieser Tradition zehrten die zeitgenössischen Autoren Gustav Meyrink und Hanns Heinz Ewers, deren Romane und Erzählungen als Filmvorlagen dienten und die auch selbst Drehbücher verfaßten. Meyrink und Ewers waren stark dem Mystizismus und Okkultismus zugewandt, doch war die Phantastik Meyrinks leichter und erlaubte bisweilen ironische Distanz. Meyrink konvertierte später zum Buddhismus, während Ewers seine Karriere durch nationalsozialistische Tendenzliteratur fortsetzte (er schrieb den Roman »Horst Wessel« und auch das Drehbuch zu dessen Verfilmung).

Die neoromantischen Motive verbanden sich im Film mit expressionistischem Dekor (es wurde fast nur im Studio und vor künstlichem Hintergrund gefilmt) zu einem ausdrucksstarken Symbolismus, der noch heute wenig von seiner Faszination eingebüßt hat. Eines dieser vielfältig symbolischen Motive war das des Doppelgängers.

Im Volksmärchen wie in der Traumdeutung bedeutet die Begegnung mit dem eigenen Doppelgänger den nahen Tod. Als literarische und filmische Metapher tritt in ihm das Unbewußte zutage; die von der bürgerlichen Moral ins Schattenreich verbannten Triebe werden in einem dämonischen Antiwesen lebendig. Der deutsche Stummfilm nahm sich dieser Thematik mit »Der Student von Prag« (1913 – Regie: Stellan Rye) an, in dem sich ein niederes, weil triebhaftes Ich von dem Studenten Balduin abspaltet, das sein besseres Ich zu zerstören trachtet und ihm schließlich den Tod bringt. Paul Wegener, der den Studenten Balduin darstellte und zusammen mit Ewers das Drehbuch schrieb, hat mit diesem und später auch mit anderen Filmen den phantastischen deutschen Stummfilm entscheidend geprägt.

»Der Andere« (1912 – Regie: Max Mack) handelte ebenfalls von einer Persönlichkeitsspaltung. Ein gutbürgerlicher Rechtsanwalt wurde in seiner zweiten Existenz zu einem Gauner; das tragische Ende Balduins blieb ihm jedoch durch die Kraft der Liebe und der Seelenheilkunde erspart. Eine aus Copyright-Gründen umbenannte Verfilmung von »Dr. Jekyll und Mr. Hyde« war »Der Januskopf« (1920 – Regie: Friedrich Wilhelm Murnau).

Auch »Der Golem« (1915 – Regie: Paul Wegener und Henrik Galeen) wies die glei-

Der willenlose Césare trägt ein Opfer über die Dächer einer expressionistisch-unwirklichen Stadt. Szenenfoto aus »Das Kabinett des Dr. Caligari« Foto: UFA

che »Entfesselung unbekannter Kräfte, die undeutlich als die des eigenen Unterbewußtseins erkennbar sind« (Gregor/Patalas) auf. Es war der erste einer Reihe von Filmen, die das künstlich erschaffene Wesen zum Thema hatten. Er handelte von einer im Prager Judenviertel ausgegrabenen Lehmstatue, die mittels einer alten Zauberformel wieder zum Leben erweckt wird. Wegener griff dieses Thema später in »Der Golem und die Tänzerin« (1917 – eine Parodie) und in »Der Golem, wie er in die Welt kam« (1920) wieder auf. In »Alraune« (1927 – Regie: Henrik Galeen, nach einem Roman von Hanns Heinz Ewers) entsteht durch künstliche Befruchtung ein weibliches Geschöpf, von Brigitte Helm als dämonische Verführerin dargestellt, die alle in sie verliebten Männer zugrunde richtet und sich schließlich – nachdem sie die Wahrheit über sich erfahren hat – selbst umbringt. Dieser für Ewers typische Stoff macht weibliche Sinnlichkeit nur als Bedrohung erfahrbar. In der »Homunculus«-Serie von Otto Rippert (1916) entzieht sich das in der Retorte erzeugte Kunstwesen seinem Schöpfer, macht sich zum Diktator, unterdrückt das Volk und entfacht einen Weltkrieg, bevor es schicksalhaft vom Blitz getroffen wird.

Hier finden sich schon deutliche Parallelen zu den Tyrannenfilmen, die die dritte Motivgruppe im phantastischen deutschen Stummfilm darstellen und deren bekanntestes Werk »Das Cabinett des Dr. Caligari« (1919/20 – Regie: Robert Wiene) ist. Siegfried Kracauer hält diesen Film zumindest der Intention seiner Drehbuchverfasser nach für revolutionär: »Diese Schauergeschichte im Stile E. T. A. Hoffmanns wurde unter den Händen von Hans Janowitz und Carl Mayer zu einem ausgesprochen revolutionären Stoff. Beide wollten damit, wie Janowitz später zu verstehen gab, halb unbewußt die Allmacht einer Staatsgewalt anprangern, die durch Militärdienstpflicht und Kriegserklärungen über Leben und Tod ihrer Untertanen verfügt. Die deutsche Regierung im Ersten Weltkrieg erschien den zwei Autoren als der ausgeprägteste Typus dieser alles an sich reißenden Staatsautorität.«

Der Regisseur Robert Wiene verkehrte freilich die Fabel vom Machtmenschen Dr. Caligari, der einen Schlafwandler durch seine hypnotische Kraft zum Mörder abrichtet und zuletzt als Direktor eines Irrenhauses entlarvt wird, durch eine angefügte Rahmenhandlung, in der der Erzähler dieser Geschichte zum Irren abgestempelt wird, der sich in der Behandlung des gütigen Dr. Caligari befindet. Die Drehbuchautoren protestierten vergebens gegen diese Sinnverkehrung.

Die Dracula-Adaption »Nosferatu« (1922 – Regie: Friedrich Wilhelm Murnau) schildert ebenfalls die Schreckensherrschaft eines Tyrannen, die aber schließlich durch die Liebe einer jungen Frau gebrochen wird. Als naher Verwandter von Dr. Caligari erweist sich Dr. Mabuse in dem zweiteiligen Spielfilm »Dr. Mabuse, der Spieler« von Fritz Lang (vgl. *Science Fiction* → Metropolis). Er ist ein berühmter Psychoanalytiker, der sich durch seine hypnotische Kraft als Falschspieler betätigt und eine verbrecherische Organisation aufbaut. In der Fortsetzung »Das Testament des Dr. Mabuse« (1932) werden die Zeitbezüge noch deutlicher; Lang wollte hier nach eigener Angabe in Mabuse die nationalsozialistische Ideologie und Hitlers Weltherrschaftspläne treffen. Zu den »Vorahnungen, wie sie damals über die deutsche Kinoleinwand flackerten« (Kracauer) zählen weiterhin die Episodenfilme »Der müde Tod« (1921 – Regie: Fritz Lang) und »Das Wachsfigurenkabinett« (1924 – Regie: Paul Leni), obwohl sich ihre vom Schicksal herabgerufenen Tyranneien noch in exotischer Ferne befinden.

In den Tyrannenfilmen, vor allem in den Dr. Caligari- und Dr. Mabuse-Filmen, in denen die machtausübende Autorität sich mit der Wissenschaft verbündet bzw. sich ihrer bedient, wird Herrschaft mystifiziert, als schicksalsgewollt angenommen. Als einzige Alternative zu Anarchie und Chaos (gemeint: Freiheit und Sozialismus) bot sich eine ungeahnte Schreckensherrschaft dar. Die Auseinandersetzung mit der gesellschaftlichen Autorität führte über das Leiden an ihr schließlich zu ihrer Hinnahme. Und gerade die Tyrannen, die weit über der Masse stehenden Übermenschen riefen nicht nur Entsetzen hervor, sie faszinierten auch, sie machten abhängig – wie später Hitler, dessen Vorboten oder Vorahnung sie waren.

Bezeichnend für den phantastisch-expressionistischen Film ist freilich auch das, was nicht ins Bild kam. »Kein deutscher Film dieser Zeit aber faßt soziale und politische Realitäten direkt ins Auge. Niemals auch wagt sich die Kamera aus dem Atelier auf die Straße – allenfalls erscheint einmal ein realer Wald oder eine Burgruine auf der Leinwand. Nur als symbolische Objektivierung seelischer Reflexe sah die zeitgenössische Realität sich vertreten. Die Schrecken gesellschaftlichen Zwanges spiegelten sich verinnerlicht, als das Leiden an einem irrational ›Bösen‹ in der eigenen Seele wider« (Gregor/Patalas).

Anmerkungen

Ulrich Gregor/Enno Patalas: Geschichte des Films. Reinbek 1976. Siegfried Kracauer: Von Caligari bis Hitler. Hamburg 1958.

Literatur

Der Mann, der Caligari baute. Ein Gespräch mit dem Filmarchitekten Hermann Warm. In: »Film« Nr. 7. Velber 1965. Lotte H. Eisner: Dämonische Leinwand. Wiesbaden 1955/Frankfurt 1975. Lotte H. Eisner: Murnau. Der Klassiker des deutschen Films. Velber 1967. Theodore Huff: An Index to the Films of F. W. Murnau. London 1948. Dieter Krusche: Reclams Filmführer. Stuttgart 1973. Rudolf Kurtz: Expressionismus und Film. Berlin 1926. Christine J. Rosner: Grotesque Elements in Selected Prose Works of Gustav Meyrink. Ann Arbor, Mich. 1974. Verna Schuetz: The Bizarre Literature of Hanns Heinz Ewers, Alfred Kubin, Gustav Meyrink and Karl Hans Strobl. Ann Arbor, Mich. 1974. Michael Sennewald: Hanns Heinz Ewers. Phantastik und Jugendstil. Meisenheim a. Gl. 1973. Hans Welf-Krueger: Hanns Heinz Ewers. Geschichte seiner Entwicklung. Leipzig-Marienhöhe 1922.

Poe

Edgar Allan Poe, amerikanischer Autor (vgl. einleitender Essay), der zum Klassiker vor allem des Horrorgenres, daneben aber auch der Detektivgeschichte und der Science Fiction wurde. Poe wurde 1809 in Boston geboren, studierte an der Universität von Virginia, mußte sein Studium jedoch nach dem ersten Jahr schon wegen Spielschulden abbrechen. Bald darauf veröffentlichte er seinen ersten Gedichtband und trat in den Dienst des amerikanischen Heeres. Doch auch seine militärische Karriere fand ein Ende, indem er von der amerikanischen Offiziersschule in Westpoint relegiert wurde. Ab 1833 wirkte er als Herausgeber von verschiedenen Zeitschriften und vermochte deren Auflage jeweils wesentlich zu erhöhen. Diese Tätigkeiten konnte er jedoch auch nicht für längere Zeit ausüben, vor allem wegen seiner Trunksucht, die seine neueren Biographien als erblich bedingt erklären. Obwohl Poe als Autor schon zu seinen Lebzeiten sehr bekannt wurde, lebte er weiterhin in ärmlichen Verhältnissen und kam von seiner Trunksucht nicht los, bis man ihn in Baltimore bewußtlos vor einem Gasthaus in der Gosse liegend fand. Er starb wenige Tage später in einem Krankenhaus an Gehirnblutungen, am 7. Oktober 1849.

Bestimmend für Poes Entwicklung scheint vor allem sein Verhältnis zu seinem Pflegevater gewesen zu sein, der ihn an seiner Entfaltung hinderte, wobei nach einem der Biographen »Empfindlichkeit auf der einen Seite, Spießbürgerlichkeit auf der anderen« standen.

Sicherlich lassen sich von den Spannungen in Edgar Allan Poes Leben Analogien zu den Spannungen in seinem Werk finden, vielleicht ganz ähnlich wie bei dem von Poe auch stark beeinflußten Horror-Autor → H. P. Lovecraft, der über Poe urteilte:

»Poes Geister erreichten somit eine überzeugende Bösartigkeit, über die keine ihrer Vorläufer verfügten, und bewirkten einen neuen Standard des Realismus in den Annalen des literarischen Horrors. Die unpersönliche und künstlerische Absicht wurde unterstützt durch eine wissenschaftliche Haltung, wie sie zuvor selten zu bemerken war; Poe studierte das menschliche Bewußtsein mehr als die literarischen Formen der *Gothic fiction*, und er arbeitete mit einer analytischen Kenntnis der wirklichen Ursachen des Schreckens, die die Kraft seiner Erzählungen verdoppelte und ihn von all den Absurditäten befreite, die dem nur konventionellen Erzeugen von Schauergefühlen innewohnt.«

Anmerkung
Howard Phillips Lovecraft: Supernatural Horror in Literature. New York 1973.

Literatur
Marie Bonaparte: Edgar Poe. Sa vie – son oevre. Études analytiques. Avant-propos de Sigmund Freud. (Neuausgabe) Paris 1958. Heinz Caspari: Edgar Allan Poes Verhältnis zum Okkultismus. Hannover 1923. Palmer Cobb: The influence of E. T. A. Hoffmann on the tales of Edgar Allan Poe. Chapel Hill 1908. Reprint: New York, N. Y. 1963. Julien Green: Erinnerung an Poe. In: Rein A. Zondergeld (Hg.): Phaicon 2. Frankfurt 1975. Edward Hutchins Davidson: Poe. A critical Study. Cambridge 1957. Harro Heinz Kuehnelt: Die Bedeutung von Edgar Allan Poe für die englische Literatur. Innsbruck 1949. Franz Heinrich Link: Edgar Allan Poe. Ein Dichter zwischen Romantik und Moderne. Frankfurt/Bonn 1968. Klaus Lubbers: Die Todesszene und ihre Funktion im Kurzgeschichtenwerk von Edgar Allan Poe. München 1961. Poe. Schauerlich vernünftig. In: »Der Spiegel« Nr. 35. Hamburg 1966. Arthur Hobson Quinn: Edgar Allan Poe. A Critical Biography. New York 1969. Armin Staats: Edgar Allan Poes symbolische Erzählkunst. Heidelberg 1967.

Polanski

Roman Polanski, der 1933 geborene Hollywood-Regisseur polnischer Herkunft, begann mit Filmen, die Sujets und Atmosphäre des absurden Theaters (Beckett, Ionesco, Pinter) in das Medium des Films übertrugen, was ihm zunächst nicht geringe künstlerische Anerkennung eintrug. Der Spielfilm »Nóz w wodzie« (Das Messer im Wasser – 1963) stand noch in der Tradition seiner frühen polnischen Kurzfilme. »Repulsion« (Ekel – 1965) war ein Spielfilm, der die psychischen Probleme einer jungen Frau, ihre Angst und Abscheu vor der sie umgebenden männlichen Welt zu einer bedrückenden Atmosphäre alltäglichen Schreckens verdichtete. »Cul-de-Sac« (Wenn Katelbach kommt – 1966) stellte eine filmische Situation her, die Becketts absurdem Stück »Warten auf Godot« nahekam.

In seiner weiteren Entwicklung ging Polanski zu publikumswirksameren Filmen über und nahm mehrfach Horrorsujets auf. Er führte sie jedoch in einer so eigenständigen Weise aus, daß man nicht unbedingt von Genrefilmen sprechen kann.

»The Fearless Vampire Killers« (Tanz der Vampire – 1967) war eine Vampirfilm-Parodie, eine ironisch-augenzwinkernde und dem Genre überaus zugewandte Parodie freilich. Neben wohlkalkulierten Pointen gelang es ihm dabei auch, schlicht einige Grundregeln des traditionellen Vampirfilms außer Kraft zu setzen.

Mit »Rosemary's Baby« verfilmte Polanski einen Roman von Ira Levin, in dem eine Frau ein Kind des Teufels bekommt (→ Dämonen und Teufelsaustreibung). In seiner Verfilmung von Shakespeares »Macbeth« (1972) setzte er das klassische Stück in ungemein blutige und brutale Bilder um, wie sie auf der Bühne niemals möglich waren.

Polanskis Besessenheit von grausamen Filmbildern fand eine Parallele in der grausamen Ermordung seiner Frau, der Schauspielerin Sharon Tate, und mehrerer Gäste in seinem Haus durch eine Gruppe von Jugendlichen, die dem Satan-Kultisten Charles Manson anhingen.

In »The Tenant« (»Le Locataire« – Der Mieter – 1976) führte er nicht nur Regie, sondern spielte auch selbst die Hauptrolle

Roman Polanski wehrt einen homosexuellen Vampir ab in seiner Horror-Parodie »Tanz der Vampire« Verleih: MGM

eines empfindsamen Büroangestellten, der in den 5. Stock eines Pariser Mietshauses einzieht, in eine Wohnung, die soeben durch Selbstmord freigeworden ist. Es geschehen seltsame Dinge – oder sind es Wahnvorstellungen? –, die ihn dazu bewegen, sich ebenfalls in die Tiefe zu stürzen.

Literatur

Jane McKerran: Besuch bei Roman Polanski: »Ich bin ein Hagestolz«. In: »pardon« Nr. 5. Frankfurt 1976. Martin Schlappner: Spiegel des Absurden. Roman Polanski. In: Martin Schlappner: Filme und ihre Regisseure. Bern/Stuttgart 1967.

Stars im Horrorfilm

Das Horrorgenre wird weniger durch seine Autoren geprägt, die ohnehin nur die Standardthemen variieren, die von den Genreklassikern bezogen wurden. Nicht viel besser ergeht es den Regisseuren, die aus einem Vorrat von nur sechs oder sieben Standardthemen schöpfen (wie Weil/Seeßlen angeben) und die sich auch im Atmosphärischen oft nicht allzuweit von legendären »Klassikern« des Horrorfilms entfernen, gegenüber vorhergehenden Filmen meist nur Nuancen verschieben können. Nicht Originalität, nicht Erneuerung wird vom Horrorfilm erwartet, sondern die Wiederholung, die Wiedererstellung einer allein gültigen Darstellung, in gewisser Weise das Zitat einer vorgeblich überzeitlichen Mythologie.

In besonderer Weise prägt sich der Horrorfilm in seinen Stars aus, und diese wiederum prägen die Filme, in denen sie auftreten. Die Geschichte des Horrorfilms ist auch die Geschichte seiner großen Stars. Manche von ihnen, so Lon Chaney, überzeugten in den verschiedensten Rollen in der gleichen Weise – obwohl auch er zumeist erinnert wird in seiner Rolle als »Phantom of the Opera« des gleichnamigen Films (Das Phantom der Oper – 1925 – Regie: Rupert Julian). → Boris Karloff und seine Maskenbildner prägten das Aussehen und die Gestik von Frankensteins Ungeheuer für Generationen von Darstellern vor. → Bela Lugosi wurde in einem solchen Maße mit seiner Rolle als Graf Dracula identifiziert, daß er nur selten mehr die Möglichkeit bekam, andere Rollen zu spielen. → Peter Lorre verkörperte zumeist das dämonische Böse, das er durch seine überzeugende Darstellung glaubhaft machte.

Die englische Horrorfilm-Fabrik »Hammer Film Productions« bildete mit Christopher Lee, Peter Cushing und Vincent Price ein eigenes Triumvirat der Stars heraus, wobei Christopher Lee und Peter Cushing in den verschiedensten Filmen immer wieder als Gegenspieler auftraten, sich gelegentlich aber auch miteinander dem Bösen entgegenstellten. Ob gut oder böse, stets verfügen sie über angeborene, unangreifbare Autorität. Nur vordergründig ironisch ist es, wenn sie in einem ihrer Filme auf die Frage: »Was aber, wenn einer von Ihnen die Bestie ist?« wie aus einem Munde antworten: »Wir sind *Briten*, Sir.«

Um mit englischen und amerikanischen Horrorfilmen konkurrieren zu können, baute sich der spanische Film mit Paul Naschy seinen eigenen Superstar auf, der vor allem in der Gestalt des Werwolfs zu sehen ist. Eine andere Methode – nicht nur spanischer Billigprodukte – besteht darin, die Darsteller mit Pseudonymen von entsprechendem Anklang (»Dennis Price«) zu versehen. Außerdem kann es dann leicht passieren, daß in einer deutschen Kinoanzeige daraus wieder »Vincent Price« wird, was aber nur erneut die Zugkraft der großen Starnamen beweist.

Die Popularität, die weitgehende Identifikation vor allem jugendlicher Fans mit den Stars und den von ihnen verkörperten halbmenschlichen oder übermenschlichen Wesen erweist sich auch im Verkauf von Bildbänden, Posters, Masken etc., vor allem aber in Horrorfilmmagazinen wie »Famous Monsters of Filmland«.

Dieses Magazin startete 1958 mit einer Verkaufsauflage von 300 000 Exemplaren, und es hat bis heute eine große Anzahl von Konkurrenzversuchen überlebt. Seine Rezeptur ist so einfach wie offenbar wirksam: Der Inhalt besteht zum größten Teil aus großformatigen Bildern aus Horrorfilmen – vor allem Starfotos, und vor allem aus »legendären« älteren Filmen. Die Stars sind, wie schon im Titel angedeutet, vorwiegend Monster, und zwar die »echten«, von Karloff, Lugosi, Chaney, Lee etc. dargestellten. Wie sehr die Stardarsteller mit ihren Verkörperungen gleichgesetzt werden, erweist sich auch im bescheidenen Textteil, der Interviews mit und Porträts der großen Darsteller enthält.

Die auf Schockwirkung berechneten Bilder (deformierte Gesichter in Großaufnahme überwiegen) werden durch kalauernde Bildunterschriften entschärft. »Famous Monsters of Filmland« wird vorwiegend von 8–12jährigen Jugendlichen gelesen, deren Porträts auch die Leserbriefseite schmücken. Aus den pathetischen Leserbriefen geht hervor, wie ernst ihnen ihre Beschäftigung mit den Horrorfilmen ist, und insbesondere mit ihrem häufigsten und wesentlichsten Motiv: dem → Monster, das ihre Stars verkörpern.

Die Identifikation mit ihren Verkörperungen führt auch zu einer weitgehenden Bewunderung für die Darsteller selbst: Einige Horrorfilmstars erfreuen sich eigener, gutorganisierter Fanclubs.

Anmerkung

Claudius Weil/Georg Seeßlen: Kino des Phantastischen. Geschichte und Mythologie des Horror-Films. München 1976.

Literatur

Hans D. Furrer/Manfred Knorr: Vincent Price. In: »Vampir« Nr. 12. Nürnberg 1976. Manfred Knorr: Graf Dracula persönlich. Christopher Lee und seine Filme. In: »Vampir« Nr. 2. Nürnberg 1973.

Sword & Sorcery

Teil der → Fantasy-Literatur, oft auch als *heroic fantasy* bezeichnet. »Sword & Sorcery« bezeichnet eine Art von Erzählungen, die in einem Phantasieland spielen und in denen Schwertkämpfe (Sword) bewußtes Handeln und Magie (Sorcery) rationale Einsicht ersetzen. Sword & Sorcery wurde in den letzten Jahren immer beliebter. »Phantastisch« sind an diesem Subliteratur-Genre freilich nur die monströsen, mitunter menschenfressenden Ungeheuer, Vampire, Götter, Dämonen, Frostriesen, Riesenschlangen und -affen etc., deren unabänderliches Schicksal stets darin besteht, dem Schwert des Helden zum Opfer zu fallen. Die stereotype Handlung trägt so gut wie immer ein einzelgängerischer, gewalttätiger und unbesiegbarer Held.

Der bekannteste dieser Sword & Sorcery-Helden heißt »Conan the Barbarian« und ist eine Figur des amerikanischen Schundliteraten Robert E. Howard, der 1906 in Peaster, Texas, geboren wurde und dreißig Jahre später durch Selbstmord endete. Er veröffentlichte seine Geschichten vor allem in den *Pulp Magazines*. Seine Erzählungen spielten im Wilden Westen, in Detektivbüros wie in alten Geisterhäusern. Am bekanntesten aber wurde seine Conan-Serie, die nach seinem Tod durch die Autoren L. Sprague de Camp und Lin Carter fortgesetzt wurde.

Conans Abenteuer spielen in einem von Howard erfundenen »hyboreanischen Zeitalter« – vor einem pseudogeschichtlichen Hintergrund, den Howard vor etwa 12 000 Jahren ansiedelte. Conan ist ein Barbar, der aus dem sagenhaften Land »Cimmeria« im eisigen Norden stammt und durch die Lande zieht: »Als Dieb, Pirat, Kaufmann, Abenteurer, Führer von barbarischen Stämmen und General in den Armeen von Königen reiste Conan weit und erfuhr alles, was die Welt an Abenteuer und Wundern bietet. Mit seinem unbesiegbaren Schwert kämpft der mächtige Cimmerianer gegen Dämonen, Drachen und zitternde Schrecken. Tausend Feinde verspürten den bitteren Kuß seiner wirbelnden Klinge ...« – so die Verlagswerbung auf den Rückentiteln der amerikanischen Taschenbuchserie, die in einer deutschen Ausgabe bei Heyne erschienen ist. Conan wird auf einem Schlachtfeld geboren und von Jugend an im Gebrauch von Waffen geübt. Es gibt für ihn keine andere Moral als das Recht des Stärkeren und die Macht des Geldes:

»Conan hat die Söldnermentalität eines Kongo-Müller, und seine Autoren natürlich auch. Wenn Conan anderen hilft, dann nicht aus Edelmut, sondern aus Kalkül. Was ihn zu seinen Taten treibt, ist einmal das Geld (was ihn mit vielen Helden des Sado-Western vereint), zum anderen die Mordlust. Für Geld tut er alles; er ist der käufliche Handlanger jedes Herrschers für jedes Ziel, der das Volk unterdrücken hilft und Aufstände niederwirft, wenn er nicht auf eigene Rechnung arbeitet und sengend und mordend durch die Lande zieht, sich abermals mit dem Blut und Schweiß der arbeitenden Bevölkerung mästend« (Hans Joachim Alpers).

Conan ist ein Barbar aus dem Norden mit den Zügen eines Herrenmenschen. Er verachtet die »überzüchtete« Zivilisation der Städter, die »geckenhafte Kleidung« tragen, und Menschen, die nicht seine eigene Hautfarbe haben; Angehörige eines bestimmten Volkes werden von ihm grundsätzlich nur als »hyrkanische Hunde« angesprochen. Auch gegen das Volk und die Revolution spricht sich Conan offen aus: »Ich habe erlebt, daß Revolutionen oft schlimmere Regierungen schaffen als diejenige, die sie ersetzten.« Entsprechend dieser Erkenntnis handelt Conan und schlägt als Heerführer im Auftrag eines je-

Titel eines amerikanischen Sword & Sorcery-Comics nach Motiven von Robert E. Howard © Marvel Comics Group

den Herrschers, der ihn nur zu bezahlen bereit ist, Aufstände blutig nieder.
Ein einziges Mal freilich sieht Conan seine Chance in einer Revolution, als er nämlich »auserwählt« wird, »eine aquilonische Revolution gegen den degenerierten König Numedides anzuführen. Numedides auf seinem eigenen Thron erschlagend, wird Conan, in seinen frühen Vierzigern, der Herrscher des mächtigsten hyboreanischen Königreiches« – so Conan-Mitautor L. Sprague de Camp in einer Darstellung von Conans Leben.
Im selben Text gibt de Camp als Sinn von Conans *heroic fantasy* an: »Es soll unterhalten. Es ist Fluchtlektüre, in der man einfach aus dem wirklichen Universum entflieht.« – »Der Zweck der *heroic fantasy* ist weder, die Probleme der Stahlindustrie zu lösen, noch Fehler in einem Entwicklungshilfe-Programm aufzudecken oder Fragen der Armut oder von Gruppenkonflikten zu erklären.« Nicht nur Conans Leser, sondern auch seine Autoren scheinen vor der Wirklichkeit zu fliehen und sich vor individuellen wie gesellschaftlichen Problemen mit Grausen abzuwenden – so läßt sich L. Sprague de Camp geradezu hysterisch gegen die Behandlung von Politik und Sexualität in der allgemeinen Literatur aus und insbesondere gegen Geschichten »über einen Anti-Helden – einen dümmlichen, pathetischen kleinen Kerl, der nichts richtig anzustellen vermag . . .«
Unterlegenheitsgefühle paaren sich so mit Furcht und Unfähigkeit, die Probleme des wirklichen Lebens zu ertragen – und lassen offenbar nur noch den einen Ausweg in eine regressive Fluchtwelt offen, wie sie in Conan und ähnlichen Serien (es gibt inzwischen zahlreiche, oft noch primitivere Nachahmungen) beschrieben wird.
Es fällt auch auf, wie verzweifelt Conan-Autor de Camp seinen Conan als ausschließlich der Unterhaltung dienende Serie (»If you read for fun, this is the genre for you«) zu rechtfertigen und gleichzeitig jede politische Bedeutung weit von sich und Conan zu weisen versucht. Das hat seinen guten Grund, denn *heroic fantasy* ist alles andere als unpolitisch, wie aus den beschriebenen Inhalten der Conan-Serie ja ganz eindeutig hervorgeht. Die Fluchtwelt ist zugleich auch eine Wunschwelt. Die vorgegebene Ablehnung jeder Politik und der Rückzug vor komplizierter werdenden gesellschaftlichen und zivilisatorischen Problemen geht einher mit archaischer Gewaltverherrlichung, Verachtung von als minderwertig betrachteten Rassen, blutiger Durchsetzung des Rechts des Stärkeren, Darstellung von Unterdrückung und Ausbeutung als vorgegebenen Zustand, in sadomasochistische Bereiche verdrängter Sexualität. Der starke Mann, der mit Blut und Eisen Ordnung schafft und schließlich Herrscher wird – das ist der aus Politik und Geschichte hinreichend bekannte Traum

des »unpolitischen« Bürgertums, das den Faschismus zu seiner vermeintlichen Rettung herbeisehnt.
Eine solche Fluchtwelt fördert auch regressive Gruppenbildung ihrer Konsumenten. Ähnlich wie bei der Science Fiction und den Comic strips gibt es ein ausgeprägtes Clubwesen, in der Fachsprache seiner Anhänger Fandom (vgl. *Science Fiction* → Fanzines) genannt. Diese Fans der S & S, wie die Eingeweihten ihre Sword & Sorcery abkürzen, sammeln sich in der »Hyborean Legion« und produzieren als Cluborgan die Zeitschrift »Amra«. Eine weitere der vielen Fan-Zeitschriften heißt »The Howard Collector«. Auch in der Bundesrepublik und Österreich gibt es bereits S & S-Fangruppen, die sich unter der treffenden Bezeichnung »Follow« zusammenschließen und in der Organisation ihrer Clubs die regressive Fluchtwelt in Wirklichkeit übertragen: die Clubs heißen »Clans« und sind hierarchisch geordnet vom »Knappen« zum »Edlen« usw. bis zum »Lord«. Wer in diese Cluborganisation eintritt, bekommt zunächst die unterste Position in einem Clan und kann sich durch aktives Eintreten für seinen Clan und die »Follow«-Idee Position um Position hochdienen bis zum »Lord«, der wieder einen eigenen Clan gründen darf.
Die Gestalt des Conan hat eine Reihe von literarischen Nachahmungen gefunden: Elak, Brak, Fafhrd der Barbar, Gray Mouser, Jirel of Joiry, Elrik etc. Auch anerkanntere Autoren der Science Fiction wie Fritz Leiber und Michael Moorcock betätigten sich auf diesem Gebiet. Vor allem aber fanden Conan und Helden seines Schlags Eingang in die *Comic Books*, in denen sie quasi eine prähistorische Variante der Superhelden-Comics (vgl. *Science Fiction*) darstellen.

Anmerkung
Hans Joachim Alpers: Conan – Schlagetot. In: »Science Fiction Times« Nr. 122/123. Bremerhaven 1971.

Literatur
Hans Joachim Alpers: Lendenschurz, Doppelaxt und Magie. In: Jörg Weigand (Hg.): Die triviale Phantasie. Beiträge zur Verwertbarkeit von Science Fiction. Bonn 1976.

Tiere als Todesboten

Tiere spielen im Horrorgenre sehr unterschiedliche Rollen. Häufig sind es Tiere, in denen in Wirklichkeit ein Stück Mensch steckt; es sind tatsächlich Filme über Menschen, die durch magische oder wissenschaftliche Vorgänge in ein Tier von zumeist monströsem Äußeren verwandelt wurden. Diese Mensch-Tier-Wesen gehören zur großen und vielfältigen Familie der → Monster. Ein ebenfalls dieser Familie zugehöriges Beispiel ist der Riesenaffe »King Kong«, der zwar kein verwandelter Mensch, aber doch sehr menschlich ist und daran letztlich zugrundegeht.
Das genaue Gegenteil davon sind seelenlose Mordmaschinen-Tiere wie der Hai in »Jaws« (Der weiße Hai – 1975 – Regie: Steven Spielberg) und der Menschenfresser-Bär in »Grizzly« (1976 – Regie: William Girdler). Sie stellen den Rückgriff auf das wilde Tier als natürlichen Feind dar,

Tiere verbreiten Angst und Schrecken: Szene aus »Stanley« Verleih: Cinerama

angesichts dessen die geschwundene (gegenüber den realen Problemen der Gegenwart versagende) Männlichkeit wieder hergestellt werden kann. Die Helden werden nicht mit Umweltzerstörung, inhumaner Technologieentwicklung und ökonomisch-politischen Krisensituationen konfrontiert, sondern die Natur selbst bietet sich wieder als Feind an – durch eine tierhafte Bedrohung inmitten einer wieder fremd gewordenen Umwelt (Badestrand, Naturschutzpark). Laut »Time« vom 28. Juli 1975 rief »Jaws« ein »deliziöses Erschauern entlang der Strände des Landes hervor. Zuvor mutige Schwimmer drängen sich jetzt wenige Meter vom Ufer entfernt, von der Sonne überhitzte Badende verhalten zögernd am Wasserrand und ziehen sich bei der Andeutung einer Rückenflosse auf den Strand zurück.«
Insekten tauchen im Horrorfilm entweder in monströs vergrößerter Form oder in größerer Anzahl auf. Die Ideologie solcher Filme wird deutlich in »The Hellstrom Chronicles« (Die Hellstrom-Chronik – 1970 – Regie: Walon Green), obwohl dieser Film vorgibt, eine Dokumentation zu sein. Illustriert durch hervorragende Aufnahmen, wird einem unvermeidlichen Kampf der Arten – die Insekten oder wir – das Wort geredet. Den Schrecken des Insektenhaften brachten bereits 1928 Luis Buñuel und Salvadore Dali mit einer kurzen Schock-Szene in »Un Chien andalou« (Ein andalusischer Hund) auf die Leinwand: In einer menschlichen Handfläche wird eine ausgefressene Öffnung sichtbar, aus der Ameisen herauskrabbeln.
Der »Tierinvasionsfilm« hatte seinen Ausgangspunkt in Alfred Hitchcocks »The Birds« (Die Vögel – 1963). Doch erst in den siebziger Jahren brachte das Horrorgenre die Schrecken des Tierreichs zur vollen Entfaltung durch massierten Einsatz von Schlangen, Ratten, Hunden, Fröschen, Katzen, Kaninchen etc. Dabei sind die über die menschliche Zivilisation herfallenden Tiere mitunter Verbündete eines belächelten Außenseiters der Gesellschaft (zum Beispiel in »Willard« – 1970 – Regie: Daniel Mann); häufig ist in ihnen auch die Rache der Natur gegen die umweltzerstörende menschliche Zivilisation zu sehen (»Frogs« – 1972 – Regie: George McCowan).
Nicht nur Schreckensbilder dieser Art produzierte »Phase IV« (1974 – Regie: Saul Bass), vielmehr führte dieser Film die ökologische Thematik über die bloße Überlebensideologie hinaus. Zwar übernehmen intelligente, gegen chemische Bekämpfungsmittel resistente Ameisen die Macht auf der Erde, doch nach der Auseinandersetzung kommt es zu einer Verständigung mit den Ameisen: Die Menschen erhalten die Gewißheit, daß auch sie überleben werden können, wenn sie sich anpassen, wieder »eins werden mit der Natur.«

Anmerkung

A Nation Jawed. In: »Time« vom 28. Juli. New York 1975.

Vampirfilme

Die erste Filmversion des Vampirstoffes wurde in Deutschland von F. W. Murnau als »Nosferatu, eine Symphonie des Grauens« (1922) gedreht. Um diesen Film gab es jedoch Copyright-Auseinandersetzungen, die zur Folge hatten, daß die meisten Kopien vernichtet werden mußten. »Der gesamte Film ist eine mit Hilfe von Tricks geschaffene Schreckensfantasie, die das Dasein von Gespenstern und ihre Einmischung ins Alltagsleben als selbstverständlich voraussetzt« (Siegfried Kracauer).
1931 entstand in den USA die erste legalisierte Dracula-Verfilmung unter der Regie von Tod Browning, der aber praktisch nur die Theaterversion von Hamilton Deane abfilmte. Trotz seiner formalen Schwächen vermittelte der Film noch den Eindruck der bedrohlichen Atmosphäre des *Gothic mystery*, die in späteren Versionen völlig fehlte. Dieser Film wurde so erfolgreich, daß in der nächsten Zeit weitere Dracula-Filme produziert wurden. Von diesen geht aller-

dings nur »Dracula's Daughter« (1936 – Regie: Lampert Hillyer) auf eine Erzählung des »Dracula«-Autors Bram Stoker, nämlich »Dracula's Guest«, zurück. 1943 drehte Robert Siodmak »Son of Dracula«; dann wurde der Vampir zur Zielscheibe parodistischen Klamauks, etwa in »Abbott and Costello Meet Frankenstein« (Abbott und Costello treffen Frankenstein, später: Mein Gott, Frankenstein – 1949 – Regie: Robert Arthur). Erst 1957 setzte eine neue Vampirfilm-Welle ein mit »Blood of Dracula« (Regie: Herbert L. Strock), gefolgt von »The Return of Dracula« (1958 – Regie: Paul Landres), in denen aber der im Titel genannte Graf nicht einmal auftrat.
Daran schloß sich die erfolgreiche Dracula-Serie der »Hammer Film Productions Ltd.« an, einer bis dahin kleinen und unbedeutenden Produktionsfirma, die sich nach einigen billigen Science-Fiction-Filmen auf das Horrorgenre spezialisierte. 1958 entstand als Hammer-Produktion »Dracula« von Terence Fisher, der auf den finanziellen Erfolg von »The Curse of Frankenstein« (Frankensteins Fluch – 1957) folgte, den derselbe Regisseur ebenfalls für Hammer gedreht hatte. Christopher Lee und Peter Cushing waren die bevorzugten Darsteller dieser Filme (→ Stars im Horrorfilm).
In der ewigen Wiederkehr des Grafen Dracula, die dem Seriencharakter der Hammer-Filme entspricht, spiegelt sich das Ohnmachtsempfinden des kleinbürgerlichen Weltbildes: Selbst wenn gewaltsame Herrschaft durch gemeinsames Handeln beseitigt wird, wird sie doch unweigerlich wiederkehren. Wie sich der Vampir-Mythos als Symbol für Herrschaft und Gewalt entwickelt hat, geht aus der literarischen und historischen Herkunft des Sujets hervor (→ Dracula). Aus dem ausbeutenden Herrscher, der seinem Volk bildlich das Blut aussaugte, wurde der Mythos des dämonischen Blutsaugers. Auffallend an dieser Angstphantasie ist gerade in den Vampirfilmen die enge Verbindung von

Horrorfilm-Star Christopher Lee in der Titelrolle des Films »Dracula A. D. 1972«
Verleih: Warner-Columbia

Angst und Sexualität – das Opfer des Vampirs erwartet diesen oft mit ähnlicher Sehnsucht wie einen Liebhaber.
Diese Angstbilder von Herrschaft, Sexualität und Tod werden domestiziert zum einen durch einen verläßlichen Helden, der zumeist aufstrebender Bürgersohn, Lehrer oder Arzt ist, und der »fortschrittlich« und gebildet genug ist, um die Gefahr des Vampirismus zu kennen. Eine wesentliche Rolle spielt dabei auch das religiöse Kultbedürfnis: Wenn menschliches Handeln schon nicht hilft, dann kann die Rettung nur noch von geweihtem Wasser, Hostien oder Kreuzen erhofft werden, bzw. von Holzpflöcken, Knoblauchzehen, Silberkugeln und weiteren Gegenständen mit ähnlich magischer Bedeutung.

Anmerkung

Siegfried Kracauer: Theorie des Films. Frankfurt 1964.

Literatur

Daniel Dohter: Vampirismus: der Film als Kunst und das wahrhaftige Leben. Marginalien zum Vampir-Motiv im Film. In: »Film-Korrespondenz« Nr. 4. Köln 1974. Manfred Knorr: Von Nosferatu bis Dracula. In: »Vampir« Nr. 1. Nürnberg 1972. Barrie Pattison: The Seal of Dracula. London 1975.

Crime

1
Der Ursprung des Kriminalromans ist das Rätsel, genauer noch, das Orakel: Die Götter geben dem Menschen eine Chance, sie zu besiegen, wenn er das gestellte Rätsel löst. Einer der ersten »Detektive« war Themistokles, der das Orakel der Pythia zu deuten wußte: »Die Athener werden sich retten, wenn sie hinter Mauern aus Holz Schutz suchen.« Themistokles läßt die Schiffe auslaufen und gewinnt nicht nur die Seeschlacht von Salamis, sondern er trägt auch einen Sieg über die Kräfte des Wunderbaren davon; sie sind nicht unbezwingbar. Der menschliche Verstand vermag die versteckten Zeichen der Götter zu deuten, und Zeichen zu geben sind die Götter gezwungen, um ihre Existenz zu beweisen. Dies Duell mit den Göttern, mit dem Geheimnis, wird ewig und immer neu geführt, und daß nur die Triumphe des Menschen aufgezeichnet und zu Legenden werden, vermag ein wenig über die Tatsache hinwegzutrösten, daß im allgemeinen das Geheimnis Sieger bleibt.
Immer geht es beim Orakel um Leben oder Tod, und noch bei Conan Doyle gebietet die Struktur der Erzählung, daß meist ein »weiterer« Mord geschieht, wenn Sherlock Holmes das Rätsel nicht binnen einer gesetzten Frist lösen kann. Es bedarf also säkularisierter, ungefährlicher Formen, um sich gegen das Wunderbare zu wappnen, es bedarf des Spiels. Die eine Form des »gespielten« Orakels ist das Rätsel, eine andere die Magie oder ihre weltliche Form, die Zauberei und Gaukelei. In ihr manifestiert sich eine mehr oder weniger spielerische Wiederholung des menschlich-göttlichen Dialogs: Der Zauberer muß, um den Besitz seiner Macht zu rechtfertigen, vor den Augen aller ein Wunder hervorbringen; und dies wird in zunehmendem Maße eine Herausforderung an sein Publikum, das »Wunder« zu durchschauen, es als rational auflösbar zu erkennen. Eine dritte Form des gespielten Orakels ist die Legende, das Märchen, ist schließlich die Literatur.
Ein Nachfolger des Magiers ist der Detektiv. Freilich: Schon der Magier ist eine in sich zwiespältige Figur. Im Kampf mit dem Geheimnisvollen hat er den Göttern etwas von ihrer Macht abgenommen, hat sie sich teils durch seine Verstandeskraft, teils durch Diener- und Freundschaft zu den Göttern erworben. So ist er einerseits lebendiger Beweis für die Bezwingbarkeit des Geheimnisses. Doch andererseits wird er nun selbst zum Träger des Geheimnisses; auch er muß, über kurz oder lang, bezwungen werden.

Dorothy McGuirre in Robert Siodmaks »The Spiral Staircase« Foto: Atlas

Ähnlich der Detektiv. Die Macht seiner Deduktionen macht ihn unheimlich. Vor dem Monsieur Dupin des Edgar Allan Poe mag der Leser fast mehr Angst haben als vor dem grauenhaften Mörder, dem riesigen, gewalttätigen Tier. Und Conan Doyle muß seinem Sherlock Holmes den Doktor Watson beigeben, der, stellvertretend für den Leser und vergebens zumeist, dem großen Detektiv auf die Schliche zu kommen versucht.
Zwischen dem Orakel und seiner Deutung steht der Deuter, zwischen dem Geheimnis des Mordes und seiner Auflösung steht der Detektiv. Das Rätsel kann nicht kollektiv gelöst werden. Und die Augenzeugen der Deutung, der Lösung oder der Aufklärung sehen mit einem Gemisch von Ehrfurcht und Mißtrauen auf den mächtigen Mann, der das Wunderbare bezwungen hat. So ist der Detektiv der Frühzeit des Kriminalromans selten ein rundum sympathischer Mann; als Mensch bleibt er meistens sogar gänzlich ungreifbar, geheimnisvoll letztlich auch er. Er fasziniert uns mehr, als daß er unser Denken erhellt. Er nimmt uns für Augenblicke die Last der Furcht, doch er gibt uns keine Waffe in die eigenen Hände, die Angst vor dem Geheimnisvollen selbständig zu besiegen. Wenn er uns nun seine »Methode« erklärt, dann fast wie zum Hohn: Dr. Watson ist stets aufs neue verblüfft.
Die Natur des Rätsels ist es, einen einfachen Sachverhalt in schwierige, mißverständliche oder mehrdeutige Formen zu kleiden. Um ein Rätsel zu lösen, muß man sich einer der menschlichen Eigenschaften begeben, die Sicherheit und Geborgenheit versprechen: der Leichtgläubigkeit. Der Detektiv darf seinen Augen nicht trauen. Ihm zerfällt die Welt in Bedeutendes und Bedeutetes, in den Anschein und das Faktische, und seine Aufgabe, beides wieder zusammenzufügen, ist von wahrhaft herkulischer Art. Er ist ein Intellektueller, so gern er versucht, das zu verheimlichen, und er ist ein einsamer Mann.
Der Detektiv ist das Kind der Aufklärung, jener Zeit, die unter nicht unbeträchtlichen Qualen das *cogito, ergo sum* hervorbrachte. »Ich denke, also bin ich! Aber es ist so schwierig zu denken! Und man kann nicht immerzu denken; und sobald man nicht mehr denkt, sobald die Einbildungskraft erwacht und gebietet, nimmt die Bedrohung Gestalt an« (Boileau/Narcejac). Der zunächst kanalisierten und kontrollierten Furcht ist nun eine Konkurrenz erwachsen: das Denken. Nicht an den Grenzen zwischen Göttlichem und Menschlichem spielt sich das humane Drama nunmehr ab, sondern an den Rändern zwischen Gedanken und Traum, zwischen Rationalität und Einbildungskraft. Alles ist möglich auf der Schattenseite des Denkens, sogar der Mord. Der Detektiv hilft, die Schrecknisse des Unbewußten abzuwehren; ohne ihn ist der Doktor Jekyll dem Mister Hyde schutzlos preisgegeben. Der Detektiv muß die Ruhe bewahren, selbst im Angesicht des vergossenen Blutes. Und schließlich muß der Detektiv die Furcht, die uns befällt, in Worte kleiden, in eine

Geschichte des Verbrechens und des Verbrechers, denn das bedeutet, daß das Verbrechen, die blinde, gewalttätige Tat, die uns fasziniert und abstößt, kein Zustand ist, sondern Anfang und Ende hat, auch wenn das Ende schon ein neuer Anfang ist. Denn der Verbrecher wird, nachdem er überführt worden ist, ja dem Staat, der Justiz überantwortet, die ihrerseits dem Angeklagten gegenüber Gewalt verübt. Im Grunde ist die Strafe, mag man sie auch »gerecht« nennen, ebenfalls ein Teil des Archaischen, Unbewußten, des Wunderbaren, Geheimnisvollen und Fürchterlichen, und es ist darum verständlich, daß der frühe Detektiv mit der Strafe nichts zu tun haben will. Nicht um Bestrafung geht es ihm, nicht um Rache, sondern um die Aufklärung.

2

Der Antipode (nicht der Feind) des Detektivs ist der Verbrecher. Im Gegensatz zu ersterem ist dieser ein zwiespältiger, ein »menschlicher« Mensch. Er muß auf der einen Seite rational vorgehen, einen Plan ausführen, für seine Tat Gründe haben. Ein guter Grund, jemanden zu ermorden, ist beispielsweise, sich seinen Besitz aneignen zu wollen. Der Trieb- und Affekttäter kommt im Detektivroman nur peripher vor. Auf der anderen Seite ist der Täter der Irrationalität verhaftet; eine Tat hat im Augenblick ihrer Ausführung nichts Rationales an sich, und die Tötung eines Menschen ist in sich ein vernunftwidriger Akt. Mag die Motivation des Mörders schließlich noch so sinnfällig erscheinen, nachdem ihre Quellen gefunden sind, so bleibt im Leser immer noch der Verdacht, hinter dem vordergründigen Motiv möge ein zweites verborgen sein: die schiere Mordlust, die andere Ziele als das Töten allein nur vorschiebt.
Der Mörder ist der Mensch, und jeder, der außer dem Detektiv und seinen Helfern im Kriminalroman vorkommt, hat mit ihm etwas gemein: Er ist verdächtig! Bis der wahre Schuldige gefunden ist, schwebt jedermann in Gefahr, kann sich einzig und allein auf den Scharfsinn und die Skepsis des Magiers der Detektion verlassen, der es nicht zulassen wird, daß Unschuldige verurteilt werden. Aber wer ist ohne Schuld? Für die Personen des Detektivromans ist die Verdächtigung – die zumeist noch einhergeht mit der Bedrohung durch den Mörder (denn wer kann sagen, wer das nächste Opfer wird?) – eine Art Vorhölle, das Fegefeuer und die Erlösung. Wie gut, daß ich nicht der Mörder war, denkt der zu Unrecht Verdächtigte und mit ihm der Leser, aber wie leicht hätte ich der Mörder sein können! Wie grausam einfach ist es, einen Menschen zu töten!
Dennoch: Des Verbrechens rationale Seite bleibt das Motiv – und hier allerdings bemerken wir, wie sehr der Detektivroman der bürgerlichen Welt entspricht. In ihr bedarf es für einen Mord handfesterer, materiellerer Gründe als Haß, Gier oder einfach Aggression. Es geht fast ausschließ-

lich um Geld, um Besitz oder/und um Macht. Und selbst wo dem Anschein nach Rache oder gar Ehre im Spiel sind, läßt sich das im Hintergrund liegende pekuniäre Interesse leicht herauslösen. Nicht zufällig wird die Vorliebe für den edlen Verbrecher zur selben Zeit durch die für den Detektiv ersetzt, als sich der Kapitalismus herausbildet, als es für die bürgerliche Klasse darum geht, eigenen Besitz zu wahren (und zu vermehren). Der Detektivroman, der im übrigen immer ein bürgerliches Privileg war – schon der nahezu fetischistische Gebrauch, den besonders englische Autoren von ihrem Bildungsvorsprung machen, hindert die »breiten Massen« an seiner Konsumtion –, dreht die wahren Verhältnisse auf den Kopf: Die Besitzenden, die Herrschenden werden hier die Opfer, und die eigentlichen Opfer des Kapitalismus, jene, die den Besitz der Herrschenden erarbeiten, sind die Täter. Durch den Totschlag disqualifiziert sich der Besitzlose, und der Besitzende erscheint als der, den man schützen muß. Der Detektiv aber ist gegenüber allen Anfechtungen des Geldes gefeit; er ist entweder selber ein Besitzender, oder seine Stellung (bei der Polizei etwa) läßt Faszination durch Besitz nicht aufkommen.

Der Detektivroman ist nicht nur ein »umgekehrtes Drama«, er ist auch eine umgekehrte Rechtfertigung des Besitzes. Aber er ist es nicht ohne liberal-demokratische Fiktionen, denn immerhin wird in ihm auch der Leser real oder zum Schein aufgefordert, an der Lösung des Rätsels teilzunehmen, als wäre der Besitzende, stellvertretend für den Besitz, sozialisierter Belang aller, eine Institution, die es von allen gleichermaßen zu schützen gilt. Auf der anderen Seite wird im Detektivroman unternommen, was ein Teil der Massenpresse sich zum fast ausschließlichen Inhalt gemacht hat: Der mögliche Neid auf den Reichtum wird in sentimentales Mitgefühl verwandelt. Der Fabrikbesitzer erhält Drohbriefe, seine schöne Tochter wird entführt, und schließlich wird er selber gar ermordet. Zudem gibt es auch unter den Reichen Mörder und Verbrecher; dies sind die schwarzen Schafe ihrer Klasse, die allerdings vergessen machen, daß man neben dem Raub auch durch die Ausbeutung zum Reichtum kommen kann. Die besitzende Klasse entledigt sich im Detektivroman ihrer Außenseiter, deren pseudoanarchistische Verhaltensweise dem Profitsystem einerseits und dem durchaus intakten bürgerlichen Klassenbewußtsein und seiner Moral andererseits gefährlich wird.

3

In dem Maße, wie die bürgerliche Gesellschaft zweifelhaft wird, verliert auch der Detektivroman Brillanz und Wirkung. Formal äußert sich das in immer manieristischer und konstruierter werdenden »Fällen«, einmal (bei Agatha Christie) sind alle Personen im *closed-room* Mörder, ein andermal (bei Edgar Wallace) ist der Detektiv selbst der Mörder. Die Persönlichkeit

des Detektivs wird immer verschrobener und unglaubwürdiger, die Morde werden immer gesuchter und raffinierter. Die Kriminalliteratur wird emotional indifferent.
Weit früher als in Europa deutet sich in Amerika die Wandlung an. Die Fortsetzungsgeschichten in den *Dime Novels* um den berühmten Detektiv Nick Carter von John R. Coryell richteten sich freilich nicht mehr an ein saturiertes Bürgertum, sondern an die Bevölkerungsschichten, die wissen, daß man, »um im Geschäft zu bleiben«, Hand anlegen und hart zupacken muß, an die Arbeiter und Angestellten. Nick Carter, legitimer Nachfolger der Westernhelden Buffalo Bill oder Wild Bill Hickock, spricht dem Durchschnittsamerikaner aus der Seele, der die Folgen der überschnellen Urbanisierung nicht voll verkraften kann und der sich, in Beton eingemauert, nur mit einem Helden identifizieren kann, der, gleich ihm, einsam und irgendwie verzweifelt ist und sich um den Traum von der Freiheit des Individuums betrogen fühlt. War der klassische Detektivroman ein Antidot gegen den übermächtigen Wunsch, ein durchaus auch im Stirnerschen Sinne einzelner, ein Täter zu werden, so verkehrt sich, vor allem in der nachfolgenden Schule der *hard-boiled writers*, diese Aussage in ihr Gegenteil: Der neue amerikanische Kriminal- und Gangsterroman gibt in seiner Mischung aus Anarchismus und Resignation Stoff für die Träume vom militanten einzelnen. Nur im Gewaltakt, diesseits und jenseits des Gesetzes, kann sich der Mensch noch verwirklichen! Auch der Detektiv tötet jetzt. Gleichzeitig mit dem neuen Kriminalroman, von den Nick Carter-Heften bis zu Chandler und Cain, entwickelt sich der Film, und beide Medien befruchten einander ungemein. Die Sinnlichkeit, die sich der klassische Detektiv so bemüht vom Leibe hielt, hält Einzug ins Kriminalgenre.
Autoren wie Chandler, Hammett und Cain schreiben bereits in einer Sprache, die dem Filmischen sehr verwandt ist; die Handlungsliteratur, die ebenso Schriftsteller wie Hemingway und Steinbeck auf der einen Seite, einen Mickey Spillane auf der anderen hervorbringt, entspringt dem Bedürfnis der Massen. Sie ist, in einem differenzierten Sinn, eine Literatur des Proletariats, und dementsprechend findet sie ihre größte Verbreitung in der Form der *Dime Novels* und der *Pulp Magazines*.
In der Literatur, im Film und schließlich sogar in den *Comic Strips* der dreißiger Jahre in Amerika und später in Europa, spiegelt sich die Wirtschaftskrise, die mit dem New Yorker Bankkrach vom Oktober 1929 begann. Die Kriminalliteratur dieser Zeit wird eine des Lebenskampfes; der Detektiv der neuen Zeit, Phil Marlowe, kämpft wie seine Leser um seinen Job. Er muß der »Härte des Daseins« trotzen, und seine größte und von kaum einem seiner Leser erreichte Tugend ist, daß er sich selbst treu bleibt. Der Bürger hat in erster Linie vor sich selbst Angst, der Massenmensch der Angestelltengesellschaft kann und muß sich seine Feinde als

Leibhaftige vorstellen, er kennt die wahren Mordmotive, die weder sinister noch psychologisch arg verschlüsselt sind; es ist das verdammte bißchen Lebensraum, um dessentwegen man einen Menschen tötet.
Der um seine Rationalität so bemühte Bürger, dessen *detection* darin besteht, die Fehler im System herauszufinden und zu eliminieren, wird ersetzt durch den *urban wolf*, den Wolf der Städte, dessen Aktionen die Aufhebung der Entfremdung gar nicht mehr anstreben, sondern vielmehr sie so hemmungslos wie nur irgend innerhalb der Tabugrenzen möglich ausleben. »Im Dickicht der Städte« kämpft der »neue« Held im Grunde genommen nicht gegen die Feinde dieser Gesellschaft, die sich als bürgerliche nicht mehr verstehen kann, sondern gegen diese selbst, gegen ihre wohlvorhersehbare Zukunft, deren nicht geringes Konstituens in der Korruption, in der nicht gar so geheimen Absprache verschiedenster Gruppen in ihr besteht; der Gangster des Syndikats handelt im Einverständnis mit der örtlichen Polizei, diese bildet eine unterirdische Koalition mit der Politik und der Justiz, welche ihrerseits Befehlsempfänger industrieller Kartelle ist. Ohnmächtig und heroisch ist der, der eine Wahrheit sucht, tragisch und schön wie Humphrey Bogart in seinem noch nicht ganz eingestandenen Scheitern.
Diese Ohnmacht schlägt um in die blinde und jedes Opfer (die Kommunisten und die »Schwulen« gleichermaßen) annehmende Gewalttätigkeit des Mike Hammer von Mickey Spillane und kulminiert in den Macht- und Konsumphantasien des Ian Fleming. Die verstümmelte Sinnlichkeit, jeder legalen Ausdrucksweise beraubt, macht sich Luft. Das gebrochene Selbstverständnis, der verlorene Glaube an die Auserwähltheit der amerikanischen Gesellschaft konstituiert sich im Land der unbegrenzten Möglichkeiten neu durch Rassismus und militanten Patriotismus, während die Opposition sich in »schwarze« Romantik und Melancholie flüchtet und das Scheitern an der Gesellschaft als tragischen Triumph feiert. (Diese Tendenz setzt sich bis zum heutigen Tage in den Filmen um die historischen Gangster wie Bonnie und Clyde oder Ma Barker fort). Und immer, wenn zum Schluß des Filmes der Gangster-Held in seinem Blut auf der Straße liegt, berauscht sich der um seine Lebensmöglichkeiten gebrachte Zuschauer an dem, was die Gesellschaft ihm einzig noch als Ausdruck seiner Persönlichkeit gestatten könnte: einem schönen Tod. Im Ritual des letzten Kampfes vergißt man seine eigene Bedeutungslosigkeit, und zugleich erfährt man seine bittersüße Rechtfertigung: So wie der Gangster hat auch man selbst nie eine wirkliche Chance gehabt, sich oder die Verhältnisse zu ändern.

4
Doch dies schon ist Minderheitenprogramm geworden. Der Massenheld der sechziger und siebziger Jahre ist der nun staatstragende und endgültig urbanisierte Kleinbürger, der sich weder vor Teamwork noch vor der Einpassung in die Hierarchie scheut. Das Fernsehen, das umfassendste aller Medien, singt fast täglich das Hohelied vom braven Beamten der Polizei oder vom kleinen, tüchtigen Unternehmer, dem Privatdetektiv und seiner Crew. Wo einmal einer »auf der Flucht« ist wie Richard Kimble oder ein »Einzelgänger«, da nur, um jedesmal aufs neue die anfängliche Rechts- und Autoritätsunsicherheit zu überwinden. Jeder hat seinen Platz in der Gesellschaft, den er sich allerdings erarbeiten muß, und sei es dadurch, daß er Opponenten dieser Gesellschaft zur Strecke bringt. Fälle sind hier kaum noch Rätsel, die gelöst werden müssen; es ist die reine Menschenjagd. Eine bizarre Psychologie erklärt den Verbrecher zum Pathologen, und Gewalt und markige Sprüche sind für ihn die Medizin. Hier endlich erfüllt der Polizist oder der Detektiv die Aufgabe, die er sich bis dahin vom Leibe zu halten gewußt hat: er wird der Hüter und Beschützer des Bestehenden, zur Vaterfigur zumeist. Als Ausdruck der neuen *»Do your own thing«*-Mentalität kümmert sich hier jeder nur um seinen Job. Das Verbrechen ist ein Problem der Polizei und nicht eines der Gesellschaft. Erst jetzt denkt das Kriminalgenre in realen Freund-Feind-Kategorien: Im Verbrecher kulminiert nicht weiter das Böse, etwas, für das jeder anfällig ist, sondern ganz offen eingestanden ist es die Unangepaßtheit des Verbrechers, die ihn zum Fall macht.

Der Rest ist Klamauk: Faustschlag mit »Sie gestatten doch!«, und überhaupt macht das blutige Handwerk erst so rechten Spaß, wenn man dabei sich so herrlich *coole* Sprüche einfallen läßt. In der Fernsehkrimiserie hebt sich, in doppeltem Sinne, das Kriminalgenre auf. Die Ikonographie des Genres, bis dahin gekennzeichnet von der Ambivalenz der Personen und Zeichen, dient nun ausschließlich der Identifikation mit Autorität und Recht. Gleichzeitig drohen die Serien dem mit Gewalt, der sich nicht fügt, indem sie immer wieder zeigen, daß es rechtens ist, wenn der Polizeiinspektor den Verbrecher erlegt. Im Fernsehkrimi bleibt uns keine Wahl, wir müssen uns auf die Seite von *law and order* stellen. Was diese Industrie unterhält, ist auch und immer die Furcht. Sie ist nun genannt und sichtbar, vom Wunderbaren so weit entfernt wie Efrem Zimbalist von Humphrey Bogart. Es sind die Kräfte der sozialen Kontrolle, vor denen wir uns fürchten, denen wir uns beugen sollen. Furcht gehört zur Natur des Genres, und da sich durch Furcht der Mensch noch immer kontrollieren läßt, ist es gerade die Kriminalform der Unterhaltungsindustrie, die für gefährliche Tendenzen offen ist.

Daß es einen sozialistischen Kriminalroman nicht gibt (wohl aber einen anarchistischen), sagt viel über das Genre aus: Die Machtfragen, die hier gestellt, mit Detektion oder mit der Pistole beantwortet werden, sind solche innerhalb der bürgerlichen Gesellschaft. Die gesellschaftliche Gewalt wird mit der ästhetischen und unterhaltsamen Form der individuellen Gewalt verdrängt.

Literatur
Jacques Barun/Wendell Hertig: A Catalogue of Crime. New York 1971. Pierre Boileau/Thomas Narcejac: Der Detektivroman. Neuwied/Berlin 1967. Walter Dahncke: Kriminalroman und Wirklichkeit. Hamburg 1958. Walter Gerteis: Detektive. Ihre Geschichte im Leben und in der Literatur. München 1953. Howard Haycraft: The Art of the Mystery Story. New York 1946. Howard Haycraft: Murder for Pleasure. The Life and Times of the Detective Story. New York 1968. Hans von Hentig: Der Gangster. Eine kriminalpsychologische Studie. Berlin 1959. François Lacassin: Mythologie du roman policier. Paris 1974. Edgar Marsch: Die Kriminalerzählung. Theorie, Geschichte, Analyse. München 1972. Hasso Mayer: Krimi und crimen. Zur Moral der Unmoral. Halle 1969. Thomas Narcejac: Une machine à lire. Le roman policier. Paris 1975. Serge Radine: Quelques aspects du roman policier psychologique. Genève 1960. Claus Reinert: Das Unheimliche und die Detektivliteratur. Bonn 1973. Erik Routley: The Puritan Pleasure of the Detective Story. London 1972. Rainer F. Schönhar: Novelle und Kriminalschema. Ein Strukturmodell deutscher Erzählkunst um 1800. Bad Homburg 1969. Julian Symons: Mortal Consequences. A History from the Detective Story to the Crime Novel. New York 1972. Paul Henri de Vries: Poe and after. The Detective-Story Investigated. Amsterdam 1956. Colin Watson: Snobbery With Violence. Crime Stories and Their Audience. London 1971. Viktor Žmegač: Der wohltemperierte Mord. Zur Theorie und Geschichte des Detektivromans. Frankfurt 1971.

Agententhriller
Zwar gibt es den Spion in der Literatur, seit es staatliche Außenpolitik und Kriege gibt, doch bis zur Zeit des Kalten Krieges haftet ihm immer etwas Zwiespältiges an, er ist zum Teil immer noch ein Verräter (Beispiele: »Der Spion« von James F. Cooper, »Der Geheimagent« von Joseph Conrad). Zum Helden avancierte er erst, als nach dem Zweiten Weltkrieg das labile Gleichgewicht zwischen den Machtblöcken die Furcht vor einem neuen Krieg internationalen Ausmaßes erzeugte. Der Spionage- und Agentenroman ist ein Kriegsroman, der im Frieden spielt: Er erweckt und dämpft gleichermaßen die Angst vor dem Krieg, dessen furchtbare Auswirkungen er durch die Beschreibung immer neuer und entsetzlicher Superwaffen beschwört, und die Angst, aus mangelnder Kriegsbereitschaft vom »Feind« überrollt zu werden. Er erhält das Freund-Feind-Bild aufrecht, ja steigert es in Fällen wie bei Ian Fleming (vgl. *Abenteuer* → James Bond) oder → Mickey Spillane noch, und schürt zuweilen ganz massiv rassische Vorurteile und politische Intoleranz. So vereinigt das Agentengenre in sich die beiden wichtigsten Tendenzen in der politischen Psychologie der westlichen Nachkriegsgeneration: Aggressionsbereitschaft und die Sehnsucht nach Frieden; Chauvinismus und die Furcht vor der kosmischen Katastrophe; ins Politische projizierten Machthunger und Ohnmachtsgefühle gegenüber dem nicht verstandenen politischen Kräftespiel.
Es gilt zu unterscheiden zwischen Spionageromanen im engeren Sinne (Eric Ambler: ». . . eine Geschichte, in welcher die Hauptperson ein geheimer Nachrichtenagent der einen oder anderen Art ist«) und Handlungsliteratur, die zu dem dramaturgischen Trick greift, den Helden mit den Privilegien (das Recht, auf eigene Faust zu töten etc.) des Agenten auszustatten, um so die Sensation blutrünstiger Mord- und Totschlaggeschichten auskosten zu können, ohne in Konflikt mit der bürgerlichen Mo-

ral zu kommen. Tatsächlich ist die eigentliche Aufgabe des Geheimagenten, Nachrichten über Strategie und Bewaffnung des Gegners einzuholen, um so das »Gleichgewicht des Schreckens« zu gewährleisten; die Zerschlagung und physische Ausrottung dubioser Geheimbünde und die gewaltsame Niederwerfung von Aufständen in der Dritten Welt, Aufgaben, denen sich besonders die Helden von Fernsehserien und Heftromanen annehmen, sind bereits *topics* einer aggressiven Machtpolitik und haben mit dem eigentlichen Thema der Spionage nichts zu tun. Spionage im ursprünglichen Sinne bedeutet eine wenn auch gefährliche, so doch insgeheim von beiden Seiten ins diplomatische Kalkül einbezogene Kommunikation; der Agent des CIA-Typus von »John Drake« bis »Lemmy Caution« ist eher ein politischer *agent provocateur*, der im Auftrag seiner Regierung und zu seinem eigenen, offensichtlichen Vergnügen Menschen tötet.

Der Spion, der nicht des Geldes wegen, sondern aus Patriotismus sich in die feindlichen Kommandozentralen schleicht, ist ein Mythos des amerikanischen Unabhängigkeitskrieges, und so nimmt es nicht wunder, daß auch die Klassiker des Spionageromans aus dem angelsächsischen Bereich stammen. Zwei Autoren waren es, die in den frühen zwanziger Jahren das Genre etablierten: E. Phillips Oppenheim, dessen Geschichten vorzugsweise auf dem Parkett gesellschaftlicher Diplomatenempfänge und weltläufiger Hotel-Society spielten, und John Buchan, der in der Gestalt des Agenten Hanney einen allerdings skrupuloseren und zuweilen fast neurotischen Vorläufer James Bonds (vgl. *Abenteuer*) schuf. (Buchans erster Hanney-Roman »The Thirty-Nine Steps« wurde von → Alfred Hitchcock, der auch Joseph Conrads »Der Geheimagent« [»Sabotage« – 1936] adaptierte, 1935 verfilmt). In seinem 1922 entstandenen Roman »The Black Gang« führte der Thrillerautor Sapper dann zum erstenmal das Element militanten Antikommunismus' in die Spionageliteratur ein: Der Agent »Bulldog Drummond« tut sich mit seinen Freunden zu einer privaten Schläger-Gruppe zusammen, die, bekleidet mit schwarzen Hemden und maskiert, Jagd auf linke Politiker, Gewerkschaftler und ausländische »Bolschewisten« machen. 1928 erschien Somerset Maughams halb autobiographischer Roman »Ashenden or the British Agent« (dt. Ein Abstecher nach Paris.) (Auch dieser Roman wurde zur Vorlage eines Hitchcock-Films: »The Secret Agent« – 1936). Der Roman setzt sich kritisch mit der Spionage-Abwehr auseinander, die »häufig aus moralisch unvertretbaren Aufträgen« besteht. Auch Compton Mackenzies Bücher (etwa »The three Couriers« – 1929) fußten auf eigenen Erlebnissen. Während die Ameri-

Titelbild eines Taschenbuchs aus der deutschen Agenten-Serie »Mister Dynamit«
© Pabel Verlag

kaner Helen McInnes und John P. Marquand – er führte einen Japaner, Mr. Moto, als Agenten ein – einer mehr aktionsbezogenen Handlungsführung huldigten, bevorzugten die Briten Graham Greene und Eric Ambler eine psychologisierende Schreibweise. Es war freilich der Brite Ian Fleming, der das Genre der Agententhriller endgültig zu jener Mischung aus Sex, Sadismus und politischer Böswilligkeit führte, die heute bestimmend ist.

Wie sehr der Agentenroman zum Instrument politischer Indoktrination geworden ist, soll das Beispiel einer deutschen Romanserie zeigen: Der Autor C. H. Günther schuf den Agenten Bob Urban (!) alias Mr. Dynamit, der gegen alles in der Welt kämpft, was links, schwarz, gelb oder ganz einfach anders ist. Zwei Zitate genügen, um den offen kriegstreiberischen Charakter dieser Romane zu kennzeichnen:

»Warnung! Gebt endlich Frieden!« – »So was kann sich doch nur ein Spinner ausdenken« (Urban).

Und:

»Warum soll Weltfrieden ein unerreichbarer Zustand sein?« – »Weil ein Mensch auch nicht immer nur einatmen kann.« Mr. Dynamit, Heft 373 (Zitat nach »Science Fiction Times« Nr. 122, 1971).

Der Detektivroman beschwört die Furcht vor den unfaßbaren Leidenschaften, die auch eine urbane, industrielle Gesellschaft nicht unter Kontrolle bringen kann. Der Gangsterroman lebt von der heimlichen Sehnsucht nach Freiheit und Anarchie inmitten einer Welt, die nur noch aus Grenzen, Verboten und Gesetzen zu bestehen scheint. Der klassische Spionageroman reflektiert die Angst vor dem Krieg, die Angst vor dem Nicht-Wissen der Absichten des Gegners. Der Agentenroman nach Spillane und Fleming aber benützt die politische Unmündigkeit seiner Konsumenten, um ein von allen Zweifeln freies, rassistisches und – der Ausdruck ist hier angebracht – imperialistisches Freund-Feind-Bild zu vermitteln. Da er dabei geschickt das Interesse besonders jugendlicher Leser an technischen Neuerungen, unbeschränktem Konsum (der Agent ist ein Kleinbürger, der kraft seiner Mission den Luxus der besitzenden Schicht teilen kann) und einer männlich-aggressiven Sexualität ins Spiel bringt, ist er der Bewunderung seines Publikums sicher. Machwerke wie Mr. Dynamit, und es gibt deren viele in Film, Fernsehen und Literatur, helfen vorbereiten, daß sich der kalte in einen heißen Krieg verwandelt und sich Minderheiten im eigenen Land einer erbarmungslosen Ächtung ausgesetzt sehen.

Al Capone

Al Capone (Alphonso Caponi, 1895–1947), der »König der Gangster«, der zu seiner Zeit Chicago und seine Umgebung vollständig beherrschte, war das Symbol des organisierten Verbrechens in Amerika. Obwohl er von der Gesellschaft für seine brutalen Aktivitäten offiziell verdammt wurde, war er – den Bedingungen und *standards* eben dieser Gesellschaft nach – ein erfolgreicher und bewunderungswürdiger Mann.

Der Gangsterboss Johnny Torrio, der die größte und »beste« Gang in Chicago befehligte, holte ihn in die Stadt. Doch Capone stach seinen Boss bald aus, und von 1927 bis 1930 herrschte er unangefochten über jedes noch so kleine Unternehmen. Vigilantentrupps (mit so abenteuerlichen Namen wie »The Secret Six«), ein ausnahmsweise nicht korrupter Bürgermeister, der ihn zum *Public Enemy Nr. 1* machte, und rivalisierende Gangs konnten ihm nichts anhaben. Seine Karriere endete dann so plötzlich, wie sie begonnen hatte: 1929 wurde er wegen zweier geringfügiger Vergehen – er war als geladener Zeuge nicht erschienen und hatte unerlaubt eine Waffe getragen – inhaftiert. Während er im Gefängnis saß, untersuchten *T-Men* (Angestellte der *Federal Tax Authorities*) seine Steuererklärungen und verglichen sie mit seinen Einkünften. 1931 wurde er wegen

Steuerbetrugs zu 11 Jahren Gefängnis verurteilt. Als kranker Mann, seines Backgrounds beraubt, wurde er entlassen und starb am 25. Januar 1947.
Capone achtete immer auf sein Image und das Bild, das sich die Öffentlichkeit von ihm machte. Er installierte beispielsweise in der Zeit der Depression freie Suppenküchen für die Armen und die Arbeitslosen, und aus dem Gefängnis machte er dem Staat das Angebot, daß seine Männer nach dem verschollenen Lindbergh-Baby suchen und die Erpresser zur Strecke bringen sollten. Im Gefängnis auch hörte er von den Plänen zu dem Film »Scarface« (Narbengesicht – 1932 – Regie: Howard Hawks) und verlangte das Drehbuch zu sehen, um es auf Authentizität zu prüfen. Es ging das Gerücht, daß Warner Brothers ihm für das persönliche Auftreten in dem Film 200 000 Dollar geboten hätten. Die Literatur (W. R. Burnetts Roman »Little Caesar«, → Edgar Wallaces Theaterstück »On the Spot«, → Ben Hechts »The Front Page«) und der Film (»Lady Scarface« – 1941 – Regie: Frank Woodruff, »The Gangster« – 1947 – Regie: Gordon Wiles, »Al Capone« – 1959 – Regie: Richard Wilson) griffen den Mythos Capone auf, und schließlich gab es in den fünfziger Jahren auch eine überaus erfolgreiche Fernsehserie mit dem Titel »The Untouchables«, die die Bemühungen des Polizeiinspektors Eliot Ness, den Capone-Ring zu zerschlagen, zeigte.
Al Capone, der im übrigen wenig mit der → Mafia oder der Cosa Nostra zu tun hat, vereinigt in seiner Person mehrere Mythen: Er ist der *self-made man*, der sich allein kraft seiner eigenen Fähigkeiten durchsetzt, er ist der edle Räuber, der in seinen Reihen Depravierte und Arbeitslose aufnimmt, und er ist schließlich eine Identifikationsfigur für die italienischen Immigranten. Jede größere Gruppe von Einwanderern, die nach Amerika kam, nahm automatisch den niedrigsten Rang in der sozialen Hierarchie ein. Als die Italiener seit den 80er Jahren des neunzehnten Jahrhunderts in großen Scharen in die nördlichen Städte der USA kamen, lag die politische und wirtschaftliche Macht fast ausschließlich in den Händen der irischen Bevölkerungsgruppe. Viele Italiener waren also gezwungen, »die Hintertreppe der sozialen Mobilität« zu erklimmen (wie es der amerikanische Soziologe Daniel Bell formuliert), sie wählten das Verbrechen, und die Prohibition gab vielen von ihnen reichhaltige Gelegenheit dazu. Das Verbrechen war also immer auch zum Teil Rache an der Gesellschaft, die ganze Gruppen von Menschen an den Rand zu drängen trachtete, eine ethnisch geprägte Form des Klassenkampfes. Dies war doch das Land der unbegrenzten Möglichkeiten, und Männer wie Al Capone nahmen sich, was ihnen zustand. Sie personifizierten auf höchst drastische Weise einen Grundwiderspruch der amerikanischen Gesellschaft: Da wo es wirklich unbegrenzte Möglichkeiten geben soll, dürfte es eigentlich kein geschriebenes Gesetz geben. Mit einer nur geringen zeitli-

Ben Gazzara in »Capone« von Steve Carver
Verleih: Fox-MGM

chen Differenz zeichnet die Unterhaltungsindustrie die Wandlungen im Bewußtsein der Bevölkerung nach: Vom Volkshelden und tragischen Individuum wird Capone zur nationalen Schmach, zum Symbol einer Zeit, die man schnell vergessen möchte. Der Mythos Capone lebt von dem Kontrast zwischen realem Rebellentum und angestrebter Anpassung; hätte man seinen Erfolg sanktioniert, Capone wäre ein guter Amerikaner geworden. Und gute Amerikaner zu werden, nur mit ein wenig Erfolg, ein wenig Freiheit vielleicht, dieser Wunsch mag auch die Zeitungsleser und Kinobesucher beseelt haben.

Literatur

Herbert Ashby: The Underworld of Chicago. London 1942. John Baxter: Al Capone. In: Ders.: The Gangster Film. London/New York 1970. Hans Magnus Enzensberger: Chicago-Ballade. Modell einer terroristischen Gesellschaft. In: Ders.: Politische Kolportagen. Frankfurt 1966. Fred Pasley: Al Capone. The Biography of a Self-Made Man. London 1930.

Aldrich

Robert Aldrich, amerikanischer Filmregisseur, geb. 1918. Nach seiner Tätigkeit als Assistent bei verschiedenen Regisseuren (u. a. Joseph Losey) schuf er in den fünfziger Jahren einige bemerkenswerte Kriminal- und Gangsterfilme, die vor allem die latente Gewalt in der amerikanischen Gesellschaft kritisierten: »Kiss me Deadly« (Rattennest – 1955), der erste einer Trilogie von → Mickey Spillane-Thrillern um den Agenten Mike Hammer stellte in kühlen, fast künstlichen Bildern die Beziehung von Sexualität und Gewalt her. »The Big Knife« (Hollywood-Story – 1955), die Geschichte eines Schauspielers, der sich selbst tötet, um einen Mord zu verhindern, den ein erpresserischer Produzent plant, kritisierte, freilich doch allzu oberflächlich, das Abhängigkeitssystem der Filmfabrik.

Aldrichs Filme sind moralische Appelle, die er ebenso in psychologische Thriller (»Hush, Hush, Sweet Charlotte« – Wiegenlied für eine Leiche – 1964), Western (»Apache« – 1954) und Abenteuerfilme (»The Flight of the Phenix« – Der Flug des Phönix – 1965) kleidete. Viel von dem moralischen und politischen Impetus seiner Filme geht allerdings verloren, weil Aldrich zwar versucht, menschliche Verhaltensformen wie Brutalität, Borniertheit und Egoismus zu kritisieren, sie aber isoliert von ihren gesellschaftlichen Zusammenhängen zeigt und die Ursachen für ihre Entstehung nicht berücksichtigt. Letztlich schildert Aldrich Ausnahmezustände, mit denen man sich nicht identifizieren muß und die daher auch nicht nach einer Veränderung der Verhältnisse verlangen. Auch in der Rekonstruktion der historischen Geschichte um die kriminelle Grissom-Familie (The Grissom Gang – 1971) bleibt die Gesellschaftskritik im Ansatz stecken; der nach einem Roman von → James Hadley Chase entstandene Streifen schildert die Entführung eines Mädchens aus reichem Hause, das, nachdem es befreit worden ist, von seinem Vater zurückgewiesen wird. Zwar macht Aldrich deutlich, daß sich die soziale Isolation der Bürger und der Gangster entspricht, doch gelingt es ihm nicht, über Mitleid und Schrecken – der Film ist von beispielloser Gewalttätigkeit – hinauszugehen und die Ursachen aufzudecken. Eine blutige Romantik konfrontiert psychisch gestörte Außenseiter mit einem unbarmherzigen, gewalttätigen Bürgertum. Der Tod ist die Rache der Kinder, die nicht erwachsen werden können.

Literatur

Harry Ringel: Robert Aldrich – The Director as Phoenix. In: »Take One« Vol. 5 No. 5. Montreal 1974. Andrew Sarris: Robert Aldrich. In: Ders.: The American Cinema. Director and Directions. New York 1968.

Boileau/Narcejac

Pierre Boileau, geb. 1908, und Thomas Narcejac, geb. 1908, französische Kriminalautoren. Ihre Romane gelangten ebenso wie ihre theoretischen Äußerungen zum Genre zu weltweiter Anerkennung. Das

Agnes Moorehead und Olivia de Havilland in Aldrichs Thriller »Wiegenlied für eine Leiche«
Verleih: Fox-MGM

gesamte Schaffen dieser beiden Autoren ist gekennzeichnet von einem fast philosophischen Bemühen um das Problem der Furcht. Furcht, so legen sie in ihrem Buch »Le Roman Policier« (Der Detektivroman) dar, entsteht durch den Verlust unseres Identitätsgefühls, durch die Verwicklung in Ereignisse, deren definitive Bedeutung für die eigene Person man nicht ausschöpfen kann. Einziges Gegenmittel gegen diese uns lähmende Furcht – die Furcht, plötzlich ein anderer, ein Mörder vielleicht, zu werden – ist die Vernunft. Und die Vernunft zu mobilisieren ist das Anliegen der Bücher von Boileau/Narcejac: Der Gefühlshaushalt des Lesers wird verunsichert, indem ihm auf mehr oder minder drastische Weise das Versagen des Identitätsprinzips vor Augen geführt wird. In »Mensch auf Raten« zum Beispiel wird der Körper eines Schwerverbrechers Stück für Stück auf andere Menschen übertragen, die daraufhin anscheinend dessen Charaktereigenschaften annehmen. Der Leser ist nun gezwungen, »sich Gedanken zu machen«; er muß rationalisieren, was ihn verwirrt.

Sehr viele Romane von Boileau/Narcejac sind aus der Perspektive der Opfer geschrieben. Es ist die leichtestmögliche Art, jemanden fürchten zu machen, wenn man eine Figur sich fürchten läßt, in die der Leser sich leicht hineinversetzen kann. »So intendieren die Autoren mehrerlei: den Leser das Fürchten auf eine Weise zu lehren, daß er den rationalen Denkakt als Erleichterung empfindet und dabei irrationale Vorurteile abbaut; ihn mit permanentem Mißtrauen gegen staatliche Institutionen und öffentliche Moral zu erfüllen; ihn bei allem zugleich zu spannen, indem sie seinen genormten Gefühlshaushalt in Verwirrung stürzen« (Peter Nusser). Der Überraschungseffekt, auf den hin die Bücher der Autoren meistens konstruiert sind, dreht die Dinge um, die vorher so sicher schienen. Einen Schlag ins reichhaltige Reservoir unserer metaphysischen Vorurteile und Obsessionen bedeutet diese Ironisierung jedenfalls immer: Die Ereignisse deuten auf Magie, Transzendenz, und leichtgläubig hinken wir der Übersinnlichkeit hinterher, bis wir gezwungen sind, die Augen aufzumachen: Es gibt eben doch die rationale Erklärung, es war nicht der tote Schwerverbrecher, der die Personen in »Mensch auf Raten« zum Selbstmord bringt. Tatsächlich gelingt es Boileau/Narcejac in ihren besten Büchern auf sehr eindringliche Weise, die mystische Idylle, die ein nicht geringer Teil unserer Unmündigkeit ist, zu durchbrechen. Doch inwieweit ihr aufklärerischer Anspruch auch wirksam wird, ob ihr Absehen von sozialen Problemen sich nicht rächt, ist fraglich. Was von → Hammett und → Chandler begonnen, von → Patricia Highsmith fortgeführt wurde, ist hier fast vollendet: Der Kriminalroman schlägt in Absurdität um.

Wichtige Verfilmungen: »Les Diaboliques« (Die Teuflischen – 1955 – Regie: → Henri Clouzot) und »Vertigo« (Vertigo – 1958 – Regie: → Alfred Hitchcock).

Anmerkung

Peter Nusser: Aufklärung durch den Kriminalroman. In: »Neue Deutsche Hefte« Nr. 131. Frankfurt 1971.

Literatur

Pierre Boileau/Thomas Narcejac: Der Detektivroman. Neuwied/Berlin 1967. Thomas Narcejac: Une machine à lire. Le roman policier. Paris 1975.

Henri-Georges Clouzots Film »Les Diaboliques« entstand nach einer Vorlage von Boileau/Narcejac

Humphrey Bogart in »The Big Sleep« von Howard Hawks Verleih: Kirchner

Bogart

Humphrey Bogart, amerikanischer Filmschauspieler, 1899–1957. Ein Repräsentant der Kriegsgeneration, hatte Bogart seine größten Erfolge in den Filmen der Schwarzen Serie und als Darsteller der pessimistischen Detektivgeschichten von Hammett (Sam Spade etwa in: »The Maltese Falcon«) und Chandler (Philip Marlowe in: »The Big Sleep«). »Selbstverständlich ist Bogart auch viel besser als jeder andere Darsteller für brutale Rollen. Wie wir hier sagen, Bogart kann auch ohne Waffe gefährlich sein. Er hat auch einen Humor, der einen schneidenden Unterton der Verachtung enthält (. . .). Wie Edward G. Robinson braucht er nur aufzutreten, um eine Szene zu beherrschen« (R. Chandler). Doch so hart der Typ ist, den Bogart verkörperte, so verwundet, vom Tod gezeichnet, ist er auch. »Im Bilde Humphrey Bogarts manifestiert sich die Erfahrung des Scheiterns ganz unmittelbar. Der Stil seiner Filme ist nicht romantisch, sondern realistisch. (. . .) Bogart war das Symbol dessen, was die Amerikaner angesichts des Krieges empfanden. Er war insofern noch der konventionelle amerikanische Held, als er ›tat, was zu tun ist‹, sich für das Recht und die Freiheit schlägt und Faschisten wie Gangster bekämpft. Aber die Motive seines Handelns bleiben undeutlich« (Enno Patalas). Er hatte »nichts zu retten noch zu gewinnen, er wird weder von Interessen noch von Leidenschaften gelenkt, er handelt einfach« (André S. Labarthe). Es ist dies die Haltung des Soldaten, der sich den Gesetzen des Krieges fügt, zu bestehen, zu überleben versucht, ohne weiter nach einem Sinn, einer Moral zu fragen. Bogart ist »der

Verlorene«, der sich hundertprozentig für etwas einsetzt, aber in diesem Einsatz das eigentliche Ziel sieht; nicht Erfolgsstreben ist sein Movens – im Kriege ist diese amerikanische Tugend nicht nur wertlos, sondern sogar gefährlich –, es ist der Tod, dem Bogart in seinen Gangsterfilmen mit Trotz und Sehnsucht gegenübersteht.
Seit dem Erfolg von »The Maltese Falcon« (1943 – Regie: John Huston) gehörte Bogart zu den zehn meistverdienenden Stars. Die Regisseure, die ihn herausbrachten, waren: John Huston, → Raoul Walsh, → Michael Curtiz, Howard Hawks. Bogarts Mythos verblaßte, als Amerika sich anschickte, das Trauma des Krieges zu vergessen. In den Filmen, die nach 1949 entstanden, spielte »Bogey« immer mehr neurotische Charaktere. Tatsächlich mußte, was in der Zeit des »Nachkrieges« in der amerikanischen Gesellschaft als Ausdruck der Erfahrung des Großteils der männlichen Bevölkerung gelten kann, verwandelt werden in Reminiszenzen einer vergangenen Zeit. Der »Kriegsheld« Eisenhower hatte den Wahlsieg über den liberalen Stevenson errungen, für den sich Bogart und seine Frau, Laureen Bacall, eingesetzt hatten; und »nicht nur wirkte sich der politische Druck von der Seite des Kongreßausschusses zur ›Untersuchung unamerikanischer Umtriebe‹ auch in Hollywood aus – auch das Publikum suchte neue Leitbilder« (Enno Patalas).

Anmerkungen
Raymond Chandler: Chandler über Chandler. Frankfurt/Berlin 1965. Enno Patalas: Stars. Geschichte der Filmidole. Frankfurt 1967. André S. Labarthe zitiert nach Patalas.

Literatur
Alan G. Barbour: Humphrey Bogart. New York 1973. Hans C. Blumenberg/Peter Bogdanovich/ Truman Capote/François Truffaut/Charles Bukowski/Yaak Karsunke/Urs Widmer/ Hans Helmut Prinzler: Humphrey Bogart. München 1976. Peter Bogdanovich: Bogie in Excelsis. In: Ders.: Pieces of Time. New York 1973. Gaston Bounoure: Humphrey Bogart. Lyon 1962. Bernard Eisenschitz: Humphrey Bogart. Paris 1967. Allen Eyles: Bogart. London 1975. Richard Gehman: Bogart. Greenwich 1965. Ezra Goodman: Bogey: The Good-Bad Guy. New York 1965. Jonathan Hill/Jonah Ruddy: Bogart: The Man and the Legend. London 1966. Joe Hyams: Bogart's Face. Los Angeles/New York 1970. Joe Hayms: Bogie. The Biography of Humphrey Bogart. New York 1966. Clifford McCarty: Bogey. The Films of Humphrey Bogart. New York 1965. Paul Michael: Humphrey Bogart. The Man and his Films. Indianapolis/Kansas City/NewYork 1965.

Bonnie and Clyde

Clyde Barrow, 1910–1934, und Bonnie Parker, bis 1934. Die wahre Geschichte dieses Gangsterpaares, die den Stoff für viele Filme lieferte, ist zwar weniger *glamourous* als in den Filmen, aber nicht weniger grausam. Clyde Barrow und sein Bruder Marvin Ivan (»Ivy«) begannen eine sehr frühe Gangsterkarriere in ihrem Heimatort West Dallas, Texas. Wegen Wagendiebstahls wurden sie 1930 verhaftet. Kurz nachdem Clyde im Jahre 1932 auf Grund einer Amnestie freigelassen worden war, beraubte er eine Tankstelle. Zwei Monate später schoß er einen Ladenbesitzer nieder und weitere fünf Monate darauf zwei Männer in einer *dance-hall.* Sein Partner, Roy Hamilton, wurde bei diesem Zwischenfall gefangen und mußte, da einer der beiden Männer getötet worden war, mit einer schweren Bestrafung rechnen. Barrow tat sich unterdessen mit der Freundin seines Partners zusammen: Bonnie Parker. Die beiden verübten ein paar Raubüberfälle in Texas, befreiten dann ihren Freund aus dem Gefängnis und schlossen sich wieder mit »Ivy« und seiner Frau, Blanche Caldwell, zusammen. Diese fünf verübten ein paar kleinere Banküberfälle, bis sie 1933 im Januar in eine Falle der Polizei gerieten, aus der sie sich allerdings, wie es heißt, »ihren Weg frei schossen«. »Ivy« wurde ein Jahr darauf tödlich verwundet, und Bonnie und Clyde machten schließlich allein weiter, bis sie am 23. Mai 1934 von der Polizei in einem blutigen Gefecht erschossen

wurden.
Das Paar, in Wahrheit ein Sadist und seine ihm hörige Freundin, wird in den Filmen oft als romantisches, gar tragisches Liebespaar dargestellt, dessen Glück von den etablierten Kräften vernichtet wird. In der Mythologie des Gangsterfilms stellen Bonnie und Clyde so etwas wie Antipoden zum städtischen, organisierten Verbrechen dar. Bei vielen der Farmer im mittleren Westen mögen die beiden tatsächlich einen gewissen sozialrebellischen Affekt ausgelöst haben, da sich ihre Angriffe vorwiegend auf die Einrichtungen der verhaßten städtischen Zivilisation richteten.
Die Reihe der Verfilmungen begann mit→ Fritz Langs »You only live once« (1937), der allerdings keine exakte Übereinstimmung mit der Wirklichkeit anstrebte. Henry Fonda und Sylvia Sidney spielten ein Paar, das, von der Gesellschaft ausgestoßen, zum Verbrecherdasein gezwungen wird. Dem wahren Sachverhalt um einiges näher kam »Gun Crazy« (1949 – Regie: Joseph H. Lewis): Clyde wurde hier als geckenhafter Pistolenfetischist, Bonnie als aggressive Sexbombe porträtiert. 1958 entstand die »Bonnie Parker Story« (Regie: William Witney). Hier wurde Barrow – historisch zutreffend – als brutaler, hirnloser und impotenter Gewaltmensch dargestellt, während Bonnie Parker – historisch sicher nicht zutreffend – als gewitztes Glamourmädchen gekennzeichnet war.
Arthur Penns »Bonnie and Clyde« (1968) war ein Film mehr über die Legende als über die Wirklichkeit, ein Film, der zeigen sollte, wie sich Träume von sexuellem Erfolg und von Gewalttätigkeit in solchen schönen Legenden manifestieren. Jeder frustrierte Junge sehnt sich nach dem von gesellschaftlichen Konventionen freien »Erfolg« des Clyde Barrow, und jedes unterdrückte Mädchen will wie Bonnie Parker als Legende sterben. Der Mythos des der Gesellschaft entfliehenden Paares führt, wo es keine einsamen Inseln mehr gibt, ins Gangstertum. Es wird ein Zustand vorstellbar, in dem es keine Romantik mehr ohne Gewalt gibt.

Literatur
Robert Benayoun: Billy-Bonnie et Clyde-Hyde. In: »Positif« Nr. 93. Paris 1968. John G. Cawelti (Hg.): Focus on Bonnie and Clyde. Englewood Cliffs 1973. Herbert Linder: Bonnie und Clyde. In: »Filmkritik« Nr. 1. München 1968. Sandra Wake/Nicola Hayden: The Bonnie & Clyde Book. London 1972.

Brown
Carter Brown, englischer Kriminalschriftsteller. Die typischen Figuren seiner Detektivromane sind der überclevere und gewitzte Polizeileutnant Al Wheeler (z. B. Al Wheeler und die Füchsin, dt. 1965), Danny Boyd, »der Privatdetektiv mit dem klassischen Profil« (z. B. Miss Meermaid steht zur Wahl, dt. 1962), und Rick Holman, ebenfalls Privatdetektiv, den Friedrich Kur folgendermaßen beschreibt: »Rick Holman wird regelmäßig verprügelt und verprügelt regelmäßig andere, mitunter auch die Falschen. Der hartgesottene Playboy ist manisch auf Vollbusige fixiert. Eine zweifelhafte Figur in den zweifelhaften Krimis von Carter Brown.« Carter Browns Helden haben zu ihrer Umwelt ein reines Warenverhältnis: Man konsumiert sich, man bezahlt sich, man wirft sich weg. Danny Boyd etwa verliebt sich ausschließlich in Schönheitsköniginnen, Mannequins oder Filmstars, und nicht einmal das, er verliebt sich in ihre Maße, ja, in ihre Büstenhaltergröße. Wenn sich eine dieser Modeschönheiten dennoch in eine reale Person verwandelt, dann gebietet die Dramaturgie der Brownschen Romane, daß sie möglichst schnell und auf möglichst delikate Weise (Leiche – oben ohne, dt. 1967) vom Leben zum Tode gebracht wird. Hinter der schnodderigen Art dieser »Helden«, Frauen zu erobern, die eigentlich nicht erobert, sondern bezahlt werden wollen, verbirgt sich die in der puritanischen angelsächsischen Kultur tief verwurzelte Angst vor dem weiblichen Geschlecht, die in einer oft sinnlosen Brutali-

tät auch und gerade gegen Frauen in Browns Romanen kompensiert wird. Seine Detektivfiguren sind nur noch Karikaturen der *hard-boiled heroes*; sie überlegen nicht mehr – geschweige denn setzen sie psychologische oder moralische Sensibilität ein –, sie schlafen nur noch mit den richtigen Frauen, um das Verbrechen zu lösen. Daß auch die Brownschen Helden dabei nicht auf markige *law and order*-Sprüche verzichten, versteht sich von selbst.

Butler Parker

Deutsche Heftromanserie von Günter Dönges, der auch die Drehbücher zu der gleichnamigen Fernsehserie im Werberahmenprogramm schrieb. Während die Heftromane weder mit Morden noch mit phantastischen Gruseleffekten (Riesenameisen, Schlangen etc.) sparen, legt die Fernsehserie das Hauptgewicht auf die parodistischen Elemente. Butler Parker, der Diener, der – wieder einmal – schlauer ist als sein Herr, Rechtsanwalt Mike Rander, bekämpft das Verbrechen vermittels formvollendeter Höflichkeit und einer Unzahl technischer Apparaturen, die er in den Wagen seines Arbeitgebers eingebaut hat. Der Widerspruch zwischen manierierter, ja unterwürfiger Sprech- und Bewegungsweise des Butlers einerseits, und seinen zielstrebig pragmatischen Handlungen andererseits sorgt dabei für komische Wirkungen. Was für die Fernsehserie einnimmt, ist der Verzicht auf harte physische Gewalt: Parker verhindert öfter ein Verbrechen, als daß er es aufdeckt. Und muß er sich zur Wehr setzen, so tut er dies auf unblutige und humorvolle Weise. Er setzt seinen Gegner durch einen präzis geschlagenen Golfball außer Gefecht, er kettet das Auto seiner Verfolger an einen Hydranten etc. Die Ironisierung der gängigen Krimi-Klischees, die diese Serie betreibt, verliert sich allerdings zuweilen in Einfältigkeit und treuherziger Wiederholung.

Heft-Titel der Butler-Parker-Serie
© Zauberkreis Verlag

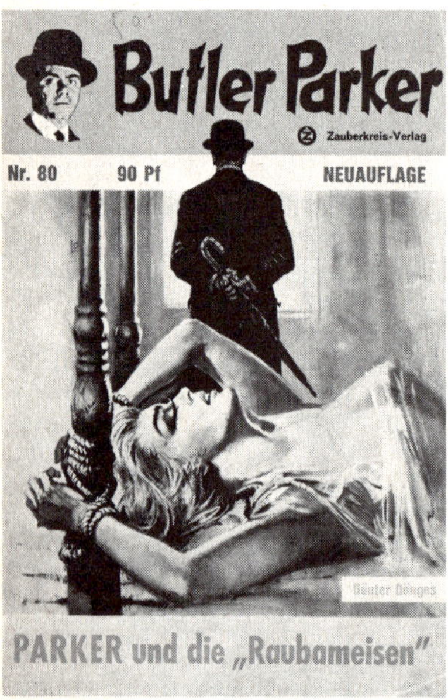

Günter Dönges schrieb auch die Drehbücher zu den Rahmenserien »Hafenpolizei« und »Polizeifunk ruft«.

Literatur

Eva-Maria Lenz: Ein Hoffnungsschimmer im Vorprogramm. In: »Zoom/ Filmberater« Nr. 3. Bern/Zürich 1973.

Carr

John Dickson Carr (auch Carter Dickson), englischer Kriminalautor, geb. 1905. Erfinder des Detektivs Gideon Fell, eines Privatgelehrten, der seine Fälle durch den unerschütterlichen Glauben an wissenschaftliche Methodik löst. Dieser Detektiv, zu dem G. K. Chesterton (→ Klassiker des Detektivromans) das lebende Vorbild lieferte, ist wohlbeleibt, ein wenig schrullig, und Rationalität ist ihm ein Genuß. Carr wird als ein Meister der *closed room mysteries* bezeichnet. Freilich ist dies eine Grundkonzeption, die zu stark konstruierten Handlungsabläufen und verdrehten Lösungen verführt. Dieser Gefahr ist Carr

nicht immer entgangen, seine »Fälle« muten zuweilen etwas synthetisch an, und die »schauerromantische« Stimmung in seinen Büchern, das Gespenstische und Makabre bleiben vordergründig: »Von allen Detektivromanautoren besaß er für das Phantastische das feinste Gespür, und er hätte in der Geschichte des Detektivromans eine hervorragende Rolle spielen können, wenn er die Kunst nicht völlig der Technik geopfert hätte, wenn er seinen Leser nicht ohne Unterlaß verblüffen, ja sogar hätte mystifizieren wollen« (Boileau/Narcejac). Das Geheimnisvolle offenbart sich nicht nur im Effekt, im Gegenteil, es verliert an Wirkung, wenn es sich so offensichtlich demonstriert, daß man es von vornherein vom »Normalen« unterscheiden kann.
Carr ist auch Verfasser einer Biographie Conan Doyles, »Life of Sir Arthur Conan Doyle«, 1948.

Chandler
Raymond Chandler, amerikanischer Kriminalautor, 1888–1959. Der in England aufgewachsene Chandler war nacheinander Lehrer, Journalist, Soldat, Buchhalter, Steuerberater und Erdölbeamter, bevor er 1933 seine erste Erzählung in dem legendären *Black Mask* Magazin veröffentlichte, in dem auch → Dashiell Hammett und → Erle Stanley Gardner publizierten. Sein erster Roman »The Big Sleep« (1939, dt. Der tiefe Schlaf – 1950) wurde ein großer Erfolg, dem bald weitere folgten: »Farewell, My Lovely« (1940, dt. Betrogen und gesühnt/Leb wohl, mein Liebling, 1958), »The High Window« (1942, dt. Das hohe Fenster – 1952), »The Lady in the Lake« (1943, dt. Einer weiß mehr/Die Tote im See, 1949) und »The Little Sister« (1949, dt. Die kleine Schwester – 1953).
Die Gestalt des Privatdetektivs Phil Marlowe, eines geschundenen, von Skrupeln geplagten und durchaus nicht immer erfolgreichen Mannes, ist neben der des Sam Spade von → Dashiell Hammett zu einer Symbolfigur der amerikanischen Nachkriegszeit geworden. Marlowe, dessen ihm selbst zweifelhaft gewordener Professionalismus sich zu verselbständigen droht, löst keine hochkomplizierten Fälle mit Hilfe seiner »grauen Zellen« – die hat er zum Teil schon durch seinen enormen Whiskykonsum zerstört; er sucht den Mörder in ermüdender Kleinarbeit, steckt dabei Prügel und Verletzungen ein, und nur die Beharrlichkeit seiner Suche führt ihn zum Ziel. Viele Aufträge führen ihn nach Hollywood, dem »faulen und kranken Herzen unserer Zivilisation« (Chandler), das falsches, verdorbenes Blut in die Adern der großen Städte pumpt. Seine Klienten sind wie von einem Virus des Bösen befallen oder ringen verzweifelt mit ihm, sie alle sind Verstörte; Bürger, die fassungslos und ohne etwas abwenden zu können, den Verfall ihrer eigenen Moral mitansehen müssen. Dagegen steht die Polizei, weder heldenhaft und rechtssicher, noch durch und durch korrupt, aber auch selbst dem Bösen mit einer gewissen Hilflosigkeit ausgesetzt. Und dazwischen steht Marlowe, der einerseits aus materiellen Gründen – er will seine Lizenz nicht verlieren –, andererseits aus moralischen Gründen – er versucht, auf der Seite des Rechts zu stehen, auch wenn dieses Recht zweifelhaft oder untauglich geworden ist – mit ihr zusammenarbeitet und doch, einem beinahe irrationalen Treueverhältnis zu seinen Auftraggebern verpflichtet, gegen sie arbeiten muß. Nur die Suche nach der Wahrheit, die oft besessene Züge annimmt, und sein Mitleid mit den dem Verfall von Sitte und Recht Ausgesetzten läßt ihn diese Statusunsicherheit ertragen. Phil Marlowe sucht nicht die Lösung einer gestellten Aufgabe, obwohl seine Verbissenheit und seine Härte das manchmal vermuten lassen. Was er wirklich sucht, ist das Recht in einer sehr ungerechten Welt.
Chandler, der seine Romane in Ich-Form verfaßte, schildert seine Umgebung mit realistischer Genauigkeit, und es mag an Religiosität gemahnen – Chandler war

Quäker –, wie er Fragen der Sittlichkeit behandelte. Er ließ seinen Detektiv keine Erlösung bringen, wie es die Poirots und Maigrets taten, aber in der Unbestechlichkeit und der Treue zu sich selbst bot sein Held ein positives Gegenbild zur Verderbtheit der von Krieg und Depression gezeichneten Gesellschaft. Für Hollywood arbeitete Chandler als Dramaturg und Drehbuchautor, doch vom gesellschaftlichen Leben dieser »Illusionsfabrik« hielt er sich fern. Wichtige Filme: Drehbuch: »Double Indemnity« (Frau ohne Gewissen – 1944 – Regie: Billy Wilder nach einem Roman von James M. Cain, des »literarischsten« der *hard-boiled writers*), »The Blue Dahlia« (Die blaue Dahlie – 1946 – Regie: George Marshall), »Strangers on a Train« (Ein Fremder im Zug – 1951 – Regie: → Alfred Hitchcock). Verfilmt wurden u. a. seine Romane: »The Big Sleep« (Der tiefe Schlaf – 1946 – Regie: Howard Hawks, mit → Humphrey Bogart als Marlowe), »The High Window« (1947 – Regie: John Brahm), »The Lady in the Lake« (1946 – Regie: Robert Montgomery). »Murder My Sweet« (Leb wohl, mein Liebling – 1944 – Regie: Edward Dmytryk) basierte auf dem Roman »Farewell My Lovely«. In den Filmen wie in seinen Romanen erhebt sich die Kritik an einer Gesellschaft, die kleine Gangster gnadenlos verfolgt, während der *white collar criminal* sich freikaufen und Reichtum anhäufen kann.

Literatur

Raymond Chandler: Chandler über Chandler. Frankfurt/Berlin 1965. Alain Lacombe: Le roman noir américain. Paris 1975.

Chase

James Hadley Chase, amerikanischer Kriminalautor. Chase führt einen Aspekt der Romane von → Hammett und → Chandler weiter: Die Anzweiflung des Rechtsstatus von Detektiv und Polizei. In seinen Romanen scheinen die Fronten oft vertauscht; die sogenannten Verbrecher sind die Opfer, und die *detection* der legalen Kräfte von Polizei und Justiz erweist sich als brutale Menschenjagd. Zwar spart er nicht mit der Schilderung von Grausamkeiten, doch anders als etwa bei → Spillane oder Fleming, die die Gewalt verherrlichen, versucht er, ein psychologisch fundiertes Bild der gesellschaftlich antagonistischen Kräfte, der Verbrecher und der Hüter des Gesetzes zu geben. Seine Romane wirken zunächst amoralisch und nihilistisch, da der Autor sich nicht scheut, die gleichermaßen desolate, wie zur Reflexion unfähige Perspektive des Verbrechers einzunehmen, in der Beweggründe wie Besitzgier, Machtkampf und persönlicher Haß »normal« und das Mittel des physischen Kampfes und des Mordes als zwangsläufig erscheinen. Die Verbrecher bei Chase sind von einer spezifischen Tragik bestimmt, ihr Scheitern steht stellvertretend für das Scheitern der Randgruppenexistenzen, deren es in Amerika ja nicht wenige gibt. Doch indem sich der Verbrecher (der Unangepaßte, der moralisch »anders« konditionierte) als tragisch empfindet, im Zustand der Erwartung eines rituellen Todes, desto mehr verzichtet er auf politische Emanzipation. In dieser Stilisierung liegt der Keim zu einer Ästhetisierung der Gewalt, die bei Chase oft als Befreiung, gar als Erlösung erlebt wird, als etwas Schaurig-Schönes (Beispiele: Das Massaker in »No Orchids for Miss Blandish« oder die erotisierende Wirkung, die ein Boxkampf auf eine Frau hat in »The Sucker Punch«). Diese Romane spiegeln ein letztlich desolates Weltbild, in dem weder Gesetz noch Freundschaft verläßliche Werte sind.

Christie

Agatha Christie (Agatha Clarissa Miller), englische Kriminalautorin (1891–1976). Ihre berühmteste Gestalt, der kleine, charmante Belgier Hercule Poirot, den es nach London verschlagen hat, ist zum Inbegriff des klassischen Detektivs geworden, der »die Spuren nicht im Staub des Fußbodens findet, sondern im Charakter der Beteilig-

Plakat zu Julien Duviviers Verfilmung eines Romans von James Hadley Chase
Verleih: Fox-MGM

ten« (Walter Gerteis). Poirot ist von übertriebener, fast zeremonieller Höflichkeit, seine verblümte Redeweise und seine gekkenhafte Kleidung lassen ihn harmloser erscheinen, als er ist, und schon seine Figur – ein riesiger eiförmiger Schädel auf einem gedrungenen Rumpf – verweist auf seine mythische Funktion: Er ist die Personifikation einer fixen Idee; die Sinnlichkeit, die dem bürgerlichen Individuum verlorengegangen ist, veräußert sich als geistige Eitelkeit und wird so durch den Erfolg ersetzt. Fortwährend weist dieser Poirot auf das gute Funktionieren »seiner kleinen grauen Zellen« hin, wie um das schlechte seiner Geschlechtsorgane zu verbergen. Ist Hercule Poirot auf seine Verstandestätigkeit reduziert, so sind die übrigen Personen, Verdächtige sind alle, zu Signifikanten bestimmter Leidenschaften bestimmt: Eifersucht, Zorn, Mißtrauen – jeder verkörpert eine dieser Eigenschaften und ist schon deshalb als möglicherweise Schuldiger in Betracht zu ziehen. Leidenschaften, die isoliert und ohne Bezug zur Komplexität des menschlichen Lebens stehen, verlangen vom Leser kaum ein moralisches oder ethisches Engagement, ein Aspekt des Kriminalromans, den die Autorin noch verstärkte, indem sie durch geschickten Aufbau der Charaktere jegliches Mitleid seitens des Lesers unterbindet. So werden beispielsweise die ermordeten Personen als unsympathisch geschildert, Schicksalsschläge treffen nur solche, die sie offensichtlich verdient haben etc. Die Leidenschaft ist ein Rätsel, dem Poirot mit ebensoviel Verständnislosigkeit wie Verstandesarbeit beizukommen versucht. So wie jemand, der sich einbildet, er habe sein Wissen vermehrt, wenn er ein Kreuzworträtsel löst, glaubt Poirot (und der Leser), der menschlichen Natur auf die Schliche gekommen zu sein, wenn er den Fall gelöst, die Leidenschaften sortiert und eingeordnet hat.

Wie aseptisch und wirklichkeitsfremd die Romane von Agatha Christie manchmal sind, zeigt auch ihre Konzentration auf das Problem des *closed room mystery*, des geschlossenen Raums. »Merkwürdig bleibt die Zwischenstellung in vielen Romanen Agatha Christies: Interieurs, die strenggenommen keine sind (das Innere eines Flugzeugs, eines Schlafwagens, das Zwischendeck eines Nildampfers), Interieurs, die gleichsam Fühler ausstrecken, ohne daß die Umgebung ganz zur Landschaft wird, Landschaftsausschnitte, die interieurhaften Charakter bekommen dadurch, daß sie wie Zimmer behandelt werden« (Helmut Heissenbüttel). Um die Leidenschaften besiegen zu können, muß man zunächst die Welt aussperren. In der regressiven Situation des geschlossenen Raums entsteht schließlich ein kollektives Schuldgefühl (vgl. Sigmund Freud: Totem und Tabu), wenn sich herausstellt, daß jeder der Anwesenden ein Motiv zur Tat hatte. Geläutert und erlöst verlassen die »Unschuldigen« den Ort des Gerichts. Um die ungeheure Popularität zu verstehen, die solche quasi-religiösen Kriminalromane (vgl. → Edgar Wallace, G. K. Chesterton, → Klassiker des Detektivromans) gerade im angelsächsischen Raum verzeichnen, muß man wohl einen Blick auf das tradierte Gedankengut der puritanischen protestantischen Religion werfen. Es gibt hier weder die Beichte noch die Vergebung der Sünden auf Erden durch Buße, also muß der Wunsch nach Erlösung für den übermächtig werden, der, seinem Glauben gemäß, mit seinem Gewissen allein bleiben wird. Im Angesicht der Sünde, der Tat oder vielmehr Untat gewordenen Leidenschaft bricht jede puritanisch konditionierte Gemeinschaft auseinander. Durch das öffentliche Bekenntnis des Verbrechers, zu dem der Detektiv ihn zwingt, richtet er die zerstörte Grenze zwischen Gut und Böse wieder auf. Daß er sich zumeist selbst richtet, befreit seine Umwelt von der schwierigen Entscheidung, ob ihm vergeben werden kann oder nicht. Die Erlösung in der »Theologie des Kriminalromans« ist der

Moment, wo die Schuld sichtbar, der Schuldige seinem Gewissen überantwortet ist. In allen lebt die Sünde, doch der eine, der Mörder, hat ihr nachgegeben und wäscht mit seinem Tod die anderen rein. Der klassische Kriminalroman kennt keine Gnade; er ist deshalb grausamer und inhumaner als die neuere, mit Gewalttätigkeiten nicht eben sparende Handlungsliteratur. Niemals wird ein Hercule Poirot mit seinen Widersachern Mitleid haben, wie etwa Phil Marlowe (→ Chandler) oder David Small (→ Harry Kemelman).

Zuweilen hat Agatha Christie das Erlösungsbedürfnis ihres Publikums arg düpiert, indem sie das zugrunde liegende Schema: alle sind verdächtig, und der am wenigsten Verdächtige ist der Mörder, auf drastische Weise abwandelte: Alle sind verdächtig, und alle haben den Mord begangen – »Murder on the Orient-Express« (Die Frau im Kimono, dt. 1934/Der rote Kimono, 1955); alle sind verdächtig, aber alle werden umgebracht – »Ten Little Niggers« (Letztes Weekend, dt. 1944); der Ich-Erzähler des in Tagebuchform verfaßten Romans ist der Mörder – »Murder of Roger Ackroyd« (Alibi, dt. 1937). Daß es gerade diese Romane waren, die den Ruhm Agatha Christies begründeten, verwundert nicht. Das überkommene Schema des Problemromans konnte nur noch durchbrochen, nicht mehr erneuert werden. Inmitten einer Schar von Zauberern, die alle weiße Kaninchen aus dem Zylinder hervorholten, förderte Agatha Christie rote Kaninchen aus ihrem Schleier und wurde gefeiert. Der Detektivroman als Erosverdrängung und säkularisierte puritanische Ethik hatte seinen Zenit überschritten, und Agatha Christie war seine Vollenderin.

Als Theaterstücke waren und sind die Stoffe Agatha Christies große Erfolge (etwa: »Ten Little Niggers«). Dagegen hat sich der Film nur selten ihrer Romane angenommen; verfilmt wurden »Ten Little Niggers« unter dem Titel »Ten Little Indians« (1945 und 1965), »Witness for the Prosecution« (1958) und »Spider's Web« (1960). In den dreißiger Jahren war Hercule Poirot der Held eines *second feature serials*; Frank Tashlin karikierte ihn in »The Alphabet Murders« (Die Morde des Herrn A-B-C – 1965).

Anmerkungen

Walter Gerteis: Detektive. Ihr Leben in der Geschichte und in der Literatur. München 1953. Helmut Heissenbüttel: Spielregeln des Kriminalromans. In: Literarisches Colloquium Berlin (Hg.): Trivialliteratur. Berlin 1964.

Literatur

Frank Behre: Get, Come and Go. Some Aspects of Situational Grammar. A Study Based on a Corpus Drawn from Agatha Christie's Writings. Stockholm 1973. Frank Behre: Studies in Agatha Christie's Writings. Stockholm 1967. Gerd Egloff: Detektivroman und englisches Bürgertum. Konstruktionsschema und Gesellschaftsbild bei Agatha Christie. Düsseldorf 1974. Klassikerin des Nervenkitzels. In: »Der Spiegel« Nr. 22. Hamburg 1956.

Clouzot

Henri-Georges Clouzot, französischer Filmregisseur, geb. 1907. Ein »Meister des modernen Gruselfilms«. Nach seiner Tätigkeit als Journalist, Drehbuchautor und Regieassistent debütierte er mit dem Kriminalfilm »L'Assassin habite au 21« (Der Mörder wohnt Nr. 21 – 1942). Schon mit seinem zweiten Film, »Le Corbeau« (Der Rabe – 1943), schuf Clouzot ein Werk, in dem sich eine ganz persönliche filmische Sprache mit gesellschaftskritischem Realismus verband: In einer kleinen französischen Provinzstadt terrorisiert ein anonymer Briefschreiber die Bevölkerung; Mißtrauen, latente Aggression und Vorurteile brechen auf, und man verdächtigt zunächst den »ortsfremden Arzt«; Lynchjustiz liegt in der Luft. Die Kritik an der stickigen, morbiden Kleinstadtmentalität, die Clouzot in genau beobachteten Details deutlich kennzeichnet, traf im Frankreich des Krieges auf sehr geteilte Meinungen. So vermutete man in dem Film so etwas wie eine Bestätigung des nazi-deutschen Frank-

Pierre Fresnay und Héléna Manson in »Le Corbeau« von Henri-Georges Clouzot

reich-Bildes, ohne zu erkennen, daß »Le Corbeau« gerade den Opportunismus der Vichy-Regierung geißelte. Selbst nach dem Krieg – der Film wurde nach der Befreiung zurückgezogen und konnte erst drei Jahre später wieder aufgeführt werden – war die Meinung über den Film noch immer geteilt, und es verwundert kaum, daß beispielsweise »Knaurs Buch vom Film« ihn als »destruktiv« einstuft. Clouzots nächster Film »Quai des Orfèvres« (Unter falschem Verdacht – 1947) kritisierte die Verhörmethoden der Polizei und zeichnete ein genaues Porträt bürgerlicher Charaktere.

In seinen späteren Filmen verlegte sich der Regisseur mehr auf die technische und atmosphärische Dramaturgie des Thrillers, während der sozialkritische Aspekt zurücktrat. »Le Salaire de la peur« (Lohn der Angst – 1953), die Geschichte von vier Männern, die zwei Nitroglyzerinlastwagen durchs Gebirge fahren und dabei umkommen, begründete seinen Ruhm auch in Deutschland. »Les Diaboliques« (Die Teuflischen – 1955) nach einem Drehbuch von → Boileau/Narcejac trieb den Formalismus auf die Spitze. Die Frau eines Schuldirektors und seine Geliebte tun sich zusammen, um ihn zu ermorden, doch stellt sich dieses Vorgehen schließlich als Täuschungsmanöver heraus. »Die Technik, mit der das Verbrechen im Film begangen wird, und die Technik des Regisseurs sind identisch: beide zeichnen sich durch diabolische Vollkommenheit aus« (Gregor/Patalas). »Les Espions« (Spione am Werk – 1957) war eine Reprise der »Teuflischen«.

In Clouzots Werk berühren sich die beiden möglichen Tendenzen des Thrillers: Er kann einerseits in einer vollständig isolierten, gar künstlichen Welt den Schrecken sozusagen in Reinform darstellen. Er kann aber auch, wie der frühe Clouzot es tat, diesen Schrecken vom Zustand der Gesellschaft herleiten, den Schrecken im Alltag sichtbar machen.

Anmerkungen

Knaurs Buch vom Film. München o. J. Ulrich Gregor/Enno Patalas: Geschichte des Films. Reinbek 1976.

Literatur

Pietro Bianchi: H. G. Clouzot. Parma 1951. François Chalais: François Chalais présente Henri-Georges Clouzot. Paris 1950. Gisèle Charbonnier: Pour Clouzot le cinéma c'est toujours la tempête. In: »Paris Match« vom Oktober. Paris 1967. Francis Lacassin/Raymond Bellour: Le procès Clouzot. Paris 1964. Philippe Pilard: Henri-Georges Clouzot. Paris 1969.

Corman

Roger Corman, amerikanischer Filmregisseur, geb. 1926, der sich mit seinen Poe-Verfilmungen (vgl. *Horror*) einen Namen machte. Corman setzte mit seinen Filmen »Machine Gun Kelly« (1958), »The Saint Valentine's Day Massacre« (Chikago-Massaker – 1967) und »Bloody Mama« (1969) die Serie historischer → Gangsterfilme fort. Während »Machine Gun Kelly«, die Rekonstruktion eines *kidnapping*, noch ganz in der Art seiner Horrorfilme lag – ein blutrünstiges Schauspiel voller Obsessionen –, bemühte er sich in »Chikago-Massaker« um dokumentarisch genaue Beschreibung des Bandenkrieges zwischen → Al Capone und seinem Konkurrenten Bugs Moran. Zwar überwucherten in diesem Film Details aus der *historical society* Chikagos und eine zu »schöne« Farbregie die historische Analyse, doch »was Cormans

Al Capone läßt seine Konkurrenten liquidieren: Roger Cormans »The St. Valentine's Day Massacre« Foto: Fox

Quasi-Dokumentation wirklich gelang, ist das Spektrum knapp skizzierter Gang-Charaktere zwischen Killer und Buchhalter, frei von Dämonisierung, nicht überfrachtet mit psychologischer Interpretation« (Helmut Regel). Obwohl das Thema – die von Inzest, Rauschgiftsucht, Sadismus und Blutrausch geprägte Geschichte der Ma-Barker-Gang – an terroristischen Sensationen reich war, wurde »Bloody Mama« Cormans zurückhaltendster und distanziertester Film. Er versagte sich und den Zuschauern jeden Voyeurismus und die falsche Romantik anderer Gangsterfilme. Während Bloody Mama und ihre Gang in einem blutigen Gefecht von der Polizei erschossen werden, sammeln sich gutgelaunte Bürger, um aus sicherer Entfernung das Spektakel mitzuerleben: Bei dieser Szene mag auch im Filmzuschauer die Frage aufkeimen, warum es Vergnügen bereitet, Menschen sterben zu sehen . . .

Anmerkung
Helmut Regel: Chikago-Massaker. In: »Filmkritik« Nr. 12. München 1967.

Literatur
David Will/Paul Willemen: Roger Corman – the Millenic Vision. Edinburgh 1970.

Curtiz
Michael Curtiz, amerikanischer Filmregisseur (1888–1962). Neben seinen Detektivfilmen (z. B. »The Kemel Murder Case« mit William Powell als Philo Vance [→ S. S. Van Dine] oder »Private Detective 62«, ebenfalls mit Powell) sind besonders seine Gefängnisfilme zu erwähnen, *topical films*, die besonders in den dreißiger Jahren die Gemüter erregten. »20 000 Years in Sing Sing« (20 000 Jahre in Sing Sing – 1932 mit Spencer Tracy) entstand nach einem Roman von Lewis E. Lawess, einem ehemaligen Direktor von Sing Sing, und schilderte die Brutalisierung der Menschen im Gefängnis. »Angels with Dirty Faces« (1938 mit → Humphrey Bogart und James Cagney) erzählt die Geschichte eines Gangsters (Cagney), der von allen bewundert wird. Selbst im Gefängnis, zum Tode verurteilt, sehen die Jungen in ihm noch das Ideal einer gelungenen Rebellion gegen die Brutalität der Gesellschaft. Auf seinem Gang zum Tode stößt der Gangster einen markerschütternden Schrei aus – eine verzweifelte Warnung an seine Bewunderer, nicht seine Laufbahn einzuschlagen, nicht so zu enden wie er. Curtiz' düstere und tragische Filme zeigten die hoffnungslose Lage der sozial Depravierten, ihren vergeblichen Kampf um ihre Menschenwürde ohne den kleinsten Schimmer von Optimismus. (Zum Vergleich: → Don Siegel).
Curtiz, der auch Western, Abenteuerfilme und Melodramen (»Casablanca« – Casablanca – 1946) drehte, verfiel in den fünfziger Jahren zusehends dem Hollywood-Kommerz; seine späteren Filme waren Routinearbeiten ohne Handschrift.

Literatur
Kingsley Canham: The Hollywood Professionals. Michael Curtiz. Raoul Walsh. Henry Hathaway. London/New York 1973. Paul Leggett: The Noble Cynic. Michael Curtiz. In: »Focus on Film« No. 23. London 1976.

Dassin
Jules Dassin, französisch/amerikanischer Filmregisseur, geb. 1911. Er selbst nannte seine in den Jahren 1941 bis 1949 in Hollywood entstandenen Gangsterfilme zwar Routinearbeiten, in die er nicht sein volles künstlerisches Talent investiert habe, doch sind gerade seine in dieser Periode entstandenen Filme kennzeichnend für die positiven Tendenzen innerhalb des Genres: soziales und humanes Engagement und ein Bemühen um dokumentarische Genauigkeit. Stilistisch lagen Dassins Gangsterfilme in der Mitte zwischen der Schwarzen Serie und den *semi-documentaries* (→ Gangsterfilm). In »Brute Force« (Zelle R 17 – 1947) kritisierte er die Brutalität des Strafvollzugs, »The Naked City« (Stadt ohne Maske – 1948) zeigte den urbanen Alptraum New York, und »Thieves' Highway« (Gefahr in Frisco – 1948) war ein scho-

James Cagney in »Angels With Dirty Faces« (Chicago) von Michael Curtiz

nungsloser Report über die kriminellen Machenschaften des amerikanischen Großhandels. Folgerichtig geriet Dassin auf die schwarzen Listen der von McCarthy inszenierten antikommunistischen Hetzjagd. 1950 ging er nach London, um (im Auftrag einer amerikanischen Gesellschaft) den Film »Night and the City« (Die Ratte von Soho) zu drehen, und kehrte nicht in die Vereinigten Staaten zurück. Fünf Jahre verbrachte er nun in Paris, ohne ein einziges Projekt realisieren zu können, dann gelang ihm mit »Du Rififi chez les hommes« (Rififi – 1955) der Durchbruch in Europa. Nach einer Serie von »griechischen« Filmen mit Melina Mercouri schuf er mit »Topkapi« (Topkapi – 1964) eine Persiflage auf seine früheren Filme. Jules Dassin ist ein Beispiel dafür, daß auch die Arbeit innerhalb eines Genres mit relativ festgefügter Ikonographie gute Ergebnisse zeitigen kann. Er ist freilich auch ein Beispiel dafür, wie sehr der Widerspruch zwischen künstlerischem Anspruch und gefordertem Unterhaltungswert ein Talent verkümmern lassen kann: Seine europäischen Filme, dem Kunstprinzip verhaftet, erreichen nie die Dichte und konsequente Logik seiner Hollywoodfilme.

Literatur

Collin McArthur: Jules Dassin. In: Ders.: Underworld USA. London 1972. A. Ferrero: Jules Dassin. Parma 1961.

Detektiv- und Kriminalcomics

In den späten zwanziger Jahren, als in Amerika das durch die Prohibition entstandene organisierte Gangstertum seinen Höhepunkt erreicht hatte, war das Image der Polizei durch die offenkundige Bestechlichkeit ihrer Beamten in der Öffentlichkeit denkbar schlecht. Das verunsicherte Publikum der Unterhaltungsindustrie verlangte nach einem positiven Gegenbild, nach Helden, die unbestechlich, aber in ihren Methoden ebenso hart und gewalttätig sein sollten wie der Gangster, den man zwar insgeheim immer noch seines Professionalismus und seiner »Freiheit« wegen bewunderte, der aber aus der Welt geschafft werden sollte; denn die Interessenlage hatte sich geändert, »Fleiß und Industrie« und die Konsolidierung der ethnologischen und sozialen Schichtungen orientierten auf den »New Deal« hin. Unter Hoovers Führung nahm das → FBI Gestalt an, und die Möglichkeiten des sozialen Aufstiegs auf legalem Weg nahmen für die meisten weißen Amerikaner zu.

Der gegen die Korruption gefeite Detektiv trat zunächst in den *Pulp Magazines* seinen Siegeszug gegen die Gangster an, dann entdeckte auch das bis dato auf *funnies* spezialisierte Medium der *Comic Strips* diese von den *hard-boiled writers* kreierte Figur. Im Oktober 1931 begann der harte, ganz auf *law and order* getrimmte Polizeidetektiv Dick Tracy auf den Seiten der »New York News« seinen unnachgiebigen Kampf gegen Verbrecher und tatenlose Behörden. Die von Chester Gould geschriebene und gezeichnete Serie, deren Popularität kaum jemals übertroffen wurde, sparte nicht mit Brutalität auf beiden Seiten, und so wenig sympathisch Dick (Slang-Ausdruck für Polizisten) Tracy im eigentlichen Sinne auch war, wurde er doch zum Symbol für den Kampf, den die *middle-class*, das industrielle Kleinbürgertum, dem Gangstertum wie politischer Opposition ansagte. »Das Rezept war einfach: Tracy war dafür, hart durchzugreifen. Und daß ein einfacher Polizist Verbrecher hinter Gitter brachte und überführen konnte, das befriedigte die Leser. Tracy hatte für den Bürokram wenig übrig. Erst in der direkten Konfrontation mit dem Bösen war er in Hochform« (Reitberger/Fuchs).

Im Gefolge des hakennasigen Dick Tracy erschienen eine Reihe ähnlicher Charaktere in den Zeitungsstrips (»Red Barry« von Will Goulds, »Mickey Finn« von Lank Leonards etc.), doch sie erreichten nicht annähernd den Erfolg des blutrünstigen Tracy. Zufällig, aber symptomatisch ist, was Chester Gould seinen Helden am Tag der Ermordung Robert Kennedys sagen läßt: »Gewalt ist golden, wenn sie zur Niederwerfung des Bösen dient« (Günter Metken).

Einen ernsthaften Konkurrenten fand Tracy erst in dem von Alex Raymond (vgl. *Science Fiction* → Flash Gordon) geschaffenen Privatdetektiv Rip Kirby, der seit 1946 seine Fälle mit überragender Intelligenz klärt. Kirby (in Deutschland meist Korby geschrieben), Hornbrillenträger, Liebhaber klassischer Musik und schöner Frauen, ist bei weitem sympathischer als Tracy, der eher als besessener Außenseiter erscheint; im Gegensatz zu diesem ist er ein Mann, der Gesellschaft und die Gesellschaft, der er angehört, liebt.

Auch das Spionagegenre fand Eingang in den *Comic Strip*: → Dashiell Hammett schrieb und Alex Raymond zeichnete die Serie »Secret Agent X-9« (später: »Secret Agent Corrigan«), die durch abenteuerliche und phantastische Elemente Distanz zu politischen und gesellschaftlichen Inhalten à la James Bond herstellte. Neben einigen mit übernatürlichen Kräften ausgestatteten Detektiven («Mandrake« von Lee Falk, Will Eisners »The Spirit« und »The Shadow«, der besonders durch Radio-Shows berühmt wurde) wurden auch berühmte Figuren aus Kriminalromanen wie → Ellery Queen, Sherlock Holmes (→ Klassiker des Detektivromans) und Perry Mason (→ Erle Stanley Gardner) zu Helden von Zeitungsstrips.

Bis zur Einführung des Comic-Codes im Jahre 1954 beherrschte das Verbrechen den Markt der amerikanischen Comic-

Kriminalcomics übernehmen in ihrer Licht-Schatten-Komposition Stilelemente der klassischen Gangsterfilme © Fleetway Publications

Books. Grausamkeit und Sadismus, Waffenfetischismus und eine – freilich nicht ganz unrealistische – Atmosphäre permanenten blutigen Kampfes waren die Ingredienzien der *stories*, die im Gegensatz zu den Zeitungsstrips den Gangster als schillernde Identifikationsfigur für das zumeist jugendliche Publikum in den Mittelpunkt

des Geschehens rückten. Die irrationale und durch keinen sozialen Bezugsrahmen relativierte Violenz dieser *Crime Comics*, die in zahllosen Reihen und mit zum Teil gigantischen Auflagen auf den Markt kamen, spiegelte ein Bedürfnis der Jugend nach dem Kriege wider: Die Gewalt des Weltkrieges, die die Jugendlichen nur durch die von Traumen und Kriegsneurosen geprägten Erzählungen der Väter und die allenthalben sichtbaren Wunden, die er dem amerikanischen Selbstverständnis beigebracht hatte, erfuhren, diese Gewalt mußte aufgearbeitet, die schemenhafte, tabuisierte Bedrohung mußte in Bildern ausgedrückt werden. Und hier wird eine der wesentlichen Funktionen der Unterhaltungsindustrie deutlich: Film, Fernsehen und allen voran die *Crime Comics* boten den Jugendlichen nur Material für ihre Ängste, niemals aber Ansatzpunkte zu einer rationalen Aufklärung. Die Unterhaltungsindustrie lebt davon, daß viel gezeigt und nichts erklärt wird.
In Europa hat es eine solche Eskalation der Gewalt in den *Comic Strips* nie gegeben. Der Grund dafür liegt nicht nur in der in Deutschland etwa übereifrigen Zensur, sondern auch darin, daß die jugendlichen Leser den Krieg, direkt oder indirekt, deutlicher erfahren haben. Zudem hat der Gangster als moderner Robin Hood hier nie eine bedeutende Rolle gespielt. Erwähnenswert wegen ihrer zeichnerischen Qualität ist die Serie »Bruno Brazil« von dem Belgier William Vance und »Bernard Prince« von Hermann Huppen. Beide tendieren zum Agenten- bzw. Abenteuergenre und sind in ihrer politischen Aussage bisweilen äußerst fragwürdig, vor allen Dingen, wo es um Fragen der dritten Welt geht, die im übrigen immer mehr zum Schauplatz von Agenten- und Kriminal-Comics wird. Die *Crime Comics*, auch in der nach der Einführung des Codes »gereinigten« Fassung, mußten in den USA der Konkurrenz der → Superhelden (vgl. *Science Fiction*) weichen. Nur Dick Tracy, der es in den Jahren 1946/47 auch zu Filmruhm brachte, ist immer noch auf Verbrecherjagd.

Anmerkungen

Reinhold C. Reitberger/Wolfgang J. Fuchs: Comics. Anatomie eines Massenmediums. Reinbek 1973. Günter Metken: Comics. Frankfurt 1970.

Dine

S. S. van Dine (Willard Huntington Wright). Über den etwas epigonal wirkenden Detektiv Philo Vance, den van Dine erfand, schrieb Raymond Chandler: »Dieser Philo Vance steht in der Tradition von Sherlock Holmes . . . Er langweilt, wenn er über Kunst und Philosophie diskutiert, aber wenn er auf Kriminalpsychologie überwechselt, ist er amüsant. Es gibt eine Theorie, derzufolge jeder, wenn er nur lange genug über ein Thema spricht, letzten Endes, und sei es nur durch Zufall, etwas sagen muß, was nicht vollkommen falsch ist. Vance widerlegt diese Theorie: es gelingt ihm immer, und gewöhnlich in lächerlicher Weise, unrecht zu haben.« Tatsächlich sind die Figuren in van Dines Romanen von nahezu grotesker psychologischer Unstimmigkeit, die Handlungen sind bestimmt durch jene Mischung aus blutigschauerlichen Details und behäbiger Gemütlichkeit, die auch → Edgar Wallace zum Erfolg führte. Dabei versuchte van Dine, im Beruf Privatgelehrter und begabter Dilettant auf mehreren wissenschaftlichen Gebieten, den Detektivroman mit »höherem« Bildungsgut zu versehen: Die Bücher sind voll von Fußnoten, und Vance belegt seine Deduktionen gern durch literarische Beispiele oder lateinische Zitate. Mit »The Benson Murder Case«, 1927 (dt. Mordakte Benson), begann der Reigen der wirklichkeitsfremden und immer ein wenig borniert wirkenden Romane; es folgten »The Canary Murder Case«, »The Greene Murder Case« und so fort bis zu »The Winter Murder Case« (1939). Neben seinen Detektivromanen hat sich W. H. Wright auch einen Namen als Theoretiker des Genres ge-

macht. (Seine »Zwanzig Regeln für das Schreiben von Detektivgeschichten« erhellen die Schemata des kriminalistischen Problemromans.)
Wichtige Verfilmungen: »The Canary Murder Case« (1929 – Regie: Mal St. Clair), »The Greene Murder Case« (1929 – Regie: Frank Tuttle), »The Benson Murder Case« (1930 – Regie: Frank Tuttle), »The Kennel Murder Case« (1933 – Regie: → Michael Curtiz). In diesen Filmen spielte der großartige William Powell einen sophistischen, eher ironischen Philo Vance, der die Überheblichkeit des Romandetektivs vergessen ließ. Daneben: »The Bishop Murder Case« (1930 – Regie: Nick Grinde).

Anmerkung
Raymond Chandler: Chandler über Chandler. Frankfurt/Berlin 1965.

Durbridge
Francis Durbridge, englischer Kriminalautor, der in Deutschland besonders durch seine Fernsehserien bekannt geworden ist. (Etwa: »Das Halstuch« (1962), »Tim Frazer« (1963), »Melissa« (1966), »Ein Mann namens Harry Brent« (1968). Weniger Anklang fand die in deutsch-englischer Co-Produktion entstandene Serie »Paul Temple«. Durbridge steht als Autor in der Nachfolge → Edgar Wallaces, d. h. seine Romane sind mehr dem Abenteuer als dem Kriminalgenre zuzurechnen. Durbridge schafft weder eine schlüssige Konstruktion der *detection*, noch eine realistische Milieuschilderung. Spannung scheint sich bei ihm nur durch nebelnächtliches Grausen und ein Überangebot an Leichen herstellen zu lassen.

Edgar
Der Edgar ist die jährlich von der Vereinigung der amerikanischen Kriminalautoren (MWA – Mystery Writers of America) vergebene Auszeichnung für den besten Kriminalroman, mit Sonderpreisen für den besten Erstlingsroman, die beste Kurzgeschichte, den besten Kriminalfilm und die beste Fernsehsendung.

Ellery Queen
Ellery Queen, Pseudonym für Frederic Dannay und Manfred B. Lee, beide geb. 1905, amerikanisches Autorenteam, das sich den Namen des Helden ihrer Romane, Privatdetektiv Ellery Queen, zum gemeinsamen Markenzeichen gemacht hat. Die Autoren sind Vertreter der klassischen Schule des Detektivromans, des »Problemromans«, d. h. im Mittelpunkt der Erzählung steht einzig die Frage nach dem *whodonit* (etwa: Wer ist der Täter), literarische und gesellschaftliche Tendenzen sind nicht Bestandteil dieser rein auf der Logik der Detektion aufgebauten Romane. Doch im Gegensatz zu den puristischen Vertretern dieser Schule (→ S. S. van Dine) erstarrt bei Ellery Queen das Grundprinzip nicht zum leeren Schema. Die Autoren schaffen in ihren Romanen einen Kosmos aus Bedrohung und wahnwitzigen Charakteren, eine Welt des Alptraums wie das erfundene Wrightville, das Schauplatz mehrerer Erzählungen ist. Eine Welt ist dies, künstlich zwar und metaphysisch, doch auch vertraut und wohlbekannt dem, der gleich dem Detektiv Ellery Queen sich in einer Umgebung zu bewegen vermeint, in der der Wahnsinn letztlich regiert und die Vernunft nur zeitweilige Beruhigung, nicht aber Erlösung bringt: Die Welt ist nie »in Ordnung gebracht«, wenn der Detektiv einen Fall gelöst hat; hinter dem Wahnsinn des Mörders liegt offenkundig der Wahnsinn als Zustand der Gesellschaft. Das bizarre Arrangement der Tatumstände verweist auf die nur noch als Obsessionen erfahrbaren Gefühle; Taten gerinnen zu Ornamenten. Wo selbst die Logik des Faktischen das Geheimnisvolle nicht bezwingen kann, verweist das Genre auf seinen Ursprung: die Krise.
Wichtige Verfilmungen: »Ellery Queen and the Murder Ring«, »Ellery Queen and the Perfect Crime«, »Ellery Queen's Pent-

house Mystery« (alle drei 1941 – Regie: James Hogan, Ellery Queen von Ralph Bellamy dargestellt), »Ten Days' Wonder« (1972 – Regie: Claude Chabrol).
Bis heute sind über vierzig Romane mit einer Gesamtauflage von mehr als 25 Millionen erschienen. Seit 1941 erscheint das »Ellery Queen's Mystery Magazine«, ein Magazin, das sich besonders der Detektivnovelle annimmt.

Literatur

Ellery Queen: The Detective Short Story. New York 1969. Ellery Queen: Queen's Qurom. New York 1969.

FBI

Federal Bureau of Investigation. Größte amerikanische Polizeiorganisation auf Bundesebene; eine Abteilung des Justizministeriums in Washington. Das FBI wurde auf Betreiben des Oberstaatsanwalts Charles Bonaparte, eines direkten Nachkommen Jerôme Bonapartes, Napoleons Bruder, im Jahre 1909 gegründet. Doch der eigentliche Schöpfer ist J. Edgar Hoover, der 1921, im Alter von sechsundzwanzig Jahren, zum stellvertretenden Leiter ernannt wurde. Drei Jahre später stand er, mit großen Vollmachten ausgestattet, an der Spitze. Er »säuberte« zunächst »den politisch verseuchten« Apparat und setzte dann sein Organisations- und Public-Relations-Talent ein, um das ramponierte Image der nun so genannten *G-Men* (*Government-Men*) in der Öffentlichkeit zu verbessern. Gegenüber dem *G-Man* begann der in zahllosen Filmen und Romanen beschworene Nimbus des Gangsters zu verblassen: Die Popularität des FBI, geschickt in wahren Werbefeldzügen und mit Unterstützung von Hollywood verbreitet, war ein nicht zu unterschätzendes Element im Kampf gegen das organisierte Gangstertum. Das FBI repräsentierte in gewissem Sinn Hoovers Kleinstadtmentalität ebenso wie seine Machtambitionen, und beide Haltungen waren dazu geeignet, den mittelständischen Amerikaner zu faszinieren. Ein übriges taten die Erfolge, die Hoover vorweisen konnte und die er mit nicht immer legalen Methoden errang: Das FBI »schaffte« John Dillinger in Chicago, Charles »Pretty Boy« Floyd, es »erledigte« Bloody Ma Barker (→ Gangsterfilm, → Roger Corman), und schließlich verhafteten die G-Men → Al Capone. Im Zweiten Weltkrieg oblag dem FBI auch ein Teil der Aufgaben im Bereich der Spionageabwehr.
Wichtige Filme: »G-Men« (1935 – Regie: William Keighley, mit James Cagney), »FBI-Girl« (1951 – Regie: William Berke). »The House on 92nd Street« (Das Haus in der zweiundneunzigsten Straße – 1945 – Regie: Henry Hathaway) behandelte dokumentarisch die Spionageabwehrtätigkeit des FBI. »The FBI Story« (Geheimagent des FBI – 1959 – Regie: Mervyn LeRoy) war ein kritischer Report und zeigte James Stewart und seine Kollegen als Marionetten an Hoovers Hand.
Die amerikanische Fernsehserie »FBI« mit Efrem Zymbalist jr. als Inspektor Erskine dagegen verschreibt sich vollkommen einer unreflektierten *law and order*-Apologie und stellt vor allem das Recht der *G-Men*, Verbrecher auf eigene Faust zu töten, und das nicht nur in eindeutigen Notwehrsituationen –, heraus. »Nicht zuletzt solche Fernsehserien haben es fertiggebracht, daß Amerika heute von einer kollektiven Zwangsneurose befallen ist, einem politischen Waschzwang ohnegleichen« (Michael Springer). Das FBI, das immer auch ein politisches Instrument war, ein gewalttätiger »Großer Bruder«, verkörpert vor allen Dingen in der Aufbereitung des Themas durch die Unterhaltungsindustrie das zwiespältige Verhältnis Amerikas zum Recht: Die Beamten des FBI sind die Nachfahren der Sheriffs und Marshals, die sich kraft persönlicher Autorität (sprich: Stärke) »Recht verschaffen«. Verpflichtet sind sie weniger dem geschriebenen Recht als vielmehr einem Ideal, dem der »Paragraph« bedenkenlos geopfert wird. Gerade aber diese Rechtsunsicherheit, die in Serien wie

dieser nicht bekämpft, sondern verstärkt wird, erhöht die Manipulierbarkeit des Menschen; nicht auf das Recht sollen sich die Menschen verlassen können, sondern auf die gut funktionierenden staatlichen Organisationen.

Anmerkung
Michael Springer: Geschäft mit dem Tod. In: »Neues Forum« 198/I. Wien 1970.

Literatur
John Baxter: F.B.I. In: Ders.: The Gangster Film. London/New York 1970. Don Whitehead: Die FBI-Story. München 1959.

Gangsterfilm
Den ersten Höhepunkt des klassischen amerikanischen Gangsterfilms markiert zweifellos Mervyn LeRoys »Little Caesar« aus dem Jahre 1930. Zwar hatte es bereits vorher Filme gegeben, die das Schicksal eines Verbrechers behandelten (z. B. »Underworld« – 1927 – Regie: Josef von Sternberg), doch diese Filme zeigten den Verbrecher nur als einen aus der Bahn geworfenen Menschen; ihre Struktur war die des Melodrams (vgl. *Romanze*). Im Gangsterfilm dagegen geht es um die Schilderung einer Parallel- und Gegengesellschaft mit eigenen Gesetzen und eigener Moral, die oft wie eine verzerrte Spiegelung der realen Gesellschaft wirkt. Kennzeichnend ist eine kaum sich verändernde Ikonographie: Der Gangster, ein gewalttätiger, erfolgsorientierter (!) und sexuell gestörter Ehrenmann bewegt sich in einer künstlichen Landschaft aus Straßen, Bars, Hinterzimmern, luxuriösen Appartements. Seine Ausdrucks- und Machtmittel sind Maschinengewehre, Pistolen, Automobile, Telefone und Geld. Was und wen er liebt, muß er vernichten, oder es vernichtet ihn.
Die Geschichte vom Aufstieg und Fall des Gangsters Rico, des »kleinen Caesar«, der

Edward G. Robinson in »Little Ceasar« von Mervyn LeRoy

an seiner Liebe zu einem jungen Mann scheitert, wird zum Grundmuster des Genres: eine urbane Ballade, deren Held der tragisch endende Verbrecher ist, ein Mann, der, so grausam er sich auch gezeigt haben mag, dem Volke näher steht als die Polizei, die ihn schließlich zur Strecke bringt.

Noch mehr als »Little Caesar« waren William Wellmans »The Public Enemy« (1931) und Howard Hawks' »Scarface« (1932) um dokumentarische Realität bemüht (→ Al Capone). Etwa fünfzig Filme unterschiedlicher Qualität wurden Anfang der dreißiger Jahre nach diesem Muster in Amerika gedreht, bis die offensichtliche Sympathie mit dem Gangster und der anarchistische Ausdruck des Genres den Widerstand gesellschaftlicher und politischer Gruppen provozierte. 1934 formierte sich die »Legion of Decency«, die praktisch eine Zensur erreichte.

Von nun an gab es in den Gangsterfilmen zwei Helden: den Polizisten und den Gangster. Um die Figur des Gangsters weiterhin plastisch darstellen zu können, griffen die Regisseure und Autoren zu einem dramaturgischen Trick. Gangster und Polizist werden in eine emotionale Beziehung zueinander gesetzt (beide sind im selben Viertel groß geworden, beide haben dasselbe Mädchen geliebt etc.), so daß sich der Zuschauer über den Filter des auf der Seite des Rechts stehenden ehemaligen Freundes weiter mit dem Gangster identifizieren kann. (Beispiel: William Keighleys »G-Men« von 1935, der das Modell einer Serie von G-Man-Filmen wurde, → FBI).

Bis hierhin war die Interpretation des Gangstertums einfach: Als Verbrecher wird man geboren. Eine Möglichkeit, seinem vorgegebenen Schicksal zu entrinnen, hat man nicht; man kann auch nicht eines Besseren belehrt, man kann nur getötet werden und seinen Tod als Erlösung erfahren. Mit William Wylers »Dead End« (1937) bekommt der amerikanische Gangsterfilm einen Blick für die sozialen Ursachen der Kriminalität. Filme wie »Angels with Dirty Faces« (1938 – Regie: → Michael Curtiz) oder »Crime School« (1938 – Regie: Lewis Seiler) zeigten vor allen Dingen schlechte Elternhäuser, das Leben in den Slums und die Brutalität, denen junge Menschen ausgesetzt sind und die sie auf die schiefe Bahn bringen. Es setzte sich eine »soziale Theorie des Verbrechens« durch, die freilich selten über einen moralischen Appell hinaus zu einer konsequenten Analyse der Gesellschaft entwickelt wurde. Der gesellschaftliche Terror, der im Gangster manifest wird, blieb ein individuelles Problem.

Der Krieg hinterließ seine Spuren auch im Gangsterfilm. 1941 wurde John Hustons »The Maltese Falcon« herausgebracht, der das Genre entscheidend veränderte. Absurdität und Pessimismus sind die Merkmale einer Serie von Filmen, die wie Alpträume einer in jeder Hinsicht im Dunkeln liegenden Welt sind, einer Welt, in der das Licht nur blendet und weh tut. Im Mittelpunkt der »Schwarzen Serie« steht der Privatdetektiv, der allerdings die Überlegenheit und den Optimismus eines Nero Wolfe (→ Rex Stout) oder → Ellery Queen verloren hat. Seine Aufgabe, die Wahrheit herauszufinden, ist gesellschaftlich nicht mehr sanktioniert; er wird verfolgt, nicht nur vom Gangster, sondern auch von der ihn beherbergenden Gesellschaft; wer ihm hilft, wird getötet, und der »Fall« ist selten am Ende des Films wirklich geklärt.

Neben der »Schwarzen Serie« entwickelte sich eine andere Spielart des Gangsterfilms: der halb dokumentarische Film, dem besonders jene Regisseure sich verschrieben, die ihre Erfahrungen in den dokumentarischen Kriegsfilmen gesammelt hatten. Filme wie »The House on 92nd Street« (1946 – Regie Henry Hathaway) oder »The Naked City« (1948 – Regie: → Jules Dassin) wurden nach authentischen Fällen aus den Polizeiakten gedreht und stellten die Arbeit der Behörde in den Mittelpunkt. Die Serie der *semi-documentaries* war getragen von einer aufklärerischen und päda-

»The Rise and Fall of Legs Diamond« von Budd Boetticher Verleih: Warner-Columbia

gogischen Intention der Regisseure, vom Bemühen, auch die sozialen Aspekte der Kriminalität deutlich zu machen, und von einem verhaltenen, nüchternen Optimismus.

Eine besondere Art von Gangsterfilmen, die später speziell in Frankreich (Rififi – 1955 – Regie: Jules Dassin) zur Blüte kam, behandelte das Thema des »Großen Coup«. Von »The Asphalt Jungle« (1950 – Regie: John Huston) bis zu »Seven Thieves« (1960 – Regie: Henry Hathaway) schilderte eine Anzahl von Filmen minuziös den Ablauf eines Einbruchs und die Spannungen unter den Beteiligten, bis durch einen kleinen Zufall der Coup schließlich doch noch platzt.

In den frühen fünfziger Jahren entwickelte sich eine Art von Gangsterfilmen, die in jüngster Zeit mit den Filmen → Roger Cormans und Arthur Penns wieder erfolgreich wird: Die historische Rekonstruktion authentischer Gangsterfiguren der zwanziger und dreißiger Jahre.

Der Gangsterfilm, wie auch der Gangsterroman (etwa → J. H. Chase), bedeutet so etwas wie eine innere Opposition im Kriminalgenre. Das bezieht sich nicht so sehr auf das Prinzip der Autokratie, dem sich Detektiv und Gangster gleichermaßen freiwillig unterwerfen; es bezieht sich vielmehr auf die Motivation dieser Autokratie. Im Gangsterfilm wird klar, daß das Gesetz eine Frage der Macht ist. »Ich bin das Gesetz!« sagt der Gangsterboß, »Ich vertrete das Gesetz«, der Detektiv, und beide verlangen bedingungslose Unterwerfung. Doch im Gangster wird noch deutlicher, daß »gerade Menschen, die in ihrer Seele wild, undiszipliniert und brutal sind, rücksichtslos eine autokratische Ordnung schaffen wollen« (Richard Gerber). So ist der Gangster, der anarchische Bohemien, der nach unabdingbarer Ordnung verlangt, das genaue Gegenbild des Detektivs, der, im Grunde ein seelisch verkümmerter Spießbürger, das Abenteuer und das Chaos sucht, freilich nur, um es dann mit um so rigiderer Gewalt zu besiegen; als blinder Vertreter der Autokratie kompensiert er seine Sehnsucht nach zügelloser Gewalt in Akten, die scheinbar der Ordnung dienen, in Wahrheit aber einen Teil der Krankheit ausmachen, die er zu bekämpfen vorgibt. In seinen besten Werken, etwa »The Big Sleep« (Howard Hawks), läßt der Gangsterfilm erkennen, wie sehr sich im Kampf zwischen Gangster und Detektiv die zwei Seelen in der Brust eines jeden Bürgers hassen.

Anmerkung

Richard Gerber: Verbrechensdichtung und Kriminalroman. In: Jochen Vogt (Hg.): Der Kriminalroman. München 1971.

Literatur

Eberhard Baier: Der amerikanische Gangster-Film. Aachen o. J. John Baxter: The Gangster Film. London/New York 1970. Raymond Borde/Étienne Chaumeton: Vingt ans après. Le film noir des années 70. In: »L'Écran« Nr. 32. Paris 1975. Wolf Donner: Amerikas rüde Herrenklubs. In: »Die Zeit« Nr. 16. Hamburg 1974. John Gabree: The Gangster in Films. New York 1973. Ulrich Gregor: Der amerikanische Film 1930–1939. Bad Ems 1968. Harry Hossent: Gangster Movies. London 1974. Stephen Karpf: The Gangster Film: Emergence, Variation and Decay of a Genre. New York 1973. Wolfram Knorr: Auflehnung der Schatten. Betrachtungen zum wiederentdeckten Genre des amerikanischen Gangsterfilms. In: »Zoom/Filmberater« Nr. 13. Bern/Zürich 1973. Hans Peter Kochenrath/Rudolf Weichsel: Der amerikanische Gangsterfilm. Aachen 1966. Raymond Lee/B. C. van Hecke: Gangsters and Hoodlums: The Underworld in the Cinema. Cranbury/London 1971. Colin McArthur: Underworld USA. London 1972. James Robert Parish: The Great Gangster Pictures. Metuchen 1976. Österreichisches Filmmuseum (Hg.): Retrospektive der Viennale 1974. Der amerikanische Gangsterfilm 1927–1960. Wien 1974.

Gardner

Erle Stanley Gardner, amerikanischer Kriminalschriftsteller (1889–1971). Der Schöpfer des Strafverteidigers und Detektivs Perry Mason war selbst lange Zeit Rechtsanwalt in Ventura/Kalifornien und kannte das Milieu der amerikanischen Gerichte sehr genau. Der Erfolg seines Helden läßt sich durch die Eigenart der Rechtsprechung in den Vereinigten Staaten erklären: Das Maß an Öffentlichkeit, das ein Geschworenengericht kennzeichnet, macht aus jedem Prozeß ein Schauspiel – Strafverteidiger und Staatsanwalt stehen sich in einem erbitterten Duell gegenüber, der Richter übernimmt die Funktion eines Schiedsrichters, und die Geschworenen als Repräsentanten des Volkes entscheiden über Sieg und Niederlage. Der Strafverteidiger, der um das Leben des Angeklagten kämpft, steigt zum ritterlichen Helden auf; die Unschuld, die Perry Mason verteidigt, ist nur zum einen die seines Mandanten, es ist zum andern – globaler – die Unschuld der Bevölkerungsschichten, denen das Recht Mißtrauen einflößt, die es nicht verstehen, weil es nicht in ihrer Sprache gesprochen wird. Dementsprechend kämpft Mason nur zu einem geringen Teil mit den Mitteln der juristischen Finessen; es ist vielmehr seine psychologische Einfühlung, seine Fähigkeit, das »Menschliche« an jedem Fall herauszustellen, womit er die Geschworenen überzeugt. Er scheut sich auch nicht, handfeste Manipulation einzusetzen, wenn es darum geht, einen Unschuldigen aus den Fängen seines Gegners, des Staatsanwalts Hamilton Burger, zu befreien. Das Gottesurteil des *show-down*, wie es im Western tradiert ist, wiederholt sich hier in der Arena des Gerichts. Unter dem Pseudonym A. A. Fair (!) verfaßte Gardner eine Anzahl von Romanen über die Inhaberin einer Detektivagentur, Bertha Cool, und ihren Teilhaber, den ehemaligen Juristen

Donald Lam. Der fast freundliche Humor dieser Bücher hebt sie über die manchmal etwas penetrant moralisierenden Perry-Mason-Romane hinaus. Gardner, der sich selbst als Anwalt der *underdogs* verstand, gründete zusammen mit einigen Rechtsanwälten 1948 den »Court of Last Resort«, eine Art Privatgericht »zur letzten Zuflucht«. Die Auflage seiner über hundert Bücher stieg allein in Amerika über die 100-Millionen-Grenze. Neben Radio-*serials* und Filmen wurde die Figur des Perry Mason besonders durch die Fernsehserie gleichen Namens popularisiert, in der der spätere »Chef« Ironside, Raymond Burr, den Attorney Mason spielte.

Hammett

Dashiell Hammett, amerikanischer Kriminalautor, 1894–1971. Zusammen mit → Raymond Chandler Begründer einer veristischen Schule im amerikanischen Kriminalgenre. Hammett war selbst acht Jahre lang Detektiv der Pinkerton-Agentur, bevor er – wegen einer Kriegsverletzung aus dem Dienst ausgeschieden – Detektivgeschichten und Artikel über Kriminalistik zu publizieren begann. Er schrieb vorzugsweise in dem *Pulp Magazine* »Black Mask«, das auch die Stories von Raymond Chandler und → Erle Stanley Gardner brachte. Seine gesamte literarische Produktion beschränkte sich auf die Jahre von 1924 bis 1934. Danach veröffentlichte er bis zu seinem Tode fast nichts mehr.

»Hammett brachte den Mord dahin zurück, wohin er gehört, nämlich zu jenen Leuten, die ihn aus bestimmten Gründen begehen und nicht, um nur eine Leiche vorzuweisen; und die ihn mit durchschnittlichen Mitteln begehen, nicht mit handgearbeiteten Duellpistolen, Indianergift oder tropischen Fischen. Er brachte sie zu Papier wie sie sind und ließ sie in jener Sprache reden und denken, welche sie gewöhnlich für diese Zwecke gebrauchen« (Raymond Chandler). In etwa 25 Kurzgeschichten und den ersten beiden Romanen (»Red Harvest« – Bluternte, dt. 1952, und »The Dain Curse« – Der Fluch des Hauses Dain, dt. 1954) ist der Ich-Erzähler ein Detektiv der »Continental Detective Agency«, dessen Name nie genannt wird. Der Detektiv ist klein und dick, er beginnt zu altern. Sein Arbeitsethos, seine einfache Liebe zu seinem Beruf (er könnte ebenso gewissenhaft Ingenieur oder Kassierer sein) lassen ihn andere Methoden anwenden als die des klassischen (Freizeit-)Detektivs. »Er geht auf die Straße, nicht in sein Arbeitszimmer oder in ein Labor, abgesichert durch seine Vertrautheit mit den Verhaltensnormen des Verbrechers, durch seinen Scharfsinn, seinen Mut, seine Ausdauer, sein Glück ... Er bekommt seine Informationen durch Überwachung und durch Befragung von jedermann, der auch nur entfernt mit dem Verbrechen in Verbindung steht. Schließlich sucht er oft Unterstützung bei anderen Privatdetektiven, bei Hotel- und Polizeidetektiven, bei bezahlten Informanten, bei Taxifahrern und Eisenbahnangestellten« (Leonard Marsh). Durch diese Methodik des Detektivs tritt in der Erzählung die Handlung in den Vordergrund, und die analytischen Reflexionen und Überlegungen treten zurück, so daß die Geschichte sehr konkret, »durch Handlung«, wie Erle Stanley Gardner sagt, erzählt werden kann. Von dieser Innovation des Genres profitieren bis heute neben den Thrillern letztlich auch die Romanheftserien, deren Geschichten sich dieser Konkretheit bemächtigen, ohne freilich die literarischen und moralischen Qualitäten Hammetts zu erreichen.

Die beiden folgenden Romane, »The Maltese Falcon« (Der Malteser Falke, dt. 1951) und »The Glass Key« (Der gläserne Schlüssel, dt. 1953), sind in der dritten Person geschrieben. In diesen Büchern trieb Hammett die Distanziertheit gegenüber seinen Protagonisten noch weiter: Er versagt sich (und seinen Lesern) jeden Einblick in die Gedanken der Charaktere, zeigt uns nur ihre Aktionen. Philosophisch

Die fünfte Verfilmung von »Der Malteser Falke«: George Segal in David Gilers gleichnamigem Film   Verleih: Warner-Columbia

läßt sich dies als eine Übernahme existenzialistischer Gedanken interpretieren, stilistisch gesehen ist das Verfahren dem »Amerikanischen Stil« (Hemingway, Steinbeck, Faulkner) zuzuordnen. Der darauffolgende Roman, »The Thin Man« (Der dünne Mann, dt. 1951), war wieder eine Ich-Erzählung. Nick Charles, ein ehemaliger Detektiv, der noch einmal aktiv wird, ist das ironische Spiegelbild des Autors Hammett, der die Spielregeln des Genres so gründlich durchschaut hat, daß sie ihn zu langweilen beginnen.

Hammetts *hard-boiled* Krimis haben des öfteren auch politische Themen aufgegriffen, vor allem das der Korruption und Bestechlichkeit von Polizisten, Justizbeamten und Politikern. »The Glass Key« beispielsweise schildert, wie in der politischen Führungsclique einer Kleinstadt der Totschlag eines Vaters an seinem Sohn mit allen Mitteln vertuscht wird. Doch wie sehr die politischen Anschauungen des Verfassers von Resignation geprägt waren, zeigt der Schluß des Romans: Der Detektiv verläßt verzweifelt und deprimiert die Stadt, in der der Mörder bereits neue politische Manöver einfädelt; die Polizei ist voll und ganz in den Händen eines Verbrechersynsikats.

Hammetts Romane haben einerseits durch die Einführung realistischer Betrachtungsweisen einen neuen niveauvollen, relevanten Kriminalroman ermöglicht, andererseits ist er wohl ungewollt zum Ahnherrn unzähliger Groschenheftromane geworden, da die »Ansammlung triebhafter und gesellschaftlich bedingter Perversionen« (Peter Nusser), die er mit durchaus aufklärerischen Ambitionen beschrieb, eben auch im Sinne bloßer Sensation gebraucht werden kann. Mehr noch, das Potential an menschlicher Grausamkeit, für ihn eine Apokalypse der Menschenwürde, verselbständigt sich bei seinen Epigonen und wird, wo es sich mit *law and order* verbindet, gar zur Tugend. Und diese Umkehrung ist vielleicht gerade deswegen so leicht vollzogen worden, weil Hammett es sich versagt hat, positive Gegenbilder zu entwerfen.

Wichtige Verfilmungen: »The Maltese Falcon« als »Dangerous Female« (1931 – Regie: Roy Del Ruth) und unter dem Originaltitel (1941 – Regie: John Huston), »The Glass Key« (1935 – Regie: Frank Tuttle, 1942 – Regie: Stuart Heisler). »The Thin Man« (Der dünne Mann – 1934 – Regie: William S. van Dyke) wurde der Beginn einer überaus erfolgreichen Serie von Thin-Man-Filmen mit William Powell und Myrna Loy als Nick und Nora Charles. Zu Rouben Mamoulians »City Streets« (1931) verfaßte Hammett das Script.

Anmerkungen

Raymond Chandler: Chandler über Chandler. Frankfurt/Berlin 1965. Leonard Marsh zitiert nach: Helmut Heissenbüttel: Spielregeln des Kriminalromans. In: Literarisches Colloquium Berlin (Hg.): Trivialliteratur. Berlin 1964. Peter Nusser: Aufklärung durch den Kriminalroman. In: »Neue Deutsche Hefte« Nr. 131. Frankfurt 1971.

Literatur

Wolfram Knorr: Nur sich selbst verpflichtet. Dashiell Hammetts »schwarze Literatur« wurde neu aufgelegt. In: »Die Weltwoche« Nr. 31. Zürich 1976.

Hecht

Ben Hecht, amerikanischer Roman-, Theater- und Filmautor (1894–1964), der vor allem in seinen Kriminalfilmscripts versuchte, einen sozialkritischen, humanistischen Anspruch zu verwirklichen. Besonders der Realismus seiner Dialoge und die genaue Milieuschilderung machten ihn zu einem der wichtigsten Vertreter der Linken Hollywoods. Seiner Mitarbeit verdankt Josef von Sternberg den Erfolg von »Underworld« (1927), und zusammen mit Howard Hawks wurde der ehemalige Reporter Hecht zum Begründer des klassischen amerikanischen → Gangsterfilms (»Scarface« – 1932). Hecht versuchte sich später auch als Produzent und Regisseur. Seine Arbeit ist geprägt von der Erkenntnis, daß das Verbrechen soziale Ursachen hat. Sein kritisches Engagement, auch gerade was die Strukturen Hollywoods anbelangt, brachte ihm den Ruf eines Mannes ein, »mit dem schwierig zu arbeiten ist«.

Highsmith

Patricia Highsmith, amerikanische Kriminalautorin, geb. 1921. Vertreterin des psychologischen Kriminalromans. Ihre Romane bewegen sich meist an der Grenze des Genres, da sie sich in ihren Büchern oft mehr für die Charaktere, für die persönlichen Grundlagen der Täter interessiert als für das, was sie getan haben und wie sie es getan haben. Der Gegensatz zwischen irrationaler Tat und rationaler *detection*, der den Detektivroman prägt, ist bei ihr aufgehoben zugunsten einer introspektiven Analyse bürgerlicher Neurosen, die zu Gewalt und Mord führen können. Mit dem realen Problem der Kriminalität haben die Romane von Patricia Highsmith schon deshalb wenig zu tun, weil sie meistens in einem bürgerlich bis bohemehaften Milieu spielen, in dem realiter mehr vom Verbrechen geträumt wird, als daß es wirklich begangen wird.

Es war ein merkwürdiges Zusammentreffen dreier so verschiedener Menschen, die innerhalb des Genres arbeiten, als → Raymond Chandler ihren Roman »Strangers on a Train« zu einem Drehbuch für → Alfred Hitchcocks gleichnamigen Film umarbeitete, obwohl er die Story, nach eigenen Angaben, für »reichlich albern« hielt.

Literatur

Peter Handke: Die privaten Weltkriege der Patricia Highsmith. In: »Der Spiegel« Nr. 3. Hamburg 1975. Willy Hochkeppel: Süßer Wahn und stille Wasser. Aus einem Gespräch mit Patricia Highsmith. In: »Süddeutsche Zeitung« vom 23./24. August. München 1975. Peter Rüedi: Die beiläufigen Tode der Patricia Highsmith. In: »Die Weltwoche« Nr. 16. Zürich 1976.

Himes

Chester Himes, amerikanischer Kriminalschriftsteller, geb. 1909. Als Neger in den Südstaaten Amerikas geboren, verfaßte der Autor Essays, Kurzgeschichten und Romane, die sich mit der Rassenproblematik auseinandersetzten. Daneben schuf er die beiden Detektive Coffin-Ed und Gravedigger-Jones, schwarze Polizeibeamte in Harlem, die mit äußerster Brutalität gegen Verbrecher in den Gettos vorgehen. Kritiker haben Himes vorgeworfen, daß in seinen Büchern jeglicher rassische Protest und die Anklage gegen das weiße Amerika fehle. Tatsächlich zeichnen sich seine beiden Detektive eher durch ihre eigentümliche Mischung aus *law and order*-Denken und Zynismus aus, als durch Verständnis für die depravierte Situation ihrer schwarzen Brüder. So ist Himes ein Vorläufer der Welle von *Black Movies*, die, statt einen Beitrag zur Emanzipation der schwarzen Amerikaner zu liefern, Integration durch bedingungslose Unterwerfung unter die Normen des weißen Amerika verheißen. Der neue Onkel Tom, dessen Loblied Literatur, Film und Fernsehen singen, verübt Gewalt im Dienst der Gesellschaft, die seine wirkliche Individuation verhindert; als letzte ethnische Minderheit soll nun auch der Neger ins System des militanten Konformismus integriert werden.

Hitchcock

Alfred Hitchcock, englisch/amerikanischer Filmregisseur, geb. 1899. Nach seiner Tätigkeit als Titelzeichner, Drehbuchautor und Regieassistent in London drehte er im Auftrag seines Produzenten zwei Filme in Deutschland: »Die Prinzessin und der Geiger« (1924) und »Garten der Lust« (1926). Mit dem Film »The Lodger« (1926), der gegen den Widerstand der Produktionsfirma herausgebracht wurde, erreichte Hitchcock die Anerkennung von Kritik und Publikum. Nach »Blackmail« (Erpressung – 1929), einem von Hitchcock nachsynchronisierten Stummfilm, folgten ein Dutzend weiterer Tonfilme, darunter »Murder« (Mord, 1930), »The Man Who Knew Too Much« (Der Mann, der zuviel wußte – 1934), »The Thirty-Nine Steps« (39 Stufen – 1935) und »The Lady Vanishes« (Eine Dame verschwindet – 1938). Im März 1939 nahm Hitchcock ein amerikanisches Angebot an und ging nach Hollywood. Die Verfilmung von Daphne du Mauriers »Rebecca« (1940) wurde ein großer Erfolg, und Hitchcock brachte nun fast regelmäßig jedes Jahr einen neuen Film heraus. Daneben drehte er kürzere Fernsehspiele und zeichnete als Herausgeber von Kriminalanthologien und -magazinen verantwortlich (»Alfred Hitchcocks Mystery Magazine«).

Die berühmte Schnittfolge aus Hitchcocks »Psycho«

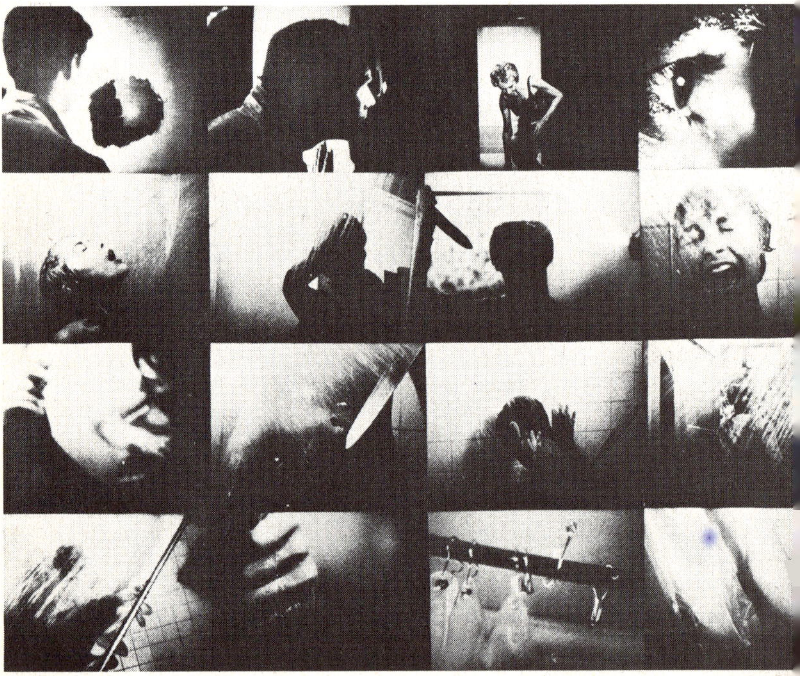

Die wichtigsten Filme: »Foreign Correspondent« (1940), »Suspicion« (Verdacht – 1941), »Saboteur« (Saboteure – 1942), »Shadow of a Doubt« (Im Schatten des Zweifels – 1943, Drehbuch: Thornton Wilder), »Spellbound« (Ich kämpfe um dich – 1945), »Strangers on a Train« (Verschwörung im Nordexpreß – 1951, Drehbuch: → Raymond Chandler), »I Confess« (Ich beichte – 1952), »Dial M For Murder« (Bei Anruf Mord – 1954), »The Man Who Knew Too Much« (Der Mann, der zuviel wußte – 1955), »The Wrong Man« (Der falsche Mann – 1957), »Vertigo« (Aus dem Reich der Toten – 1958, Drehbuch: → Boileau/Narcejac), »North By Northwest« (Der unsichtbare Dritte – 1959), »Psycho« (1060), »The Birds« (Die Vögel – 1963), »Marnie« (1964), »Torn Curtain« (Der zerrissene Vorhang – 1966), »Topaz« (Topas – 1969). 1971 drehte Hitchcock wieder einen Film in Großbritannien: »Frenzy«, einen Thriller, der in vielen Details ein *hommage* an sein Heimatland darstellt.

Das Schlüsselwort zum Verständnis von Hitchcocks Filmen ist *suspense*. Hierzu schreibt François Truffaut im Vorwort seines Buches »Le Cinéma selon Hitchcock«: »Suspense ist zunächst die Dramatisierung des Erzählmaterials eines Films oder auch die höchstmögliche Zuspitzung bei der Darstellung von dramatischen Situationen. Ein Beispiel: Jemand geht aus dem Haus, steigt in ein Taxi und fährt zum Bahnhof, um zu verreisen. Das ist eine geläufige Szene in einem beliebigen Film. Wenn jetzt

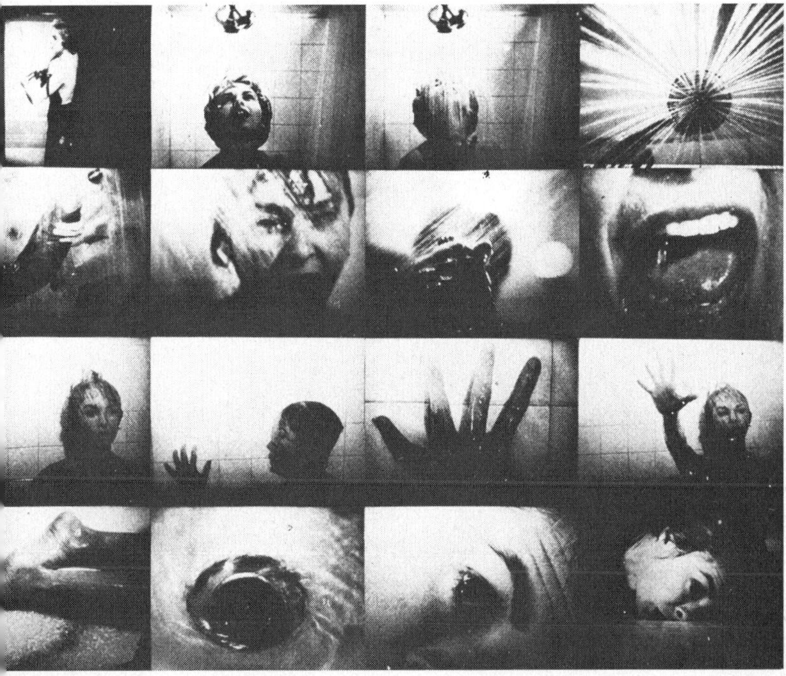

dieser Mann, ehe er ins Taxi steigt, auf die Uhr schaut und sagt: ›Mein Gott, wie schrecklich, den Zug bekomme ich nie‹, so wird die Fahrt zu reiner Spannung, denn jedes Rotlicht, jede Kreuzung, jeder Verkehrsschutzmann, jedes Schild, jedes Bremsen, jedes Schalten steigert den emotionellen Wert der Szene«. Hitchcocks Filme zeigen nicht Emotionen, sie erzeugen sie. Nur Gefühle vermögen uns wirklich zu verwirren; Liebe, Haß, Verdacht, Mißtrauen, Eifersucht, Furcht – wir können sie abwehren, wenn über sie gesprochen wird, den Bildern uns entziehen können wir nicht. Hitchcock zeigt uns, daß die Kruste des Alltags, hinter der wir die Gefühle verbergen, aufbricht, sobald ein Gefühl aus der festen Zuordnung sich verselbständigt, beispielsweise – ein Lieblingsthema Hitchcocks – wenn jemand, zu Unrecht verdächtigt, sich selbst auf die Suche nach dem Schuldigen macht. Was sich, nach Sitte und Moral, von selbst verstehen sollte, wer schuldig ist und warum, entzieht sich dem Verständnis und wird, indem es sich gegen die richtet, die so fest sich darauf verlassen haben, zur Bedrohung. Unterhaltungsindustrie verwandelt Gefühle in Konvention; Hitchcock verfährt umgekehrt und ist dennoch populär.

Anmerkung

François Truffaut: Le Cinéma selon Hitchcock. Paris 1966.

Literatur

Barthélémy Amengual/Raymond Borde: Alfred Hitchcock. Lyon 1960. Peter Bogdanovich: The Cinema of Alfred Hitchcock. New York 1962. Peter Buchka: Die Rückkehr der Menschenfresser. In: »Süddeutsche Zeitung« vom 29./30. Juni. München 1974. Ian Cameron/Richard Jeffery: The Universal Hitchcock. In: »Movie« Nr. 12. London 1965. Fabio Carlini: Alfred Hitchcock. Florenz 1974. Raymond Durgnat: The Strange Case of Alfred Hitchcock. Cambridge, Mass. 1973. Michel Estève (Hg.): Alfred Hitchcock. Paris 1971. Hans-Peter Manz: Alfred Hitchcock. Zürich 1962. George Perry: The Films of Alfred Hitchcock. London 1965. Eric Rohmer/Claude Chabrol: Hitchcock. Paris 1957. François Truffaut: Mr. Hitchcock, wie haben Sie das gemacht? München 1973. Noel Simsolo: Hitchcock. Paris 1969. Robin Wood: Hitchcock's Films. New York 1970.

Jerry Cotton

»G-Man Jerry Cotton«, deutsche Heftromanserie, die seit 1956 erscheint. In Ich-Form schildert die Reihe die Abenteuer des New Yorker FBI-Mannes Cotton (→ FBI) und seines ständigen Begleiters, Phil Dekker. Obwohl ein harter, aktionsbetonter Held, ist Cotton so etwas wie der nette Junge von nebenan (Verlagswerbung: »Wenn Sie Jerry Cotton heute auf der Straße begegnen würden, Sie würden ihn wahrscheinlich nicht erkennen«), proper gekleidet, das Herz auf dem rechten Fleck, mit gesichertem Einkommen (er kann sich immerhin einen roten Jaguar leisten), ist er das Traumbild eines Ehegatten und, mehr noch, eines Schwiegersohns. Jerry verliebt sich niemals in eine Frau, flirtet nicht und trinkt nur mäßig. 60 % der J. C.-Leser sind Frauen im Alter zwischen 15 und 70 Jahren, die »ihren« Helden nicht mit anderen Frauen teilen wollen.

Die Handlungsabläufe der Serie sind durchsichtig, und des öfteren werden sensationelle Kriminalfälle, die Schlagzeilen gemacht haben, in den Romanen verarbeitet. Dies und eine vom Studium der New Yorker Stadtpläne und der Verordnungen des FBI herrührende Kenntnis des Kolorits verleiht der Reihe eine Pseudo-Authentizität, die viele Leser dazu verleitet, an die Existenz von Jerry Cotton als reale Person zu glauben. Der teutonische James Bond, ein militanter Opportunist, streitet für Gesetz und Ordnung im Sinne Hoovers: Gesellschaftliche Minderheiten ethnischer, politischer oder sexueller Art werden durch ihre soziale Randlage leicht kriminalisiert, also gilt ihnen unversöhnlicher, bis zu Ausrottungsphantasien gehender Haß. Was nicht den *standards* der weißen Mittelklasse entspricht, ist verdächtig.

In dem Leitfaden für Verfasser von Jerry Cotton-Romanen heißt es unter anderem:

»Zu vermeiden sind: . . . e) die Entschuldigung des Verbrechens mit psychologischen Vorwänden (!), die Verniedlichung des Verbrechens . . ., f) die Schilderung der Behörden und Ordnungsmächte (!) als korrupt und verbrecherisch. Unter keinen Umständen dürfen Personen, die Recht, Ordnung und Moral zu vertreten haben (Richter, Geistliche usw.), verbrecherisch handeln . . ., k) die realistische Schilderung intimen Verkehrs oder anderer sexueller Handlungen, die Verherrlichung oder Rechtfertigung (!) des vor- und außerehelichen Verkehrs und die Bagatellisierung des Ehebruchs . . .« – Die Bundesprüfstelle für jugendgefährdende Schriften nannte die Serie »vorbildlich«.

Unser Alltag ist öde und eintönig, und besonders die Arbeitswelt fördert Deprivationserscheinungen, die die Unterhaltungsindustrie mit eskapistischen Illusionen von Erlebnis und Bewegung lindert. Das Privileg der Bewegung, der immer neuen Reizsituationen, billigt sie dabei ausschließlich solchen Menschen zu, die sich durch Amt und Auftrag der Verteidigung eben dieser demütigenden Arbeitswelt verschrieben haben. Mit blindem, gewalttätigem Gehorsam gegenüber den Normen der industriellen Angestelltengesellschaft erkauft sich Jerry Cotton und erkaufen sich seine Epigonen die Freiheit der Aktion. Diese Mentalität kann eskalieren: Nur ein Krieg kann die Bewunderer von Jerry Cotton selber in kleine Jerry Cottons verwandeln, die der Leere und Reizarmut ihrer Arbeitswelt in blindwütige, an militant hierarchische Normen gebundene Aktion entfliehen. So häufig man die Reizüberflutung der Medien kritisiert, so häufig übersieht man dabei, daß ihr eine Reizarmut im Arbeits- und Familienalltag entspricht. Eine Kritik der Unterhaltungsindustrie bleibt letztlich leer, wenn sie nicht die Ursachen, die Entmündigung des Menschen in seiner Arbeitspraxis, die politische und kulturelle Entmachtung des einzelnen wie der Massen, reflektiert. Richtig gelesen, ist Jerry Cotton eine Kritik unseres Systems.

Jerry Cotton wurde in 19 Sprachen übersetzt und in 52 Ländern verkauft; in Deutschland ergänzen Neudrucke und Taschenbücher die wöchentlich erscheinende Serie. Über eine der vier Cotton-Verfilmungen mit George Nader, »Schüsse aus dem Geigenkasten« (1965 – Regie: Fritz Umgelter), schrieb Peter H. Schröder: »Wo bei James Bond 007 die nackte Gewalt um die Gunst des Publikums scharwenzelt, da sitzt bei Barthels (Constantin-Chef) einfältigem Nader-Cotton – aus dem renommierten Groschenheft-Bastei-Verlag zu Köln entsprungen – nur der nackte Schwachsinn hinter der tückisch gewölbten Stirn. Die Kamera hat ein Blinder vor nutzlos strapazierten *stock-shots* dirigiert, das Drehbuch ein sprachlich zurückgebliebener, tolldreister Mensch gefertigt, und die

Jubiläumsausgabe der Jerry-Cotton-Reihe
© Bastei Verlag

Regie schließlich hat Umgelter, der Wenn-die-Connie-mit-dem-Peter-Regisseur, mit der ihm eigenen Dreistigkeit an sich gerissen«.

Anmerkung
Peter H. Schröder: Schüsse aus dem Geigenkasten. In: »Filmkritik« Nr. 8. München 1965.

Literatur
Fritjof Jaft: G-man Jerry Cotton. Wie man flink eine Million Leser gewinnt. In: »Die Zeit« Nr. 46. Hamburg 1969. Klaus Kunkel: Ein artiger James Bond. In: Jochen Vogt (Hg.): Der Kriminalroman. München 1971. Schriftsteller, Korb vom Konsum. In: »Der Spiegel« Nr. 21. Hamburg 1971.

Kemelman
Harry Kemelman, amerikanischer Kriminalautor. Kemelman führt den Leser in die Vorstadtgemeinde einer größeren Stadt an der amerikanischen Ostküste, genauer gesagt in eine dort ansässige jüdische Minderheitengruppe aus wohlhabenden Geschäftsleuten, die sich mehr der Konvention wegen als aus religiösem Bedürfnis den Rabbi David Small engagieren. Dieser Rabbi, der wegen seiner Schlampigkeit und seiner unkonventionellen Art, orthodoxes Gedankengut mit gesundem Menschenverstand zu verbinden, auf den Widerstand derjenigen Gemeindemitglieder stößt, die jeder Relativierung ihrer »ungeschriebenen Gesetze« mißtrauen, dieser Rabbi löst als Detektiv die Fälle, wie er die Streitigkeiten seiner Mitmenschen schlichtet, durch die Auslegung des Talmud, durch den *pipul*, das Streitgespräch, in dem die Anwendbarkeit der Auslegung erörtert wird. Und gleichzeitig mit der Widerlegung der augenscheinlichen Indizienbeweise, die auf festgefügten Vorurteilen beruhen, entwickelt Rabbi Small in seinen Gesprächen ein Modell aufgeklärten, toleranten Zusammenlebens nicht nur der religiösen, sondern auch der sozialen Gruppen miteinander; ein Nathan des Kriminalromans, dessen Weisheit sich aus der Kenntnis der psychischen und sozialen Strukturen seiner Umwelt ergibt.

Kemelman setzt in seinen Romanen nicht beim Opfer an, sondern bei den Folgen des Verbrechens, den falschen Anschuldigungen, der Hysterie, dem blinden Wunsch nach Vergeltung. Der Mord ist der Auslösefaktor jener aggresiven Konformität, mit der der amerikanische Normalbürger noch immer die Störung seines Alltags ahndet, und die gesellschaftliche Isolation des jungen Rabbi, die seine Wahrheitsliebe ihm eingebracht hat, erschwert und erleichtert ihm gleichermaßen seine Aufgabe, seiner Gemeinde (und uns) klarzumachen, daß die Widersprüche in der Gesellschaft nicht durch stures Beharren auf den traditionellen Scheidungen und Isolierungen von *in-groups* und *out-groups* zu lösen sind. »So zeigt Kemelman, der sich in seinen Detektivgeschichten (›Quiz mit Kemelman‹) als Meister der überkommenen Technik und des *fair play* ausgewiesen hat, auch als Romanautor, wie sich Altes und Neues, traditioneller Spannungsaufbau und aufklärerischer, zukunftsweisender Inhalt, miteinander verbinden lassen« (Peter Nusser).

Anmerkung
Peter Nusser: Aufklärung durch den Kriminalroman. In: »Neue Deutsche Hefte« Nr. 131. Frankfurt 1971.

Klassiker des Detektivromans
Vom Verbrechen, von »Schuld und Sühne«, handeln viele Werke der Weltliteratur, doch der Detektiv, Symbol einer durch und durch rationellen Durchdringung der »natürlichen« Geheimnisse, ist ein Kind des neunzehnten Jahrhunderts. »Verbrechensdichtung« (etwa bei Dickens, Dostojewskij oder Mark Twain) unterscheidet sich von der Detektivliteratur insofern, als hier im Mittelpunkt der Mensch steht, während der klassische Detektiv den Dingen seine besondere Aufmerksamkeit widmet und von ihnen seine Rückschlüsse auf die Art, nicht auf das Wesen des Verbrechens zieht. Diese Verdinglichung im frühen Kriminalroman spiegelt aufs exakteste die

Filmsatire auf die Sherlock Holmes-Figur: Gene Wilders »The Adventures of Sherlock Holmes Smarter Brother« Verleih: Fox-MGM

Wandlung im gesellschaftlichen Arbeitsprozeß wider: Wie der Mensch seine Individuation durch Arbeit nun vermittels Maschinen bewerkstelligt, so drückt er sich durch Dinge aus: das Interieur als Verlängerung der bürgerlichen »Seele« entspricht den *clues* – Fußspuren, Veränderungen des Mobiliars, unbeabsichtigt hinterlassene Gegenstände –, die den Mörder schließlich überführen. Wie man, um ihn einzuschätzen, beim Menschen nun weniger auf Physiognomie oder »Charakter« achtet, sondern auf die Einrichtung seiner Wohnung, die Beschaffenheit seiner Kleider etc., so verrät sich der Mörder nicht durch seinen möglicherweise schuldbewußten Gesichtsausdruck (oder, wie in der »Judenbuche«, durch körperlich-seelischen Verfall), sondern durch die Unordnung, die er in der Welt der Dinge angerichtet hat.

Mit Recht bezeichnet man Edgar Allan Poes »The Murder in the Rue Morgue« als erste Detektivgeschichte, die bereits alle Spielregeln des Genres in sich vereinigte:

1. Der Fall, der den Gegenstand bildet, ist ein augenscheinlich unerklärliches Geheimnis.
2. Eine Person (oder mehrere Personen – gleichzeitig oder der Reihe nach) wird zu Unrecht als der Schuldige betrachtet, weil oberflächliche Indizien scheinbar auf ihn verweisen.
3. Eine minuziöse Betrachtung der sachlichen oder psychologischen Fakten, die der Auswertung der Zeugenaussagen folgt, und darüber hinaus eine rigorose Denkmethode tragen über hastige Theorien den Sieg davon. Der Analytiker rät niemals. Er denkt nach und beobachtet.
4. Die Lösung, die mit den Fakten vollkommen übereinstimmt, ist völlig unvorhergesehen.
5. Je ungewöhnlicher ein Fall erscheint, desto leichter ist er zu lösen.
6. Wenn man jede Unmöglichkeit eliminiert hat, bleibt, so unglaublich es auf den ersten Blick auch ist, die richtige Lösung übrig (nach François Fosca).

Die Nähe dieser Methode der *detection* zur naturwissenschaftlichen Denkweise ist augenfällig. Ein Geheimnis wird enträtselt durch genaue Beobachtung und durch Schlüsse vom Bekannten aufs Unbekannte. Die Berechenbarkeit der Welt, durch das Geheimnis in Frage gestellt, wird im Verlauf der Geschichte bewiesen, da sich der unberechenbare Mensch durch berechenbare Dinge auszudrücken hat. Wissen ist hier weniger Macht als Beruhigung; immerhin lebten Poe und seine Leser in einer Zeit sozialer Umgestaltungen, in der die Neuverteilung der Macht auch eine Frage der Furchtlosigkeit war. Das sich neu konstituierende Bürgertum sah im Detektiv die Bestätigung für seine Bestrebungen, sich durch Wissenschaft der Natur zu bemächtigen. Natur – auch die menschliche Natur – muß, soll sie in Ware verwandelt werden, zunächst entmythologisiert werden.

Eine lateinische Variante des M. Dupin war Émile Gaboriaus Polizeidetektiv Lecoq, dessen Abenteuer als Fortsetzungsromane das Publikum begeisterten. Im Gegensatz zu Dupin ist Lecoq ein Mann, dem die psychologische Natur des Menschen sich durchaus nicht auf Anhieb offenbart; sie zeigt sich ihm nicht als Logik, sondern als Geschichte. Tatsächlich muß Lecoq, um seine Fälle (etwa: L'Affaire Lerouge, dt. Die Witwe Lerouge, 1949) zu lösen, Reisen in die Vergangenheit der Beteiligten unternehmen; er stößt dabei auf die entscheidenden Hinweise. Dieses empirische, »reiner« Logik widersprechende Element, das Gaboriau erstmals in den Kriminalroman einbrachte, hat oftmals das Absinken der Detektivliteratur zum »literarischen Kreuzworträtsel« verhindert (→ Georges Simenon, → Patricia Highsmith, → Dashiell Hammett). Wenn es richtig ist, daß eine Person (oder eine Situation) um so wahrscheinlicher ist, je weniger sie logisch ist, und umgekehrt, dann markiert das Auftreten Lecoqs, so kolportagehaft er sich auch bisweilen verhalten haben mag, daß auch die Wahrscheinlichkeit im Kriminalroman gelegentlich zu ihrem Recht kommt. Doch zunächst sollte Logik, oder was dafür gehalten wurde, triumphieren. Conan Doyle schuf in seinem Sherlock Holmes das Urbild des Detektivs, der, von einigen Schrullen abgesehen, als Person zur Gänze hinter seiner eigenen Logik zurücktritt. (Daß so viele Menschen beharrlich die Existenz Holmes' als reale Person annahmen, liegt wohl nicht so sehr an dem *Glauben* an diese Person, als an dem *Verlangen* nach einer ihre Funktion des Beschützens und Erklärens ausfüllenden Figur.) Für Sherlock Holmes wie für Dupin war das Verbrechen ein rein logisches Problem, das nur seinen Scharfsinn, nicht aber sein moralisches Weltbild auf die Probe stellte. Und auch dies mag eines der Elemente des Kriminalgenres charakterisieren: Im Detektivroman ist das Verbrechen losgelöst von sozialer und psychologischer Realität, es nötigt dem Detektiv und uns keine Haltung, keine moralische Entscheidung, sondern nur ein vorgenormtes Verhalten, nämlich die Jagd, ab. So ist der Detektivroman ein Anzeichen permanent fortschreitender Technologisierung: Der Detektiv hat sich weder darum zu kümmern, woher der Kriminelle gekommen ist und wie er dazu geworden ist, noch darum, was mit ihm geschieht, wenn er der »Gerechtigkeit« überantwortet ist. Sein Spezialistentum, das besonders der »Detektivberater« Sherlock Holmes verkörpert, ist Ausdruck geforderter und durch Industrialisierung notwendig gewordener Arbeitsteilung.

Mit solch einem Spezialisten verbindet den Leser kaum mehr als Bewunderung. Viel von seinem Ruhm verdankt Sherlock Holmes daher seinem Begleiter Dr. Watson, der den gutwilligen Lesern als Kompensation für ihre Mystifikation dient: Er ist in seinem Verständnis und seinen Kombinationen immer noch etwas weiter hinter dem »Meister« zurück als der Leser. Gelegentlich haftet der festen Figur des Dr. Watson, der etwa als Archie Goodwin bei → Rex Stouts Nero Wolfe und als Phil Dekker so-

gar bei → Jerry Cotton immer wieder auftaucht, etwas vom Zauberlehrling an, der, wenn er den Zauberstab des Hexenmeisters, die Logik, in die eigenen Hände nimmt, unweigerlich ein zumindest geistiges Chaos anrichtet. Die Distanz des Lesers zum Detektiv, von Poe vorgezeichnet, von Conan Doyle etabliert, ist notwendig; der Detektivroman exemplifiziert »für die niederen Stände«, was ein Übermensch ist.
Poes Dupin war die fleischgewordene »ratiocination«. Lecoq war Empiriker und so engagiert, daß er Leidenschaft und Subjektivität nie ganz verleugnen konnte. Sherlock Holmes nun war der erste wirkliche Held der Kriminalliteratur; seine Eitelkeit und sein Lehrer-Schüler-Verhältnis zu Watson verboten es ihm, sich ganz hinter dem Prinzip, das er verkörperte, zurückzuziehen. Im Gegensatz zu Dupin ist ihm die Lösung eines komplizierten Falles nicht nur reiner Selbstzweck, sondern er schützt, rettet und hilft auch. Darum begleiten ihn »alle unsre guten Wünsche«, während Dupin uns nur fasziniert.
Wie sehr der Detektivroman, bei aller vermeintlichen Rationalität, immer auch ein theologisches Moment enthielt (→ Edgar Wallace, → Agatha Christie, deren Pseudonym im übrigen schon für sich spricht), das bewies der Essayist und Romancier Gilbert K. Chesterton mit seinen Father-Brown-Geschichten. Metaphysik und christlicher Erlösungsglaube haben im Kriminalroman immer eine gewichtige Rolle gespielt; bei Chesterton entpuppt sich die Methode der *detection* als weiße Magie, die die schwarze noch allemal schlägt, aber von dieser weniger durch die Methode, als durch die Motivation unterschieden ist.
Wie alle Genres der Unterhaltungsindustrie entwickelte sich auch der Detektivroman in einer gesellschaftlichen Übergangszeit. Die Anpassung an die neuen Gegebenheiten wird nach dem Schema: »Man kann das eine tun, ohne das andre zu lassen« bewerkstelligt. Die Hoffnung auf das Neue wird ebenso befriedigt wie die Sehnsucht nach dem Alten. (Solche Gegensatzpaare wären etwa: Aberglaube/»Beseelung der Natur« – Monotheismus/Aufklärung im Schauerroman; Freiheit/Anarchie – »Verwandlung von Natur in Heimat« im Western – Technischer Fortschritt/Furcht vor Übertechnisierung in der Science Fiction etc.) Im Detektivroman verbindet sich »neue« Aufklärung mit »alter« Metaphysik, »neue« Rationalität mit »alter« Ethik. Und wie in jeglichem Genre bekämpft auch der Held des Detektivromans gerade jene Tendenz, die augenblicklich im Bewußtsein der Öffentlichkeit aufgetaucht ist: Im Fall des Detektivs ist es die Eigenständigkeit des Trieblebens.

Anmerkung

François Fosca zitiert nach: Pierre Boileau/Thomas Narcejac: Der Detektivroman. Neuwied/Berlin 1967.

Literatur

Jens-Peter Becker: Sherlock Holmes & Co. München 1975. Jens-Peter Becker/Paul Buchloh (Hg.): Der Detektivroman. Darmstadt 1973. Pierre Boileau/Thomas Narcejac: Émile Gaboriau. In: Dies.: Der Detektivroman. Neuwied/Berlin 1967. Rudolf Mathias Fabritius: Das Komische im Erzählwerk G. K. Chestertons. Tübingen 1964. Ordean A. Hagen: Who Done It? A Guide to Detective, Mystery and Suspense Fiction. New York/London 1969. Jürgen Kesting: Sherlock Holmes – Nicht totzukriegen. In: »Der Stern« Nr. 19. Hamburg 1974. Wiener Lösung. In: »Der Spiegel« Nr. 11. Hamburg 1975. Fritz Wölcken: Der literarische Mord. Nürnberg 1953.

Kommissar

Der Kommissar, deutsche Fernsehserie von Herbert Reinecker, die seit 1969 vom ZDF ausgestrahlt wird. Reinecker, der während des Zweiten Weltkriegs Kriegsberichterstatter und Filmautor (»Junge Adler« – 1944 – Regie: Alfred Weidenmann – bekam das Prädikat »staatspolitisch und künstlerisch wertvoll«) war in den fünfziger Jahren ein vielbeschäftigter Drehbuchautor. Nach seinen *scripts* entstanden unter anderem die Filme »Der Stern von Afrika« (1957), »Schloß Gripsholm« (1963), »Schüsse im Dreivierteltakt« und »Maigret

und sein größter Fall« (1965 → Georges Simenon). Neben einzelnen Fernsehspielen (u. a. »Um 8 Uhr kommt Sadowski«, ein Film, der einen jungen Mann mit der Nazi-Vergangenheit seines Vaters konfrontiert) verfaßte er für das ZDF – in Konkurrenz zu den → Durbridge-Serien der ARD – aufwendige dreiteilige Kriminalspiele: »Der Tod läuft hinterher« (1967), »Babeck« (1968) und »11 Uhr 20« (1970).
Kommissar Keller nun, »Der Kommissar«, ist eine deutsche Ausgabe des Kommissar Maigret. Was sie verbindet: Beide sind weder superintellektuelle Spürhunde, noch warten sie mit Fausthieben und Pistolenschüssen auf. Beide erfassen mit distanziertem, fast melancholischem Blick das Milieu des Verbrechens, sie überführen den Täter nicht, sie verführen ihn eher durch ihre väterliche Sympathie dazu, sich zu stellen. Beide auch stoßen bei ihrer Arbeit manchmal auf Situationen, in denen sich bürgerliche Institutionen, von der Familie bis zum Altersheim, nicht von der besten Seite zeigen. Was sie unterscheidet: Keller hat nicht, wie Maigret in seinen besten Momenten, das Bewußtsein vom Anachronismus seines Daseins. Die heile Welt, der Maigret nachtrauert, ist für Keller noch selbstverständlich. Er führt den Verbrecher zurück in die bürgerliche Gemeinschaft (auch das Gefängnis ist ein Teil von ihr) wie ein gütiger Vater sein Kind, während Maigret immer auch einen Teil des Ausgestoßen-Seins auf sich nimmt. Was den Kommissar Keller auszeichnet, ist seine »Unfähigkeit, zu trauern«; er leistet sich allerdings, was den schlechten Zustand der Gesellschaft anbelangt, eine Portion Sentimentalität. Mit falscher Tragik und oberflächlicher Kritik tarnt sich die fieberhafte Suche nach einem Schuldigen, der, ist er entlarvt, der gutbürgerlichen Welt ihre Makellosigkeit zurückgibt. Der Übervater Kommissar stellt die Ruhe wieder her, indem er das kranke Kind, das die anderen anzustecken droht, entfernt und einer Sonderbehandlung zuführt. Während der klassische Detektiv immerhin noch *entdecken* mußte, wer der Täter ist, *weiß* es der Kommissar; er kennt die Menschen.
»›Der Kommissar‹ ist eine Serie aus einer Zeit des Anachronismus, wo Wissen noch angeblich etwas mit Macht zu tun hatte. Inzwischen sind die Sozialbauwohnungen zu klein für den Großen Brockhaus geworden, und die auch noch so scharfe Kombinationsgabe des Kommissars bringt eine verquere Welt nicht mehr in Ordnung. Die Sehnsucht, die diese Serie beschwört, hat die Mentalität eines Beichtvaters, der zwischen seinen Gläubigen Kreuzworträtsel löst.« (Wolfram Knorr). Tatsächlich sind die Helden der amerikanischen → Kriminalfernsehserien hier ehrlicher: Sie suchen keinen Schuldigen, sie suchen einen Feind; sie wollen die Welt nicht in Ordnung bringen, sie wollen sie »säubern«. Der Kommissar ist auf einer falschen Spur: Er hetzt eine bürgerliche Fiktion, das schuldige Individuum, das aus Leidenschaft gemordet und so eine gottgewollte Ordnung gestört hat. Aber das Chaos, das der Kommissar und andere Detektive ständig verhindern, ist längst da, und nicht die Leidenschaft, sondern eben jene Herrschaftsstrukturen, deren Vollstrecker sie sind, haben es heraufbeschworen.
Beide Kommissare reden bekanntlich nicht viel. Vermutlich tun sie gut daran, denn es wäre sonst möglich, daß hinter der sympathischen Väterlichkeit ein militanter Kleinbürger zum Vorschein kommt, der die Risse in seiner heilen Welt, wenn es sein muß, mit »knochenharter« (Der Kommissar) Gewalt schließt.
Die Nachfolge-Serie von »Der Kommissar«, »Derrick«, war von Reinecker zwar nach demselben Schema gestaltet, erreichte aber kaum die Popularität seiner ersten Serie, die nach wie vor die beliebteste Kriminalserie deutscher Produktion ist. Zu ihrer Absetzung im Jahr 1975 führte weniger die nachlassende Resonanz beim Publikum als die Tatsache, daß sich aus der gegebenen Konstellation kaum noch neue The-

men entwickeln ließen.

Anmerkung

Wolfram Knorr: Blick zurück zum Beichtvater. Zur Kriminalserie »Der Kommissar«. In: »Zoom« Nr. 13. Bern 1972.

Literatur

Manfred Delling: Bonanza & Co. Fernsehen als Unterhaltung und Politik. Reinbek 1976. Scharfes Auge. In: »Der Spiegel« Nr. 11. Hamburg 1972.

Kommissar X

Deutsche Romanheftserie mit relativ hoher Auflage und einigen Verfilmungen. Kommissar X ist der New Yorker Privatdetektiv Jo Luis Walker, der seine Aufträge in enger Zusammenarbeit mit der Polizei erfüllt. Hier einige Zitate aus der Empfehlung des Verlages für die Autoren der Serie: »Jo wohnt im Bronx, Gun Hill Road (!) 234, in einem zehnstöckigen Apartmenthaus. Seine Wohnung befindet sich in der vierten Etage. Lift . . . (. . .) Jo raucht nur Chesterfield, (. . .) Charakter: Er ist weder Abstinenzler (aber auch kein Supertrinker), noch ein Frauenverächter; aber er stellt seine beruflichen Belange über seine Privatvergnügen. Außer berufsbedingten Flirts ist es ratsam, Walker nicht ernsthafte Liebschaften eingehen zu lassen. (. . .) Dieser Kommissar X ist kein brutaler Catcher, aber auch kein sentimentaler Bruder. (. . .) Kommissar X-Romane sollen keine politischen Themen behandeln (Kuba, Ost-West-Konflikt, China usw.), selbst politische Anklänge am Rande des Geschehens sind tunlichst zu vermeiden. (. . .) Bei der Konzeption des Romans achte man darauf, daß die Kombinationsgabe und das Gedächtnis des Lesers nicht übermäßig beansprucht werden.« Die Kommissar X-Reihe zeichnet sich durch einen Hang zur Steigerung der geschilderten Brutalitäten aus. Von Autor zu Autor divergierend liegt der Hauptakzent dabei einmal auf einer rigiden Gesetzeshüter-Ideologie, bei anderen auf einer realistischen Beschreibung des Gangstermilieus. Im Gegensatz zu der eher puritanischen → Jerry Cotton-Serie gibt es in den Kommissar X-Romanen auch handfeste Sex-Szenen, zumeist in Form sadistischer Gewaltakte: Ein nacktes Mädchen wird in der Badewanne ermordet, eine männermordende Gangsterin setzt ihren Körper als »Geheimwaffe« ein etc.

Die Gefahr solcher Serien liegt weniger, wie konservative Kulturkritiker meinen, in einer brutalisierenden Wirkung, als vielmehr in der völligen gesellschaftlichen Isolation, in der sich das Geschehen abspielt. Jo Luis Walker bewegt sich in einem falschen Amerika, reduziert auf die Versatzstücke, die man aus den Filmen kennt: Bars, billige Hotels, Highways etc. Authentizität wird hergestellt durch die genaue Bezeichnung der Konsumgegenstände. Zigarettenmarken, Autofirmen, Delikatessengeschäfte, Lokale – auf derlei Warensymbole reduziert sich die Wirklichkeit. Wer an ihnen nicht teilhat, wer sie sich

Titelbild eines Heftes aus der Kommissar X-Serie © Pabel Verlag

nicht leisten kann, ist kein Bewohner des Kommissar X-Kosmos und kommt folgerichtig in den Romanen nicht vor. Stellvertretend für den Leser wagt sich Walker in die Welt des Reichtums und der Dekadenz und beweist mit seinen Abenteuern, wie exotisch und fremd diese Welt ist, nicht erfahrbar ohne Gefahr für Leib und Leben. Die Unterhaltungsindustrie stellt den Reichtum dar und tabuisiert ihn gleichzeitig.

Kriminalfernsehserien

Das Deutsche Fernsehen begann erst relativ spät mit der Übernahme von Kriminalfilmen und -serien ins Programm. In den fünfziger Jahren dominierten einzelne Kriminalspiele (z. B. »Inspektor Tondi« – 1952 von Siegfried Lenz), die noch nicht von einer eigenständigen Fernsehdramaturgie geprägt waren, sondern Handlungsaufbau und Stilelemente des Kriminaltheaters (Beschränkung auf Innendekorationen, wenige Einstellungen, Verzicht auf Darstellungen physischer Gewalt) und des Kriminalhörspiels (Dialogüberfrachtung) übernahmen. Mit der Kommerzialisierung des neuen Mediums durch die Einführung des Werbefernsehens wurde ein zugkräftiges Rahmenprogramm erforderlich. In verstärktem Maße wurden nun, zu Beginn der sechziger Jahre, halbstündige Kriminalserien aus den angelsächsischen Ländern importiert (etwa »Inspektor Garrett«). Während die Kriminalserie allmählich auch für das Abendprogramm hoffähig wurde, entdeckten auch deutsche Autoren und Regisseure die Möglichkeiten, die das Medium dem Genre bot: Die zunächst an sechs, später an drei Abenden hintereinander ausgestrahlten Fortsetzungsfilme (»Tim Frazer« etc. von → Francis Durbridge) gewannen rasch an Popularität. Sie waren relativ aufwendig gemacht und präsentierten ein großes Aufgebot beliebter Stars. Lebten diese Filme von der Kontinuität des Autors – nicht zufällig ein Engländer, der in seiner Heimat bei weitem nicht so geschätzt wurde wie in Deutschland –, so die meisten amerikanischen Serien von der Kontinuität des Helden. Die Fernsehserie mit konstantem Helden und konstantem Milieu kann, im Gegensatz zum Einzelfilm, von dem man von vornherein nicht weiß, was er bringt, damit rechnen, daß sie in kurzer Zeit »ihr« Publikum hat. Damit bleibt die Sehbeteiligung relativ konstant – ein nicht zu übersehender Vorteil bei der Programmplanung. Dementsprechend wird bei der Konzeption solcher Serien das Hauptaugenmerk auf die Ausstaffierung des Helden mit originellen Attributen und Charaktereigenschaften gelegt; in Abwandlung eines Broncho Billy Anderson zugeschriebenen (vgl. *Western*) geflügelten Wortes ließe sich für die Kriminalserien sagen: Man wechselt nicht die *stories*, man wechselt den Helden. Den Rahmen, in dem sich diese Helden bewegen können, markieren recht anschaulich die beiden Mitte der sechziger Jahre beliebtesten Serien: »77 Sunset Strip« war eine mit komödiantischen Elementen durchsetzte Hau-Ruck-Geschichte um ein Team von Privatdetektiven, die sich durch Professionalismus und unbeschwertes Amerikanertum auszeichneten (Sehbeteiligung 1964: 58 %). Deutlich geringer in der Gunst des Publikums (Sehbeteiligung 48 %) stand die Serie »Preston & Preston«, die an den Erfolg der »Perry Mason«-Serie aus den Jahren 1961/62 anknüpfte. Diese Serie zeigte den rechtschaffenen Anwalt Preston, der seinen Sohn ins harte Berufs- und Sozialleben einführt. Jeder Fall, den Preston mehr durch die Kenntnis der Spielregeln amerikanischer Lebensweise als durch *detection* im eigentlichen Sinne löst, ist für ihn gleichzeitig eine Art angewandte Pädagogik: Dem ungestümen, zuweilen aufsässigen Sohn werden Herrschaftsmechanismen und die Notwendigkeit, sich ihnen zu beugen, klargemacht. Grob lassen sich also zwei verschiedene Arten von Helden in den amerikanischen Kriminalserien unterscheiden: Der unkomplizierte, strahlende

Held als Mittelpunkt *action*-orientierter, retardierende Elemente vermeidender Geschichten und der mit – oftmals bizarrer – Psychologie konfrontierte Protagonist, der eigene Autoritätsprobleme mittels seiner »Arbeit« überwindet (Beispiele: »Der Mann mit dem Koffer«, »Der Einzelgänger«). Mit der Inflation amerikanischer Kriminalserien Ende der sechziger Jahre begann die hohe Zuschauerbindung an den Helden nachzulassen. Erfolgreich im Sinne der Sehbeteiligung waren jetzt militante Agentenserien wie »Solo für O.N.C.E.L.«, verschiedene Team-Serien wie »Kobra, übernehmen Sie«, »Der Chef« etc., die kriminalistisches Spezialistentum verherrlichten, und die englische Version des »Kommissar Maigret« (→ Georges Simenon).

Die Durbridge-Serien in mehreren Teilen hatten an Popularität verloren, teils wegen ihres Fortsetzungscharakters, teils auch, weil der Film diese Mischung aus Abenteuer-, Grusel- und Kriminalsujet übernommen und in der Serie der → Edgar Wallace-Verfilmungen (oft mit denselben Schauspielern) zum Erfolg gebracht hatte. Während die ARD daneben nur die nach einer amerikanischen Idee entstandene Reihe »Stahlnetz« von → Jürgen Roland brachte, hatte das Zweite Programm schon mehrere deutsche Krimi-Serien eingeführt: »Das Kriminalmuseum«, »Die 5. Kolonne«, »Interpol« und eine Reihe kriminalistischer Dokumentarstücke der Autoren Maria Matray und Answalt Krüger oder Robert A. Stemmle (»Der Fall Rohrbach«). Nun trat die ZDF-Serie → »Der Kommissar« von Herbert Reinecker ihren Siegeszug an, die »amerikanische« Dramaturgie mit deutscher Mentalität verband. Dieser mit vergleichsweise reichhaltigen stilistischen Mitteln gestalteten Reihe, die es bis jetzt auf über 50 Folgen gebracht hat, ließ das erste Programm seinen »Tatort« folgen. Wechselnde Schauplätze und realistische Darstellung des Polizeialltags kennzeichnen diese Serie. Auch im Werberahmenprogramm finden sich zunehmend

Comic-Serie nach der Fernsehkriminalserie »Mission Impossible«, die in Deutschland unter dem Titel »Kobra, übernehmen Sie« lief © Dell Publ./Paramount

deutsche Produktionen: »Die seltsamen Methoden des Franz Josef Wanninger« und »Butler Parker« bei den Sendeanstalten der ARD sowie »Percy Stuart« und »Suchen Sie Dr. Suk« beim ZDF – Serien, die ihre Gewalttätigkeit durch parodistische Elemente zu überspielen versuchen.

Die Verbindung von aktionsbezogener, zuweilen brutaler Handlung und zynisch vergagtem Dialog (Frühere Beispiele: »Mit Schirm, Charme und Melone«, »Tennisschläger und Kanonen«) ist auch für mehrere neuere amerikanische Serien charakteristisch. Die Albernheit, die die Aggressivität der Protagonisten solcher Serien wie »Department S« oder »Die Zwei« tarnt, schafft nur scheinbar, was die Synchron-Autoren anstreben, ironische Distanz zur dargestellten Gewalt. Tatsächlich aber wird die Gewalt verniedlicht und, wo das emotionale Engagement des Helden hinter seinem allesumfassenden Spott zurücktritt, als fast nebensächliches Beiwerk einer überlegenen Lebenshaltung dargestellt. Neben diesen Klamauk- und Prügelserien finden aber auch die konventionelleren (»Hawaii-5-0«, → »FBI«, »Dan Oakland«) ihr Publikum. Die Zahl kurzlebiger Reihen minderer Popularität ist Legion. Unter den Serien der siebziger Jahre waren die beliebtesten die um den einäugigen, etwas verschlampten Inspector Columbo, der immer einfältiger wirkt, als er ist (»Columbo«), den glatzköpfigen, robusten Lieutenant Kojak (»Einsatz in Manhattan«) und das Kriminalisten-Duo mit einem Vater-Sohn-Verhältnis in »Die Straßen von San Francisco«.

Vom Kriminalfilm unterscheidet die Fernsehserie nicht nur die kürzere Spieldauer und der konstante Held, sondern auch eine spezielle Dramaturgie, die zum Teil durch die Produktionsbedingungen gefordert ist. (Für eine Folge rechnet man etwa drei bis sieben Tage Drehzeit.) Komplizierte Aufnahmeverfahren sind hier also nicht möglich: Statt einer aufwendigen Kamerafahrt verwendet man die Gummilinse; auf differenzierte Lichtgestaltung (sprich: Atmosphäre) muß verzichtet werden: Man beschränkt sich praktisch auf »Tages«-Beleuchtung (*high key*) und »Nacht«-Beleuchtung (*low key*). Die Stilmittel sind weitgehend standardisiert, die Kriminalfernsehserie besteht aus *action*-Szenen (Signal: Halbtotale, Zoom) und Dialog-Szenen (Signal: Nahaufnahme, Schnitt-Gegenschnitt). Was im Film ausgedrückt wird beispielsweise durch Milieuschilderung, Atmosphäre oder die optische Wiedergabe der Umwelt, in der sich die Protagonisten bewegen, darüber wird in der Fernsehserie gesprochen: Der Verbrecher wird kenntlich nicht durch das, was er tut oder wie er es tut, sondern durch das, was er sagt. Nicht seine Lebensbedingungen sind es also, die ihn bestimmen, sondern seine verbrecherische Psyche, die sich in seinen Worten verrät. Gangster und Detektiv agieren gleichermaßen ohne Umwelt: So viele Kriminalserien in New York spielen – nie gestattet sich der Serienfilm einen Blick auf diese Stadt, nie bekommen wir einen *Eindruck* von den Straßenschluchten, den schmutzigen, verfallenen Häusern oder der wie Unkraut wuchernden Leuchtreklame. Daß die Stadt krank ist und nicht der Verbrecher, soll nicht gesehen werden. Daß die gesellschaftliche Umwelt nicht ins Bild kommen darf, ist der eine Grund für den Verbalisierungszwang amerikanischer Serien. Der andere ist Teil medialer Strategie: Da Fernsehen und die es tragende Werbung kontinuierlich konsumiert werden sollen, darf der einzelne Film keinen bleibenden Eindruck hinterlassen. Optisch muß also insbesondere die Krimiserie »unauffällig«, standardisiert sein; die notwendige Quantität verbietet es, auf Qualität im Sinne einer Wirkung zu achten. Für das Genre bedeutet dies, daß alles ausgeschaltet werden muß, was den Zuschauer entweder verwirren könnte (also etwa jede Art von *suspense*) oder einen Bezug zu seiner alltäglichen Umwelt herstellen würde. Gerade jene Eigenschaften, die den klassischen → Gangsterfilm auszeichneten, realistische Milieuschilderung – die Stadt als Ort in Gewalt kulminierender sozialer Konflikte –, Verunsicherung durch das Aufzeigen der Fragwürdigkeit moralischer Wertungen und Kritik an den Methoden der staatlichen Institutionen, sind in der Fernsehserie radikal ausgemerzt. Hinzu kommt der bewußte Verzicht auf mythische Qualitäten:

»Fernseh-Krimi und Fernseh-Western haben nicht die mythischen Qualitäten, die den Kino-Krimi und den Kino-Western prägen. Ist es im Kino-Krimi (im Fall des Detektivfilms) der rationale Aufklärer und Durchleuchter, der nach Kracauer ein Mythos der angelsächsischen liberalen Demokratie ist, oder (im sogenannten Schwarzen Film) der Gangster, der, wie Warshow annimmt, an der Stadt leidet, eine dumpfe Sehnsucht in sich trägt nach Unschuld und

Idylle – so ist es im Kino-Western (vgl. *Western*) der einsame Pionier, der nach Westen zieht, um aus Natur Heimat zu schaffen. Dieses Mythische, das der amerikanische Film vor allem im Western durch lyrische Glanzlichter, durch eine ›wellenförmige‹ (Kochenrath) Dramaturgie (Dramaturgie, die Ruhepausen einplant) evoziert, dieses Mythische muß im Fernsehfilm fehlen – was natürlich auch durch die Beschränkung auf 45 Minuten Laufzeit bedingt ist. Etwas anderes tritt im Fernseh-Krimi und Fernseh-Western ein. Eine ausschließlich auf Höhepunkte – rasende Autofahrten, Schießereien und Schlägereien – angelegte Dramaturgie machte die Filme mechanisch. Die Menschen sind – fast – mechanomorphisiert. Ich sage ›fast‹ – denn immer noch signalisieren Landschaften und Gesten, daß die Streifen in der empirischen Realität spielen sollen. Würde man darauf verzichten, man hätte etwas Ähnliches wie eine Krimi- oder Western-Slapstick-Comedy. Die Menschen wären dann nur noch lustige Clowns – und Ideologiekritiker hätten nicht mehr über allwissende Kommissare oder patriarchalische Westerner zu klagen« (Ulrich Kurowski).

Anmerkung

Ulrich Kurowski: Ideologien, Mythen und Symbole in der Fernsehunterhaltung. In: Akademie für Politische Bildung (Hg.): Politische Prägung durch Unterhaltung. Tutzing 1971.

Literatur

Als Trottel getarnt. In: »Der Spiegel« Nr. 9. Hamburg 1975. Götz Dahlmüller: Kriminalität und Werbung im Fernsehen. In: »Deutsche Volkszeitung« Nr. 41. Frankfurt 1971. Manfred Delling: Bonanza & Co. Fernsehen als Unterhaltung und Politik. Reinbek 1976. Walter Gutermuth: Kaputte Krimi-Helden erobern das Fernsehen. In: »Abendzeitung« vom 26. Februar. München 1975. Karl Heinz Kramberg: Wo Emma Peel hinhaut ... Im Kriminangebot Serienthriller, Detektivspiele, Geschichten nach dem Leben, nostalgische Persiflagen. In: »Süddeutsche Zeitung« vom 11. September. München 1973. Winfried Thomsen: Im Fernsehen ist der Einäugige König. In: »Konkret« Nr. 6. Hamburg 1975. TV-Serien. Gorilla im Nadelstreif. In: »Der Spiegel« Nr. 41. Hamburg 1974.

Lang

Fritz Lang, (1890–1976), deutscher Filmregisseur, der in der Zeit der nationalsozialistischen Herrschaft in Amerika lebte und arbeitete. Mit seinen politisch zumindest zwiespältigen Stummfilmen (vgl. *Science Fiction* → Metropolis) und seinem ersten Tonfilm, »M – Eine Stadt sucht einen Mörder«, hatte er in Deutschland seine formale Meisterschaft schon unter Beweis gestellt. Doch obwohl er in den ersten Jahren seiner amerikanischen Emigration zusammen mit Bert Brecht einen antifaschistischen Film schuf (»Hangmen Also Die« – 1943), blieb er in seinen Thrillern seinem mystifizierenden, im Kern wenig humanistischen Stil treu. Wie schon in seinen deutschen Filmen (hier besonders: Dr. Mabuse), so ging es ihm auch in seinen amerikanischen Streifen um die Darstellung des Bösen, das sich entweder in omnipotenten Kräften manifestiert oder aber, als Impuls des Bösen, aus dem Innern der menschlichen Seele selbst kommt. Das Böse in Langs Filmen ist das Böse an sich, es ist unbedingt, unabhängig von gesellschaftlichen Zwängen und kann aus der Welt geschafft werden nur durch die restlose Vernichtung derer, die sich ihm ergeben haben. In »Beyond a Reasonable Doubt« (Jenseits allen Zweifels – 1956), Langs letztem Hollywoodfilm, nützt ein junger Mann den Kampf seines Schwiegervaters in spe gegen die Todesstrafe aus, um unerkannt einen Mord zu begehen, und wird schließlich von seiner Verlobten dem Gericht überantwortet.

Der Mörder – dem bis zu dem Zeitpunkt, da er sich entlarvt, die vollkommene Sympathie des Zuschauers gehört – ist ein fast unschuldiges Opfer des Bösen; er ist ein Besessener, der nur durch den Tod auf dem elektrischen Stuhl »erlöst« werden kann. Und wie so oft in Langs Filmen war es eine Frau, die ihn dem Bösen ausgeliefert hat:

»Jenseits allen Zweifels« von Fritz Lang

das Opfer, das ihn so lange gequält hat, bis er zum Mörder wurde. Für Lang ist der Mensch verfolgt von äußeren und inneren Kräften, die er nicht kontrollieren kann. Und er ist, so exemplifiziert er in jedem seiner Filme, verfallen in erster Linie den beiden hauptsächlichen Trieben: Sexualität und Gewalt. Dabei demonstriert Lang immer wieder, daß das Gesetz allein nicht ausreicht, der »bösen« Triebe Herr zu werden. In seinen Gangsterfilmen (etwa »Fury« – 1936, wo das Gesetz zu Zwecken persönlicher Rache gebraucht wird, oder »The Big Heat« – 1953) sind die Grenzen zwischen Verbrechern und Polizisten fließend, das Prinzip des Bösen schert sich nicht um das Gesetz. Vor der Gewalt, die immer irrational und unerklärlich ist, kapituliert in Langs Filmen das Recht noch allemal, und gesellschaftliche Konflikte sind ihm nur Auslöser, nie Ursachen der Gewalt.

Colin McArthur hat darauf hingewiesen, daß in Langs Filmen Gewalt besonders häufig (und besonders deutlich, nämlich in Form der Strangulierung) an Frauen verübt wird, und zwar gegen den Frauentyp der *femme fatale*, die sowohl in den deutschen Stummfilmen als auch in den amerikanischen »schwarzen« Filmen eine bedeutende Rolle spielte. Es erscheint wie ein Akt der Rache des Mannes an der kalten, provokativen Sexualität dieser Frau, wenn er sie – eine Travestie des Geschlechtsaktes – erwürgt. Langs Frauenfeindlichkeit – besonders deutlich in seinen beiden »schwarzen« Filmen »The Woman in the Window« (Gefährliche Begegnung – 1944) und »The Scarlet Street« (Straße der Versuchung – 1945) – ist freilich ein typisches Merkmal des amerikanischen Nachkriegsfilms. Doch die Offenkundigkeit der Symbolik in seinen Filmen läßt manches andere Beispiel verblassen. In »The Big Heat« beispielsweise taucht ein Bild von de Sadescher Eindringlichkeit auf: Gloria Grahame bedeckt ihr Gesicht, nachdem es der Gangster mit kochendheißem Kaffee verbrüht hat, mit ihrem luxuriösen Pelzmantel. Sie stirbt, auf dem Boden liegend, und, wie um ihre Doppeldeutigkeit zu zeigen, ist die eine Hälfte ihres Gesichts nach wie vor von kalter, gefährlicher Schönheit, während die andere verunstaltete Hälfte von ihrem Pelz nur wenig verborgen wird . . .

Anmerkung
Colin McArthur: Underworld USA. London 1972.

Literatur
Peter Bogdanovich: Fritz Lang in America. London 1967. Francis Courtade: Fritz Lang. Paris 1963. Frieda Grafe/Enno Patalas/Hans Helmut Prinzler/Peter Syr: Fritz Lang. München 1976. Paul M. Jensen: The Cinema of Fritz Lang. New York/London 1969. Luc Moullet: Fritz Lang. Paris 1963. Herman G. Weinberg: An Index to the Creative Work of Fritz Lang. Supplement to »Sight and Sound«. London 1946.

Leblanc

Maurice Leblanc, französischer Kriminalautor, 1864–1941. In der Gestalt des »Gentleman-Einbrechers« Arsène Lupin schuf Leblanc das französische Gegenbild zu Sherlock Holmes. Im Gegensatz zu diesem ist er ein draufgängerischer, gefühlvoller und ein wenig theatralischer Abenteurer, der es liebt, seine Gegner zu demütigen und der Lächerlichkeit preiszugeben. In dem Roman »Arsène Lupin contre Sherlock Holmes« (1908) spielte Leblanc das Imaginationsvermögen und die Phantasie Lupins gegen das nüchterne, übersachliche Denken Holmes' aus. Lupin war ein nationaler Mythos, ein Cyrano de Bergerac für die niederen Stände, doch wie dieser vertuschte er mit seinen Heldentaten eine eigene Schwäche: »Ich vergötterte den Cyrano der Unterwelt, nämlich Arsène Lupin, ohne zu wissen, daß er seine herkulische Kraft, seinen spöttischen Mut, seinen echt französischen Geist der Dresche verdankte, die wir 1870 bezogen hatten« (Jean-Paul Sartre).

Seit der ersten Verfilmung durch die Vitagraph im Jahr 1917 wurden ein halbes Dutzend Lupin-Filme gedreht. Einen der bedeutendsten Streifen zu dieser Serie steuerte der Thriller-Spezialist Jacques Becker mit »Arsène Lupin« (1957) bei. Der letzte ist »Arsène Lupin contre Arsène Lupin« (1962, mit Jean-Claude Brialy in der Titelrolle). Die in diesem Film angelegte komödiantische Struktur wurde auch in der französischen Fernsehserie »Arsène Lupin« beibehalten, die auch im Deutschen Fernsehen zu sehen war.

Anmerkung
Jean-Paul Sartre: Die Wörter. Reinbek 1966.

Literatur
Pierre Boileau/Thomas Narcejac: Der Detektivroman. Neuwied/Berlin 1967. Leblanc. Zeit für Arsène. In: »Der Spiegel« Nr. 16. Hamburg 1971. Jean-Jacques Tourteau: D'Arsène Lupin à San Antonio. Tours 1970.

Nick Carter

Titelheld einer amerikanischen Groschenheftserie (vgl. *Western* → Dime Novels) von John R. Coryell. Die erste Nick Carter-Geschichte erschien 1886 in der Massenzeitschrift »New York Weekly«. Nach positivem Leserecho startete man das »Nick Carter-Weekly« (später »Nick Carter Stories«), das sich im Verlauf der Zeit von der *Dime Novel* (eine abgeschlossene Erzählung) zum *Pulp Magazine* (mehrere kürzere Geschichten, Novellen, z. T. in Fortsetzungen) entwickelte.

Neben Coryell war Frederick Marmaduke van Rensselaer Dey einer der einfallsreichsten unter den zahlreichen Nick Carter-Autoren. Er schuf die »Carter-Family«, Angehörige und Freunde des Detektivs, die durch ihr Auftreten der Handlung Kontinuität, aber auch Humor und Leben gaben: Vetter Chick Carter als Gehilfe Nicks, die Cousine Ida Carter, der vorlaute Patsy und der Japaner Ten Ichti bewegten sich an den von van Rensselaer Dey bevorzugten Schauplätzen, der Waterfront (New Yorks Hafengebiet) und der Bowery (der Straße der Trinker und Bettler), mit jener Sicherheit, die nach ihnen Sam Spade (→ Dashiell Hammett) und Phil Marlowe (→ Raymond Chandler) auszeichnete. Nick Carter war ein neuer Typ des Helden, gänzlich verschieden von Sherlock Holmes, Arsène Lupin und ihren Epigonen; er war ein draufgängerischer Mann der Tat, ein in die Stadt verpflanzter Westernheld, der den Dschungel der Großstadt durchstreifte wie der Westerner die Prärie. Die Großstadt als Ort der Gefahr, nicht domestizierte zweite Natur, ist Nick Carters eigentlicher Gegner. Mit dieser Thematik verwies die Serie bereits auf die spätere Schule der *hard-boiled writers*; doch zunächst setzte auch in Amerika der Siegeszug der englischen Autoren und ihrer amerikanischen Nachfolger ein, und Nick Carter verschwand 1915 als Held seines eigenen Magazins, um ein Füllsel-Dasein in dem *Pulp* »Shadow Magazine« zu fristen.

Übersetzungen der Geschichten um Nick Carter erschienen auch in Deutschland bei verschiedenen Groschenheftverlagen. Neben *radio-shows* und *film-serials* gab es auch etliche lange Filme um Nick Carter, etwa »Nick Carter Master Detective« und »Phantom Raiders« (beide 1939 – Regie: Jacques Tourneur).

Ein Nick Carter von gänzlich andrer Art ist der »Killmaster« Nick Carter, »Amerikas Staragent Nr. 1«, von dem der Waschzettel völlig zu Recht behauptet: »*He out-bonds James Bond*«. Was die Brutalität und den Frauenkonsum anbelangt, kann er sich mit diesem leicht messen, und was den Waffenfetischismus anbetrifft, ist er ihm sogar noch weit überlegen: Seine Pistole nennt er zärtlich »Wilhelmina«, sein Messer »Hugo« und die immer griffbereite Handgranate »Pierre«. Mit dem Film »Nick Carter et le trèfle rouge« (Nick Carter: Zum Frühstück Blondinen – 1965) versuchte Jean-Paul Savignac eine Parodie auf diesen haarsträubenden Helden. Eddie Constantine spielt hier einen von Mißerfolg zu Mißerfolg hastenden Nick Carter.

Literatur

Nick Carter. Amerika's größter Detectiv. (Reprint) Hildesheim 1972. Literatur. Pionier im Hudsonbabel. In: »Der Spiegel« Nr. 15. Hamburg 1972.

Roland

Jürgen Roland, deutscher Film- und Fernsehregisseur und Autor, geb. 1926. Seine bekanntesten Filme sind »Heißer Hafen Hongkong« (1962), »Polizeirevier Davidswache« (1964), »Lotosblüten für Miss Quong« (1967, nach einem Roman von → James Hadley Chase), »Die Engel von St. Pauli« (1969). Zusammen mit dem Drehbuchautor Wolfgang Menge schuf er die dokumentarische Fernsehserie »Stahlnetz«, später die Kriminalquizserie »Dem Täter auf der Spur«. Roland, der sich selbst als Reporter versteht – er war früher Polizeireporter –, »auch wenn ich inzwischen das Mittel der Filmregie gewählt habe, um mich dem Publikum mitzuteilen«, versuchte, vor allem in »Polizeirevier Davidswache«, den Alltag der Polizei und das Milieu der Zuhälter, kleinen Diebe und Betrüger zu zeigen. Er versagte sich dabei freilich jede gesellschaftliche Kritik, und auch sein dokumentarischer Anspruch muß da bezweifelt werden, wo er etwa Lokale auf St. Pauli im Studio nachbauen läßt, anstatt an Ort und Stelle zu drehen. Das Bemühen um eine realistische Schilderung des Verbrechens, in einer Zeit, da sich die deutsche Filmindustrie auf Edgar Wallace-Schmonzetten kapriziert hatte, muß dennoch gewürdigt werden. Immerhin mußten Roland/Menge bis zur Realisierung des »Davidswache«-Projektes etliche Jahre warten. Erst der junge, risikofreudige Atlas-Verleih übernahm die Produktion; der etablierten Filmbranche waren die Profitaussichten zu gering.

Literatur

Peter M. Ladiges: Lotosblüten für Miss Quong.

In: »Filmkritik« Nr. 5. München 1967. Uwe Nettelbeck: Polizeirevier Davidswache. In: »Filmkritik« Nr. 10. München 1964. Polizeirevier 15. In: »Der Spiegel« Nr. 24. Hamburg 1964.

Sayers

Dorothy Sayers, englische Kriminalschriftstellerin, geb. 1893 in Oxford. Sie studierte am Sommerville College, Oxford, und schloß 1915 als eine der ersten Frauen, die in Oxford einen akademischen Grad erreichten, ihr Studium mit »First Honours« in mittelalterlicher Literatur ab. Ihre Romane, die sich nach eigener Aussage dem Sittenroman nähern, kehren zum Ausgangspunkt der Detektivliteratur, den psychologisch fundierten Romanen von Willkie Collins und Sheridan LeFanu, zurück. Im Mittelpunkt der Handlung, die hauptsächlich in Akademikerkreisen und im englischen Adel spielt, steht der Detektiv Lord Peter Wimsey, der sich im Verlauf der Zeit und von Roman zu Roman von einem Detektiv herkömmlicher Art, dem skurrilen Rationalisten, zu einem mit individuellen Problemen kämpfenden Mann entwickelt hat. In ihrem als Hauptwerk bezeichneten Roman »Aufruhr in Oxford« (1937) unternahm die Autorin den Versuch, innerhalb des Geschehens das Handwerk ihres Genres zu reflektieren, indem sie die gestalterischen Probleme der Heldin, einer Kriminalschriftstellerin, mit der Wirklichkeit realer Verbrechen konfrontiert. In diesem wie in allen anderen Romanen geht es der Autorin in erster Linie um das Problem der menschlichen Integrität und der Wirkung der wissenschaftlichen Forschung (hier symbolisiert durch die kriminalistische Wissenschaft) auf das menschliche Zusammenleben. Lord Peter ist ein Modell für die Skrupel des bürgerlichen Wissenschaftsbegriffes; er muß erfahren, daß es reine Objektivität nicht gibt, da durch den Vorgang der Beobachtung das Beobachtete sich verändert, zum Schlechten zumeist: In »Aufruhr in Oxford« erzählt Lord Peter, daß er es erlebt habe, wie seine Suche nach der Wahrheit nicht nur für den Mörder, der sonst unentdeckt geblieben wäre, den Tod bedeutet, sondern ihn auch noch vorher zu weiteren Morden angetrieben habe, die sonst wahrscheinlich unterblieben wären. Dorothy Sayers, die nach dem Erscheinen ihres letzten Detektivromans, »Lord Peters Hochzeitsfahrt«, religiöse Mysterienspiele und Hörspiele verfaßte, ist die Autorin eines bürgerlichen Traumas, ihre Helden sind Bürger einer Spätzeit, manieriert und melancholisch, dem positiven Denken verhaftet und doch am positiven Recht zweifelnd. Setzt man die Protagonisten der Autorin zusammen, so wird noch allemal ein Hamlet daraus.

Literatur

Howard Haycraft: Murder for Pleasure. The Life and Times of the Detective Story. New York 1968. Gertrud Mander: Wunschfigur für snobistische Phantasien. In: »Frankfurter Allgemeine Zeitung« vom 16. Juni. Frankfurt 1973. Dorothy Sayers: Aristoteles über Detektivliteratur. In: Jochen Vogt (Hg.): Der Kriminalroman. München 1971.

Siegel

Donald (Don) Siegel, amerikanischer Filmregisseur, geb. 1912. Da er als Spezialist für Montagen begann, ist sein Sinn für Effekte und »kleine« Wirkungen besonders ausgeprägt. *Action* und Gewalt in seinen Gangster- und Gefängnisfilmen sind nicht Selbstzweck, sondern dienen der Illustration der Charaktere, die freilich zumeist ein amerikanisches Trauma motiviert: Siegels »Helden« sind soziale Außenseiter, die in einer gewalttätigen und hierarchischen Organisation ihre Identität zu erlangen suchen – in der Armee (»Hell is for Heroes« – 1962), im Gefängnis (»Riot in Cell Block 11« – Terror in Block 11 – 1954) und, wie in allen seinen → Gangsterfilmen, im organisierten Verbrechertum. Aber auch die Polizei wird als solche Organisation, die Gewalt als Mittel einer verspäteten Sozialisation betreibt, verstanden. Coogan in »Coogan's Bluff« (Coogans großer Bluff – 1968) und Harry Callahan in »Dirty Harry« (1971) sind ebensolche Außenseiter wie die Gangster »Baby Face Nelson« (1957) und Charlie (»The Killers« – Tod eines Killers – 1964; → Robert Siodmak), deren anarchischer, ich-schwacher Charakter nur durch die Einordnung in strenge Hierarchien gebändigt werden kann. Die so kanalisierte Gewalt, die immer auch einen Unterton des Faschismus enthält, richtet sich, wie Siegel in allen seinen Filmen zeigt, letztlich gegen die eigene Person. Soldaten, Gangster und Polizisten sind die seelischen Krüppel einer Gesellschaft, die die Gewalt insgeheim bewundert und sie öffentlich tabuisiert. In dem Film »The Lineup« (1958), der die professionelle und bürokratische Struktur des Syndikats zeigte, sagt der Gangster Julian: »Das Verbrechen ist gewalttätig. Das Gesetz ist es auch. Normale Leute verstehen nicht, wie der Verbrecher die Gewalt braucht.« Daß Siegel in seinen Filmen durchaus auch gesellschaftskritische Ambitionen verfolgte, die über die bloße Konstatierung der psychischen Zwänge seiner Helden hinausgehen, zeigt der Gefängnisfilm »Riot in Cell Block 11«. Er entstand zu einer Zeit, da sich in Amerika die Aufstände in den Zuchthäusern häuften, und wurde, da er die unmenschliche Behandlung der Gefangenen kritisierte, leidenschaftlich diskutiert. Im Gegensatz zu früheren Gefängnisfilmen (→ Michael Curtiz) zeigte Siegel Notwendigkeit und Chancen eines solidarischen Aufstandes. Der Anführer der Revolte, dem es nur mit Mühe gelingt, seine Mithäftlinge vor ungezügelten Aggressionen zu bewahren, muß zwar erfahren, daß die Anstaltsleitung ihn persönlich für den Aufstand büßen läßt, doch kann er hoffen, daß durch den Druck der Öffentlichkeit zumindest einige seiner Forderungen erfüllt werden.

Don Siegel ist einer jener Regisseure, die dem Gangster- und Kriminalfilm die sinnlichen Qualitäten zurückgewannen, die ihn in seiner klassischen Periode auszeichneten. Besonders deutlich wird bei ihm, daß auch die Farbgestaltung Atmosphäre schaffen kann: daß Farbe trüb sein und abblättern kann, der Kontrast von Schmutz und greller Buntheit, den die Stadt in ständiger Bewegung hervorbringt, die Farben als Signale, bedrohlich oder einschmeichelnd – dies alles determiniert die urbane Umwelt so exakt und eindringlich, wie es in früheren Jahren Licht und Schatten taten. Clint Eastwood (Coogan, Dirty Harry) bewegt sich in einer Welt des Verfalls; seine und des Films Bewegung ist rastlos und fanatisch, ganz so, als solle die im industriellen Verschleißsystem zum Zustand gewordene Zerstörung durch rasende Bewegung neutralisiert werden.

Literatur

M. Kaminsky: Don Siegel: Director. New York 1974. Gottfried Knapp: Die Kunst, in Hollywood eine Tür einzutreten. Zu einer Don-Siegel-Retrospektive im Österreichischen Filmmuseum. In: »Süddeutsche Zeitung« vom 7./8. Juni. München 1975. A. Lovell: Don Siegel – American Cinema. London 1968. Siegfried Schober: Coogans großer Bluff. In: »Filmkritik« Nr. 1. München 1969. Österreichisches Filmmuseum (Hg.): Don Siegel. Retrospektive der Viennale 1975. Wien 1975.

Simenon

Georges Simenon (Georges Sim), belgisch/französischer Kriminalautor, geb. 1903. Maigret, den kleinbürgerlichen Polizeibeamten, der am Vorabend des Zweiten Weltkrieges, 1939, seinen ersten Fall löste (»La Première Enquête de Maigret«), unterscheidet sehr viel von seinen angelsächsischen Detektiv-Kollegen: Er ist ein der Menschenjagd wenig zugetaner, eher konservativer Mann, der die Errungenschaften der modernen Zivilisation und nicht zuletzt die zivilisierten Menschen selber im Grunde haßt. Er liebt alles, was dem neunzehnten Jahrhundert angehörig ist, die alten *quartiers*, die »kleinen« Weine, die kleinen Restaurants mit ländlicher Küche. Der breitschultrige, phlegmatische, pfeifenrauchende Detektivbeamte mit dem spießigen

Familienleben ist auch in der Stadt ein Provinzler geblieben; Isolation und Gewalt des urbanen Lebens machen ihn schwermütig. Im Gegensatz zum klassischen Detektiv – und seinem Charakter entsprechend – ist Kommissar Maigret zunächst nicht an der Aufdeckung und Rekonstruktion des Verbrechens, nicht an der rationalen Durchdringung eines irrationalen Vorgangs interessiert, sondern er versucht in erster Linie zu verstehen. Hat er sich in dem Milieu, in dem die Tat begangen worden ist, erst einmal zurechtgefunden, wird er wie selbstverständlich zu einem Mitglied der Gruppe, verbunden durch Mitleid, Zorn oder Zuneigung. Sein Vorgehen ist das durch Experimente erhärtete Verstehen der Gesamtheit eines sozialen Dramas. Dabei kann diese Methode des Mitleids leicht übergehen in eine traum-, ja alptraumhafte, gewissermaßen visionäre Aufklärung des Falles. Maigret wird als ein *raccommodeur des destins*, ein Einrenker, Korrektor für Schicksale bezeichnet, und in der Tat gilt seine Sympathie dem Verbrecher. »Die Rolle Maigrets ist nicht, zu beweisen, zu demonstrieren, sondern sich sozusagen des Verbrechers anzunehmen, seine Untat auf mysteriöse Weise auf sich zu nehmen. Da das Verbrechen stets von einem physischen oder moralischen Defekt herrührt, beträgt sich Maigret ein wenig wie ein Blutspender. Er flößt dem Krankheitsherd Wärme und Leben ein« (Boileau/Narcejac).

Bei Simenon weitet sich das Schema des Kriminalromans zu einer realistischen und zuweilen gesellschaftskritischen Erzählhaltung. Seine Romane, die eher »von Balzac als von Edgar Allan Poe abstammen« (Boileau/Narcejac), liegen an der Grenze des Genres. Wo das Geheimnisvolle, das Phantastische ersetzt wird durch das Menschliche, hebt der Kriminalroman sich selber auf und wird nostalgisch, wie Maigret es ist. So wirken die Maigret-Romane oft wie biedermeierliche Idyllen, die verleugnen, daß gerade der Widerspruch zwischen zivilisatorischem und gesellschaftlichem Fortschritt einerseits, dem Beharren auf provinziellen Strukturen andererseits jene sozialen Dramen verursacht, die zum Verbrechen führen. Der Mythos vom ganzen Menschen, wie Maigret ihn verkörpert, wird schal angesichts einer Welt, in der man mit der Entfremdung zu leben lernen muß. Simenon hat weit über zweihundert Romane unter sechzehn verschiedenen Pseudonymen geschrieben. Jahrelang erschien jeden Monat ein Maigret-Roman. Für einen Roman benötigt Simenon durchschnittlich elf Arbeitstage.

Zahlreiche Filme bedienten sich der Stoffe von Simenon, darunter: »Les Inconnus dans la Maison« (Die Unbekannten im Haus – 1943 – Regie: Henri Decoins), der zur Zeit der Pétain-Regierung entstand und deutlich antisemitische Untertöne enthielt, »Panique« (Panik – 1946 – Regie: Julien Duvivier), »La Marie du Port« (Maria vom Hafen – 1949 – Regie: Marcel Carné), »The Brothers Rico« (1957 – Regie: Phil Karlson), »Maigret et l'Affaire Saint Fiacre« (1958 – Regie: Jean Delannoy) und »Maigret Tend un Piège« (1959 – Regie: Jean Delannoy – in beiden Filmen spielte Jean Gabin den Kommissar). Die erfolgreichste Fernsehadaption war die von der BBC gestaltete Serie mit Rupert Davies in der Titelrolle.

Anmerkung

Pierre Boileau/Thomas Narcejac: Der Detektivroman. Neuwied/Berlin 1967.

Literatur

Hans Altenhein: Ein Traum von Maigret. In: Jochen Vogt (Hg.): Der Kriminalroman. München 1971. Jürg Altweg: Der Goethe der schweigenden Mehrheit. In: »Die Zeit« Nr. 15. Hamburg 1976. Quentin Ritzen: Simenon, avocat des hommes. Paris 1961. Georges Simenon: Je me souviens . . . Paris 1970. Georges Simenon: Quand j'étais vieux. Paris 1970. Roger Stéphane: Le dossier Simenon. Paris 1961. Traum von Maigret: In: »Der Spiegel« Nr. 23. Hamburg 1975.

Siodmak

Robert Siodmak, österreichisch/amerikanischer Filmregisseur, 1900–1973. In

Amerika wurde Siodmak, der bereits in Deutschland und Frankreich einige Thriller gedreht hatte, von Joan Harrison, der langjährigen Mitarbeiterin von → Alfred Hitchcock »entdeckt«, die bei seinem Hollywood-Debüt »Phantom Lady« (Zeuge gesucht – 1943) mit ihm zusammenarbeitete. Wie viele europäische Regisseure verband auch Siodmak (vgl. → Fritz Lang, → Jules Dassin) Elemente des expressionistischen Films mit den Themen der Schwarzen Serie (→ Gangsterfilm). Fasziniert von pathologischem Verhalten, von Krankheit und psychischer Zerstörung, wurde er der »moralische Psychotherapeut« Hollywoods. Wie diejenigen Langs sind seine Charaktere von Erotik und Destruktion geprägt: Jeder, so lautet die Botschaft seiner Filme, hat einen Mörder in sich, jeder Mensch ist die Widerspiegelung der allgemeinen, die Gesellschaft kennzeichnenden Brutalität. In seinem zweiten Film »The Suspect« (Unter Verdacht – 1944) spielte Charles Laughton einen friedlichen und sympathischen Mann, der zur Verzweiflung getrieben wird und seine eifersüchtige und tyrannische Frau umbringt, nachdem er für sie und in ihrem Auftrag zwei Morde begangen hat. Während verschiedene Autoren und Regisseure der Schwarzen Serie einer allgemeinen, aus der Furcht vor der sexuell und sozial »aggressiven« Frau resultierenden Misogynie huldigten (aufschlußreich ist hier, daß beides, sowohl der deutsche Kinoexpressionismus als auch die amerikanische Schwarze Serie nach großen, verlustreichen Kriegen entstanden), kritisierte Siodmak eher explizit ein amerikanisches Frauenideal, das dem puritanisch-lebensfeindlichen Milieu und der »Warenbeziehung« der Menschen entsprach. Der der übergroßen Mutterbindung entspringende Vollkommenheitswahn wird exemplifiziert an dem Mörder, der nur Frauen mit körperlichen Gebrechen tötet (»The Spiral Staircase« – Die Wendeltreppe – 1945). Deutlich wird besonders in diesem Film Siodmaks Bildsymbolik: Die Treppe als Bild für das »verdrehte Seelenleben« der Protagonisten, für den »Abstieg ins Unterbewußte«. Auch in »The Killers« (Rächer der Unterwelt – 1946, nach einer Story von Hemingway, → Don Siegel) ist es die sexuelle Abhängigkeit des Helden, der von seiner Frau verraten wird, was ihn letztlich scheitern läßt. Das Kranke an der westlichen Gesellschaft, Menschen, von Haß und verschmähter Liebe getrieben, die sich in einer halluzinativen Stadtwelt mit leeren, gefährlichen Straßen bewegen, die Einsamkeit in der Gefahr, dies sind Siodmaks Themen. In »Cry of the City« (Schrei der Großstadt – 1948) taucht der korrupte Gesetzesmann auf, in »The Dark Mirror« (Der schwarze Spiegel – 1948) ist die zentrale Figur ein Psychiater. Die Kongruenz von Siodmaks Filmen ist weniger eine des Themas als eine des Stils; dieser Stil, den Colin McArthur »Licht-Romantik« nennt, ist charakteristisch für die Schwarze Serie. Die Schatten beginnen zu leben, das Licht ist trügerisch, in dem alles wohlgeordnet scheint.

Anmerkung

Colin McArthur: Underworld USA. London 1972.

Literatur

Günter Knorr: Robert Siodmak (1900–1973). Eine Dokumentation. Wiesbaden/Wien 1973.

Spillane

Mickey Spillane (Frank Morrison), amerikanischer Kriminalautor und Schauspieler, geb. 1918. Nach dem Erfolg seines Erstlingsromanes »I, the Jury« (1947, dt. 1953 »Ich, der Richter«) verfaßte Spillane bis heute etwa 25 Bücher, die eine Gesamtauflage von über 70 Millionen erreichten. Die Helden seiner Romane – der schieß- und schlagfreudige Privatdetektiv Mike Hammer, der Agent und »Kommunistenjäger« Tiger Mann und Morgan, der Pirat, sind von Gewalt besessene Einzelgänger, die ihren Haß auf die Gesellschaft und ihre Unfähigkeit zur Kommunikation durch wahre Orgien der Brutalität im Dienste eben je-

Plakative Gewalt-Ikonen: amerikanische und deutsche Ausgaben von Mickey Spillane-Romanen © New American Library (links) und Ullstein Verlag

ner Gesellschaft ausleben, deren Subtilitäten zu verstehen sie nicht in der Lage sind. Masochismus und Sadismus verbinden sich mit einer verqueren Sexualität, die die Frau zu einem wie leblosen Objekt erniedrigt. Sie mag als Statussymbol, als Zeichen der Macht gelten, eigentliches Triebziel der Helden Spillanes ist die Gewalt, sublimste und paradoxerweise sozial ungefährlichste Form der Homosexualität.

»Das Ziel seines Detektives Mike Hammer ist nicht so sehr die Aufdeckung der Motive, die zu ihrem Verbrechen führen, und das Ausmachen des Verbrechers, sondern vielmehr die Vernichtung eines für ihn à priori schuldigen Kollektivs der Mafia. Um dieses nur zur Strecke zu bringen, häuft er Gewalttätigkeiten. Die Methode der *detection* wird durch die Zielvorstellung der restlosen Vernichtung des Gegners abgelöst« (Manfred Smuda). Es ist dies eine psychologische Motivierung, die der des Soldaten im Krieg entspricht, der ja auch nicht nach der Persönlichkeit des Feindes fragen darf und der, wie etwa Tiger Mann, das Töten libidinös besetzen muß, um die Gewalt zu ertragen. Konsequenterweise waren Spillanes Thriller am erfolgreichsten zur Zeit des Koreakriegs, so wie die James Bond-Romane Flemings (vgl. *Abenteuer*) die Moral (oder Unmoral) des Vietnamkriegs reflektieren.

In mehreren der zahlreichen Verfilmungen seiner Stoffe spielte Spillane selbst die Hauptrolle. Filme: »I, the Jury« (1953 – Regie: Harry Essex), »Kiss me Deadly« (1955 – Regie: Robert Aldrich), »My Gun is Quick« (1958 – Regie: George White). Als Anfang der fünfziger Jahre der Berliner Amsel-Verlag die Bücher Spillanes übersetzen ließ, wurden sie allesamt meist sofort nach Erscheinen auf den Index der Bundesprüfstelle für jugendgefährdende Schriften gesetzt. Die heute erscheinenden Romane stellen gereinigte Fassungen dar.

Anmerkung
Manfred Smuda: Variation und Innovation. In: Jochen Vogt (Hg.): Der Kriminalroman. München 1971.

Stout
Rex Stout, amerikanischer Autor, 1886–1974. Vertreter der Form des Problemromans. Stout schuf den schwergewichtigen Detektiv Nero Wolfe, ein Orchideenzüchter, Gourmet und Kunstkenner, der zur Aufklärung seiner Fälle niemals seinen Schreibtisch verläßt. Er ist der Detektiv im Luxus, bis zur Lächerlichkeit eitel, der seine Assistenten, insbesondere den jungen sportiven Archie Goodwin, in die vom Verbrechen bedrohte Umwelt aussendet wie ein gefräßiger Polyp seine Fangarme. Die Trennung zwischen Gedanken und Tat ist hier vollkommen: Das bürgerliche Idealbild Nero Wolfe, zusammengesetzt aus dem Bild des Künstlers, des Unternehmers und des Richters, steht so weit über dem Alltag, daß er an der Welt nicht mehr teilzuhaben braucht, als es seine Passionen verlangen. Seine Begabung (und sein Geschäftssinn) ermöglichen ihm ein Leben der Muße, er ist arbeitsscheu und behandelt Klienten und Angestellte mit derselben abweisenden Herablassung. Für seine Arbeit verlangt der Privatdetektiv Nero Wolfe horrende Summen; schließlich kostet ihn sein altes Braunsteinhaus in der 35th Street allein 10 000 Dollar monatlich. Der Detektiv als Narziß – eine Konstellation, die uns unter anderem auch bei → Agatha Christie begegnet – ist eine Erscheinung der Krise des Problemromans und der ihm zugrunde liegenden Weltsicht: Sherlock Holmes (→ Klassiker des Detektivromans) war zwar schon eitel (und Eitelkeit ist das Kennzeichen einer bloß geistig rationalen Überlegenheit), doch narzißtisch war er nicht. Nero Wolfe hingegen verbirgt die Tatsache, daß er im Sinne der literarischen Konstruktion eine »leere« Person ist, hinter fortwährender Veräußerung seiner persönlichen Schrullen. Beim Problemroman gilt die größte Aufmerksamkeit des Lesers nicht dem Detektiv, sondern dem »Fall«. Nero Wolfe und seinen Autor scheint dies zu kränken, und er versucht mit allen zur Verfügung stehenden Mitteln, seine Person in den Vordergrund zu stellen.
Stout ist kein typisch amerikanischer Autor, er steht ganz in der Tradition des englischen Detektivromans. Der Verbrecher, mit dem es Nero Wolfe zu tun hat, ist selten der professionelle Gangster, Ursache und Ort des Verbrechens ist nicht die grausame, undurchdringliche Stadt, sondern zumeist die Familie – der Brudermord als Archetypus des Verbrechens.
So detailgetreu hat Rex Stout seinen Nero Wolfe beschrieben, daß William S. Baring-Gould allein aus den Angaben in seinen Romanen eine dickleibige »Biographie« des Privatdetektivs zusammenstellen konnte.
Wichtige Verfilmungen: »Meet Nero Wolfe« (1936 – Regie: Herbert J. Biberman) und »The League of Frightened Men« (1937 – Regie: Alfred E. Green).

Wallace
Edgar Wallace, englischer Kriminalautor, 1874–1932. Der spätere Erfolgsschriftsteller besaß nur wenig Schulbildung und war nacheinander Zeitungsverkäufer, Schiffsjunge, Koch und Journalist. Er begann

während seiner Zeit als Soldat in Südafrika, Kurzgeschichten zu schreiben, und wurde nach dem Ersten Weltkrieg mit Hilfe eines adligen Gönners zum freien Schriftsteller. Von seinen Romanen – Welterfolge nun – stellte er auch Bühnenfassungen her (etwa: »The Ringer« – Der Hexer, »The Squeaker« – Der Zinker, »The Avenger« – Der Rächer), die in seinem eigenen Theater, Wyndham' Theatre, aufgeführt wurden. Wallace starb in Hollywood, wo er unter anderem das Script für den berühmten King-Kong-Film (vgl. *Horror* → Monster) verfaßt hatte, an einer Lungenentzündung, die er sich in den Filmstudios zugezogen hatte.

Wallaces Romane, mehr Abenteuer- als Detektivgeschichten, sind wie naive Mysterienspiele mit genau festgelegten Rollen und einer kaum sich verändernden Ikonographie. Es gibt zunächst den Detektiv oder Polizeikommissar, den strahlenden Ritter, der schon dadurch als Held ausgezeichnet ist, daß er, im Gegensatz zu seinen Widersachern, von klarer, eindeutiger, bis zu heiliger Einfalt widerspruchsloser Natur ist. Auf ihn wartet das junge Mädchen, das sich unwürdig weiß und sich, trotz aller zur Schau gestellten Keuschheit, nie ganz von der Erbsünde, eine Frau zu sein, befreien kann. Die Widersacher dieses Paares sind dadurch ausgezeichnet, daß sie neben einer komplexeren Persönlichkeitsstruktur – Kompliziertheit ist in Wallaces Kosmos à priori sündig – über ein, wenn auch krauses, Triebleben verfügen. Der »dienende Geist«, Gärtner, Köchin, Butler etc., ist unerleuchtet und daher unerlöst. Er trinkt, spielt, hat ein unlegitimiertes Verhältnis, und was das schlimmste ist, er erfährt das Leben als Leiden und Leidenschaft. Diese Figur verkörpert etwa den Ungläubigen in der Welt der Christen und hat demzufolge vom Leser kein Mitleid zu erhoffen. Anders der reuige Sünder, dessen Verfehlungen weniger läßlich sind: Die bekehrte Hure, der auf den Pfad der Tugend zurückkehrende Gangster, der einsichtige Betrüger. Für sie tut sich die Möglichkeit der Erlösung auf, nachdem sie sich beherzt auf die Seite des Detektivs gestellt und oft unter Einsatz ihres Lebens der Tugend zum Sieg verholfen haben. Die interessanteste Figur in Wallaces Romanen, die in King Kong sich endgültig zum Mythos verdichtet, ist das mordende Ungeheuer. Halb Mensch, halb Tier ist es die Gestalt gewordene Idee des Bösen, die unkontrollierte Sinnlichkeit; selber unschuldig, wie der Teufel in der christlichen Mythologie unschuldig ist, bringt das Halbwesen Tod und Verwirrung unter die Menschen, bis es, vom Helden geschlagen, stirbt.

Die Popularität der Bücher von Edgar Wallace – er war ein unermüdlicher Vielschreiber und brachte es auf 150 Bände – liegt zum einen an einer exakt gegliederten Welt, die sie vermitteln; vom König bis zum blinden Bettler hat hier jeder seine wohldefinierte Funktion, und neben dem ewigen Kampf zwischen Gut und Böse, Keuschheit und Sinnlichkeit gibt es keinen Widerspruch. Das naive Welttheater endet mit einer Teufelsaustreibung, die die ständisch gegliederte Menschheit in ihrer Ruhe und Unveränderlichkeit bestätigt. Zum andern hängt Wallaces Erfolg wohl damit zusammen, daß er sein Publikum niemals überfordert hat, weder in intellektueller noch in imaginativer Hinsicht. Wenn es einen durchschnittlichen Horror gibt, dann war es Wallace, der ihn beschrieben hat.

Seit 1928 nahm sich Hollywood seiner Stoffe an. In Deutschland überlappte sich die Welle der Wallace-Verfilmungen, begonnen 1958 mit »Der Frosch mit der Maske« (Regie: Harald Reinl) nicht zufällig mit den zahlreichen Karl-May-Verfilmungen.

Literatur

Margaret Cane: Edgar Wallace. Das Leben eines Phänomens. Hamburg 1966. W. O. G. Cofts/ Derek Adley: The British Bibliography of Edgar Wallace. London 1969. Robert G. Curtis: Edgar Wallace – Each Way. London 1932. Edgar Wallace: A Short Autobiography. London 1929.

Walsh
Raoul Walsh, amerikanischer Filmregisseur, geb. 1892, war Assistent und Darsteller bei Griffith und hat bis jetzt mehr als 120 Filme gedreht (vgl. auch *Western*). Walsh bemühte sich in seinen Kriminal- und Gangsterfilmen um eine psychologische und gesellschaftliche Aufschlüsselung des Problems der kriminellen Subkultur. In »The Roaring Twenties« (1939) beispiels-

Publicity-Foto für den Film »White Heat« von Raoul Walsh

weise spielte James Cagney einen Soldaten, der, als er aus dem Krieg zurückkehrt, aus materieller Not und Mangel an sozialer Geborgenheit ins Gangstermilieu gerät, aus dem er sich nicht mehr befreien kann. Schließlich erschießt er den Gangsterboß (→ Humphrey Bogart) und stirbt – eine für Walsh typische Szene – von den Kugeln des Gangsters tödlich getroffen im Schnee. Es ist dies eine Parabel auf die Situation der Zeit und macht Walshs Intentionen deutlich: Das Opfer Cagneys, der Mord und sein eigener Tod, ist sein Beitrag zum Anbruch einer neuen Zeit; den Aufbruch aus den Zeiten der Depression zum New Deal markiert der Tod der »freien« Gangster, wie im Western der Tod des freien Grenzers den Anbruch der Zivilisation bedeutete.

John Huston schrieb das Buch zu Walshs Film »High Sierra« (1941), einer Studie über den Gangster John Dillinger. Dillinger (Humphrey Bogart) ist hier ein »Junge vom Lande«, romantisch und nach Liebe und Anerkennung gierend, der sich der Tragweite seines Handelns gar nicht bewußt ist. Der Film verschwieg zwar nicht die Brutalität und Grausamkeit Dillingers, doch er setzte sie in Beziehung zu seinem Charakter, seiner Herkunft und den moralischen Strukturen seiner Umwelt.

Walshs Gangsterfilme, die die kriminalisierende Wirkung des Stadt-Land-Konfliktes beinhalten, zeigten die Welt der Verbrecher als eine Spiegelung der Gesellschaft zur Zeit rigidester Industrialisierung. Der alte Gangster, dessen Gewalttätigkeit so natürlich ist, wie sie nur in den Slums entstehen kann, stirbt und macht dem neuen Platz, dem im weißen Kragen mit guten Manieren, der Gouverneur oder District Attorney werden kann. In Walshs Romantik verwob sich bei der Kritik des Neuen Melancholie zuweilen mit einem Maß an rückwärtsgerichteter, autoritärer und überpatriotischer Ideologie. Doch läßt sich gerade an seinen Filmen ablesen, daß innerhalb des Genres nicht nur spielerische, wirklichkeitsferne Tendenzen möglich sind, sondern daß auch reale Probleme der Gesellschaft ausgedrückt werden können.

Weitere Filme von Raoul Walsh: »They Drive By Night« (1940, mit Humphrey Bogart), »Salty O'Rourke« (1945), »White Heat« (Sprung in den Tod – 1949, mit James Cagney), »The Enforcer/Murder Inc.« (1951, vgl. auch *Abenteuer* → Mafia).

Literatur

Vinzenz B. Burg: Ein treuer Diener seiner Herren. In: »Film-Korrespondenz« Nr. 10. Köln 1974. Kingsley Canham: The Hollywood Professionals. Michael Curtiz. Raoul Walsh. Henry Hathaway. London/New York 1973. Julian Fox: Action All the Way. In: »Films & Filming« No. 9 und No. 10. London 1973. Peter W. Jansen: Bisher ein Geheimtip. In: »Die Zeit« Nr. 36. Hamburg 1973. Michel Marmin (Hg.): Raoul Walsh. Paris 1970. Patrick McGilligan/Debra Weiner/Dix Bruce: Raoul Walsh Remembers Warners. In: »The Velvet Light Trap« No. 15. Cottage Grove, Wisc. 1975.

Abenteuer

1
Das Wort Abenteuer hat sich entwickelt aus dem mittelalterlichen *aventiure*, das im ursprünglichen Gebrauch eine weitere Bedeutung gehabt hat als die bloße Auseinandersetzung mit der Gefahr. Die *avienture* beinhaltet im wesentlichen neben dem realistischen Geschehen auch mythologische und geschichtlich-sagenhafte Elemente und legt besonderen Wert auf das Außerordentliche und Wunderbare; d. h. die Aventiure ist das Abenteuer mit den transzendentalen Kräften, auf das man sich einläßt. Im gleichsam säkularisierten Abenteuer der Unterhaltungsindustrie kommt das Wunder als solches zwar nicht mehr vor – es ist ersetzt durch die pfiffige Anwendung der Naturgesetze –, aber alle abenteuerlichen Geschehnisse haben doch die Tendenz, sich an der Grenze der Wahrscheinlichkeit anzusiedeln, im schmalen Bereich des gerade noch Möglichen, gerade noch Glaubhaften. Während die mythologische *avienture* die Auseinandersetzungen zwischen verschiedenen Helden oder den Kampf eines Ritters mit mythischen Urwesen (Drachen) schildert, ohne den Kampf an eine Mission außer der des Abenteuers selbst zu binden, ist der bürgerliche Abenteuerroman auch eine »moralische Institution«. Der Gegner wird automatisch zum Feind, eine einfache, umkomplizierte Schwarz-Weiß-Zeichnung teilt die Welt in Helden und Schurken. Wie die mittelalterliche Ritterdichtung eine reine Standesliteratur war, die der Bestätigung der eigenen Werte diente, so war die Abenteuerliteratur, die vorwiegend im neunzehnten Jahrhundert verfaßt wurde, an die bürgerlichen Werte gebunden.
Das bürgerliche Abenteuer – nicht nur, weil es die Heldengestalten der früheren Standesdichtung, feudalherrschaftliche Auffassungen und den Adel als Auszeichnung übernimmt – mutet immer wie der Versuch einer Rekonstruktion an; tatsächlich ist, was für den Ritter selbstverständlich war, die Identität der Dichtung mit seiner eigenen Welterfahrung und Geistigkeit, für den Bürger unmöglich: Produktions- und Gesellschaftsform stehen dem Abenteuer diametral entgegengesetzt. Die berufsbürgerliche Welt, die auf Leistung, Konkurrenz und Akkumulation aufgebaut ist, muß die Sehnsucht nach dem Abenteuer, einem offensichtlich menschlichen Grundbedürfnis, unterdrücken oder in Bahnen lenken, die nur oberflächlich gesehen dem ursprünglichen Abenteuer gleichen: Kolonialisierung, Eroberung, Krieg. Abenteuer ist die Selbsterfahrung in der Gefahr,

David Leans »Lawrence von Arabien« (1962) Verleih: Warner-Columbia

und hat schon von daher immer auch einen mythischen Aspekt. Doch ist diese Selbsterfahrung nur dort in reiner Form möglich, wo der Umstand der Gefahr, bzw. der Gegner, frei gewählt ist. Das heißt, um aus einem Abenteuer ein mystisches Erleben werden zu lassen, bedarf es dessen Reinheit; keine andere Motivation als die der Selbsterforschung in Momenten freiwilliger Todesnähe, kein Haß-, Rache- oder Überlegenheitsgefühl darf den Abenteurer beherrschen. Dies ist *das* Abenteuer, das Urabenteuer, das nicht mehr erreicht werden kann. Nach dem Einbruch der Neuzeit, der Ablösung des metaphysisch-gläubigen Weltbildes durch das rational-wissenschaftliche vollzieht sich die Ablösung des Abenteuers vom mythischen und sagenhaften Hintergrund. Wurde einst die schwerverständliche Realität durch den Mythos erklärt, so wird im späteren Verlauf das beängstigend Irrationale, das Wunder durch die Beschwörung der Naturgesetze und schließlich der Vernünftigkeit allen Geschehens bekämpft. Der Abenteurer wird immer mehr jemand, der eine Erklärung findet.
Ist im Urabenteuer Moral und Sitte im Abenteuer selbst, so muß sich im rekonstruierten Abenteuer der Held durch betonten sittlichen Edelmut legitimieren. Neben den edlen tritt bald der böse Abenteurer, der sich aus materiellen – statt wie der positive Held aus ideellen – Gründen in Gefahr begibt und zumeist darin umkommt. Im bürgerlichen Abenteuer geht es um den Kampf zwischen Gut und Böse, und das Böse nimmt die Züge des Unbürgerlichen, des Normen- und Regelnverletzens an. Ist schon in der industriellen Gesellschaft das Abenteuer als Selbsterfahrung und Selbsterschaffung nicht möglich, so ist auch das Substrat des rekonstruierten Abenteuers in der Unterhaltungsindustrie von Entfremdung gekennzeichnet. Es kehrt sich das Wesen des Abenteuers ins Gegenteil: statt Selbsterfahrung Bestätigung der gesellschaftlichen Normen, unter deren Zeichen der Abenteurer antritt; statt Aufbruch in die Grenzbereiche des menschlichen Daseins, Sicherung der Grenzen gegen Eindringlinge. Und schließlich wird, was dem Urabenteuer gänzlich fremd ist, zum zentralen Thema: der Mord.

2

Die Elemente, aus denen sich das Abenteuer zusammensetzt, sind gekennzeichnet durch einen starken Konnex mit verschiedenen Urerlebnissen: Da ist zum einen die Jagd, die Begegnung mit wilden Tieren, die ein entscheidendes Merkmal insbesondere der Jugend-Abenteuerliteratur darstellt, sich aber in der weiteren Entwicklung der Unterhaltungsindustrie zur Jagd auch auf Menschen, zur Jagd nach Geheimnissen, Schätzen, Dokumenten oder Trophäen verallgemeinert. Auch in dieser Verallgemeinerung des Jagdmotivs wird erkennbar, wie das Abenteuer immer mehr zur Spiegelung des Lebenskampfes wird. Was heute noch für die Jugendliteratur gilt, daß die Jagd ein Zeichen für Selbsterhaltung und Durchsetzungsfähigkeit als Individuum ist, erhält in der Unterhaltungsindustrie die Dimension gesellschaftlicher Auseinandersetzungen und wird zum Reflex der durch Warenbeziehungen und Konkurrenzkampf vermittelten Lebensangst. Gejagt wird hier nicht mehr zur Lebenserhaltung, sondern aus Furcht vor und im Bewußtsein der Tatsache, daß man selbst ein Gejagter ist und seinem Feind zuvorkommen muß.

Im ursprünglichen Jagdmotiv spiegelt sich auch die Auseinandersetzung des Menschen mit der Natur. »Vom Tier unterscheidet sich der Mensch unter anderem dadurch, daß er als geistiges Wesen die Fähigkeit hat, auf sich selbst zurückzuschauen. Es ist ja nicht so, daß der Mensch, der das Jagdabenteuer erlebt, von Anfang an in diese Gefahren hineingestellt ist und lediglich aus Notwehr zur Selbsterhaltung gegen diese wilden Tiere kämpfen muß, sondern es verhält sich vielmehr so, daß der Held meist das (Jagd-)Abenteuer sucht, und bei der Erlegung eines oft für weite Strecken gefährlichen Raubtieres dient er dem Wohle der Allgemeinheit« (Anneliese Hölder). Ebenso wie hier bedarf der gesellschaftlichen Legitimation auch der Nachfahr des Jägers, der Forscher mit Kamera oder Bleistift, dem die Wissenschaft als Interesse des Gemeinwohls gilt. Urbild und Modell dieses Abenteurertypus ist der europäische Großwildjäger, der in den Dschungel zieht, um ein gefährliches wildes Tier zu erlegen, das die Eingeborenen bedroht. Gleichzeitig mit dem Motiv der Abenteuerliebe wird hier ein zweites sichtbar: der Wunsch nach Ruhm und Anerkennung und die bevorzugte (Macht-)Stellung, die der gute Jäger innehat. Das Selbstwertgefühl, das sich (beim Leser) durch Identifikation mit dem Jäger steigert, hat auch Ähnlichkeit mit totemistischen Vorgängen: Der Jäger definiert seine Stärke und Unabhängigkeit durch die Kraft und Gewandtheit des erlegten Tieres, durch seine Trophäe, den Pelz des getöteten Raubtiers. Ins wilde Tier lassen sich auch Ängste und Beklemmungen projizieren, die gleichsam mit ihm selbst überwunden werden. Ein andres Motiv, das im Jagd-, aber auch im Reiseabenteuer immer wieder auftaucht, ist die Freundschaft. Oft ist es der Freund, der seinen Kampfgefährten in letzter Minute vor dem Tier errettet; rudimentäre soziale Beziehungen entwickeln sich aus dem individuellen Abenteuer, kündigen aber gleichzeitig dessen Ende an.

Was sich zusätzlich, und das gilt nicht nur für die Jugendlektüre, im Jagdabenteuer herauskristallisiert, ist die Bewunderung für die enorme Entschlußfähigkeit des Helden, die als Ersatz für die im von Zwängen beherrschten Alltagsleben fast unmöglich gewordene eigene Entscheidung dient.

3

Das See-Abenteuer kultiviert in hohem Maße den Wunsch nach Freiheit und den Zug in die Ferne. Bis in die Filme um See-Abenteuer, etwa »Manuel« – 1937, wird die »Liebe zur See« betont, die besessene Züge annehmen kann, in etwas düsterer gefärbten Büchern und Filmen gar die Abhängigkeit von und die Gefangenschaft in ihr. (»Wer die freie See kennt, mag ihren Hauch nicht mehr entbehren . . .«, schreibt Felix Graf Luckner). Diese affektive Bindung auch des Publikums an das Meer mag zusammenhängen mit der fließenden, weichen Bewegung eines Schiffes, der Bewegung nach vorn überhaupt, die sich als rauschhaft vermittelt. Das Abenteuer – ähnliches gilt für das Flug-Abenteuer – liegt schon in der Tatsache begründet, daß der Mensch sein angestammtes Element verläßt. Zum anderen läßt sich diese geschilderte Liebe zum Meer, die immer auch einen Zug zur erotischen Metapher aufweist, vergleichen mit einer vagen Heimatliebe, der Sehnsucht nach irgend etwas durch und durch Unbestimmten, das sich erst in der Sexualität einlöst. Schließlich manifestiert sich in der Seefahrt wiederum eine Möglichkeit der Auseinandersetzung mit der Natur. Das Prinzip der Zweckmäßigkeit, das ins Abenteuer Eingang gefunden hat, ist auch hier gewahrt: Der Seefahrer macht sich die Eigenschaften des Meeres zunutze. Die romantische Sehnsucht des Seefahrers verschleiert, daß er in erster Linie nichts weiter zu tun hat, als bestimmte Transportprobleme oder ähnliches zu lösen. Tut er dies nicht, verknüpft er seine Sehnsucht nicht mit einer gesellschaftlich »nützlichen« Aufgabe, so wird ihn das See-Abenteuer sehr bald zum Bösewicht abstempeln. Der »Herumtreiber«, der ja der reine Abenteurer im eigentlichen Sinne wäre, ist im Abenteuerroman verpönt und wird zum Feind, im besten Fall zur komischen Figur.

4

Das Abenteuer, das den Helden in Beziehung mit Eingeborenen zeigt, nimmt bereits eine Zweiteilung des abenteuerlichen Helden vor (späterhin, vom Detektiv bis zum Science Fiction-Helden, ist der Held der Unterhaltungsindustrie immer mehr ein Spezialist, dessen Abenteuer sich in der Belastung durch eine Ausnahmesituation erschöpft, während frühere Züge des Abenteurers, extremer Individualismus, Identität von Abenteuer und Leben auf Nebenfiguren verlagert, bzw. sogar den Feindgestalten zugeschrieben werden). Der europäische Held, ein Zivilisationsflüchtling zumeist, steht dem Eingeborenen gegenüber, der die absolute Ganzheit und Integrität verkörpert, die der Abenteuerheld sucht. Musterbeispiel dieser Genres ist der Indianerroman, der mit dem späteren Western nur sehr wenig gemeinsam hat. Die seelische Haltung der Helden in den Büchern von Cooper, May, Fritz Steuben und ihren zahllosen Epigonen ähnelt vielmehr einer durch die bürgerliche Weltanschauung gefilterten Nachahmung germanischer Heldensagen. In diesen Romanen wird, fast exzessiv und überleitend zu den romantischen Genres, die Gefühlswelt beschworen: Liebe, Haß, Leidenschaft, Trauer etc. werden gleichsam wie ein Katalog der Gefühle (für den Jugendlichen vielleicht auch eine Art Orientierungshilfe in der Welt der Emotionen) vor uns ausgebreitet. Dem entspricht eine Betonung der sinnlichen Wahrnehmung, die vor allem in der Scharfsichtigkeit des eingeborenen Spähers, seinem phantastischen Gehör- und Geruchssinn sich manifestieren und die dem Abenteuer eine körperlich-sinnliche Dimension geben. Die andere Rasse nimmt dabei unterschwellig Funktionen des anderen Geschlechts an (Indianer haben lange Haare, sind geschmückt, und nicht nur bei Karl May, dem dies als latente Homosexualität ausgelegt wird, nehmen die blumigen Dialoge bisweilen den Charakter einer Balzsprache an).

5

Und schließlich gibt es den Krieg als Abenteuer. Der Abenteuer-Held ist hier endgültig seiner Individualität beraubt und erfährt sich selbst nur im Taumel der Massenbegeisterung. Der Tod des Abenteuers ist der Befehl, ist letztlich schon die Anerkennung eines definierten Feindbildes.

Nicht jeder Kampf ist ein Abenteuer. Aber jedes Abenteuer beinhaltet den Kampf. In diesem Kampf geht es, wie auch immer modifiziert, um die Ehre. Da der bürgerliche Ehrbegriff die »Ehrlosigkeit« des Gegners, bzw. des Gegenübers mit einschließt, auf der moralischen Überlegenheit der eigenen Position beruht, und der Bürger nicht, wie beispielsweise der Ritter, dem Gegner »Ehre erweist«, wird das bürgerliche Abenteuer zwangsläufig zum Abbild des Klassenkampfes: Besiegt wird mit der Gefahr auch das Böse, das aber nicht von Mythos in erster Linie, sondern von Gegnerschaft im sozialen Sinne geprägt ist. So ist der bürgerliche Held dem Abenteuer selbst gegenüber indifferent. Er durchlebt es, ohne dabei Erfahrung zu gewärtigen (wohl *sammelt* er Erfahrungen, was soviel heißt, daß er Wissen und Kenntnisse über die Regeln des Kampfes akkumuliert – dieses Wissen bleibt aber tot, da es auf den bürgerlichen Hintergrund seines Lebens nicht anwendbar ist), er verändert sich nicht selbst, noch verändert er qualitativ die Welt. Es ist, überspitzt formuliert, die reine Energieverschwendung. Die Rekonstruktion des Abenteuers wäre nur möglich als Rekonstruktion von Natur und Mythos. Da dies in einer industriellen Gesellschaft undenkbar ist, läßt sich Abenteuer nur vorstellen als utopischer Fluchtpunkt, unerreichbar für das bürgerliche Individuum. Als Substrat für das Abenteuer hält die Aktion her, die folgenlos motorischen Kraftüberschuß beseitigt. Und der eigentliche bürgerliche Abenteuerroman ist längst schon geschrieben: der Don Quichote!

Anmerkung
Anneliese Hölder: Das Abenteuerbuch im Spiegel der männlichen Reifezeit. Raitingen 1967.
Literatur
Ernst Bloch: Reiz der Reise, Antiquität, Glück des Schauerromans. In: Ders.: Ästhetik des Vorscheins 1. Frankfurt 1974. Anneliese Bodensohn: Abenteuer, Meer, Insel, Schiff. Frankfurt 1965. Albert Hochheimer: Schatten der Weltgeschichte. Von Abenteurern, Betrügern und seltsamen Menschen. Einsiedeln/Köln 1959. Wilfried Noyce: The Springs of Adventure. London 1958. Dieter Reichardt: Von Quevedos »Buscón« zum deutschen »Aventurier«. Bonn 1970. Paul Tournier: Vom Abenteuer im Menschenleben. Eine Deutung. Zürich/Stuttgart 1965. Urs Widmer: Das Normale und die Sehnsucht. Zürich 1972. Clennell Wilkinson: The English Adventurers. London 1931. Paul Zweig: The Adventurer. London 1974.

Abenteuerliteratur
Das neunzehnte Jahrhundert nimmt in der Geschichte der Trivialliteratur gewiß eine hervorragende Stellung ein. Nicht nur wurden in dieser Zeit die Themen gefunden, die bis heute die Unterhaltungsliteratur bestimmen, vom Kriminal- bis zum Science Fiction-Roman, sondern durch die strikte Trennung von Berufs- und Familiensphäre, die durch die neuen Gesellschafts- und Produktionsformen sich entwickelte, wurde Unterhaltung in ihrer »privatesten« Form, der Lektüre, zu einer Notwendigkeit. Und: »Die Aufklärer hätten das Volk vom Aberglauben befreien wollen; sie hatten getadelt, gemahnt, gepredigt und geschrieben, Swiftsche Satire, Sterneschen Humor und Voltaireschen Witz eifrig breitgetreten, um der Dummheit zu Leibe zu rücken, sie hatten Schulen eingerichtet und Lehrer bestallt, und mußten schließlich erleben, daß zwar der Aberglaube nicht auszurotten war – er ernährt noch heute Tausende von Scharlatanen und drei halbe Volkskundler-, aber daß das Volk einen unheimlichen Lesehunger zeigte und unterschiedlos alles Gedruckte verschlang oder vom Vorleser verschlingen ließ, was ihm nur vorgesetzt wurde« (Rudolf Schenda). Gegen Ende des achtzehnten Jahrhunderts ist es neben der Kolportageliteratur aus dem Bereich Heimat, Liebe und Familie vor allem der Ritter-, Räuber- und Schauerroman, der das Publikum fesselt.
Karl Gottlob Cramer (1758–1817), »der Schriftsteller des deutschen Kleinbürgertums in der vorimperialistischen Zeit« (Schenda) betonte in seinen Romanen vor allem einen antiintellektualistischen Affekt, der der Trivialliteratur bis auf den heutigen Tag zueigen ist. Karl Grosse (1768–1847) beschrieb mit Vorliebe geheime Gesellschaften und rätselvolle Geschehnisse, auch dies ein später immer wiederkehrendes Motiv der Abenteuerliteratur, das vor allem das Mißtrauen gegenüber einer im Vergleich zum Feudalismus weniger transparenten Gesellschaftsform aufnahm und als Symptom für die Bereitschaft, gesellschaftliche Minderheiten zu diskriminieren, gelten kann. Mit August Gottlieb Seidel (1754–1822) vollzog sich der Übergang vom Ritter- zum Räuberroman, der in Heinrich Zschokke (1771–1848) seinen hervorragenden Vertreter fand; er führte den Räuber als tugendhaften und tapferen Helden ein und bemühte sich später, angeregt von den Romanen Sir Walter Scotts, um eine Verbindung der Unterhaltung mit aufklärerischen, liberalen Inhalten. Der populärste Schriftsteller der Räuberromantik jedoch war Christian August Vulpius (1762–1827), der sein Publikum vor allem durch die Anreicherung der abenteuerlichen Handlung mit erotischen Momenten fesselte. In all diesen Romanen, die ihre Leser mit Sensationen von Mord, Notzucht und Folter bis zur Blutschande belieferten, kristallisierte sich allmählich der Archetypus des Abenteuer-Helden heraus: es ist das Paradoxon des angepaßten Außenseiters, des Mannes, der

nicht bürgerlich lebt, wohl aber bürgerlich denkt. Das Ungewöhnliche, das Grausame und Wunderbare, wird heraufbeschworen und, sei es durch den Mut eines einzelnen, sei es durch eine sozusagen im letzten Moment erfolgte Rationalisierung, abgewendet. Am Ende des Räuberromans steht ebenso die unabdingbare Bekehrung, bzw. die Einsetzung in die angestammten Rechte, wie am Ende des Schauerromans nach dem Vorbild der Engländerin Anne Radcliffe (vgl. dazu *Horror*) die Auflösung des Geheimnisvollen steht.

Neben J. E. D. Bornschein (1774–1838), der den Seeräuber als neuen Helden kreierte, partizipierten noch zahlreiche andere Autoren (etwa Heinrich Kerndörffer, Heinrich August Müller, F. E. Rambach, Adolph Bäuerle etc.) an der Mode der Räuberromane; 1830 verzeichnete eine Leipziger Leihbibliothek nicht weniger als 1700 Ritter- und Räuberromane in ihren Beständen. Doch im Zeitalter des beginnenden Imperialismus, der Erforschung und Unterwerfung ganzer Kontinente, wurde das Abenteuer (noch einmal) real vorstellbar und mußte nicht mehr in historische und mythologische Bereiche verlegt werden. Über zahllose Variationen des Robinson-Stoffes (→ Robinson Crusoe) führte die Entwicklung der Unterhaltungsliteratur zu den → völkerkundlichen und Reiseromanen. Daneben erfreuten sich vor allen Dingen Seeabenteuer steigender Beliebtheit, die ebenso wie die Reiseromane das Motiv des Aufbruchs, der Bewährung und Eroberung beinhalteten. Den melancholisch-düsteren Gleichnischarakter, den das Meer bei Autoren wie Joseph Conrad und Herman Melville annimmt, wendet die Kolportageliteratur ins Positivistische: Das Meer als Sinnbild der Natur wird »bezwungen« wie die wilden Tiere, die Wüsten und Berge in den Expeditionsromanen. Während Heinrich Schmidt (1798–1867) wie später → B. Traven und Felix Graf Luckner eigene Erlebnisse in seinen Romanen verarbeitete, verwendete Robert Kraft (1869–1916), dessen Popularität zeitweise die von → Karl May überstieg, das See-Motiv nur als Aufhänger für Sensationen. Parallel zum Reiseroman und oftmals mit ihm verknüpft, entwickelte sich das → technische Abenteuer. Der »Abenteurer« als neue Idealgestalt, der die Gefahr gleichsam aus sportlichen Gründen (und dahinter: als Flucht aus dem überdrüssigen Alltagsleben) genießt, zeichnet sich nicht nur dadurch aus, daß er als »Weltenbummler« überall zu Hause ist, sondern auch dadurch, daß er die neuen Errungenschaften der Technik perfekt beherrscht.

Der kurze Abriß mag genügen, um zu zeigen, daß die Abenteuerliteratur sich nach und nach von einer noch dem Märchen und der Sage verpflichteten, romantischen Literaturgattung entwickelt hat zu einem Genre, das sich immer mehr den Anstrich des Realistischen, ja des Authentischen gegeben hat. Der Mythos des Vergangenen (auch wenn es sich, wie in manchen Schauerromanen, bis heute erhalten hat, wo es durch beherztes Eingreifen vernichtet wird – Sinnbild der schwierigen Überwindung des Alten überhaupt) wird ersetzt durch den Mythos des Fernen, wohin zu gelangen nur den Tapfersten gelingt. Und obwohl sich beispielsweise in den Detektiv-, Kriminal- und Agentenromanen und im technischen Abenteuer die Bewährung im Hier und Jetzt abspielt, so ist das Abenteuer doch immer gebunden an die Erfahrung von Teilmilieus (die kriminelle »Unterwelt«, das fremde Land, das Schiff etc.), die der Held nach vollbrachten Taten wieder verläßt, um zurückzukehren an einen sicheren, gleichsam »abenteuerlosen« Ort. Grundprinzip der Abenteuerliteratur ist also, daß sich das Leben und das Abenteuer nicht decken (bei genauerem Hinsehen verhalten sie sich in den meisten Romanen sogar alternativ), und dementsprechend verläuft die Handlung nach dem Schema Aufbruch – Kampf – Sieg – Rückkehr.

Abgesehen von der Jugendliteratur hat sich die Abenteuerliteratur auf wenige Genres verengt, wovon nur zwei noch konkret sich auf die Geschichte beziehen, der Western und der Kriegsroman (→ Landserhefte), während die anderen, der Kriminalroman, der Agentenroman und der Science Fiction-Roman in der Gegenwart bzw. der Zukunft spielen. Die Exotik, einst bestimmendes Merkmal der Abenteuerliteratur, ist nur noch eine Begleiterscheinung und liefert allenfalls die Kulisse für das eigentliche Anliegen der modernen Abenteuerliteratur, für die breite Schilderung der Gewalt, die der Mensch dem Menschen antut. Denn die Natur ist uns längst kaum noch Gefahr oder Bedrohung; wovor wir uns nun fürchten müssen, und davon ausschließlich handelt Abenteuerliteratur, das sind wir Menschen selbst.

Anmerkung
Rudolf Schenda: Die Bibliothèque Bleue im 19. Jahrhundert. In: Heinz Otto Burger (Hg.): Studien zur Trivialliteratur. Frankfurt 1968.
Literatur
J. W. Appell: Die Ritter-, Räuber- und Schauerromantik. Leipzig 1859. Marion Beaujean: Der Trivialroman in der zweiten Hälfte des 18. Jahrhunderts. Die Ursprünge des modernen Unterhaltungsromans. Bonn 1964. Martin Greiner: Die Entstehung der modernen Unterhaltungsliteratur. Studien zum Trivialroman des 18. Jahrhunderts. Reinbek 1964. Karl Markus Michel: Zur Naturgeschichte der Bildung. Die ältere Kolportageliteratur. In: Literarisches Colloquium Berlin (Hg.): Trivialliteratur. Berlin 1964. Hans Plischke: Von Cooper bis Karl May. Eine Geschichte des völkerkundlichen Reise- und Abenteuerromans. Düsseldorf 1951. Jochen Schulte-Sasse: Die Kritik an der Trivialliteratur seit der Aufklärung. München 1970. Marianne Thalmann: Die Romantik des Trivialen. München 1970. Marianne Thalmann: Der Trivialroman des 18. Jahrhunderts und der romantische Roman. Berlin 1973.

Titelbild eines der bekanntesten amerikanischen Action-Magazine © Official Magazine Corp.

Action Magazine
In Amerika verbreitete Zeitschriftengattung, die sich in der Nachfolge der *Pulp Magazines* entwickelte und zunächst vorwiegend reißerische Abenteuergeschichten brachte, die vor allem davon handelten, wie nur wenig oder gar nicht bekleidete Frauen aus den Händen sadistischer Verbrecher befreit werden – besonders beliebt waren und sind dabei Geschichten um Nazi-Greuel, was zu Beginn der sechziger Jahre zu Protesten in der deutschen Öffentlichkeit führte. Angereichert mit Illustrationen, die vor allem die sadistischen Details von Folterungen und Gewalttätigkeiten zeigen, richten sich diese Geschichten an ein Publikum, das Sexualität nur in Formen der Gewalt konsumieren kann. Die Frau – in den *stories* ebenso wie in den »Reportagen« aus dem Bereich der Kriminalistik – erscheint hier entweder als käufliches, zu jedem Betrug fähiges Sexualobjekt oder als peitscheschwingende, ganz in Leder gekleidete Bestie. Bis zu den in jüngster Zeit hinzugekommenen *cartoons* und den Aktfotos, die die Frau dadurch zum wesenlosen Geschöpf erniedrigen, daß die Gesichter

meist mit einem schwarzen Balken verdeckt sind, auch dann, wenn es sich offensichtlich um ein Fotomodell und nicht etwa um eine in flagranti ertappte »Sünderin« handelt, kreisen die Inhalte der Action Magazine nur um ein Thema: die Schlechtigkeit der Frau.
Die Magazine (etwa: »True Action«, »Action for Men«), deren Auflagen sich um 220 000 Exemplare monatlich bewegen, verdanken ihr Entstehen den psychologischen Deformationen, die ein engstirniger Puritanismus bewirkt hat, und sind, so steht zu hoffen, nicht exportierbar.

Antike Helden
Vom Erfolg ausgehend, den die Verfilmungen verschiedener → historischer Romane erzielten, entwickelten sich vor allem in Italien und in Amerika ganze Serien von Filmen mit antiken Motiven. Als Themenbereiche boten sich zunächst die mythologischen Figuren der griechischen Sage an: Herkules, Odysseus und Äneas (z. B. »Odysseus' Heimkehr« – 1918 – Regie: Rudolf Biebrach; »Ulysses« – Die Reisen des Odysseus – 1954 – Regie: Mario Camerini; »Samson gegen die Korsaren des Teufels« – 1965 – Regie: Luigi Capuona). Während die amerikanischen Filme die antiken Stoffe mit melodramatischem Geschehen verknüpften (→ Cecil B. DeMille), lieferten die italienischen Streifen Aneinanderreihungen von Catcher- und Schwertkämpfen. Die Filme um die »Muskelprotze« der Antike waren vor allem in

Yul Brynner und George Chakiris in »Könige der Sonne« (1963) von J. Lee Thompson
Verleih: Avis

den sechziger Jahren das beliebteste Genre des italienischen Films, ehe sie von den Italowestern (vgl. *Western*), die sie gleichwohl befruchteten, abgelöst wurden. Als zweiter Themenkreis steht die Geschichte des alten Ägypten zur Verfügung; hier ist es insbesondere die legendäre Gestalt der Kaiserin Kleopatra, die das Geschehen bestimmt. (Beispiele: »Land of the Pharaos« – 1955 – Regie: Howard Hawks; »Caesar and Cleopatra« – 1945 – Regie: Gabriel Pascal; »Cleopatra« – 1962 – Regie: Joseph Mankiewicz.) »Es scheint, als habe diese Frau etwas an sich, das Geldverschwendung heraufbeschwört; die Version von Pascal mit Vivian Leigh in der Hauptrolle war der teuerste Film in Großbritannien, und der Film von Mankiewicz mit Elizabeth Taylor als Kleopatra war der teuerste Film der Welt. In beiden Fällen war davon auf der Leinwand nichts zu spüren« (Leslie Halliwell). Einen dritten Themenbereich schließlich bildet die Welt der Bibel. Auch hier hat insbesondere Hollywood aufwendige Produktionen gestaltet, vor allem in den sechziger Jahren, da Hollywood im Konkurrenzkampf mit dem Fernsehen sich in die Gigantomanie flüchtete. »The Bible« (Die Bibel – 1966 – Regie: John Huston), ein Film, der nur wenig von der Meisterschaft seines Regisseurs verriet (vgl. *Crime*), mag als das Optimum an veräußerlichtem Glanz des Heilsgeschehens gelten, den Hollywood seinem puritanischen Geist abrang. (Weitere Beispiele: »The Robe« – Das Gewand – 1953 – Regie: Henry Koster, der erste Cinemascope-Film erzählte von den Geschehnissen nach dem Tode Christi; »The Ten Commandments« – Die zehn Gebote, 1923 und 1956 von → Cecil B. DeMille, letzterer ein Vier-Stunden-Film, der nur durch Dekor und Staraufgebot, nicht aber durch cinematographische Qualitäten bestach.) Die Bibel, ebenso wie die griechischen Sagen und die Epen von Homer, fand auch Eingang ins Medium der Comic Strips; am Bibelverständnis der Hollywood-Filme angelehnt, erschienen die biblischen Geschichten in der Reihe »Classics Illustrated« (Illustrierte Klassiker).

Anmerkung

Leslie Halliwell: The Filmgoer's Companion. London 1971.

Literatur

J. Bonomo: The Strongmen. A True Life Pictorial Autobiography of the Hercules of the Screen. New York 1968. John Cary: Spectacular! The Story of Epic Films. London/New York/Sydney/Toronto 1974.

Batman

Amerikanische *Comic Strip*-Serie, von Bob Kane und Bill Finger kreiert. Der »Fledermausmann«, dessen Verkleidung neben der Wahrung seiner geheimen Identität auch dazu dient, den Schurken und großen Verbrechern Angst einzujagen, erblickte 1937 das Licht der Welt. Im Gegensatz zu anderen maskierten Helden (vgl. *Science Fiction* → Superhelden, → Superman) verfügt Batman über keine besonderen übermenschlichen Fähigkeiten; für das ständige Gefecht mit der Unterwelt ist er gerüstet durch ein schier unglaubliches akrobatisches Können, das er sich in hartem Training erworben hat, und durch seine kriminalistisch-wissenschaftliche Ausbildung, die es ihm erlaubt, modernste Geräte wie Computer, Infrarotfotografie und chemische Spurensicherung einzusetzen. Im Privatleben ist Batman der Millionär Bruce Wayne, der als »Playboy« bei allen gesellschaftlichen Anlässen (bei denen aus unerfindlichen Gründen auch immer einige Gangster erscheinen) dabei sein kann, ohne Verdacht zu erregen. Ein Jahr nach seinem ersten Auftritt in den Zeitungs-*strips* und in den *Comics Books* gesellte sich ein *junior side kick*, ein in diesen Tagen unerläßlicher jugendlicher Begleiter des Helden, hinzu: Dick Grayson, Sohn einer Zirkusfamilie, dessen Eltern durch den Anschlag eines Verbrechers ums Leben gekommen waren und der nun der »Schützling« von Bruce Wayne und als Robin der Gefährte von Batman wurde. Schließlich kam noch ein Butler namens Alfred hinzu, der oftmals seinen ganzen Scharfsinn aufwenden mußte, um die geheime Identität der beiden zu bewahren und die unter dem Herrschaftshaus von Bruce Wayne verborgene Bat-Höhle vor Entdeckung zu schützen.

Für Bob Kanes Batman, »eine geheimnisvolle Erscheinung der Nacht«, hatten mehrere Vorbilder Pate gestanden: Zum einen war Kane ein glühender Bewunderer von Douglas Fairbanks (→ Mantel- und Degenfilme), von dessen Rollen in Zorro-, Piraten- und Ritterfilmen sich die Vorliebe für akrobatische Kunststücke herleitete, zum anderen hatte es in dem 1926 gedrehten Film »The Bat« von Roland West einen – allerdings verbrecherischen – kostümierten Mann gegeben, der in seiner Aufmachung und in seinem stets überraschenden Erscheinen dem Batman glich. Im Verlauf der Entwicklung seiner Figur veränderte Kane das Bild des Helden mehrmals: Zunächst war Batman ein für alle unheimlich wirkender Einzelgänger, der selbst bisweilen von der Polizei gejagt wurde. (Diese Eigenschaft teilte er mit einer anderen zu dieser Zeit populären Figur, »The Shadow« von Will Eisner.) Batman nahm zu dieser Zeit das Gesetz in die eigenen Hände, und wenn er glaubte, ein Verbrecher habe den Tod verdient, so scheute er sich nicht, ihn zu töten. Vor allen Dingen durch die fast pädagogische Haltung, die der Batman seinem Schützling entgegenbrachte, veränderte sich seine Einstellung; er begann, eng mit der Polizei zusammenzuarbeiten, rettete auch dann noch einen Verbrecher vor dem Tod, um ihn dem Gesetz zu überantworten, wenn er sich eines extrem unmenschlichen Vergehens schuldig gemacht hatte, und wendete immer mehr auch »psychologische« Methoden der Verbrechensbekämpfung an. In jüngster Zeit versuchten Zeichner und Texter wieder auf den »alten« Batman Bezug zu nehmen: Dick Grayson wurde auf die Universität geschickt, die Bat-Höhle versiegelt, und

Titelseite der ersten Ausgabe von »Batman«, gezeichnet von Bob Kane © National Periodical Publications

der Batman ging nun wieder allein auf Streife. Seine Abenteuer haben nun einen Aspekt von Horror (vgl. *Horror)* angenommen; mit Gespenstern, Wiedergängern und einem Mann, der sich mählich in eine Fledermaus verwandelt, dem »Man-Bat«, hat es der Batman nun ebensooft zu tun wie mit Verbrechern. Obwohl bis in die siebziger Jahre jede Batman-Geschichte den Namen von Bob Kane trug, waren längst nicht alle Zeichnungen von ihm; unter den zahlreichen Zeichnern, die Batman gestalteten, sind vor allem Jerry Robinson, Mort Meskin, Dick Sprang, Carmine Infantino und Jim Mooney zu erwähnen. Während Kane zwar die meisten Charaktere der Stories schuf, wurden die Geschichten selbst meist von Bill Finger erdacht, dessen Spezialität es war, riesige Modelle von alltäglichen Gegenständen in die Story einzu-

bauen, so etwa ein fünf Meter hohes 25-Cent-Stück, das ein Verbrecher benutzte, um sich Bahn zu schaffen, riesige Zahnpastatuben und monströse Grammophone.
So wie in diesen Vergrößerungen ein gewisser *Pop Art*-Effekt angelegt war, so waren auch die Feindgestalten in den Batman-Comics alles andre als realistisch. Der interessanteste und bekannteste von allen ist der »Joker«, ein clowngesichtiger, ständig lachender Mann, dessen »Tick« es ist, jedes Verbrechen mit einem Scherz zu verbinden, der Batman demütigen soll. »The Joker« ist nach dem Modell von Conrad Veidts Darstellung in der Filmversion von Victor Hugos »Der Mann, der lacht« gestaltet worden. Ebensoein Psychopath, wie übrigens fast alle Feinde bei Batman, ist der »Riddler«, der kein Verbrechen begehen kann, ohne Batman zuvor ein Rätsel zu hinterlassen, dessen Lösung das Verbrechen verhindert. »Two-Face«, der durch einen Unfall verunstaltet wurde, versuchte sich an der Welt zu rächen; »The Penguin« benützte vorzugsweise Schirme als Waffen; »Tweedledum and Tweedledee« oder »The Scarecrow« (die Vogelscheuche) erschienen wie Figuren aus Alpträumen. Während Batman in den Radio-*serials* und in den ersten Filmen noch als »normaler«, d. h. durch und durch ernsthafter Held auftrat, zeigte ihn die seit 1966 ausgestrahlte

Adam West und Burt Ward in »Batman hält die Welt in Atem« von Leslie H. Martinson (1966) Verleih: Fox-MGM

Fernsehserie in einer *camp*-Welt voller Absurditäten und Späße. Diesem Prinzip, das sich durch die eigenartige Mythologie der Feindgestalten anbietet, war auch der Film »Batman and the Fearsome Foursome« verpflichtet, der im selben Jahr herausgebracht wurde. Zwischen 1968 und 1970 erschien eine Zeichentrickfilmversion im Fernsehen.

Batman ist der eigenartigste Held unter den amerikanischen *Comic Book-heroes*: sein Kampf mit der Unterwelt ist immer auch ein Kampf mit den Symbolen der trivialen Mythologie, und, wenn man genau hinsieht, folgen die Batmangeschichten, zumindest die von Kane und Finger, nie einer rein verstandesmäßigen Logik. Dieser Hauch von Verrücktheit, der die Batman-Stories im Gegensatz zu den meisten anderen Abenteuer-Comics auszeichnete, ist wohl auch die Ursache dafür, daß Batman in den späten sechziger Jahren insbesondere von den Intellektuellen wiederentdeckt wurde.

Literatur

Dagmar von Doetinchem/Klaus Hartung: Zum Thema Gewalt in Superhelden-Comics. Berlin 1974. Jules Feiffer: The Great Comic Book Heroes. New York 1965. Dick Lupoff/Don Thompson: All in Color for a Dime. New York 1970. Gisela Stelly: Groß erhebt sich Batmans Schatten über Gotham City. In: »Die Zeit« Nr. 42. Hamburg 1967. Jim Steranko: The Steranko History of Comics. Volume 1. Reading, Penns. 1970.

Casablanca

»Casablanca« (1942), ein Spionage-Melodram von Michael Curtiz (vgl. *Crime*), das, obwohl mit geringem Budget und unter Zeitdruck entstanden, eines der bedeutendsten Filmwerke Hollywoods darstellt. Humphrey Bogart (vgl. *Crime*) spielte hier einen desillusionierten Abenteurer, einen Anti-Helden, wie der Bogart-Mythos es verlangte. Zwischen ihm, mit dem sie in früheren Jahren verbunden war, und ihrem Mann, einem idealistischen Widerstandskämpfer (Paul Henreid), muß sich eine schöne junge Frau (Ingrid Bergman) entscheiden. Doch der zynische Abenteurer wandelt sich unter dem Eindruck des Geschehens zu einem idealistischen Menschen: Er ermöglicht dem Widerstandskämpfer die Flucht zusammen mit seiner Frau.

Casablanca, mehr traumatischer Zustand als ein wirklicher historischer Schauplatz, ist ein endzeitlicher Ort, wo das Elend der Emigranten und Flüchtlinge mit der Barbarei der Naziherrschaft zusammentrifft. Casablanca ist ein Ort der Läuterung und der Entscheidungen, für den selbst es keine Zukunft gibt. Und schließlich ist Casablanca der Ort, in dem sich das Geschehen des Krieges, Gewalt, Not und Diktatur, in persönlichem Schicksal, im Melodram, verdichten. Dieser Zustand, den Curtiz mit sensiblem atmosphärischen Gespür ausschließlich im Studio realisierte, spiegelt nicht nur die Stimmung in Amerika zur Zeit des Krieges bzw. kurz vor dem Kriegseintritt wider, sondern zeigt – zu einem nicht geringen Teil – auch die Situation der Emigranten in Hollywood selbst. Paul Henreid beispielsweise, ein österreichischer Filmschauspieler, war 1938 vor den Nationalsozialisten geflohen; Peter Lorre, der in »Casablanca« eine Nebenrolle gestaltete, hatte ebenso wie Curt Bois Deutschland verlassen müssen. Von den zwanzig wichtigsten Rollen in »Casablanca« werden nur vier von gebürtigen Amerikanern gespielt; der Regisseur, als Mihaly Kertesz in Budapest geboren, und die Drehbuchautoren Howard Koch und Julius J. Epstein, verstanden es, diese Situation der Schauspieler in den Film einzubringen. Die merkwürdige Ambivalenz, die sich aus dieser Kongruenz von Fiktion und Wirklichkeit ergab, wurde gesteigert noch durch die Arbeitsweise: Die Autoren schrieben noch an dem Buch, als bereits die Hälfte des Films abgedreht war (ein Wettlauf mit der Zeit, da jeder zusätzliche Drehtag 30 000 Dollar kostete); und Ingrid Bergman beispielsweise wußte nicht, wen sie

»im Film wirklich liebte«. Sie war daher gezwungen, »so zwischendrin« zu spielen, und wahrscheinlich gibt auch das dem Film jene Authentizität, die bei aller Künstlichkeit die Qualität des Filmes ausmacht.

Humphrey Bogart als Nachtklubbesitzer, der professionell Widerstandskämpfer aus Frankreich nach Marokko und wieder hinaus schmuggelt, schließlich aber doch zu einer freien, moralischen Entscheidung kommt, wirkt hier wie ein Vorläufer des Existenzialismus; »zur Freiheit verurteilt« gibt er sich selber preis und erringt dadurch eine Identität. Casablanca ist ein Zustand völliger Unsicherheit, alles ist hier möglich und doch ist auch alles unmöglich. Wie sich in Casablanca die Emigranten treffen, so finden sich in Hollywood die Künstler, die vor dem Faschismus geflohen sind, und auch ihre Haltung zum Leben ist geprägt von Unsicherheit; für sie wird Hollywood zu Casablanca, zu einer Zwischenstation auf dem Weg zu Freiheit und Erfolg, die sich freilich bei den weniger Glücklichen als Endstation erweisen kann, als das zum Zustand gewordene »Warten auf eine bessere Welt«. Der Film »Casablanca«, der von seiner Erstaufführung an immer wieder ein großes Publikum erreichte und der, wie Ingrid Bergman meint, »nach dreißig Jahren immer noch sehr frisch wirkt«, trifft heute, wo er eine gewaltige Renaissance erlebt, vielleicht auf eine sehr ähnliche Stimmung: Unsicherheit angesichts einer Welt, die immer mehr an Flucht denken läßt. Eine solche Flucht tritt beispielsweise Woody Allen in dem Film »Play it again, Sam . . .« (vgl. *Komik*→ Hollywoodkomödien) an, wo er als enthusiastischer Humphrey Bogart-*fan* ganze Szenen von »Casablanca« in seine eigene Realität hinübernimmt. »Ein Bogart-*fan* auf der Suche nach einer Stadt, die es nie gab«, meint Hans C. Blumenberg in seiner Dokumentation über den Film, die vom Westdeutschen Rundfunk ausgestrahlt wurde: »Die lange Nacht von Casablanca geht nicht zu Ende.«

Anmerkung

Hans C. Blumenberg: Die lange Nacht von Casablanca. Anatomie einer Kino-Legende. Manuskript zur Sendung des WDR vom 3. 7. 1973.

Literatur

Kingsley Canham: The Hollywood Professionals. Michael Curtiz, Raoul Walsh, Henry Hathaway. London/New York 1973. Paul Leggett: Michael Curtiz. The Noble Cynic. In: »Focus on Film« No. 23. London 1975. Franz Ulrich: Casablanca. In: »Jugend, Film, Fernsehen.« Nr. 1. München 1974.

Cooper

James Fenimore Cooper, amerikanischer Schriftsteller, 1789–1851, der vor allem mit seinen *Leatherstocking tales* (Lederstrumpf) stilbildend für den populären Abenteuerroman wurde. Cooper, der insgesamt zweiunddreißig Romane, sechs Bände Reiseskizzen, mehrere Bücher über philosophische, politische und historische Themen publizierte, lieferte in seinen Lederstrumpferzählungen das Bild des sittlich autonomen Pioniers, der, gleichzeitig Wegbereiter der Zivilisation und auf der Flucht vor ihr, zur Idealgestalt romantischer Abenteuerliteratur werden sollte: Natty Bumppo, der Lederstrumpf, entzieht sich den Zwängen der weißen Gesellschaft, indem er immer weiter nach Westen flüchtet, dorthin, wo noch kein Weißer ist. Im Verlauf seiner Flucht nimmt er immer mehr indianische Lebensgewohnheiten, indianisches Gedankengut auf, während sein Freund, der Cherokesenhäuptling Chingachcook, seiner Kultur entwurzelt und dem Feuerwasser verfallen, stirbt. Mit der Gestalt des zivilisationsmüden, der Natur sich annähernden »Wildtöters« (ebenso wie das spätere »Falkenauge« ein Ehrenname der Indianer für Natty Bumppo) schuf Cooper ein noch heute gültiges Modell der Unterhaltungsindustrie (was freilich nichts mit seinem literarischen Rang zu tun hat), das autonome Individuum, das der Gesellschaft den Rücken kehrt, um in einem noch unberührten politischen Niemandsland der Natur gegenüber allein und

ohne die entfremdenden Hilfsmittel der Zivilisation sich zu behaupten (vgl. dazu *Western*).
Obwohl Cooper selbst als Sohn eines Farmers unter den Bedingungen der Pioniergesellschaft und in steter Auseinandersetzung mit der Natur aufgewachsen war, ist sein Lederstrumpf eine reine Kunstfigur. Denn einen *trapper*, der im Indianer ein menschenwürdiges Wesen gesehen, gar noch seine Kultur akzeptiert und übernommen hätte, hat es nie gegeben. »Der historisch-völkerkundliche Roman, den Cooper mit seinen nordamerikanischen Indianererzählungen schuf, wuchs aus dem Boden der Romantik, der es auf eine liebevoll-warme Versenkung in die Landschaft und Geschichte des Volkes ankam, die aber nicht abgestellt war auf eine Erfassung dessen, was war und ist, auf die Realität« (Hans Plischke).
Coopers Romane fanden vor allem in Europa begeisterte Aufnahme, und insbesondere im Deutschland des Grafen Metternich, in einer Atmosphäre der Restauration und der begrabenen Hoffnungen, erschien der neue Kontinent als Verheißung der Freiheit und des Glücks. Europa mochte sich noch nie so alt und müde gefühlt haben wie zu dieser Zeit, und von daher ist der Wunsch nach Fluchtmöglichkeiten – realen oder geträumten – verständlich, die in dieser Zeit in der »Lesewut« der Bürger sich manifestierte. Paradoxerweise führte die Flucht aus dem Bildungswust und der Enge der Gedanken, die Sehnsucht nach Natur zu massenhaftem Genuß einer neuen Droge, der Literatur. Diesem Widerspruch verdankt sich die Entstehung der Unterhaltungsindustrie: Für die Sehnsucht nach Einfachheit werden immer raffiniertere Substrate geschaffen.
Cooper gab nicht nur der amerikanischen (seine realistischen See-Romane wurden zu Vorbildern für Melville und Conrad), sondern auch der europäischen Literatur starke Impulse. In Deutschland und Frankreich entwickelte sich nach seinem Vorbild der → völkerkundliche Roman, Grundmodell der unterhaltenden → Abenteuerliteratur. Seine Bücher wurden und werden in zahlreichen Bearbeitungen, Kürzungen und Zusammenfassungen immer wieder herausgegeben, wobei zumeist der »Lederstrumpf« das Schicksal mancher großen Romane des neunzehnten Jahrhunderts (etwa → Robinson Crusoe) teilt, nämlich zum Kinderunterhaltungsbuch abzusinken und dementsprechend oberflächlich und gedankenlos zusammengekürzt zu werden. Während die Verfilmungen der Stoffe von Cooper meist zweitrangig blieben und fast ausschließlich den abenteuerlichen Aspekt in den Vordergrund rückten («The Deerslayer« – Lederstrumpf – 1960 – Regie: Kurt Neumann und Clint Reinard), ließ die vierteilige, recht aufwendige Fernsehbearbeitung (Helmut Lange spielte den Wildtöter) auch die philosophischen und moralischen Aspekte der Geschichte durchscheinen. Gestalten wie »Wildtöter« (vergleich-

Deutsche Verfilmung von »Der letzte Mohikaner«; Regie führte Harald Reinl (1964)
Verleih: Constantin

bar sind auch die Legenden um Davy Crokkett) stehen, wie alle Helden der Unterhaltungsindustrie, im Widerspruch des Übergangs; sie vertreten das, wovor sie flüchten. Nur durch diese Methode, die für den Western (vgl. *Western*) genauso gilt wie für die → James-Bond-Romane, läßt sich die Sehnsucht nach dem Neuen, der Veränderung, verknüpfen mit der Notwendigkeit, seinen Frieden mit dem Bestehenden zu schließen. Statt wirklich dem Europa der Restauration den Rücken zu kehren, in Amerika ein Leben nach dem Vorbild des Lederstrumpfs zu führen, zieht man sich in seine romantische Lektüre zurück, die obendrein noch bestätigt, daß das vorgestellte Paradies nicht von Dauer sein kann.

Anmerkung

Hans Plischke: Von Cooper bis Karl May. Eine Geschichte des völkerkundlichen Reise- und Abenteuerromans. Düsseldorf 1951.

Literatur

Anneliese Bodensohn: Im Zeichen des Manitu. Coopers »Lederstrumpf« als Dichtung und Jugendlektüre. Frankfurt 1963. G. C. Bosset: James Fenimore Cooper et le roman d'aventure en France vers 1830. Paris 1928. George Dekker: James Fenimore Cooper, the Novelist. London 1967. Kay Seymour House: Cooper's Americans. Columbus, Ohio 1965. Karlheinz Rossbacher: Lederstrumpf in Deutschland. Zur Rezeption James Fenimore Coopers beim Leser der Restaurationszeit. München 1972. Arrid Shulenberger: Cooper's Theory of Fiction. Caurena, Kans. 1955. Robert E. Spiller: A Descriptive Bibliography of the Writings of James Fenimore Cooper. New York 1934. Robert E. Spiller: James Fenimore Cooper. Minneapolis 1965. Warren S. Walker (Hg.): Leatherstocking and the Critics. Chicago 1965.

Dschungelabenteuer

Die exotische Welt des Dschungels als absolutes Gegenbild zur entfremdeten Arbeitswelt lieferte in den *Pulps*, den Filmen und den *Comics* den Hintergrund für die Abenteuer zahlreicher dem großen Vorbild → Tarzan nacheifernder Helden. Von »The Phantom« (1936 von Lee Falk kreiert) über »Jungle Jim« (von Alex Ray-

Die französische Serie »Akim«, die zeitweilig auch in Deutschland erschien
© Edigraph Publicité

mond; vergl. *Science Fiction* → SF-Comics), »Bomba«, »Kaänga« bis zu »Tim Tyler's Luck« (von Lyman Young und Tom Massey) reicht die Skala der Dschungelsagas, die sich nach meist ähnlichen Erzählmustern um die Person (oder Personen) ranken, die der Zivilisation den Rücken gekehrt und im Urwald eine neue Identität gefunden haben. Nachahmungen entstanden auch bald in Europa; der berühmteste der französischen Dschungelhelden, »Akim, der König des Dschungels«, wurde nach dem Krieg auch in einer deutschen Übersetzung herausgegeben und später von deutschen Zeichnern weitergeführt. Akim unterschied sich von Tarzan nur insofern, als er jegliche »Wildheit« abgestreift hatte und auch mit der Gesellschaft außerhalb des Dschungels gute Kontakte pflegte. Als in den sechziger Jahren auch

Akim einem Verdikt der Zensur zum Opfer fiel, kreierte man flugs einen Nachfolger, »Tibor, Sohn des Dschungels«, der allerdings auf eine ständige Begleiterin, wie sie nach dem Vorbild der Jane in den Tarzangeschichten für alle Dschungelhelden unabdingbar war, verzichten mußte. Auch diese Serie wurde inzwischen eingestellt.
Ein besonderes Kapitel stellen die zahlreichen in Fellbikinis gekleideten weiblichen Dschungelheldinnen dar, die wie »Sheena, Queen of the Jungle«, »Rulah – Jungle Goddess« oder »Camilla – Queen of the Jungle Empire« die meist etwas tölpelhaften Männer, die sich in ihr Reich verirrten, aus allen möglichen Gefahren zu retten hatten. Diese sich unter dem Konkurrenzdruck an Sex und Brutalität überbietenden Serien trugen nicht unwesentlich dazu bei, daß der Comics Code die Gestaltung von Comics an die Zügel der Zensur legte.
Waren diese Dschungelschönheiten für die Comics in Deutschland tabu, so fanden sie eine Entsprechung in den Filmen um »Liane, das Mädchen aus dem Urwald« (1956 – Regie: Eduard von Borsody, nach einem Drehbuch von Ernst von Salomon; der zweite Film: »Liane, die weiße Sklavin«, 1957 – Regie: Hermann Leitner) mit Marion Michael in der Titelrolle. Die aggressive Unschuld dieser weiblichen Tarzans ist gleichzeitig die Vollendung des Mythos vom natürlichen Leben des Dschungelhelden und seine Aufhebung: War Tarzan die fleischgewordene Utopie von der umfassenden, freien Sinnlichkeit, so kehren seine weiblichen Epigonen dies ins Gegenteil, da sie sich so offensichtlich als Objekt des erotischen Voyeurismus präsentieren, ohne gleichzeitig selbst die erotische Komponente ihrer Umgebung zu akzeptieren, und, immer auf der Flucht vor ihr, die Frustration bestätigen, der das männliche Vorbild entflohen ist.

Fairbanks
Douglas Fairbanks, amerikanischer Schauspieler (1883–1939), der nach einer Zeit als Hauptdarsteller in erotischen Komödien vor allem als Held zahlreicher → Mantel- und Degenfilme auftrat.

Fuller
Samuel Fuller, amerikanischer Autor und Regisseur, geb. 1911, dessen Regiedebüt, der Western »I Shot Jesse James« (Ich erschoß Jesse James, 1949, vgl. *Western → Jesse James*), bereits sein unvergleichliches Talent zeigte, eine physische Realität des Leidens auf die Leinwand zu bringen. Drei Elemente sind es vor allen Dingen, die die Intensität seiner oft auf banalen Vorlagen der Regenbogenpresse basierenden Filme ausmachen: Seine Erfahrung als Kriminalreporter und Journalist sowie als Soldat in Nordafrika und Europa, die ihn dazu veranlassen, *action* immer auch als Erleben von Schmerz zu charakterisieren, und die auch seine fast besessene Haltung gegenüber der Gewalt erklärt, und seine Verbundenheit mit dem Problemkomplex Amerika (was übrigens mehr ist, als die Problematik seiner Nation). Die immer wiederkehrenden Themen von Fullers Filmen sind Bigotterie, Rassismus und Versuche der Rassenintegration, die Abneigung gegen den Krieg und vor allem gegen den Berufssoldaten, gelegentlich aber auch eine Portion Patriotismus und Antikommunismus. Diese Themen beherrschen seine Western (»Forty Guns« – Vierzig Gewehre – 1957; »The Run of the Arrow« – Hölle der tausend Martern – 1955) ebenso wie seine Kriminalfilme (»Pick Up on South Street« – Lange Finger, harte Fäuste – 1952; »Underworld USA« – Alles auf eine Karte – 1961), seine Abenteuerfilme (»House of Bamboo« – Tokyo-Story – 1955; »Shark« – Hai – 1971) und seine Kriegsfilme (»Merrill's Marauders« – 1962).
Fuller, ein »amerikanisch primitiver« Regisseur (Andrew Sarris), wurde in Europa von den Kritikern lange Zeit kaum beachtet. Das Standardwerk der deutschen Filmgeschichtsschreibung, Gregor/Patalas'

Burt Reynolds in »Shark« von Samuel Fuller

»Geschichte des Films«, erwähnt ihn beispielsweise nicht. Doch wird Fuller, so ist anzunehmen, in dem Maße auch hierzulande ein Begriff, wie »Amerika« auch zu unserem Problem wird. Sein Beitrag zu der ARD-Kriminalserie »Tatort«, »Dead Pigeon on Beethoven Street« (Tote Taube in der Beethovenstraße – 1973), der in Amerika auch als Kinofilm herauskam, fand allerdings bei Kritik und in Cinéastenkreisen mehr Beachtung als beim Publikum.

Anmerkung

Andrew Sarris: The American Cinema. Directors and Directions. New York 1968.

Literatur

Nicholas Garnham: Samuel Fuller. London 1971. Phil Hardy: Samuel Fuller. London 1970. Herman Weigel: Interview mit Samuel Fuller. In: »Filmkritik« Nr. 193. München 1973. David Will/Peter Wollen (Hg.): Samuel Fuller. Edinburgh 1969.

Historische Romane

Wo sich die Unterhaltungsliteratur mit der Geschichte beschäftigt, da wird sie zur Geschichte großer Männer, zum Seelendrama der Führer, die die Historie zum Spiegelbild ihrer Gefühle machen. Auf der anderen Seite wird die Geschichte mystifiziert, als etwas Undurchdringliches, Geheimnisvolles ausgegeben, dessen Gesetze nicht rationell zu durchleuchten sind. Und schließlich ist die Geschichte als Material der Unterhaltungsindustrie eine Geschichte der Katastrophen, der Kriege, Intrigen und Morde. Von den Klassikern dieses Genres, die auch heute noch im Angebot jedes Buchklubs zu finden sind, seien stellvertretend vier genannt:

Felix Dahn (1834–1912), Professor für Geschichte und Rechtslehre, schrieb zahlreiche mit historischen Einzelheiten überladene Romane und Novellen vorwiegend über das germanische Altertum und die Zeit der Völkerwanderung. Ihm kam es vor allem darauf an, aus der Geschichte ein völkisch-chauvinistisches Weltbild zu entwickeln, das die Überlegenheit der germanischen Rassen belegen sollte. Ein durchschlagender Erfolg gelang ihm mit »Ein Kampf um Rom« (1876), das den Untergang des Ostgotenreichs sozial-darwinistisch interpretierte. Diesen Roman hat Robert Siodmak (vgl. *Crime*) 1968 in zwei Teilen verfilmt (»Kampf um Rom I und II«), wobei die ideologischen Momente allerdings in den Hintergrund traten.

Edward George Bulwer (1803–1873), ein überaus produktiver Schriftsteller, der neben historischen Romanen auch Kriminal- und Schauererzählungen verfaßte, ist heute nur noch als Autor von »The Last Days of Pompei« (Die letzten Tage von Pompeji, 1835) bekannt. Diese Katastrophenvision, die im Ausbruch des Vesuv als »Strafe der Götter« kulminiert, wurde mehrfach verfilmt. Die erste italienische Version von 1912 (10 000 Statisten) wurde zum Modell für zahlreiche historische Massenfilme. Cooper und Schoedsack (vgl. *Horror* → Monsterfilme) schufen 1935 die erste Hollywood-Fassung; 1959 erschien der deutsche Film »Die letzten Tage von Pompeji« (Regie: Mario Bonnard).

Lewis Wallace (1827–1905) wurde berühmt durch seine idealisierte Schilderung der ersten Tage der christlichen Religion, »Ben Hur« (1880). Die berühmtesten der Hollywoodverfilmungen dieses pompösen Historiengemäldes sind die Fassung von Fred Niblo (1927 mit Ramon Navarro) und die von William Wyler (1960 mit Charlton Heston und Stephen Boyd). Im Roman wie in den Filmen geht es um die Frage der Gewaltlosigkeit der Christen, die, gleichsam durch die Hintertür, negiert wird.

Henryk Sienkiewicz (1846–1916) verband spannende Unterhaltung mit einer patriotischen Darstellung der polnischen Nationalgeschichte. Von konservativem Geist und einer positivistischen Geschichtsauffassung geprägt, verklärte er die Geschichte zum Kampf des Guten gegen das Böse. Der Roman »Quo Vadis« (1896), der ihn in aller Welt berühmt machte, schildert die grausame Christenverfolgung durch den Kaiser Nero. Auch diesen Stoff hat sich Hollywood nicht entgehen lassen: In »Quo Vadis« (1951 – Regie: Mervyn Le Roy) gefiel dem Publikum neben den schauspielerischen Leistungen von Peter Ustinov, Robert Taylor und Deborah Kerr vor allem die geschickte Löwendressur. Allen diesen Romanen und den zahllosen Nachahmungen ist gemeinsam, daß sie die geistig-metaphysischen Aspekte von Religion zurückzuführen versuchen auf »handfestere«, greifbarere Vorgänge. Der Vulgärmaterialismus des historischen Romans entspricht dem Bedürfnis, Geschichte als Schauspiel und Religion als Charisma der religiösen Führer (bzw., dem positivistischen Geist verpflichtet, als säkularisierte »Weltanschauung«) zu verstehen.

Literatur

Hermann Bock/Karl Weitzel: Der historische Roman als Begleiter der Weltgeschichte. Leipzig 1925. Christian Jenssen: Der historische Roman. Rendsburg 1954. Alfred Klug: Dahns Erzählungen. Eine Quellenstudie. Czernowitz 1929. Daniel McCarry/Sarah Harriman White: Historical Fiction Guide. New York 1963. Georg Lukács: Der historische Roman. Berlin 1955.

James Bond

Die Agentengestalt des britischen Thriller-Autors Ian Fleming, die im Auftrag des Geheimdienstes seiner Majestät gegen die Bedrohung der »freien« (westlichen) Welt mit allen zu Gebote stehenden technischen, psychologischen und kämpferischen Mitteln zu Felde zieht, ist eine Ausgeburt des Kalten Krieges und Ausdruck der von den Politikern geschürten Furcht vor der »kommunistischen Weltbedrohung«. James Bond 007 (seine Kennchiffre besagt unter anderem, daß er das Recht hat, im Verlauf seiner Auftragserfüllung auf eigene Faust zu töten) bekämpft auf Geheiß seines obersten Vorgesetzten, des mysteriösen Mr. M, die sowjetische Geheimdienstorganisation SMERSCH, die ihrerseits vor allen Dingen asiatische und schwarze »Untermenschen« in Dienst nimmt; so tritt neben die politische auch die rassische Diskriminierung. Bond übernimmt diese gefährliche Aufgabe jedoch nicht, wie etwa der Soldat in den → Landserheften, nur aus patriotischen Gründen, obwohl er sich mit der Ideologie seiner Auftraggeber voll und ganz identifiziert, für ihn ist die Gewalt auch eine ganz persönliche Befriedigung, die nicht selten ganz offen sadistische Züge annimmt. Zu dem kommt die Fetischisierung der Technik. 007 bedient sich seiner technischen Hilfsmittel – so besitzt er einen Sportwagen mit Radarschirm, eingebautem Schleudersitz und ähnlichen Raffinessen – mit einer Leidenschaft, die über bloße Science Fiction-Spielerei hinausgeht: Technik ist Statussymbol und »Verlängerung der eigenen Person« (Marshall MacLuhan) in einem. Umgekehrt bedienen sich auch seine Gegner einer ins Monströse gesteigerten technischen Apparatur. So gibt es in »Goldfinger« etwa eine fahrbare Einrichtung zur Erzeugung von Laser-Strahlen oder eine atomare Höllenmaschine mit knallbunten Rädern. Die Beherrschung der Technik ist die Voraussetzung von persönlicher Macht, ebenso wie sie als permanente Bedrohung »in den falschen Händen« von der Ohnmächtigkeit des Menschen gegenüber seinen zivilisatorischen Errungenschaften kündet. Wie in den technischen Spekulationen der Science Fiction (vgl. *Science Fiction*) verbindet sich hier die Fetischisierung mit der Dämonisierung des technischen Fortschritts. Und schließlich ist neben Sadismus und fetischistischem Gebrauch der Technik der Konsum, die Ausbreitung von Luxus, ein Triebziel von James Bond: Er, der seinem Habitus, seiner Sprache und seinen Überzeugungen nach von durch und durch kleinbürgerlichem Geist beseelt ist, erobert sich durch seine Aktionen einen Platz in der Welt des Reichtums und des Luxus; er imitiert das Leben der Reichen in seinen fetischistischen Konsumgewohnheiten (eigens für ihn hergestellte Zigaretten, ausgefallene Schnaps- und Weinsorten etc.), eine unfreiwillige Karikatur des Snobs. 007 ist zwar »ein gehorsamer Untertan und ein blindes, aber hochentwickeltes Kampfinstrument, dem die Autorität des Vorgesetzten das Gewissen ersetzt« (Edgar Wettstein), doch läßt es sich der Autor nicht nehmen, seinen Helden zuweilen seine krude Gewalt-Philosophie selbst formulieren zu lassen, um so eine zugrunde liegende freie Entscheidung anzudeuten. So heißt es am Ende des ersten Bond-Romans: »Es war sehr viel sicherer, weiter anzugreifen, als sich zurückzuziehen. Greife den Feind an, und du entgehst der Kugel. Ziehe dich zurück, weiche aus oder betrüge, und die Kugel wird dich bestimmt nicht verfehlen . . .«

Daß diese Ideologie der »Vorwärtsverteidigung« noch durchaus virulent ist, beweist der Erfolg von Flemings Büchern: die fünfzehn Bond-Romane erreichten in Buch- und Taschenbuchausgaben eine Weltauflage von 50 Millionen Exemplaren. Allein in Deutschland brachten vier führende Illustrierte sieben der Romane in Fortsetzungen, und von Herrenbekleidung über Kosmetik, Sportgeräte und Alkohol bis zu Kinderspielzeug steigerte die Industrie ihren Absatz durch den werbewirksamen Verweis auf James Bond 007.

Wurde die ausgesprochene Ideologie der Romane in der Serie der James-Bond-Filme auch ein wenig zurückgenommen (es entfällt im *action*-Film vor allem das pseudophilosophische Schwadronieren der Protagonisten), so entsprachen die Filme doch vor allem in der Verherrlichung einer aggressiven Technik und der breiten Schilderung von Konsumdetails dem Geist Flemings. Nach »Dr. No« (James Bond 007 jagt Dr. No – 1962) und »From Russia with Love« (James Bond 007 – Liebesgrüße aus

Moskau – 1963) löste »Goldfinger« (1964) ein veritables Bond-Fieber aus. Diese Filme waren, ebenso wie der folgende »Thunderball« (James Bond 007 – Feuerball – 1965) unter der Regie von Terence Young mit dem »Bond wie aus dem Gesicht geschnittenen« (Werbetext) Darsteller Sean Connery in der Hauptrolle entstanden. Nach »You Only Live Twice« (Man lebt nur zweimal – 1966 – Regie: Lewis Gilbert) entschloß sich Connery, den Part nicht mehr zu spielen, und der Film »On Her Majesty's Secret Service« (James Bond 007 – Im Dienst Ihrer Majestät – 1969 – Regie: Peter Hunt) mit George Lazenby in der Hauptrolle wurde ein finanzielles Desaster. Unter der Regie von Guy Hamilton trat Connery dann noch einmal in »Diamonds Are Forever« (Diamantenfieber – 1971) als Bond in Aktion; 1973 kam der Film »Live and Let Die« mit dem neuen 007-Darsteller Roger Moore heraus. Während die ersten Filme der Serie (Terence Young hat an der Kreation des Bond-Mythos mindestens ebensoviel Anteil wie Fleming selbst) sich noch stark mit Flemings Obsessionen identifizierten und auch das Modell der Rassendiskriminierung unverändert übernahmen, tendierten die späteren mehr dazu, sich selbst zu parodieren und übernahmen schließlich, besonders deutlich in »Diamonds Are Forever«, sogar Elemente der *slapstick*- und Situationskomödie. Vielleicht aus diesem Grunde wirkten die ausgesprochenen Bond-Parodien »Casino Royale« (1966 – Regie bei diesem Episoden-Film führten John Huston, Ken Hughes, Joe McGrath, Robert Parrish und Val Guest) und »Bonditis« (1967 – Regie: Karl Suter) weniger überzeugend.

Versucht man die dem Erfolg des James-Bond-Mythos zugrunde liegenden Bedürfnisse des Publikums zu ergründen, so stößt man zunächst auf die Illusion von Freiheit und Mobilität, die sein Leben zu bestimmen scheinen. Bond darf, solange es nur im Dienste des Geheimdienstes geschieht, nahezu alles tun. Er darf die exotischen und teuren Plätze, die Spielcasinos, Luxushotels und exclusiven Restaurants besuchen, ist nie gebunden an einen Ort oder an eine Gruppe von Menschen, er darf, was er dem Ausnahmezustand seiner Mission verdankt, moralische und konventionelle Tabus durchbrechen, darf grausam gegen Männer sein und Frauen konsumieren, seinem Bewegungs- und Aktionsbedürfnis sind keine Grenzen gesetzt, und Geld spielt für ihn, zumindest solange er »im Einsatz« ist, keine Rolle. Er bewegt sich in einer Welt der Waren, in der alles käuflich ist: »Bond in jeder Pose, in jeder Situation und Haltung, wäre als Reklameeinlage einer großen Firma der Zigaretten-, Alkohol-,

Sean Connery als James Bond auf einem Romantitel © Glidrose/Scherz/United Artists

Sean Connery als James Bond in einer Kinowerbung © Glidrose/Scherz/United Artists

Tourismus-, Kleider- oder Gesichtswasserbranche denkbar« (Walter Hollstein). Die Gewalt, die James Bond ausübt, erhält den Charakter einer sportlichen Betätigung, die ihrerseits nach Warenwert gemessen wird, und die Selbstverwirklichung besteht darin, daß er sich gleichsam beim Konsumieren zusieht, Gewalt und Konsum als Ausdruck eines von der eigenen Person auf verdinglichte Machtmittel verschobenen Narzißmus. Gleichermaßen narzißtisch ist auch Bonds Verhältnis zu Frauen: die »rassigen« Frauen, die sich ihm anbieten, konsumiert er weniger als Sexualobjekt denn als Statussymbol, ihr genormter Sex wird eingehandelt als Tauschwert für seine »elegante Erscheinung«. Und wie das Bedürfnis nach Freiheit umgewandelt wird in die Freiheit des Konsums und der Wunsch nach sexueller Befriedigung in Form verschleierter Prostitution ausgelebt wird, so wird auch dem Bedürfnis der Meisterung der technischen Umwelt Rechnung getragen, indem es an die Bondschen Leistungskategorien fixiert wird. Daß Bond dabei die kleinen technischen Gebrauchsgegenstände mit derselben lässigen Bedeutsamkeit handhabt wie die phantastischsten Vernichtungswaffen, das macht sein Verhalten modellhaft und für den Zuschauer nachvollziehbar. Im wahrsten Sinne des Wortes wird James Bond mit den Anforderungen einer an ihren eigenen Errungenschaften erstickenden Welt *spielend* fertig, doch es ist nicht das phantasievolle, kreative Spiel, es ist das Spiel einer Rolle. Als Träger von Eigenschaften (wie Markenzeichen, also als Werbeträger seiner selbst) realisiert sich der Typus Bond durch die Preisgabe seiner Person. Daß dieser Typ bereits anachronistisch geworden ist und daher nur noch in Form der Parodie konsumiert werden kann, das liegt einerseits daran, daß die politische Situation, die den »Helden der freien Welt« geboren hat, sich entscheidend geändert hat, und andrerseits daran, daß die Bedrohung durch die Technik (man denke nur an die Diskussionen über den Umweltschutz) zunehmend konkreter und faßbarer wird. Und schließlich ist uns der Konsum fast selbstverständlich geworden, und wir haben erfahren, daß er allein nicht das erhoffte Glück zu vermitteln in der Lage ist.

Anmerkungen

Edgar Wettstein: James Bond und seine Interpreten. In: »Film-Dienst« Nr. 10. Köln 1965. Walter Hollstein: Betrogene Sehnsucht. Das Menschenbild im deutschen Illustriertenroman. Münster o. J. (1969).

Literatur

Oreste del Buono/Umberto Eco (Hg.): Der Fall James Bond. 007 – ein Phänomen unserer Zeit. München 1966. Ian Fleming/Sean Connery/Georges Simenon/Raymond Chandler u. a.: Nur für Bond-Freunde. München 1965. John Pearson: James Bond – the authorized Biography of 007. New York 1973.

Konsalik

Heinz Günther Konsalik, deutscher Illustrierten- und Romanautor, geb. 1922, der

neben Arztromanen (»Dr. med. Erika Werner«, »Diagnose Krebs«) und Liebesromanen (»Viele Mütter heißen Anita«) vor allem reißerische, in Stil und Inhalt den → Landserheften verwandte Kriegsromane schreibt. Diese Romane, die den Höhepunkt an Beliebtheit in den fünfziger Jahren, also der Zeit des auch publizistisch betriebenen Kalten Krieges, erreichten, verbinden einen affektiven Antikommunismus mit rassistischer Diffamierung. Die Mittel, um diese Botschaft an den Leser zu bringen, sind sentimentale in die Kriegshandlung eingeflochtene Liebesgeschichten (der Krieg als Schicksal, welches die menschlichen Beziehungen »vertieft«) und ein ritualisierter Sadismus, der die Grausamkeit der Kampfhandlungen zu einem grandiosen Schauspiel erhebt und den Gegner dämonisiert. Die Methode Konsaliks, den gegnerischen Soldaten (und zwar ausschließlich den russischen) als blutrünstige Bestie darzustellen, um somit im Nachhinein den Krieg zu rechtfertigen, läßt sich am besten an einem Beispiel zeigen: »Durch die Nacht gellte der Schrei der Sowjets. (sic!) ›Germanskij! Urrä!‹ In den russischen Linien wurde es lebendig. Leuchtkugeln zischten empor und tauchten das ganze Vorfeld in übergrelles, gleißendes Licht. Der Gefreite Lönne robbte auf den Rand der Bodenschwelle und bestrich mit seinem MG 42 den Grabenrand der sowjetischen Linie. Leskau duckte sich, als einer der Russen ihn ansprang. Er sah ein Messer in der Hand, ein verzerrtes, mongolisches (!) Gesicht schnellte auf ihn zu . . . ›Pjoß‹, hörte er (Hund!). Eine helle, fast kindliche Stimme. Sie kam aus dem gelben Gesicht wie ein dünner Schrei. Leskau hob die Hand. Er sah keinen anderen Weg. In das breite asiatische Gesicht hinein schoß er mit seiner 08. Ein dunkler Fleck entstand über der Nasenwurzel . . . die geschlitzten Augen sahen ihn fast erstaunt an, der rechte Arm zuckte empor und warf noch im Niederfallen das Messer auf Leskau.« Gerade in diesem letzten Satz erweist sich die inhumane Gesinnung Konsaliks; etwaiges Mitleid des Lesers mit dem getöteten Feind wird unterbunden durch den Hinweis auf die instinktive, tierhafte Grausamkeit des Gegners, der selbst im Sterben noch seine wie einprogrammierte Tötungsabsicht verwirklichen will. Die unterschwellige Kriegshetze wird kaschiert durch eine oberflächliche, schicksalsergebene Anti-Kriegs-Haltung: der Krieg ist »ein Fluch Gottes« (und es steht also nicht in unsrer Macht, etwas gegen ihn zu unternehmen). An andrer Stelle aber drückt Konsalik sehr deutlich seine dem Geist des Nationalsozialismus nicht eben widersprechende Einstellung aus: »Der Krieg ist ein Ausscheidungsprozeß der Völker.«
Klaus Ziermann teilt mit, daß sich hinter dem Pseudonym H. G. Konsalik in Wahrheit drei Autoren verbergen (Benno von Marroth, Heinz Günther und Günther Hein); dies würde bei der Vielzahl der Romane Konsaliks zwar nicht verwundern, ist aber nicht zu belegen. Einige der Kriegsromane von Konsalik wurden in den fünfziger Jahren verfilmt, so »Der Arzt von Stalingrad« (1958 – Regie: Geza von Radvanyi) und »Strafbataillon 999« (1960 – Regie: Harald Philipp).

Anmerkung

Klaus Ziermann: Romane vom Fließband. Berlin (DDR) 1969.

Kriegscomics

Nachdem die machtpolitischen und diktatorischen Absichten des Hitler-Regimes auch in Amerika deutlich wurden, beschäftigten sich nicht nur die *action*-Helden des Films, sondern auch die Heroen der *Comic Strips* ausgiebig mit dem zu erwartenden Gegner. Insbesondere jene Figuren, die in ihrer Anlage bereits halbmilitärische (Testpiloten, bestallte Wissenschaftler) oder paramilitärische (Geheimagenten, sogar simple Detektive wie Dick Tracy) Züge aufwiesen, bekämpften in ihren Streifen Deutschland und Japan lange bevor auch von den Politikern der Kriegseintritt Amerikas gefordert wurde. Als 1941 die Kriegserklärung erfolgt war, eilten nicht nur zahlreiche bis dahin zur Gänze unmilitärische Helden zu den Fahnen (der Boxer Joe Palooka, der Detektiv Charlie Chan, sogar → Tarzan zerstörte in seinem Dschungel eine deutsche Basis). Auch der G. I. wurde zum Helden zahlreicher *strips*, wobei sich vor allem die heroischen Einzelkämpfer der Air Force, Buzz Sawyer und Johnny Hazard großer Popularität erfreuen.

Auch in den *Comic Books* tobte der Krieg, obwohl bei den Soldaten selbst, begreiflicherweise, die humoristischen Streifen (vgl. *Komik* → Kommißcomics) beliebter waren. Im Verlauf des Krieges und vor allem in den Jahren danach machte sich in den Kriegscomics ein eigentümlicher Wandel bemerkbar: Zum einen wurde nach und nach der heldenhafte Einzelkämpfer durch eine Gruppe von Spezialisten ersetzt, die, in ihrem Auftreten eher unmilitärisch, besondere Aufgaben zu lösen hatten. Da diesen Spezialistentrupps meist ebensokleine Gruppen gegenüberstehen (»Baron Strukker and his Blitzsquad«) »wird der Krieg zum Gesellschaftsspiel von Spezialisten verharmlost« (Reitberger/Fuchs). Zum andern boten die Kriegscomics immer mehr Gelegenheit, gesellschaftliche Konflikte, insbesondere den der Rassenintegration, darzustellen; lange bevor die Marvel Comics eigene Negerhelden auftreten ließen, kämpften in den *war comics* Schwarze und Rote Seite an Seite mit den weißen Soldaten. Grundschema vieler *stories* ist dabei die Bekehrung eines weißen Rassisten durch die Heldentaten und die Opferbereitschaft eines Farbigen. Die berühmtesten dieser Kampftruppen, »Sgt. Fury and his Howling Commandos« (Marvel) und »Sergeant Rock of Easy Company« (DC) setzen sich aus Angehörigen aller ethnischen Minoritäten, vom dickköpfigen Iren bis zum lebenslustigen Italiener, zusammen. In »Sergeant Fury« kämpft sogar ein Deutscher, Eric Koenig, zusammen mit den »Howling Commandos« gegen die Nazis – immerhin ein Ansatz, ein apodiktisches Feindbild zu relativieren. In der Serie »Enemy Ace« von Joe Kubert (DC) ist ein Deutscher, »Rittmeister von Hammer« (dem Baron von Richthofen nachempfunden), der Held. Bei aller Militanz und der Verharmlosung des Krieges zur unterhaltenden *action* sind die amerikanischen Kriegscomics, jedenfalls die der großen Verlage DC und Marvel, viel weniger kriegshetzerischer Natur als beispielsweise die englischen und italienischen Comics oder die deutschen → Landserhefte. Der Krieg selbst hat in diesen Comics die – natürlich nicht unproblematische – Tendenz, aus dem Blickwinkel zu verschwinden, und, da es sich bei den Helden fast ausschließlich um Freiwillige handelt, als Feld für das Abenteuer zu erscheinen.

Daß der Krieg in den *Comic Books* mit dem wirklichen Krieg nur wenig gemein hat und daß dies auch gar nicht gewünscht wird, das zeigt beispielsweise die Reaktion auf eine Serie, die die Handlung im Vietnamkrieg ansiedelte: Die Zahl der negativen überwog die Zahl der positiven Zuschriften. Eine andere Serie, die nach dem Bestseller von Robin Moore und dem Film von John Wayne (→ Kriegsfilme) entstanden war, »Tales of the Green Berets« mußte bald wieder eingestellt werden.

In Deutschland gibt es derzeit, soweit zu beobachten ist, keine ausgesprochenen Kriegscomics, wohl aber Serien, die im Militärmilieu spielen; hier sind es besonders die Düsenjägerpiloten Rex Danny (Bastei), Dan Cooper und Mick Tangy (Zack), die ihr Publikum begeistern. Daß die amerikanischen *war comics* sich der Dämonisierung des Gegners enthalten (auch der Antikommunismus, obwohl gelegentlich aufscheinend, erreicht nicht solche Ausmaße wie in der westdeutschen Unterhaltungsliteratur) und den Krieg nicht als naturgegebene Notwendigkeit, sondern vom Menschen verschuldete Katastrophe darstellen (Joe Kubert: »Im Krieg sind letzten Endes beide Seiten die Verlierer«), das

Szene aus der Marvel-Serie »Sergeant Fury and his Howling Commandos« von Stan Lee (Text) und Marie Severin (Zeichnungen) © Marvel Comics

liegt einerseits am traditionell »zivilen« Welt- und Menschheitsbild der Amerikaner (in den Kriegscomics ist der Soldat niemals allein durch seine Stellung in der Hierarchie des Befehls gerechtfertigt, sondern muß seine Taten immer individuell vor sich und seiner Umwelt verantworten), es ist andererseits aber auch ein Zeichen dafür, daß sich große Teile der Comic-Industrie ihrer moralischen Verantwortung bewußt geworden sind und einen Kompromiß zwischen Unterhaltung und pädagogischem Auftrag suchen.

Anmerkung

Reinhold Reitberger/Wolfgang J. Fuchs: Comics – Anatomie eines Massenmediums. Reinbek 1973.

Kriegsfilme

Den ersten Höhepunkt erreichte das Angebot an Kriegsfilmen in der Bundesrepublik zwischen 1954 und 1963. In dieser Zeit liefen insgesamt 985 Kriegsfilme, das sind 14 % des gesamten Filmangebots in diesem Zeitraum. Zwar hat sich diese Zahl spürbar verringert und die Welle der Kriegsfilme ebbte zu Beginn der sechziger Jahre ab, doch gehört der Kriegsfilm auch heute noch zu den beliebtesten Genres des *action*-Films. In jüngerer Zeit sind es vor allem die halbdokumentarischen, mit riesigem Aufwand gedrehten Filme wie »Tora! Tora! Tora!« (1970 – Regie: u. a. Richard Fleischer), die das Publikum erreichen.

Kriegsfilme können dreierlei Funktionen erfüllen: Zum einen können sie reines *action*-Kino, »körperliches Kino« wie es Bertrand Travernier nennt, sein. »Bei den Kriegs-Action-Filmen von Vidor (›The Big Parade‹ – 1925), Walsh (›Battle Cry‹ – 1955), Fuller (›Merrill's Marauders‹ – 1962) stellt sich die Frage nicht mehr, ob diese Filme für oder gegen den Krieg sind« (Ulrich Kurowski). Sie zeigen den Menschen in Situationen extremer physischer und psychischer Belastung und taugen, da der leidende Mensch im Mittelpunkt steht, kaum zu einer Verherrlichung des Krieges. Anders verhält es sich mit jenen Kriegsfilmen, die eine politische Botschaft transportieren wollen. In reaktionär-militaristischen Kriegsfilmen wie John Waynes (vgl. *Western*) »The Green Berets« (1968) geht die Dämonisierung des Gegners (hier der Vietcong) einher mit einer sentimentalen Verklärung der eigenen Heldentaten. Der Krieg wird hier nicht als eine Erfahrung des Leidens, sondern als notwendige, von vager Ideologie gerechtfertigte Selbstbestätigung des Mannes gesehen. Andrerseits haben sich einige Kriegsfilme auch kritisch mit der Haltung der Militärs und der Politiker auseinandergesetzt und, in verdeckter Form (Geschehnisse der Gegenwart werden in die Historie verlagert) konkrete Fälle aufgegriffen. Eines der bekanntesten Beispiele dafür ist »The Sand Pebbles« (Kanonenboot am Jangtse-Kiang – 1966 – Regie: Robert Wise), die Handlung ist zwar in den chinesischen Bürgerkrieg verlagert, doch die Parallelität zum Geschehen des Vietnamkrieges ist unverkennbar. Allerdings leiden diese engagiert-kritischen Filme zum einen unter der Notwendigkeit, ihre Botschaft stark zu verschleiern (aus

»The Night of the Generals« (Die Nacht der Generale) von Anatole Litvak (1966)
Verleih: Fox-MGM

diesem Grunde wird die Kritik am Vietnamkrieg oft auch in anderen Filmgattungen angesiedelt), zum anderen unter dem Zwang, in erster Linie Unterhaltung zu vermitteln; die Kritik bleibt zumeist dementsprechend vage und wird unter *action* und schönen Bildern verdeckt. Und: »Ein Antikriegsfilm ist deswegen schon unmöglich, weil der Anspruch, dieses zu sein, die stille Legitimierung eines jeden kriegerischen Filmes ist« (Michael Radtke). So kann sich letztlich sowohl ein Machwerk wie »The Green Berets« ebenso als Antikriegsfilm bezeichnen (»Eben weil der Krieg so unmenschlich ist, müssen wir ihn, durch verstärkten Einsatz unsrer überlegenen Waffen, verkürzen« – Filmzitat) als auch ein so bemühter Streifen wie »Beach Red« (Blutiger Strand – 1966 – Regie: Cornel Wilde), der zwar versucht, den Krieg als ein unsinniges, den Menschen auch in den Überlebenden vernichtendes Gemetzel zu entlarven, dem die Darstellung dieser Greuel aber so plakativ gerät, daß die intendierte Wirkung verlorengeht.

Anmerkungen

Ulrich Kurowski: Lexikon Film. München 1972. Michael Radtke: Irrwitzige Schlachten. In: »Fernsehen und Film« Nr. 5. Velber 1971.

Literatur

Joseph Daniel: Guerre et cinéma. Grandes illusions et petits soldats, 1895–1971. Paris 1972. Manfred Delling: Sex ab achtzehn – Krieg ab sechs. In: »Deutsches Panorama« Nr. 6. Hamburg 1966. Clyde Jeavons: A Pictorial History of War Films. London 1974. Ken D. Jones/Arthur McClure: The American Motion Picture and World War II. New York/London 1973. Werner Jungeblodt: Kriegsfilme – noch und noch. Rot-

»La Battaglia di el Alamein« (Königstiger vor El Alamein von André de Toth (1968) Verleih: Avis

tenburg 1960. Roger Manvell: Films and the Second World War. New York 1976. Joe Morella/E. Z. Epstein/John Griggs: The Films of World War II. Secaucus 1975. Julian Smith: Look Away, Look Away, Look Away, Movieland. Vietnam is Hard to See from Hollywood and Vine. In: »The Journal of the Popular Film« No. 1. Vol. 2. Bowling Green, Ohio 1973. Julian Smith: Looking Away. Hollywood And Vietnam. New York 1975.

Kung Fu-Filme

Seit im Jahre 1972 die ersten Filme aus den Studios der Brüder Shaw in Hongkong ins westliche Ausland exportiert wurden (»Das Schwert des gelben Tigers«) und einen fulminanten Erfolg erzielten, wuchs die Flut der oft sehr schnell und ohne großen Aufwand gestalteten Filme, die die Kritiker zunächst vorwiegend wegen ihrer überstarken Grausamkeit beschäftigten. Es geht in diesen Filmen zum größten Teil um den Kampf eines äußerst geschickten Einzelkämpfers gegen eine unglaubliche Überzahl von Feinden. Die Kampfszenen, die den eigentlichen Inhalt der Filme ausmachen, hinter denen die Entwicklung einer Story meist zurücktritt, bestechen vor allem durch die akrobatischen Leistungen der Darsteller und durch oft recht gekonnte Filmtricks; die Gewalt erscheint hier so zu einer Art Ballett stilisiert, das sich nach festgelegten Regeln und ohne Bezug zu einer realistischen Darstellung vollzieht. Solche Regeln bestimmen meist die fernöstlichen Kampfarten, neben dem Schwertkampf vor allem Kung Fu, Judo, Karate, Thai-Boxen, Taekwon-do etc. Der Bezug dieser Kampfarten zu religiösen Vorgängen bleibt dem westlichen Besucher dabei allerdings meist verschlossen. Die Handlung der chinesischen *action*-Filme ist in der mittelalterlichen Geschichte angesiedelt (besonders beliebt sind Auseinandersetzungen rivalisierender Kampf-Schulen), einige Filme aber spielen auch in der Gegenwart und verbinden ritualisierte Kampfszenen mit einer kriminalistischen Handlung. Die Feindgestalten des chinesi-

David Chiang und Ti Lung in »Die Blutsbrüder des Gelben Drachen« von Chang Cheh (1973) Verleih: Avis

schen *action*-Filmes geben zumeist die Japaner ab; in der absoluten Schwarz-Weiß-Malerei machen sich dabei offen rassistische und diffamierende Tendenzen bemerkbar.

Literatur
Barbara Bronnen: Der Schock aus dem Osten. In: »Der Stern« Nr. 21. Hamburg 1973. Felix Dennis/Don Atyeo: Bruce Lee. King of Kung-Fu. London 1974. Eckart Dietze: Eastern für den Staatsanwalt. In: »das da« Nr. 6. Hamburg 1974. B. P. Flanigan: Kung Fu Krazy, or The Invasion of the »Chop Suey Easterns«. In: »Cinéaste« No. 3 Vol. 6. New York 1974. Verina Glaessner: Kung Fu. Cinema of Vengeance. London 1974. Rolf-Rüdiger Hamacher: China-Action made in Hongkong. In: »Zoom/Filmberater« Nr. 11. Bern/Zürich 1973.

Landserhefte

Das Genre der trivialen Kriegsromane, das sich insbesondere in den fünfziger Jahren großer Beliebtheit erfreute, verbindet die Strukturen der Aktionsliteratur mit von Autor zu Autor und Heftreihe zu Heftreihe unterschiedlich starker Propaganda für die kriegerische Auseinandersetzung. Diese erreicht es vor allem durch die historisch in dieser Form nicht gerechtfertigte Trennung von Politik und Militär. Während die Politiker gewissenlos die Nation ins Verderben hetzen, sind die Militärs, allen voran die Berufssoldaten – Treue und Ehre verpflichtet – einer international gleichförmigen Kaste der Krieger zugehörig. Sie sind einem Moralkodex des »anständigen« Tötens verhaftet und erleben den Krieg als Form der Selbstverwirklichung. Das oft zitierte »soldatische Gewissen« erweist sich hierbei als nichts anderes als die Pflicht zum bedingungslosen Gehorsam. Die Stellung des Soldaten in der Hierarchie des Befehls, die dazu angetan ist, Menschen mit einem schwachen Ego eine trügerische Sicherheit zu vermitteln, wird als das Ideal menschlich-gesellschaftlicher Organisation ausgegeben, das erreicht werden kann durch die totale Absonderung von jeder den Werten der *peer group* widersprechenden Kommu-

Mehr als zwei Drittel aller Landserhefte behandeln die Kämpfe an der Ostfront
© Pabel Verlag

nikationsform. Das »Soldatische« kann somit auch nicht durch die Verbrechen, die natürlich immer nur von den zivilen Politikern ausgehen, in Frage gestellt werden. »Der Trivialkriegsroman ist von allen politischen Fragen (Kommunismus, Nationalsozialismus etc.) entleert. Hier sind ›Nur-Soldaten‹ die handelnden Personen« (Walter Nutz). Die Spannung der Hefte wird vornehmlich aus der oberflächlichen Kampfhandlung entwickelt, während das für den Trivialroman unerläßliche *happy end* aus dem politischen und militärischen Bereich auf die in die Handlung verwobene Liebesgeschichte verlagert wird. Auffallend ist (und vielleicht ein Beweis dafür, daß diese Hefte bestimmte Kompensationsfunktionen haben), daß die Handlung, die als Identifikationsfigur immer einen einfachen Soldaten und parallel dazu einen Offizier aufzeigt, fast ausschließlich im Zweiten Weltkrieg stattfindet. (In den Heften des Moewig-Verlages, »Soldatengeschichten« und »Fliegergeschichten«, die im Mai 1964 »wegen Auflagenschwundes« eingestellt wurden, fanden sich gelegentlich Geschichten aus dem Ersten Weltkrieg; die eine oder andre berichtete sogar von den »Kolonialkriegen« [!]. Die im Pabel-Verlag erscheinende Serie »Der Landser« beschränkt sich ausschließlich auf den Zweiten Weltkrieg.)

Der deutsche Landser wird in diesen Heften als zuverlässig und treu gegenüber Heimat und Vaterland dargestellt, und diese Tugenden allein rechtfertigen die Tatsache, daß er (»Schnauze, Müller! Ein Soldat tut, was ihm befohlen wird. Und die in Berlin stehen eines Tages genauso vor ihrem Herrgott wie wir.«) seine Zweifel niederkämpft und »im Glied« auch unmenschliche Befehle ausführt, ungeachtet dessen, daß er nicht als Verteidiger, sondern als Werkzeug einer aggressiven Großmachtpolitik antritt. Der Landser wird auch nicht, wie es vielleicht angemessener wäre, als Opfer, als Betrogener, der seine Ideale mißbraucht sieht, gekennzeichnet, es findet sich immer eine Rechtfertigung, und sei es die, daß es »Kriege schon immer gegeben hat« und sie »die Speichen im Rad der Geschichte« seien.

Wie alle Sparten der aktionsbetonten Heftromane (Western, Science Fiction, Kriminal- und Agentenromane) verwendet das Landserheft eine standardisierte Pseudo-Fachsprache, die den Leser in den Kosmos der dargestellten Beziehungen einbezieht; der Landser*slang*, der sich nach den oberen Dienstgraden hin natürlich abschwächt, hat die Funktion, eine Authentizität herzustellen, die Einverständnis und Kenntnis des Lesers scheinbar voraussetzt, in Wahrheit aber erst schafft. Die todbringenden Waffen, die mit liebevollen, beinahe erotischen Attributen ausgestattet (»die alte treue Ju 52«, die »unverwüstliche P 4« oder einfach »unser MG 34«) und so nachgerade vermenschlicht werden, sind die Werkzeuge des als Handwerk und moralische Verpflichtung gleichermaßen begriffenen Krieges. Der deutsche Landser war, den Heften zufolge, »mit ganzem Herzen dabei«. Daß es dabei nur um die »Kriegserlebnisse des ›einfachen‹ deutschen Soldaten« geht, ist ein Trick, nicht nur die Kriegsschuldfrage, sondern auch die Fragen nach Sinn und Ursache bewaffneter Auseinandersetzungen und die Entscheidung des einzelnen zu umgehen. Zwar kann natürlich nicht geleugnet werden, daß der deutsche Landser als Individuum nicht Schuld an den Verbrechen des Nationalsozialismus trägt, doch was letztendlich verherrlicht wird, ist nicht der Mensch, sondern das ist der Krieg selbst, der immer wieder durch die »soldatische Berufung« von Individuen neue Befürworter erhält.

Die Schreibweise der Landserhefte, in den Reklametexten als »realistisch« ausgewiesen, verklärt die Kampfhandlungen zu ästhetischen Schauspielen. Technik und Gewalt des Krieges werden in einer Sprache beschrieben, die einer Vulgarisierung von Ernst Jüngers kriegsverherrlichenden Schriften gleichkommt. »Weil es sich um authentische Darstellung« des Krieges handelt, so hieß es 1966/67 in einer Ankündigung des Pabel-Verlages, werde die Serie »ebenso von Landsknechtsnaturen (!)« wie von »überzeugten Kriegsgegnern begeistert (!)« gelesen. Natürlich befriedigen diese Romane in erster Linie das Unterhaltungsbedürfnis ihrer Leser durch oberflächliche Spannung und Aktion, und für die implizierte Kriegspropaganda mag nur anfällig sein, wer auf Grund andrer Faktoren bereits eine gewisse Empfänglichkeit ausgebildet hat, dennoch liegt in der betont schicksalhaften Geschichtsauffassung, die eine Einsicht in die Mechanismen von Politik und Gesellschaft nicht nur verhindert, sondern sogar als moralisch verwerflich hinstellt, eine nicht zu unterschätzende Gefahr.

Anmerkung
Walter Nutz: Der Trivialroman. Opladen/Köln 1962.
Literatur
Mario Angelo: Kill for Peace. Über eine Romanreihe zur Geschichte des II. Weltkrieges. In: »Spontan« Nr. 11. Hamburg 1974. Klaus F. Geiger: Kriegsromanhefte in der BRD. Tübingen 1974. Hans Koch (Hg.): Gift in bunten Heften. Ein Münchner Zeitungskiosk als Spiegel des westdeutschen Kulturverfalls. Berlin (DDR) 1960. Dieter Kühn: Den Panzerring vor dem Kopf. Ein Landser-Heft unter die Lupe genommen. In: »Die Zeit« Nr. 41. Hamburg 1974.

London
Jack London (John Griffith), amerikanischer Schriftsteller, 1876–1916, der in armseligen Verhältnissen groß wurde und als Landstreicher den amerikanischen Kontinent durchstreifte. Nachdem er eine Zeit zur See gefahren war und während des großen Goldrausches am Klondyke sein Glück versucht hatte, wurde er Korrespondent im Russisch-Japanischen Krieg. In seinen zahlreichen Abenteuerromanen nahm er immer wieder Bezug auf selbst Erlebtes und kleidete insbesondere seine Erfahrungen als Arbeiter in eine anschauliche, für die Ausgebeuteten Partei ergreifende Schilderung des grausamen Existenzkampfes. Berühmt geworden sind vor allen Dingen seine Tiergeschichten, etwa »The Call of the Wild« (Der Ruf der Wildnis, 1903) und »White Fang« (Wolfsblut, 1906), seine Seeromane, vor allem »The Sea Wolf« (Der Seewolf, 1904), und seine »South Sea Tales« (Südseegeschichten, 1911). Der Autor, zu dessen weltanschaulichen Vorbildern Darwin, Nietzsche und Marx gehörten und der 1916 die sozialistische Partei verließ, versuchte in dem phantastischen Roman »The Iron Heel« (1907) das Bild einer kommenden Diktatur zu zeichnen, die sehr viele Ähnlichkeiten mit dem Faschismus aufweist. Die Helden in Londons Romanen tragen zumeist Charakteristika von »Übermenschen«, durch alle Gefahren hindurch meistern sie ihr Leben und werden den anderen zum Vorbild und zu Führern. Kollektives Handeln, das gemeinsame Bestehen einer gefährlichen Situation, ist nur möglich durch die Autorität eines »überlebensgroßen« Helden, dem eine uneingeschränkte Führerschaft übertragen wird. Dies und ein gewisser Hang zur Übersteigerung »sensationeller« Momente läßt Londons humanistische, aufklärerische Tendenzen oft etwas in den Hintergrund treten.

Mafia
Das Wort *mafia*, sizilianisch für »gut angezogen«, »geschmackvoll«, war gebräuchlich für die »ehrenwerte Gesellschaft«, die sich in Sizilien als Schutzorganisation der unteren Schichten gegen die Ausbeutung durch den Landadel bereits im 17. Jahrhundert gebildet hatte, sich aber bald mit der herrschenden Klasse verbündete und besonders im 19. Jahrhundert große Macht besaß. Von Mussolini zeitweise entmachtet, faßte die Mafia bald in Amerika Fuß, denn die italienischen Einwanderer waren tatsächlich schutzbedürftig. Doch auch hier wurde sie, unter Namen wie »La Cosa Nostra« (Unsere Sache), »The Black Hand« (Die schwarze Hand) oder »The Syndicate« bald die Gefahr, vor der sie zu schützen vorgab. Seit 1900 dominiert die Mafia das organisierte Verbrechen in den USA und kontrolliert vor allem Spielbanken, Rauschgifthandel und Schmuggel, aber auch das Transport- und Immobiliengeschäft und schließlich sogar einige der mächtigsten Gewerkschaften. Auch in Italien, wo sich die Mafia nach dem Zweiten Weltkrieg erneut konsolidierte und durch das aktive Eingreifen in den Kampf Siziliens um politische Autonomie sich mit der Politik verband, ist die »ehrenwerte Gesellschaft« mittlerweile zum Konzern geworden, der durch seine Verknüpfung mit Wirtschaft und Politik nahezu unangreifbar geworden ist: »In Italien, vor allem in Sizilien, ist die Mafia so politisch geworden, und die Politik hat sich so sehr der Mafia

angepaßt, daß Prozesse und Verhaftungen hier nichts mehr bewirken können« (Claudia Marski). Daß der blutige Bandenkrieg jedoch nicht ganz der Vergangenheit angehört, die Maschinengewehre nicht für immer mit Diplomatenkoffern vertauscht sind, das zeigte sich, als 1971 Joe Colombo, der mit vierzig Jahren das jüngste »Familienoberhaupt« der Mafia in den USA war, auf offener Straße niedergeschossen wurde und im selben Jahr der italienische Generalstaatsanwalt Pietro Scaglione, dessen Beziehungen zur Mafia nie ganz geklärt wurden, durch eine Maschinengewehrsalve ums Leben kam.

Die politischen Verflechtungen der Mafia wurden in der Unterhaltungsindustrie weitgehend ausgeklammert und durch die Betonung der mythischen *topoi* Ehrenkodex, Tradition und Familie ersetzt, die in der Tat dazu angetan sind, das Unbehagen an der Gesellschaft mit der unterschwelligen Bestätigung des Bestehenden zu verbinden: In der Geheimbundmythologie und der Illegalität der Mafia spiegelt sich der Wunsch, der Gesellschaft den Rücken zu kehren, sie gar – mit den eigenen Mitteln, versteht sich – zu bekämpfen. In der fast sentimentalen Schilderung der Familientreue und der unabdingbaren Unterwerfung unter die von ihr geschaffene Hierarchie wird die Sehnsucht nach dem funktionierenden Familienverband, der ungebrochenen Autorität spürbar.

Der erfolgreichste aller Mafia-Filme (und gleichzeitig der erfolgreichste Film aller Zeiten bis zum Erscheinen von »Jaws« – Der weiße Hai – 1975 – Regie: Stephen Spielberg) ist der von Francis Ford Coppola nach einem Roman von Mario Puzo inszenierte »The Godfather« (Der Pate – 1972). Die moralische Ambivalenz, von der die *story* getragen wird, nach außen hin ein bannender Blick auf das Böse, im innersten aber die Bejahung archaischer Gewalt im Dienste von Familie und Besitz, entspricht der Faszination, die in einer die gesellschaftlichen Beziehungen atomisierenden Industriegesellschaft von jeder intakten Gemeinschaft ausgeht, auch wenn diese sich nur über das Mittel der Gewalt oder des Verbrechens halten kann.

Rolv Heuer schildert die Handlung von »The Godfather« so: »Don Corleone ist der Böse. Godfather seiner Mafia-Familie, Belohner und Bestrafer: Den Profit, den er zieht, nennt er Liebe, die er gibt. Er hilft allen so uneigennützig, daß er einer der reichsten Männer New Yorks ist. Marlon Brando spielt die Rolle wie ein alter Gott, weise wirkend, als hätte ihm der Zynismus dessen Gegenteil befruchtet. Der Unterweltskönig hat drei Söhne: Freddy ist ein Frauenmann mit unkatholischem Mädchenverbrauch: kleines Format. Sonny eher animalisch, Jähzorn zügelt seinen Intellekt. Michael aber hält Distanz zur Familie, wird Kriegsheld, mäht Gegner und erntet Orden, später vielleicht Senator, unkriminell. Der Don überlebt das Attentat nur knapp, aber er ist nicht mehr aktionsfähig, Sonny übernimmt die Clangeschäfte. Sein Jähzorn aber bringt ihn zu Fall, Mike übernimmt die Geschäfte, wird vom Don angelernt und führt die Familie erneut zum Sieg. Während Mike für seine Schwester den Paten gibt, läßt er alle feindlichen Bosse killen, einschließlich seines Schwagers, dessen Kind er tauft.« Mike wird der neue *Godfather*; diese Bluttat wird zu seiner Initiation. Die Familie ist hier das Alibi und die Rechtfertigung der Grausamkeit; Menschlichkeit, die sich in der Geborgenheit in der Familie herstellen läßt, ist nur möglich durch die Unmenschlichkeit allen anderen gegenüber.

Wie die klassischen amerikanischen Gangsterfilme schildern auch die inzwischen zahlreichen Mafia-Filme den Berufsverbrecher als tragischen Helden, und wie diese sind sie bemüht, im organisierten Verbrechen eine Spiegelung der korrupten und gewalttätigen Gesellschaft zu zeigen. Und wie in den Filmen mit Humphrey Bogart, James Cagney und Edward G. Robinson (vgl. *Crime*) nehmen Gewalt und Bosheit eine gleichnishafte Form an, die über die Kriterien von Unrecht und Verbrechen hinausgeht und auf »das Böse« an sich, als Teil eines auf falsche Hoffnungen verzichtenden Menschenbildes, verweist. So haben im kulturpsychologischen Sinn diese Filme mehr mit der vielberedeten Nostalgie zu tun als mancher bemüht nostalgische Ausstattungsfilm, der sich allein in der Beschwörung des Vergangenen gefällt. Das ebenso romantische wie resignative Weltbild, das die Grundlage dieses neuen Genres bildet, läßt spekulative Machwerke ebenso zu wie die sensible Erfassung des Zeitgeistes.

Anmerkungen

Claudia Marski: Die Mafia. In: »Konkret« Nr. 16. Hamburg 1972. Rolv Heuer: Marlon, Mafia und Moneten. In: »Konkret« Nr. 19. Hamburg 1972.

Literatur

Edward J. Allen: Merchants of Menace – the Mafia. Springfield, Ill. 1962. Peter O. Chotjewitz: Malavita. Köln 1973. Fred J. Cook: The Secret Rulers. Criminal Syndicates and How They Control the US Underworld. New York 1966. Francis A. J. Ianni: A Family Business. London 1972. Norman Lewis: Die ehrenwerte Gesellschaft. Düsseldorf/Wien 1965. Klaus Polkehn/Horst Szeponik: Wer nicht schweigt muß sterben. Ein Tatsachenbericht über die Mafia. Berlin 1968. Ralph Salerno/John S. Tompkins: Das organisierte Verbrechen. Zürich/München 1972. Frederic Sondern: Bruderschaft des Bösen. Die Mafia in USA. Hagen 1962.

Mantel- und Degenfilme

Das Grundschema aller Mantel- und Degenfilme ist in den nach 1920 von und mit Douglas Fairbanks entstandenen Filmen angelegt: In »The Mark of Zorro« (1920), »The Three Musketeers« (1921, beide von Fred Niblo), »Robin Hood« (1922 – Regie: Allan Dwan), »The Thief of Bagdad« (1924 – Regie: Raoul Walsh) etc. ist Fairbanks ein junger Draufgänger, der mit Degen, Schwert oder Peitsche umzugehen weiß, das Herz aller Frauen durch seine unbekümmerte Männlichkeit gewinnt und im Abenteuer in erster Linie ein großes Vergnügen sieht. Insbesondere dieses komödiantische Element, das auch weiterhin zumindest für den besseren Mantel- und Degenfilm bestimmend ist, ermöglichte es dem Schauspieler und den Regisseuren, die bis dahin in Kostümfilmen übliche überzogene Melodramatik zugunsten einer an Bewegung und Turbulenz orientierten Inszenierung aufzugeben. Diese turbulente Aktion freilich, die in den Fairbanksfilmen gekoppelt war mit einer sinnlichen Qualität, mit Selbstironie und Seitenhieben auf verschiedene Zeiterscheinungen, verselbständigte sich später zusehends; vor allem in den italienischen Filmen wurden späterhin

Persiflage auf die billigen Mantel- und Degenfilme in der amerikanischen satirischen Zeitschrift »Mad« © E. C. Publishing

stuntmen und Trickspezialisten wichtiger als die Hauptdarsteller und die *stories*. Umgekehrt hatten sich die amerikanischen Nachfolger von Douglas Fairbanks, sein Sohn Douglas Fairbanks jr., Errol Flynn, Tyronne Power, Stewart Granger und Rock Hudson, an ein anderes Männlichkeitsideal, den »schönen Fremden« Rudolph Valentino, anzupassen, so daß in den Mantel- und Degenfilmen mit ihnen das komödiantische Element zurücktrat bzw. auf Nebenfiguren verlagert wurde. Während Regisseure wie Walsh, Curtiz (vgl. *Crime*), Thorpe, Ophüls und Clair in den fünfziger Jahren Meisterwerke innerhalb dieses Filmgenres lieferten, ist von der Produktion der letzten Jahre wohl nur ein Film als gelungen zu bezeichnen: »Cartouche« (Cartouche der Bandit – 1961 – Regie: Philippe de Broca), der Jean Paul Belmondo als gleichsam »kaputteres« Gegenbild zu Douglas Fairbanks präsentierte.

Literatur

Richard Schickel: Douglas Fairbanks. His Picture in the Papers. New York 1973. John C. Tibbets/ James M. Welsh: His Majesty the American. The Films of Douglas Fairbanks. Cranbury/London 1976. Tony Thomas: Cads and Cavaliers. The Film Adventurers. New York/London 1973.

May

Karl May, deutscher Schriftsteller (1842–1912), der vor allem durch seine im vorderen Orient und in Nordamerika angesiedelten abenteuerlichen Reiseromane bekannt wurde. May verbrachte seine Jugend in kümmerlichen Verhältnissen, saß insgesamt siebeneinhalb Jahre wegen Eigentums- und Betrugsdelikten im Gefängnis ein – in dieser Zeit entstanden seine ersten schriftstellerischen Versuche – und litt auch, nachdem er bereits ein angesehener und begüterter Mann war, unter dem Trauma seiner Armut. Er begann mit erzgebirgischen Dorfgeschichten, war dann der anonyme Verfasser zahlreicher in mehreren Lieferungen erscheinender Kolportageromane und wurde seit 1874 schnell berühmt durch seine Ich-Erzählungen um den Westmann Old Shatterhand und den Orientreisenden Kara ben Nemsi. Der Verfasser, der sich selbst als ein »Lieblingskind der Not, der Sorge und des Kummers« bezeichnete, flüchtete sich in diesen Romanen in einen unrealistischen Gerechtigkeitsglauben, der sich, verbunden mit einer naiven christlichen Mystik, an der sentimentalen Heldenmoral festmachte, derer es bedurfte, um die Identifikation vollständig werden zu lassen. Karl May wollte nicht sein, wer er war, ein gescheiterter Lehrer und Kolportageschriftsteller; seine Identifikation mit seinem Helden ging soweit, daß er auf seine Visitenkarten drucken ließ »Karl May, gen. Old Shatterhand« und daß er selbst an seine Behauptung zu glauben begann, seine Romane basierten sämtlich auf selbsterleb-

Die traditionelle Gestaltung der Karl May Gesamtausgabe © Karl-May-Verlag

ten Geschehnissen. Als in einem Rechtsstreit um seine vom Verlag willkürlich geänderten Manuskripte 1898 auch die Authentizität seiner Werke zur Sprache kam, konnte er die Behauptung seiner Gegner, er habe sich nie selbst in den von ihm geschilderten Gebieten aufgehalten, nicht widerlegen. 1899–1900 unternahm er eine Reise nach Ägypten, Persien und Indien; erst 1908 besuchte er Nordamerika. Nachdem im Verlauf dieses Prozesses eine regelrechte »Karl-May-Hetze« stattfand, der Autor der »Jugendverderbnis« angeklagt wurde, versuchte er sich in einem autobiographischen Buch zu rechtfertigen: In »Mein Leben und Streben« (1910) erklärte er, das Ziel seiner literarischen Bemühungen sei es gewesen, in allegorischer Form zu zeigen, wie sich der Mensch »aus der Tiefe zur Höhe, vom niederen Sinnenmensch zum Edelmenschen« wandeln könne. Diese mystisch-pädagogische Absicht ist zwar in seinen späteren Romanen nicht zu verkennen, in seine frühe Kolportageliteratur aber hatte May derlei Zielsetzungen lediglich hineininterpretiert. In den Reiseromanen verkörpert Old Shatterhand bzw. Kara ben Nemsi den »beginnenden« Edelmenschen, während dessen vollendetes Ideal sich in Winnetou bzw. Mara Durimeh (bezeichnenderweise eine Frau) manifestiert. Das Grundschema aller Karl-May-Romane charakterisiert Hans Plischke so: »Stets tritt ein Schuft auf, der ein Verbrechen an anständigen Menschen verübt. Dies erstreckt sich gern auf Erbschaftsbetrug oder Verrat an einem Mädchen, das rein und hingebungsvoll liebt. Um einen spannungsvollen Ablauf des Geschehens zu erreichen, reiht sich Unrecht an Unrecht, Untat an Untat, Mord an Mord. Die Rettung kommt durch einen edlen Helden, der meistens ein Deutscher und Verkörperer eines engen Deutschbewußtseins ist. Er wird zum Werkzeug der strafenden, ewigen Gerechtigkeit, gefeit gegen alle Gefahren und Sünden, auch auf dem Bereich des Eros. Der Held ist Held in allen Dingen. Er

Titel einer Karl May-Paperbackausgabe. Das Foto zeigt eine Aufführung der Karl May-Festspiele in Bad Segeberg © Xenos Verlag

spricht alle Sprachen der Erde und deren Dialekte; er kennt aus eigenem Erleben die Sitten und Bräuche aller Stämme und versteht sie für seine guten Ziele auszunutzen; er ist der beste Schütze, der unfehlbar trifft, was er treffen will; er ist erfahren in den Künsten des Ring- und Faustkampfes, des Wettrennens, des Schwimmens, Wassertretens und Tauchens. Er ist auch ein Herr der List und Klugheit, der sofort alle Anschläge des Bösen durchschaut und dadurch abwendet. In ihm verkörpert sich jedwede Leistung und bewährtes, edles Menschentum. Der Held bringt, weil er edel ist, nicht die Sühne für den Verbrecher; sie kommt aus göttlicher Weltordnung, durch einen tödlichen Sturz in eine Schlucht, durch einen Wassereinbruch, durch einen selbst herbeigeführten Flammentod. Der Held schlägt den Gegner nur dann zu Boden, wenn es unerläßlich notwendig ist. Der in seiner Wirkung wohlberechnete Fausthieb tötet nicht, betäubt aber sicher. Der Held wird damit zum Verkörperer einer edlen Roheit, wie sie einem einfachen Gemüt entspringen könnte.« Dabei sind die Kunstmittel, die der Autor zur Erzeugung von Spannung verwendet, äußerst begrenzt: da ist zunächst das ständig wiederkehrende Motiv des Anschleichens und Belauschens – der Held erfährt immer soviel, wie er wissen muß, um einen Mordanschlag oder einen Überfall noch im letzten Moment zu vereiteln; da ist weiterhin die Gefangenenbefreiung – die Bösewichte schieben die Hinrichtung eines Gefangenen immer bis zu einer besonderen Gelegenheit (Vollmond, Feste etc.) auf und geben dem Helden so die Chance, vorher einzugreifen; und schließlich das Motiv der Umzingelung – Blutvergießen wird dadurch verhindert, daß man den Gegner umzingelt und ihn dadurch zur Aufgabe zwingt. Zusätzlich bevölkerte May seine Abenteuerwelt mit kauzigen, verrückt gekleideten Nebenfiguren, die zumeist aus Deutschland bzw. aus Sachsen, der engeren Heimat des Autors, stammen und durch Sprache und unalltägliche Angewohnheiten einen etwas puerilen Humor in die Handlung einbringen.

Karl May, den Ernst Bloch »einen verwirrten Proleten« genannt hat, sah in der individuellen, »abenteuerlichen« Bewegungsfreiheit die einzige Möglichkeit, sich über die Unmöglichkeit des sozialen Aufstiegs hinwegzutrösten, nachdem »die Entwicklung und Verschärfung des Klassenkampfes diese Ideologie des bürgerlichen Emporkömmlings als apologetische Verschleierung des kapitalistischen Privateigentums manifest gemacht hatte. Da es ihm nicht gelang, auch nicht gelingen konnte, eine dem Stand der Klassenkämpfe adäquate Perspektive aus den gesellschaftlichen Auseinandersetzungen seiner Zeit selber zu entwickeln, war er zu deren wirklichkeitsfremder Konstruktion gezwungen. Der Rückgriff auf die bürgerlichen Ideale und Persönlichkeitskonzeptionen des 18. Jahrhunderts entspricht der Ohnmacht dieses Protestes, der sich nur an das halten kann, was zwar historisch überfällig, von der Geschichte aber noch nicht eingelöst wurde« (Gert Ueding). In der Tat sind Mays Romane Fluchtwelten von besonders starker Hermetik; der Karl-May-Kosmos, in sich völlig stimmig und nach wenigen, überschaubaren Gesetzen funktionierend, lädt den Leser zum Eintritt ein. Seine Position mag dabei derjenigen des Lord Castlepool oder Lord David Lindsay entsprechen, die ein gleichsam touristisches Verhältnis zum Abenteuer aufweisen – sie zahlen dafür. Im Reich der Edelmenschen erinnert nichts an die schlechte Realität. Der abenteuerliche Held entzieht sich ihr durch Flucht (scheinbar) nach vorn; daß das Abenteuer dabei stets das gleiche ist, selbst schon fast zur Routine wird, das vermittelt dem Leser auf der einen Seite eine gewisse Sicherheit und ist auf der anderen Seite der Reflex auf die industrielle Arbeitswelt, die so bestätigt wird.

Diese von wenigen Glanzlichtern durchbrochene Phantasielosigkeit in der Aneinanderreihung topischer Szenen (auf deren sexuellen Symbolgehalt Arno Schmidt aufmerksam gemacht hat) kennzeichnete auch die in den sechziger Jahren von CCC Berlin (Arthur Brauner) und Rialto (Horst Wendland) zumeist in Coproduktion mit Jugoslawien hergestellten Filme mit Lex Barker als Old Shatterhand, Pierre Brice als Winnetou und Stewart Granger als Old Surehand: »Der Schatz im Silbersee« (1962 – Regie: Harald Reinl; mit 3,5 Millionen DM Produktionskosten eine der aufwendigsten Unternehmungen der deutschen Filmindustrie nach dem Krieg), »Winnetou I–III« (1963, 64 und 65 – Regie: Harald Reinl), »Unter Geiern« (1964 – Regie: Alfred Vohrer), »Winnetou und das Halbblut Apanatschi« (1966 – Regie: Harald Philipp), »Winnetou und sein

Karl May im Comic Strip © Condor Print/ Editorial Bruguera

Freund Old Firehand« (1966 – Regie: Alfred Vohrer), »Winnetou und Old Shatterhand im Tal der Toten« (1968 – Regie: Harald Reinl). Die bemüht harmlose Märchenhaftigkeit der Filme (auch dort, wo von May nur noch die Typen stammten, die Handlung aber frei erfunden war) enthielt einen Gutteil der Helden- und Abenteuermystik der Romane, betonten aber stärker die *action*-Momente (insbesondere durch Großeinsatz pyrotechnischer Tricks).

Der Karl-May-Verlag, der noch zu Lebzeiten zur Wahrung der Autorenrechte gegründet worden war, brachte nach und nach die Gesamtausgabe (65 Romane) von May heraus, wobei man die Erzählungen zum Teil stark bearbeitete, kürzte und einige ethnographische Fehler ausmerzte. Die höchsten Auflagen erreichten die dreibändige »Winnetou«-Ausgabe, der zweibändige »Old Surehand«, »Der Schatz im Silbersee« und die ersten sechs Bände der Gesamtausgabe, die im vorderen Orient spielen, von »Durch die Wüste« bis zu »Der Schut«. Der nach dem Krieg von Radebeul nach Bamberg übergesiedelte Verlag publiziert ein »Jahrbuch der Karl-May-Forschung«.

Anmerkungen

Hans Plischke: Von Cooper bis Karl May. Düsseldorf 1951. Gert Ueding: Glanzvolles Elend. Versuch über Kitsch und Kolportage. Frankfurt 1973.

Literatur

Fritz Barthel: Letzte Abenteuer um Karl May. Bamberg 1971. Viktor Böhm: Karl May und das Geheimnis seines Erfolges. Wien 1955. Ingrid Brönnig: Die Reiseerzählungen Karl Mays als literatur-pädagogisches Problem. Ratingen 1973. Anton Kaiser: Geächteter Hakawati. Die Tragödie Karl May. Kehl a. Rh. 1967. Volker Klotz: Durch die Wüste und so weiter. Zu Karl May. In: Literarisches Colloquium Berlin (Hg.): Trivialliteratur. Berlin 1964. Gertrud Oel-Willenborg: Von deutschen Helden. Eine Inhaltsanalyse der Karl-May-Romane. Weinheim/Basel 1973. Thomas Ostwald: Karl May, Leben und Werk. Braunschweig 1974. Werner Raddatz: Das abenteuerliche Leben Karl Mays. Gütersloh 1965. Arno Schmidt: Sitara und der Weg dorthin. Eine Studie über Wesen, Werk und Wirkung Karl Mays. Karlsruhe 1963. Heinz Stolte: Das Phänomen Karl May. Bamberg 1969. Hans Wollschläger: Karl May. Zürich 1976.

DeMille

Cecil B. DeMille, amerikanischer Regisseur und Produzent, 1881–1959, allgemein der Gruppe der »naiven« amerikanischen Filmemacher (Ford, Chaplin, Walsh, Capra, Keaton, Dwan, Vidor etc.) zugerechnet. Er begann mit Western (»The Squaw Man« – 1913, *remakes* 1918 und 1931) und wurde später für seine erotischen Gesellschaftsdramen bekannt; »The Whispering Chorus« (1918), die Geschichte eines Mannes, der aus sklavischer Liebe zu seiner Frau große Summen Geldes stiehlt und aus Furcht vor Entdeckung die Identität eines Toten annimmt, brachte dem Regisseur harsche Proteste wegen der »abnormen Morbidität« seines Films ein.

Nachdem dieser Streifen ein finanzieller Mißerfolg wurde, änderte DeMille seine Haltung dem Publikum gegenüber und versuchte, nach eigenem Bekunden, »ein kommerzieller Filmregisseur« zu werden. Mit dem biblischen Prolog zu »The Ten Commandments« (1923) entdeckte er seine Liebe zu (und sein Talent für) Inszenierungen von antiken Massentableaus, deren »prunkvolle Naivität« (Kevin Brownlow) das Publikum begeisterte. Obwohl oder gerade weil er »der letzte Viktorianer Hollywoods« ist, haben seine Filme sehr viel mit der Beziehung der Geschlechter zu tun, und die Massen- und Kostümszenen vermitteln das Bild von gigantischen Orgien, wie nur ein Viktorianer sie sich vorstellen kann. Zwar erreichte die Regiequalität von »The King of Kings« (König der Könige – 1927), »The Sign of the Cross« (Im Zeichen des Kreuzes – 1932), »Cleopatra« (Kleopatra – 1934), »Samson and Delilah« (Samson und Delila – 1949) und »The Ten Commandments« (Die zehn Gebote – 1956) bei weitem nicht die seiner Stummfilmmelodramen (»DeMilles Badewannen- und Boudoir-Romanzen« nennt sie Enno Patalas), doch in der Komposition der Bilder, nach Stil- und Gestaltungsprinzipien des neunzehnten Jahrhunderts geschaffen, bleibt er unerreicht. Diese Bilder bezeichnet Kracauer zwar als »bestätigende Bilder«, die uns dahin bringen sollen, »daß wir sie ohne zu fragen annehmen«, aber er fügt hinzu: »Trotz allem, welch ein *show-man* DeMille doch war!«

Ein Mann des *show-business* war DeMille tatsächlich in mehrerlei Hinsicht: Zum einen haben die Szenen in seinen Filmen mehr Demonstrations-Vorzeigecharakter als die der anderen Regisseure seiner Zeit (ausgenommen vielleicht die Schöpfer des Musicals; das Abenteuer, um das es in den Historienfilmen ebenso wie in den Western (»Union Pacific« – 1939, »Northwest Mounted Police« – Die scharlachroten Reiter – 1940; vgl. auch *Western* → Buffalo Bill) geht, ist immer auch das Erleben solch historischer Momente, wo der Mensch ganz als Farbpunkt im Ornament der Masse untertaucht. Zum andern war DeMille, der von 1912 bis 1958 immerhin siebzig abendfüllende Filme realisierte, ein Mann, der sehr wohl die geschäftliche Seite seines Metiers verstand: »DeMille«, meinte der Produzent Adolph Zukor, »machte keine Filme für sich selbst, oder für die Kritiker. Er machte Filme für das Publikum. Er war ein *showman* bis in die Fingerspitzen. Er wählte eine *story* (ein Drehbuch) aus, von dem er glaubte, das Publikum würde es mögen. Bei anderen Regisseuren mußte das Management die Stars aussuchen und Entscheidungen treffen. DeMille machte das alles selbst.«

Anmerkungen

Kevin Brownlow: The Parade's Gone By. London 1968. Enno Patalas: Stars – Geschichte der Filmidole. Frankfurt 1967. Siegfried Kracauer: Theorie des Films. Frankfurt 1964.

Literatur

Gabe Essoe/Raymond Lee: DeMille: The Man and His Pictures. New York/London 1970. Charles Ford: Cecil B. DeMille. 1881–1959. Paris 1967. Donald Hayne (Hg.): The Autobiography of C. B. DeMille. London 1960. Ch. Higham: Cecil B. DeMille. New York 1973. M. Mourlet: Cecil B. DeMille. Paris 1968. Gene Ringgold/DeWitt Bodeen: The Films of Cecil B. DeMille. New York 1969.

Motorradfilme und -comics

Nicht erst seit »Easy Rider« (1969 – Regie: Dennis Hopper) ist das Motorrad Symbol jugendlichen Protestes (und gleichzeitig ein Sexualsymbol). In »The Wild One« (Der Wilde, 1953 – Regie: Laszlo Benedek) ist Marlon Brando der Anführer einer Motorradbande, die kleine Provinzstädte überfällt und die behäbigen Bürger verstört. »Die vermeintliche Revolte führt aber nur um so radikaler in die eingeschliffenen Formen des Arbeitsbetriebes zurück. Im Bandenwettstreit und in der Diktatur des Bandenführers bekräftigt sich die allumfassende Herrschaft des Konkurrenzkampfes und der Unterordnung unter die

Roger Cormans »Nackt auf hartem Sattel« Verleih: Avis

wirtschaftlich Stärksten. Umgekehrt deutet der Film an, daß die Gewalttätigkeiten der Jugendlichen nicht deren Privileg ist: die Bürger, die sie verfolgen und Brando lynchen wollen, verhalten sich wenigstens ebenso terroristisch. Banditen und Bürger sind verwandt« (Enno Patalas). Nach diesem Schema, freilich ohne die kritischen Intentionen des Films von Benedek, sind die meisten der Motorradfilme um jugendliche Banden aufgebaut: Am Ende steht schließlich die Integration, oft ermöglicht durch den Tod eines besonders grausamen Anführers oder das beherzte Eingreifen im Kampf gegen organisierte Verbrecher. Mit »The Wild Angels« (1966 – Regie: Roger Corman; vgl. *Crime* und *Horror*) wurden die Motorradfilme schließlich zum Genre; Hunderte von billigen, Sex und Gewalttätigkeit betonenden Streifen erzählen die immer gleiche Geschichte von der vermeintlichen Revolte der Jugendlichen.

In den Comics haben die Motorradbanden eine andere Funktion: In jüngster Zeit kann kaum ein Superheld (vgl. *Science Fiction*) der Auseinandersetzung mit solchen Gruppen entgehen, und er hat dabei meist die Aufgabe, einen besonders rebellischen, aber auch besonders intelligenten Anführer auf den »rechten Weg« zu bringen. Es wird in den Comics mit schöner Regelmäßigkeit dargestellt, wie Motorradbanden unter den Einfluß eines gewissenlosen Gangsters geraten, der ihre unreflektierte asoziale Haltung für seine Machenschaften benutzt. DC startete eine Serie um den jugendlichen Helden Johnny Quest, der auf seinem Motorrad auf der Suche »nach seiner Identität« wie weiland die Helden von »Easy Rider« den amerikanischen Kontinent durchstreift; bei Marvel gibt es den »Ghost-Rider«, ein schwarzes Phantom, das mit seinem irrwitzigen Feuerstuhl auf Verbrecherjagd geht.

Anmerkung

Enno Patalas: Stars – Geschichte der Filmidole. Frankfurt 1967.

Political Fiction

Den Versuch, politische Vorgänge in die Form der → Abenteuerliteratur zu fassen, hat es im Verlauf der Entwicklung der Unterhaltungsliteratur immer wieder gegeben (so die »historisch-politischen Romane aus der Gegenwart« von Goedsche, → Sir John Retcliffe). Und so »modern« sich die »Politthriller«, die in jüngster Zeit einen Boom zu verzeichnen haben, geben, so ist das Motiv, das sie verwenden, doch dasselbe wie in der »Geheimbundliteratur« des neunzehnten Jahrhunderts. In dem immerhin zum Bestseller gewordenen Roman »Der Schakal« des englischen Journalisten Frederic Forsyth beispielsweise geht es um ein fiktives Attentat auf General de Gaulle, das im letzten Moment – und durch einen Zufall – vereitelt wird. Noch deutlicher wird in seinem zweiten Roman, der ebenfalls Authentisches mit Fiktivem verbindet (»Die Akte Odessa«), daß in der *political fiction* die Politik nur eine Fassade ist, hinter der sich verschiedene mächtige und in ihren Mitteln nicht wählerische Geheimgruppen erbarmungslose Gefechte liefern: Es geht hier um eine geheime Organisation von ehemaligen SS-Leuten, die ihre Mitglieder vor den Gerichten und den Racheakten überlebender KZ-Häftlinge beschützt. So überführt der Politthriller die nicht unberechtigte Ahnung des Lesers, daß im politischen Bereich, und nicht nur hier, die Dinge nicht sind, was sie scheinen, in die (sicherlich unzutreffende) Zweiteilung der politischen Welt in einen theaterhaften »öffentlichen« und einen archaisch-gewaltsamen, verborgenen Bereich. Die Macht, um die es in den politischen Auseinandersetzungen geht, erscheint hier nicht als von Klassen-, sondern ausschließlich von Einzelinteressen bestimmt. Die Grenzen des Politthrillers sind fließend auf der einen Seite zum Agentenroman (»Der Überläufer« von Charles Collingwood) und zum politischen Melodram (»Exodus« von Leon Uris) auf der anderen Seite.

Reiseabenteuer

Insbesondere im viktorianischen England ist die Reiseliteratur, die Mitte des neunzehnten Jahrhunderts einen Großteil der Belletristik ausmacht, Ausdruck eines neuen Raumgefühls (→ völkerkundliche Romane). Die wissenschaftlichen und halbwissenschaftlichen Reisebeschreibungen (etwa bei Sven Hedin), die im Gefolge der vielen Forschungs- und Entdeckungsreisen entstanden, finden heute, im Zeitalter des Massentourismus, natürlich nicht mehr ein so enthusiastisches Publikum; ausgenommen davon sind Reiseabenteuer, die auf Erlebnisse mit Tieren zurückgehen (vgl. *Heimat und Familie*).

Retcliffe

Sir John Retcliffe, Pseudonym des deutschen Schriftstellers Hermann Goedsche (1811–1878), der in seinen »historisch-politischen Romanen aus der Gegenwart« (an Dumas orientierten Abenteuerromanen) ein Moment der im neunzehnten Jahrhundert beliebten → Abenteuerliteratur hervorhob: die Beschreibung von Geheimbünden (Jesuiten, Juden, Freimaurer), die im Verborgenen die Geschicke der Menschen beeinflussen. Für Goedsche entwikkelt sich die Geschichte aus dem ewigen Zweikampf zwischen Juden und Jesuiten (»Die Jesuiten sind die Juden des Geistes, aber die Juden sind die Jesuiten des Geldes!«), die sich gelegentlich mit einer dritten, ebenso »unheimlichen« Kraft, der »sozialistisch-demokratischen Internationale« verbünden. »Goedsche hatte die Geheimbundliteratur, die von den Schauerromanen des ausgehenden 18. Jahrhunderts über den französischen *roman-feuilleton* (Zeitungsroman) bis zu den Detektivromanen von → Edgar Wallace und den Radio- und Fernsehkrimis von → Durbridge (vgl. *Crime*) eine der beliebtesten Unterhaltungsgattungen ist und die schon Sue und Gutzkow zu politischen Aussagen benutzten, auf ihren unüberbietbaren Höhepunkt geführt: Die wirkliche Weltpolitik gerade an ihren Brennpunkten ist das Ergebnis der Machenschaften finsterer Mächte; ihre geheimnisvollen Oberen, die keiner kennt und die übernatürliche Kräfte zu haben scheinen, sind die wahren Herren der Welt« (Volker Neuhaus). Goedsches umfangreiche Romane »Sebastopol« (1855–1857), »Nena Sahib oder Die Empörung in Indien« (1858/59), »Villafranca oder Die Kabinette und die Revolutionen« (1860–1867, dieser Roman umfaßte nicht weniger als 12 Bände), »Puebla oder Die Franzosen in Mexiko« (1865–1868) und »Biarritz« (1869–1876, 13 Bände) wurden kurz nach seinem Tod in einer 35bändigen Gesamtausgabe ediert; in den Jahren 1926–1932 gab der Retcliffe-Verlag, ein Tochterverlag des Radebeuler Karl-May-Verlages, eine sehr stark bearbeitete Ausgabe heraus.

Neuausgabe von »Sewastopol«
© Karl-May-Verlag

Anmerkung
Volker Neuhaus: Die menschliche Komödie des Sir John Retcliffe. In: »Akzente« Nr. 5. München 1972.

Rittercomicserien
»Das erste Beispiel, das sich für den Ritterroman in den Comics anbietet, ist zugleich auch das beste von allen: der seit 1937 erscheinende Prince Valiant von Harold Foster« (Reitberger/Fuchs). Prinz Eisenherz, wie der pagenfrisierte Held in der deutschen Version genannt wird, ist ein Ritter am Hofe des König Arthur, der, bewaffnet mit einem magischen »Singenden Schwert«, Gefechte mit Raubrittern, mit den das Abendland bedrohenden Hunnen und Mohammedanern, aber auch mit mythischen Erscheinungen wie Hexen, Drachen und Zauberern bestehen muß. Der realistische Zeichenstil, ein genaues Quellenstudium und die immer wieder eingeschobenen Szenen aus dem Alltag am Hofe geben der Serie, die im übrigen auf »Blasen« verzichtet und den Text unter das Bild plaziert, eine epische Qualität, die sie positiv von den *fantasy*-Reihen (vgl. *Horror*) abhebt. Die Serie ist von Foster so konzipiert, daß der Held sich im Verlauf der Zeit, parallel zu seinen Lesern, verändert und die *strips* sich auch wie ein langes Familienmelodram lesen lassen: Prinz Eisenherz erobert sich seine Frau, Aleta, die Königin der sagenhaften »Nebelinseln«, und die beiden haben Kinder miteinander; Ei-

Bildfolge aus Hal Fosters Comic-Serie »Prince Valliant« und Szenenfoto der Verfilmung von Henry Hathaway © Kauka; Bulls Pressedienst/Verleih: Fox-MGM

senherz wird älter und bedächtiger, und nach und nach ist Prinz Arne, sein ältester Sohn, zum eigentlichen *action*-Helden der Reihe geworden. Die zeichnerische Qualität von »Prince Valiant«, die sich insbesondere in äußerst dynamischen Schlacht- und Kampfszenen und in fast liebevoll genauer Detailschilderung ausdrückt, erleichtert dem Leser den Traum zurück in eine Welt, in der der Mythos noch lebendig, Natur und Geist noch verbunden sind.

Die Ritterserien, die in den USA sich im Gefolge von Prince Valiant etablierten (etwa »The Black Knight«), konnten sich nicht lange halten, sei es, weil sie den Vergleich mit dem Vorbild nicht bestanden, sei es, weil die Superhelden (vgl. *Science Fiction*) das Terrain der Abenteuer-Comics beanspruchten. In Europa haben sich einige Serien wie »Thierry la Fronde«, »Ivanhoe«, »Lancelot« etc. durchgesetzt, die, zeichnerisch zwar vergleichsweise mittelmäßig, sich durch epische Breite (der Endlos-Charakter von Abenteuerserien ist in Europa ein wichtiger Bestandteil von *action comics*) und das naive Sendungsbewußtsein ihrer Helden auszeichneten. Die »Ritterlichkeit« der Heroen und ihr unbedingtes Treueverhältnis zu ihrem Herrn bzw. einem Freund entspricht sehr stark einem Wunsch nach Solidarität und Sicherheit (die Geborgenheit in der Familie wird ersetzt durch die Geborgenheit in einer Gruppe oder einem Abhängigkeitsverhältnis) jugendlicher Leser, während das »Bewähren in der Gefahr« die Wunschvorstellung nach der Überschaubarkeit eines Konfliktes anspricht.

Lange Zeit populär in Deutschland war die Serie »Sigurd« (gezeichnet von Hans Rudi Wäscher), die zwar jede historische Genauigkeit vermissen ließ und auch in den schematisierten und wenig detailgetreuen Bildern mit Prinz Eisenherz nicht zu vergleichen war, die aber insbesondre durch die Betonung der Freundschaft – Sigurd befand sich immer mit seinen Freunden Bodo und Cassim im Kampf mit irgendwelchen »Schergen« – ihr jugendliches Publikum zu begeistern verstand. Als Ende der fünfziger Jahre die Serie mehrfach von der Bundesprüfstelle für jugendgefährdende Schriften indiziert wurde – die Gründe dürften heute, in der Zeit der → Kung Fu-Filme, nur noch ein mildes Lächeln ernten –, stellte der Verlag die Reihe ein, kreierte aber mit »Falk« ein exaktes Nachbild. War zu dieser Zeit bereits ein gezogenes Schwert Anlaß für ein Verbot (in deutschen Versionen amerikanischer und französischer Comics wurden damals Waffen aus den Bildern retuschiert, was oft zu einer unfreiwilligen Komik von dargestellten drohenden Gebärden führte), so zeigt die neuere Serie »Tarkan«, ein englischer Streifen, der kurze Zeit auch in deutscher Übersetzung erschien, in dieser Beziehung keine Hemmungen. Die Geschichte des spanischen Nationalhelden El Cid erzählt die gleichnamige hervorragend gestaltete Serie von Hernandez (Antonio Hernandez Palacios), die deutsch in der Heftreihe »Primo Comics« erschien.

Wie der Western erzählt die Rittergeschichte vom Kampf »Mann gegen Mann«, von der Autarkie des Individuums und von einer Welt, die noch zu erobern ist. Eher Märchen als Kolportage, erweckt sie, vor allem wo die Zeichnungen einen gewissen barocken Reichtum beinhalten, wie bei Foster und Hernandez, den Wunsch nach der archaisch wunderbaren Welt, in der der einzelne noch zählt und die Geschichte noch in Geschichten faßbar ist.

Robin Hood

Wenn die Definition von Eric J. Hobsbawm zutrifft, daß Banditen diejenigen Räuber und Desperados genannt werden dürfen, die »nach Ansicht der öffentlichen Meinung *keine* gemeinen Verbrecher sind«, so ist Robin Hood der Inbegriff eines Banditen. Die Multiplikation dieses Helden in Literatur, Film, Fernsehen (einige der 165 halbstündigen Folgen der Robin-Hood-Serie mit Richard Green wurden

auch im deutschen Fernsehen gezeigt, ebenso, zu Beginn der sechziger Jahre, die englische Serie mit Roger Moore als Robin Hood) und Comics (die Robin-Hood-Serie der französischen Editions Aventures et Voyages erschien zeitweilig im Lehning-Verlag) machte aus dem tollkühnen Banditen, der sich mit seinen *merry men* im Sherwood Forest verbirgt, den Reichen nimmt und den Armen gibt, einen Klassiker der Unterhaltungsindustrie. Seit Douglas Fairbanks (vgl. → Mantel- und Degenfilme) 1922 in »Robin Hood« den Meister des Bogenschusses im Gewand eines Jägers als einen fröhlichen, zu jedem deftigen Scherz aufgelegten und alle Sinnesfreuden genießenden Naturburschen darstellte, fehlt in keiner Robin-Hood-Adaption das Moment des Humors; da fallen die Schergen des bösen Sheriffs reihenweise in die Pferdetränken, und der neben der Bibel auch den Wein schätzende Mönch Bruder Tuck findet noch in der turbulentesten Schlägerei Gelegenheit, nach etwas Eßbarem Ausschau zu halten.
Die historische Bedeutung des Robin-Hood-Mythos spielt dabei nur noch am Rande mit hinein. Robin Hood übt nicht nur, sozusagen als ausgleichende Gerechtigkeit, eine Umverteilung der Güter zugunsten der Armen, er ist auch durch seine unbedingte Treue zum König Richard Löwenherz ein »archaisch-konservativer« Bandit, der die Monarchie gegenüber den Bestrebungen des Adels, die Macht der Krone zu beschränken, verteidigt.

Anmerkung
Eric J. Hobsbawm: Die Banditen. Frankfurt 1972.

Literatur
Percy Valentine Harris: The Truth About Robin Hood. A Refutation of the Mythologists' Theories, with New Evidence of the Hero's Actual Existence. Westgate 1969. Malcolm A. Nelson: The Robin Hood Tradition in the English Renaissance. Salzburg 1973. Jay Williams: The Good Yeomen. London 1956.

Robinson Crusoe
Romanfigur des englischen Schriftstellers Daniel Defoe (1660–1731). Der erste Roman des bereits sechzigjährigen Autors ist eigentlich der phantasievoll ausgeschmückte Tatsachenbericht über das Leben des damaligen Schiffbrüchigen Alexander Selkirk. Robinson Crusoe, nach einem Schiffbruch allein auf eine einsame Insel verschlagen, wird zum Schöpfer aller Dinge, ohne die ein Mensch nicht leben kann; vom ersten Menschen, dem Urmenschen, bis zur Zivilisation durchlebt Robinson alle Stufen der menschlichen Entwicklung, und ganz auf sich allein gestellt, meistert er das Leben als einzelner. »Von einer Utopie unterscheidet sich Robinsons Musterkolonie dadurch, daß sie ein Exil ist – zunächst unfreiwillig, dann freiwillig auf Zeit –, aus dem man im Alter mit der Gewißheit göttlicher Vorsehung (!) sowie mit einer guten Dividende nach Hause zurückkehrt. Hier mischt sich puritanisches mit frühimperialistischem Gedankengut« (Friedrich/Killy). Diese, wie Rousseau den Roman nannte, »gelungenste Abhandlung über naturgemäße Erziehung« (nachdem Robinson sich ein relatives Optimum an Zivilisation geschaffen hat, nimmt er einen Wilden, Freitag, bei sich auf) wurde nicht nur bald in viele Sprachen übersetzt, sondern fand auch zahlreiche Nachahmungen: Johann Gottfried Schnabel etwa verband in seiner »Insel Felsenburg« das Robinson-Motiv mit dem utopischen Staatsroman; es gab den »schweizerischen Robinson«, und der »Sigismund Rüstig« des Kapitän Marryat erreichte bis auf den heutigen Tag zahlreiche Neuauflagen. In seinen Romanen um den Amsterdamer Künstler Van Zanten, der mit zwei anderen Männern versucht, der Zivilisation zu entfliehen und auf einer einsamen Südseeinsel ein »natürliches« Leben zu führen, lieferte der dänische Dichter Laurids Bruun (1864–1935) gleichsam ein ironisches Gegenbild zum Robinson: Sobald die zivilisatorischen Hilfsmittel ausgehen, scheitert die Robin-

sonade und die Helden kehren nach Europa zurück.
Der Film hat sich sehr oft des Robinson-Stoffes angenommen; die beste und gleichzeitig originalgetreueste Verfilmung schuf Luis Buñuel (»The Adventures of Robinson Crusoe« – Die Abenteuer des Robinson Crusoe – 1953). Mittlerweile hat sich auch die Science Fiction des Motivs bedient: »Robinson Crusoe on Mars« (1964 – Regie: Byron Haskins) oder die *Comic Strip*-Serie »Space Family Robinson« (dt. Astronautenfamilie Robinson), gleichzeitig eine amerikanische Fernsehserie, zeigen Schiffbrüchige im All, die freilich im Gegensatz zum Original nicht eine Kultur sozusagen von unten her neu aufbauen, sondern eine »mitgebrachte« gegen den Verfall und gegen das Einwirken äußerer Kräfte verteidigen.

Anmerkung

Wolf-Hartmut Friedrich/Walther Killy (Hg.): Das Fischer Lexikon Literatur 2/2. Frankfurt 1965.

Literatur

Otto Deneke: Robinson Crusoe in Deutschland. Göttingen 1934. Frank H. Ellis: Twentieth Century Interpretations of »Robinson Crusoe«. Englewood Cliffs 1969. Pierre Nordon: Robinson Crusoe. Unité et contradictions. Paris 1967. Maximillian Novak: Defoe and the Nature of Man. London 1963. George A. Starr: Defoe and Spiritual Autobiography. Princeton, N. J. 1965. Robert Weimann: Daniel Defoe. Eine Einführung in das Romanwerk. Halle 1962. Robert Weimann: Phantasie und Nachahmung. Drei Studien zum Verhältnis von Dichtung, Utopie und Mythos. Halle 1970.

Tarzan

Im Oktober 1912 erschien in dem amerikanischen *Pulp Magazine* »The All-Story« die erste Geschichte um »Tarzan, den Herrscher des Dschungels«. Der Verfasser war Edgar Rice Burroughs, ein bis dahin in vielen Berufen erfolgloser 37jähriger Mann, der vorher nur einige wenig beachtete Kurzgeschichten an »The All-Story« verkauft hatte (»Dejah Thoris, Princess of Mars« war der Titel der ersten Geschichte)

Die erste Geschichte um Tarzan erschien 1912 im Magazin »The All-Story«

und der nach eigener Aussage schrieb, weil sein frustrierendes Alltagsleben ihn zu Phantasien und Träumereien anregte, die ihn aus der Welt des harten Berufskampfes in archaische, unzivilisierte Reiche führten, in denen der Erfolg nicht vom Geld und nicht vom sozialen Status abhing, sondern vom Mut und von der Fähigkeit, als Individuum die Gesetze der Natur zu meistern; auch Tarzan ist, wie → Robinson Crusoe und der »Wildtöter« (→ Cooper) ein Zivilisationsflüchtling, der auf persönlicher Basis Zivilisation in der Natur verwirklicht. Eine Zivilisation ohne Gesellschaft ist dies freilich, die die geistige Überlegenheit des Menschen über das Tier bewirkt, ohne daß diese an Gesellschafts- und Produktionsformen gebunden wäre, die ihrerseits zwangsweise das Individuum entmachten. Das Hintergrundmaterial für seine Tarzan-Erzählungen lieferte Burroughs vor allem

H. M. Stanleys Buch »In Darkest Africa«, und wo dieses nicht ausreichte, da erfand Burroughs einfach, ohne sich allzusehr an geographische und biologische Genauigkeit zu halten (beispielsweise ließ er einen Tiger in Afrika auftauchen). Das Erscheinen von »Tarzan of the Apes« löste eine Sensation aus und machte den Autor mit einem Schlag berühmt. Da Burroughs einige Zeit vor seinem Erfolg mit »Tarzan« eine erbitterte Auseinandersetzung mit den Verlegern um das Copyright an seinen Erzählungen zu seinen Gunsten entschieden hatte – daß ein *Pulp*-Autor verlangte, an der späteren Auswertung durch Buch-, Film- und Comics-Adaptionen finanziell beteiligt zu werden, war gänzlich neu –, flossen die Einkünfte aus einer allmählich sich konstituierenden veritablen »Tarzan-Industrie« dem Autor und nicht dem Verleger zu. Hier nun, wo es um sein geistiges Eigentum ging, entwickelte Burroughs einen Geschäftssinn, den er zuvor (beispielsweise als Mitinhaber eines Vertreterbüros) hatte vermissen lassen. Als Edgar Rice Burroughs 1950 starb, hatte er nicht nur 67 Romane (davon 26 mit Tarzan als Helden), die allein mittlerweile in 58 Sprachen übersetzt wurden und eine Gesamtauflage von 50 Millionen Exemplaren erreichten, verfaßt, sondern hatte auch eine »Edgar Rice Burroughs Inc.« gegründet, die mit einigen Tochtergesellschaften die Einkünfte aus Lizenzen und Reklamekampagnen mit Tarzan als Symbol verwaltete. (Bereits 1913 hatte Burroughs Tarzan als Warenzeichen eintragen lassen, und er verdiente allein an der Werbung für Konsumartikel von *T-shirts* bis zur »Signal Oil and Gas Co.« ein Vermögen.)

Zeichnung von Burne Hogarth © Edgar Rice Burroughs Inc.

Die Geschichte des Erfolges von »Tarzan« ist die Geschichte einer planvollen Verbreitung eines Erfolgsrezeptes durch alle der Unterhaltungsindustrie zur Verfügung stehenden Medien: 1918 wurde der erste Tarzan-Film mit Elmo Lincoln in der Hauptrolle gedreht; es war einer der wenigen Stummfilme, die den Produzenten über eine Million Dollar einspielten. Im selben Jahr kam »Romance of Tarzan« heraus, der wie der erste Tarzan-Film Lincoln und Enid Markey (als Tarzans Gefährtin Jane) präsentierte. Gene Polar und Karla Schramm übernahmen die Parts in »The Return of Tarzan« (1920), und der bemerkenswerte Kamuela C. Searle stellte in dem *serial* »Son of Tarzan« den Sohn des »Affenmenschen« dar. Elmo Lincoln verkörperte ihn in dem *serial* »The Adventures of Tarzan« (1921). Der erste Tonfilm-Tarzan war Jim Pierce, der spätere Schwiegersohn von Burroughs, Dorothy Dunbar war »seine« Jane (»Tarzan and the Golden Lion« – 1927). Frank Merrill mußte als »Tarzan the Mighty« in dem gleichnamigen *serial* auf seine Jane verzichten. 1932 trat erstmals der nicht nur meistbeschäftigte, sondern wohl auch der »beste« aller Tarzan-Darsteller in »Tarzan the Ape Man« auf: Johnny Weißmüller. Der ehemalige Olympiasieger, von Statur und Ausstrahlung exakt die Mischung aus *savage man* und *boy scout*, die Burroughs wohl im Sinn gehabt hatte, verkörperte – neben Maureen O'Sullivan als Jane – den »Sohn des Dschungels« noch in einigen weiteren, sämtlich von MGM produzierten Streifen: »Tarzan and His Mate« (1934), »Tarzan Escapes« (1936), »Tarzan Finds a Son« (1938), »Tarzans Secret Treasure« (1941) und »Tarzan's New York Adventure« (1942). Unterdessen produzierte eine unabhängige Gesellschaft ein neues *serial* mit Hermann Brix in der Hauptrolle, das später zu zwei Filmen (»Tarzan and the Green Goddess«, »New Adventures of Tarzan«) zusammengezogen wurde, und der unermüdliche Held verschiedenartigster *serials* von Western bis zu Science-Fiction-Abenteuern, Buster Crabbe, übernahm die Rolle in »Tarzan the Fearless« (1933). Einschließlich eines Gastspiels, das der eher geistig minderbemittelt als kreatürlich-wild wirkende Glenn Morris in »Tarzans Revenge« (1938) gab, erreichten alle diese Filme nicht die Ausstrahlung der Filme mit Johnny Weißmüller, der seinerseits in den Filmen, die ab 1943 unter der Ägide des Produzenten Sol Lesser entstanden, das Wesen des instinktgeprägten Tier-Menschen kaum noch glaubhaft machen konnte. Während Burroughs in seinen Erzählungen stetig die Unverlierbarkeit des individuellen Erbgutes demonstrieren wollte (aus eigener Kraft und den Umweltbedingungen zum Trotz entwickelt sich Tarzan zu dem, was er von Geburt ist, zum englischen Lord Greystoke, der sich als Autodidakt das Bildungsgut des Abendlandes aneignet, europäische Wert- und Verhaltensnormen wie von selbst entwickelt und schließlich über eine Farm, eine Reihe farbiger Diener und über ein geregeltes Familienleben verfügt), ist der Tarzan der sechs MGM-Filme ein »athletischer, doch fein-

Deutsche Ausgabe des vierten Tarzan-Romans »The Son of Tarzan« © Williams Verlag

fühliger Naturbursche« (Heidi Pataki), der erst durch eine Frau sprechen und sich nicht anders als mit Mißtrauen einem Menschen nähern lernt. Ein erotischer Caspar Hauser, wird Tarzan von Jane bewußt und nicht ohne Schwierigkeiten zum Menschen erzogen; sie ist es, die die intellektuelle Führerschaft über die Familie übernimmt. »Die Tarzanfilme haben den Gegensatz zwischen ›Natur‹ und ›Zivilisation‹ zum Thema – als utopisches Moment enthalten sie die Versöhnung mit der Natur. In den Weißmüller-Filmen ist das Leben der Menschen und Tiere auf gegenseitiger Hilfe aufgebaut; die Tiere helfen einander und dem Menschen, der wiederum ihnen hilft. Die Aufhebung des Kampfes ums Dasein ist damit intendiert – Tarzans Dschungel ist nicht darwinistisch! Ganz allgemein drückt sich darin eine zwar naive, doch ausdrückliche Opposition gegen die Welt des Geldes aus« (Pataki). Und tatsächlich ereignet sich in den frühen Weißmüller-Filmen, mehr als in allen anderen Tarzan-Adaptionen, ein Glück, das zum einen durch den Frieden zwischen Mensch und Natur begründet ist, und zum andern mit der Möglichkeit einer freien, nicht genital fixierten Erotik verknüpft ist, die es den Menschen erlaubt, alle sinnlichen Erlebnisse als erotische zu verstehen. Daß diese Filme mehr als der doch dem Wesen nach regressive und gelegentlich auch reaktionäre Tagtraum des Autors Burroughs sind, ist außer der Darstellung von Weißmüller vor allem dem Produzenten Irving Thalberg (vgl. *Komik* → Marx Brothers) und dem Regisseur W. S. Van Dyke zu verdanken, der mit einer für Filme dieses Genres außergewöhnlichen Sorgfalt inszenierte. Der spätere Held zahlreicher → Karl-May-Filme, Lex Barker, verkörperte Tarzan in einer Serie von Filmen, deren oberflächliche Machart mit einer eher aseptisch wirkenden Atmosphäre korrespondierte (»Tarzan's Magic Fountain« – 1948; »Tarzan and the Slave Girls« – 1949; »Tarzan's Peril« – 1950; »Tarzan's Savage Fury« – 1951; »Tarzan and the She-Devil« – 1952). Auch Gordon Scott war nicht viel mehr als ein Muskelprotz in einem Pappmaché-Dschungel (»Tarzan's Hidden Jungle« – 1955; »Tarzan and the Lost Safari« – 1957; »Tarzan's Fight for Life« – 1958; »Tarzan's Greatest Adventure« – 1959; »Tarzan, the Magnificient« – 1960). Und schließlich konnten weder Denny Miller (»Tarzan the Ape Man« – 1960) noch Jock Mahoney (»Tarzan Goes to India« – 1962; »Tarzan's Three Challenges« – 1964) der Figur von Edgar Rice Burroughs die frühere Popularität bringen. Der – bislang – letzte Film-Tarzan, Mike Henry, von Gabe Essoe als »der schlechteste von allen« bezeichnet, konnte ebensowenig die Vitalität Weißmüllers erreichen wie Ron Ely, der einen Tarzan in der 1966/67 entstandenen Fernsehserie verkörperte, der sich von den Helden in Daktari (vgl. *Heimat und Familie*→ Tiergeschichtenserien) nur dadurch unterschied, daß er mit einem Lendenschurz bekleidet herumlief. Dem Vernehmen nach erwägt die Firma Warner Bros. einen neuen Tarzan-Film mit dem Sohn von Johnny Weißmüller in der Titelrolle.

Während Burroughs die Tarzan-Filme immer recht mißtrauisch beobachtete, da in ihnen die Botschaft des Autors oft – zum Glück – in ihr Gegenteil verkehrt wurde, überwachte er die Produktion des *radio-serials* »Tarzan of the Apes«, deren Hauptparts Jim Pierce (Tarzan) und seine Frau, Burroughs Tochter (Jane), übernahmen, sehr streng und schrieb die Texte für die insgesamt 364 Folgen selbst. Jede der 15minütigen Episoden wurde gleichzeitig als Schallplatte auf den Markt gebracht, und ein zweites *radio-serial*, das Carlton Kardell als Tarzan einführte, war nicht weniger erfolgreich. In jüngster Zeit hat die Firma Philips neue Bearbeitungen der Tarzan-Romane von Wolfgang Ecke als Hörspiel-Schallplatten herausgebracht.

1932 verhandelte Edgar Rice Burroughs mit dem »United Feature Syndicate« über die Herstellung einer *Comic Strip*-Version von Tarzan. Nach einigen Änderungen stimmte der geschäftstüchtige Autor der Konzeption von Joseph H. Neebe zu, die dem Zeichner Hal Foster (→ Rittercomicserien) übergeben wurde. Fosters anatomisch exakter und atmosphärisch dichter Zeichenstil entsprach den Intentionen Burroughs mehr als die Filmversionen; Tarzan ist in Fosters Geschichten ein in jeder Situation vollständig überlegener Mann der Tat, während in den Filmen oft seine Hilflosigkeit im Zusammenstoß mit einer Zivilisation beschworen wurde, die in sich wesentlich barbarischer und grausamer war, als es die Tiere des unberührten Dschungels sein konnten. Fosters Tarzan, der in halbseitigen Fortsetzungen in den Sonntagsbeilagen der Zeitungen erschien, »galt schon zu seiner Zeit als Spitzenleistung der Zeichenkunst« (Reitberger/Fuchs); demgegenüber mußte die um weniges später gestartete Wochentagsfortsetzung, von Rex Mason gezeichnet, ein wenig abfallen. Als Foster 1937 sich ganz seinem langgehegten Wunsch widmete, eine Rittercomicserie zu schaffen (den »Prince Valiant«), schrieb das Syndikat einen Wettbewerb für seine Nachfolge aus. Der Gewinner hieß Burne Hogarth, ein ungemein talentierter Zeichner, der neben Foster zum bedeutendsten Gestalter des Mediums werden sollte (und noch heute so etwas wie eine Kultfigur der Comic-Szene darstellt). Hogarths Tarzan-Strip, der in manchmal fast manieristischen, an die Malerei der Renaissance erinnernden Bewegungsstudien Dynamik der Zeichnung mit der Dramatik der Story verband, hielt sich ziemlich exakt an das Vorbild von Burroughs. Tarzan war, bei aller Wildheit, ein intelligenter Mann, der nicht nur im Kampf »Mann gegen Mann« (beziehungsweise Mensch gegen Tier) bestehen konnte, sondern auch mit List und Verstellung Situationen meisterte, die sich vor allem aus dem Aufeinanderprallen dreier verschiedener Zivilisationsbereiche ergaben: der wilden, allerdings mit rudimentären gesellschaftlichen Attributen ausgestatteten Tierwelt (die »großen Affen« in den Tarzan-Erzählungen erscheinen als in Horden organisierte Vormenschen), archaischer Kulturformen (»versunkene Kulturen« mit Merkmalen von antiken Sklavenhaltergesellschaften einerseits, Stammeskulturen der afrikanischen Ureinwohner andrerseits) und der technischen Zivilisation des weißen Mannes, die zumeist Korruption und Verbrechen in die zunächst »unschuldigen«, paradiesisch einfachen Lebensformen bringt. Dieses Schema, dessen Variationsmöglichkeiten nahezu unbeschränkt sind, entspricht, wie so oft in der Unterhaltungsindustrie, der teils regressiven, teils utopischen Abwehr kindlicher oder jugendlicher Sozialisationsstufen gegenüber dem endgültigen Sozialisationsziel, der auf Leistung und Konkurrenz aufgebauten Erwachsenenwelt. Was Tarzan gegen die weißen Eindringlinge verteidigt, ist eine Welt *vor* der Geldwirtschaft, *vor* dem Warenprinzip und *vor* dem Klassenkampf.

Seines realistischen Stils wegen, der sich natürlich auch auf die Darstellung der weiblichen Anatomie erstreckte, bekam Hogarth bald einige Schwierigkeiten mit dem Syndikat und mit der Zensur. Der ständigen Auseinandersetzungen um seine künstlerische Freiheit in der Gestaltung seines Streifens müde, gab er 1950 die Arbeit am »Tarzan« ganz auf. Verschiedene Zeichner versuchten sich an der schwierigen Aufgabe, den »Lord of the Jungle« adäquat ins Bild umzusetzen (Bob Lubbers, Nick Cardy, John Celardo etc.), doch erst mit Russ Manning, einem Schüler Hogarths, erreichte die Serie wieder eine beachtenswerte Qualität.

Die »Tarzan«-Comics waren bereits seit 1936 als Nachdrucke der Zeitungs-Streifen in Form von *Comic Books* herausgegeben worden; sie erschienen zunächst in »Tip-Top Comics«, »Comics on Parade« und »Sparkler Comics«, seit 1947 auch in einem eigenen Magazin bei Dell Publishing, das neues Material von dem Zeichner Jesse Marsh veröffentlichte. Anfang der sechziger Jahre übernahm Gold Key die Serie; Russ Manning, der immer noch die laufenden Tages- und Sonntagszeitungsfortsetzungen gestaltete, zeichnete die ersten Folgen. 1972 schließlich übernahm der führende DC-Konzern die Reihe. Der neue Zeichner Joe Kubert (auch → Kriegscomics) versteht es, den dynamischen Stil Hogarths mit einer gewissen impressionistischen Atmosphäre zu verbinden; sein Tarzan ist dem des Films verwandt.

Nach dem Zweiten Weltkrieg hatte die Popularität der Tarzan-Gestalt erheblich nachgelassen. Doch plötzlich, ausgelöst durch eine scheinbare Nichtigkeit, erwachte im Jahre 1961 ein neues Interesse: Ein Lehrer in Kalifornien hatte zwei Tarzan-

Bücher mit dem Argument aus der Schülerbibliothek entfernen lassen, daß Tarzan und Jane ein illegitimes Kind hätten. Diese Aktion weckte einen Sturm der Entrüstung unter den *fans* von Edgar Rice Burroughs, die mit wissenschaftlicher Akribie nachwiesen, daß Tarzan und Jane in dem Roman »The Return of Tarzan« den Bund fürs Leben auch vor den weltlichen und kirchlichen Autoritäten geschlossen haben. So banal dieser Streit gewesen sein mag, er schaffte eine Nachfrage nach Tarzan-Büchern, wie sie größer nicht zu Burroughs Lebzeiten war. Einige findige Verlage entdeckten schließlich, daß die Erben des Autors es verabsäumt hatten, das *copyright* verschiedener Romane zu erneuern; Hunderte von unautorisierten Piratenausgaben wurden aufgelegt, und im Verlauf dieses neuen Tarzan-Booms erschienen sogar neue Tarzan-Geschichten von Barton Werper (alias Peter und Peggy Scott), bis schließlich, durch einen langwierigen Rechtsstreit, die Edgar Rice Burroughs Inc. die Rechte für sich zurückgewann. Angeheizt durch diese *publicity* entwickelte sich die autorisierte Neuausgabe aller 26 Tarzan-Romane in den Ballantine Books zu einem veritablen Bestseller. Während auch in Frankreich eine Gesamtausgabe überraschend hohe Verkaufsauflagen erzielte – insbesondere bei Intellektuellen fand der Mythos des Rousseauschen Naturmenschen Anklang –, wurde in Deutschland die im Bärmeier & Nikel Verlag herausgegebene Ausgabe ein Mißerfolg; dem deutschen Leser mag der blumige, von Konstruktionsfehlern durchsetzte Stil Burroughs nicht jenes ironisch gebrochene Vergnügen bereiten, das Amerika, England und Frankreich in einen wahren Tarzan-Rausch versetzte. Trivialmythen erhalten, wenn sie in die Jahre gekommen sind, oft eine reflektorische Subtilität, die wenig oder gar nichts mit den Intentionen ihrer Schöpfer zu tun hat. Tarzan hat als Publikumsmagnet nicht nur mehrere Generationen überdauert, er ist auch ein Symbol dafür, wie sehr die Mythen der Unterhaltungsindustrie mit den Anforderungen des Lebens korrespondieren. Mit anderen Worten: Der wandlungsfähige Mythos vom »Herrn des Dschungels« ist jeweils die Antwort auf neue Erfahrungen der Entfremdung.

Das Grundgesetz der Unterhaltungsindustrie, das gleichzeitig ihren Erfolg garantiert und ihre Loslösung von den Kräften gesellschaftlicher Repression verhindert, hat Burroughs selbst einmal treffend ausgedrückt: »Ich schreibe, um zu entfliehen . . . Der Armut zu entfliehen.« Der Reichtum (auch der an Phantasie) der trivialen Mythologie, bleibt solange regressiv, solange er dazu dient, die Armut zu verdecken; der Glanz ist falsch, der nur die Kehrseite des Elends ist.

Anmerkungen

Heidi Pataki: Der klassenlose Tarzan. In: »Neues Forum« Nr. 226/227. Wien 1972. Gabe Essoe: Tarzan of the Movies. A Pictorial History of More Than 50 Years of Edgar Rice Burroughs' Legendary Hero. New York 1968.

Literatur

R. Behlmer: Jungle Tales of the Cinema. Hollywood 1960. Wolfgang J. Fuchs: Zum Beispiel Tarzan. Ein Exkurs über die Heldenmultiplikation in Massenmedien. In: »Jugend, Film, Fernsehen« Nr. 2. München 1972. Francis Lacassin: Tarzan. Mythe triomphant, mythe humilié. In: »Bizarre« Nr. 9. Paris 1963. Francis Lacassin: Tarzan ou le chevalier crispé. Paris 1971. N. Onyx: Water, World & Weissmuller. A Biography. Los Angeles 1966. Tarzan. Stimme des Herrn. In: »Der Spiegel« Nr. 9. Hamburg 1970.

Technische Abenteuer

In vielen Abenteuerszenen ist ein technisches Vehikel, meist ein Gefährt, Knotenpunkt der Handlung: In Fernsehserien wie »Speed Racer« (vgl. *Komik* → Zeichentrickserien) oder »Michel Vaillant« (auch als Comic, von Jean Graton gezeichnet und getextet) sind es »schnittige«, PS-starke Wagen, denen neben den Abenteuern der Helden die Aufmerksamkeit der Zuschau-

Das Auto als Fetisch: Michel Vaillant von Jean Graton © Koralle/Lombard er gilt. In »Abenteuer unter Wasser« oder »Sprung aus den Wolken« ist es die technische Ausrüstung und in den Comicserien um Testpiloten (»Dan Cooper« von Albert Weinberg; »Mick Tangy« von Charlier/Uderzo) sind es die gewaltigen, nur von Spezialisten zu meisternden Prototypen von Düsenjägern modernster Bauweise, die die Attraktion des Lesers auf sich ziehen. Diese immer stromlinienförmigen Attribute, Sexualsymbole und totemistische Machtzeichen zugleich, verweisen auf die perfekte Meisterung technischer Probleme, die als Beweis für die »unbegrenzten Möglichkeiten« des Menschen gilt. (Vgl. auch *Sport*→ Motorsport)

Traven

B. (Bruno) Traven, Autor zahlreicher sozialkritischer Abenteuerromane, dessen Nationalität und bürgerliche Identität bis heute nicht geklärt ist. Das erste Werk unter diesem Pseudonym erschien 1926: »Das Totenschiff« schildert die Erlebnisse eines amerikanischen Seemannes, der in Antwerpen die Abfahrt seines Schiffes verpaßt und nun, als Mensch ohne Papiere und folglich ohne Identität, herumgestoßen, verfolgt, abgeschoben und gequält wird, bis er auf einem Schiff mit wertloser, aber hochversicherter Ladung anheuert und dort, als Opfer des Betruges der Eigner, den Tod findet. Das abenteuerliche Geschehen in diesem Roman bildet den Rahmen für eine Kritik an Ausbeutung, Polizeiwillkür und Bürokratie. Traven nimmt Stellung für den gepeinigten Menschen, und die Plastizität und oft schmerzliche Klarheit seiner Schilderung legt die Vermutung nahe, daß vieles von dem, was der Autor erzählt, selbst erlebt ist. Auch in seinen anderen Romanen, die zum größten Teil in Lateinamerika, insbesondere in Mexiko, spielen (»Die Brücke im Dschungel« – 1928; »Die weiße Rose« – 1929; »Der Karren« – 1930; »Regierung« – 1931; »Die Rebellion der Gehenkten« – 1936; »Ein General kommt in den Dschungel« – 1939; »Trozas« – 1959 und »Aslan Norval« – 1960), und in seinen Erzählungen macht der Autor deutlich, daß Abenteuer und Gefahr kein Vergnügen sind, nicht das sportive Hobby von unbesiegbaren Edelmenschen, sondern die Auseinandersetzung von sozial (aus welchen Gründen immer) entwurzelten Menschen mit einer feindseligen Umwelt. In Travens Romanen nehmen die Menschen das Schicksal nicht einfach resigniert hin, sondern sie setzen sich zur Wehr (durch den Streik beispielsweise), sie versuchen, trotz aller Niederlagen ihr Leben zu gestalten. Von daher beinhaltet Travens Werk, obwohl zuweilen von antikommunistischen Tendenzen geprägt, ein Element der sozialen Befreiung.
In »Die Baumwollpflücker« (das Manuskript, mit Bleistift auf Packpapier geschrieben, wurde 1926 zum Druck angenommen) beispielsweise geht es um die Abenteuer eines Mannes, der sich in Mexiko als Bäckereiarbeiter, Viehtreiber und Baumwollpflücker verdingen muß, um sich am Leben zu erhalten, und der dabei schonungslos ausgebeutet und geschunden wird. Der einzelne Mensch muß sich immer gegen zwei Fronten behaupten, gegen die unerbittliche Natur einerseits und gegen die eher noch stärkere Grausamkeit der Menschen, die in ihrer Sucht nach Profit weder vor Betrug noch Mord zurückschrecken, andrerseits. Das Individuum, die Natur und die Gesellschaft stehen im permanenten Kampf miteinander: einmal verbündet sich der einzelne mit der Gesellschaft gegen die Natur, ein anderes Mal ist die Natur sein Verbündeter im Kampf gegen die Gesellschaft oder auf der Flucht vor der Gesellschaft; doch letzten Endes bleibt das Individuum der Verlierer, nur sein Tod ist beschlossene Sache.
Dieses auf den ersten Blick durch und durch pessimistische Weltbild zeigt sich besonders deutlich in dem Roman »Der Schatz der Sierra Madre« (1927), wo der Versuch dreier Abenteurer, der Natur ihre Schätze zu rauben (Gold = menschliches

Glück in der Gesellschaft) in Wahnsinn und Mord endet. Doch erweist sich hier auch die Möglichkeit eines verhaltenen Optimismus: Die beiden überlebenden Männer, ihres soeben gewonnenen Reichtums verlustig, entwickeln in der Niederlage eine menschliche Solidarität, die zur Hoffnung auf Selbstverwirklichung wird. Dieser Roman wurde zur Grundlage von einem der schönsten Hollywoodfilme: »The Treasure of the Sierra Madre« (Der Schatz der Sierra Madre – 1948 – Regie: John Huston mit Walter Huston, dem Vater des Regisseurs, Humphrey Bogart [vgl. *Crime*] und Tim Holt in den Hauptrollen).

Literatur

Gerd Heidemann: Ich fand B. Traven. Die Geschichte einer abenteuerlichen Reportage. In: »Konkret« Nr. 6, 7 und 8. Hamburg 1967. Rolf Recknagel: B. Traven. Beiträge zur Biografie. Leipzig 1971. Heiner Boehnke/Johannes Beck (Hrsg.): Das B. Traven-Buch. Lesestücke – Unterrichtsmaterialien. Reinbek 1976.

Völkerkundliche Romane

Die Anfänge des völkerkundlichen Romans liegen bei → James Fenimore Cooper, der Nachahmer und Nachfolger in Europa zunächst vor allem in Frankreich fand. So hatte der Romantiker Chateaubriand etliche Indianerromane verfaßt, die angeblich seine eigenen Abenteuer mit verschiedenen Indianerstämmen schilderten, aber vor ethnographischen Fehlern strotzten. Gabriel Ferrys »Le coureur des bois« (Der Waldläufer) wurde auch ins Deutsche übersetzt, ebenso die Werke von Gustave Aimard, der tatsächlich lange Zeit unter Indianern in der Neuen Welt verbracht hatte. In England wurde vor allem der irische Kapitän Mayne Reid bekannt, der den Mississippi selbst befahren hatte und dessen Indianerromane »Die Skalpjäger« und »Am Lagerfeuer« in bearbeiteten Fassungen auch in Deutschland herausgebracht wurden.

Der bedeutendste Vertreter dieser Gattung in Deutschland war Charles Sealsfield (Karl Postl, 1793–1864), der mit beachtlichem schriftstellerischen Talent die Zustände in der Neuen Welt schilderte. In seinen bedeutendsten Romanen (»Tokeah« – 1829; »Der Virey und die Aristokraten« – 1834 oder »Pflanzerleben und die Farbigen« – 1836) vermittelte er den immer noch unter feudalistischem Zwang lebenden Deutschen das Idealbild einer freien Gesellschaft, für das, damals noch, die Union stand. Seine Romane, die immer auch der geistigen Schulung der in politischen Dingen so unemanzipierten Deutschen dienen sollten, unterscheiden sich von denen Coopers vor allem durch den größeren Wirklichkeitssinn und die eindeutige politische Aussage; Sealsfield war kein Romantiker. Friedrich Gerstäcker (1816–1872), literarisch anspruchsloser als Sealsfield, dessen »Die Prärie am Jacinto« aus dem »Kajütbuch« (1841) in die Weltliteratur eingereiht wird, erweiterte das Schema des völkerkundlichen Romans insofern, als er in seine Romane Elemente der Expeditions- und Reiseliteratur aufnahm, während der »reine« völkerkundliche Roman ausschließlich auf dem Zusammentreffen von Weißen und Eingeborenen der Neuen Welt, bzw. Afrikas oder Asiens beruht. Gerstäcker war selbst nach Amerika ausgewandert und publizierte nach seiner Rückkehr nach Deutschland seine Erlebnisse zunächst in den zahlreichen Zeitschriften dieser Zeit, die sich mit der Erforschung und Inbesitznahme von neu entdeckten Ländereien beschäftigten (»Der Globus«, »Aus allen Weltteilen«, »Von Fels zum Meer« etc.). In seinen ersten Romanen (»Die Regulatoren in Arkansas« – 1845; »Die Flußpiraten des Mississippi« – 1848) gelang ihm, obzwar er einen starken Hang zur Idealisierung zeigte, eine anschauliche Beschreibung der Lebensumstände in Amerika. Dieses Niveau erreichten seine späteren Erzählungen nicht (»Tahiti« – 1854; »Unter dem Äquator« – 1861; »Im australischen Busch« –

1864). Der spätere Mitarbeiter der »Gartenlaube« versuchte eine Art Indianer-Schauerroman zu kreieren, und nur wenige Passagen dieser Werke erinnern an die guten Naturschilderungen seiner früheren Romane.

Eine Reihe von Schriftstellern hatten zu dieser Zeit mit völkerkundlichen Romanen Erfolg beim Publikum; so etwa der während der März-Revolution nach Amerika entflohene Otto Rupius (1819–1864), der in seinen Unterhaltungsromanen besonders auf das Schicksal der deutschen Auswanderer einging. Armand (F. A. Strubberg, 1808–1889) war ebenso wie Balduin Möllhausen (1825–1905) lange Zeit in Amerika gewesen und hatte an den Indianerkriegen teilgenommen. Philipp Galen (Philipp Lange, 1813–1899) und Hans Wachsenhusen (1822–1898) schließlich wurden durch die Konzentration auf die Figur des Helden und die Betonung sensationeller und abenteuerlicher Geschehnisse zu Wegbereitern für → Karl May.

»Der völkerkundliche Roman vermag nach zwei Seiten entwickelt zu werden. Seine Aufgabe kann in einer romanhaft eingekleideten und so gestalteten Erfassung oder Beschreibung des Kulturzustandes eines Volkes, eines Stammes oder einer anders abgegrenzten menschlichen Gemeinschaft liegen. Die Wiedergabe eines ethnographischen Befundes gibt dann Hintergrund und Anlaß für das im Roman geschilderte Geschehen. Besonders handlungs- und spannungsreich, erfüllt von wichtigen schicksalhaften Fragen, wird der Stoff dann, wenn eine überseeische Kultur mit der für den ganzen Erdball seit dem Ende des 15. Jahrhunderts entscheidend gewordenen Europäisierung die Grundlage des Geschehens liefert, wenn die romanhafte Schilderung menschlicher Schicksale eingebettet ist in die Auseinandersetzung zwischen Europa und Übersee. Das Ziel des völkerkundlichen Romans kann aber auch sein, eine erlebnismäßige Darstellung der Grundlagen und Entwicklungskräfte der menschlichen Kultur zu geben. Dieser ethnologische Roman zeigt in dichterisch-ereigniserfüllter Gestaltung, unter welchen Voraussetzungen der Mensch im Zusammenleben mit anderen Menschen, in seinem Lebensraum und in einem Feld geschichtlicher Ereignisse sein Leben führt und seine wirtschaftliche, gesellschaftliche und geistige Kultur gestaltet« (Hans Plischke).

Anders ausgedrückt: Eines der Hauptanliegen der Unterhaltungsindustrie ist es, Fremdes, zunächst Unverständliches verfügbar zu machen, es so zu verwandeln, daß es in die eigene Kultur schadlos integriert werden kann. So ist das Bild des Eingeborenen als »Edler Wilder« nicht nur deswegen populär, weil es die Sehnsucht nach intakter Menschlichkeit ausdrückt, sondern auch, weil es sehr viel leichter zu verarbeiten ist als etwa das Bild einer differenzierten, der eigenen entgegengesetzten Kultur. Der völkerkundliche Roman informiert zwar an der Oberfläche über Sitten und Gebräuche der Naturvölker, doch indem er die wahren Konflikte zwischen den imperialistischen Eindringlingen und den Ureinwohnern hinwegidealisiert, schafft er den Raum für deren Unterwerfung. Denn nirgends als hier ist die Diskrepanz zwischen der Realität und der Unterhaltungsliteratur so deutlich; sie manifestiert sich schon in den Autoren, die, wie etwa Cooper, nichts dabei fanden, aktiv an der Ausrottung der Indianer teilzuhaben und gleichzeitig romantisch überhöhte Idealbilder des Eingeborenen zu zeichnen. Alibifunktion kommt dabei der vor allem in den minderwertigeren Werken des Genres enthaltenen Geste der Trauer zu: Der »Edle Wilde« stirbt am Schluß unabdingbar. Der Siegeszug des völkerkundlichen Romans und der des Imperialismus und Kolonialismus bedingen einander ebenso wie in unseren Tagen der Boom an Tier- und Naturfilmen und die industrielle Umweltzerstörung (womit kein Vergleich von tierischer und pflanzlicher Natur zu den »Naturvöl-

Illustration zu einem völkerkundlichen Roman von Ernst F. Löhndorff in der Buchzeitschrift »Bibliothek der Unterhaltung und des Wissens«

kern« gezogen werden soll; dieser sei der Unterhaltungsindustrie vorbehalten, die ihn ausgiebig heranzieht).
Noch eines: Der völkerkundliche Roman ebenso wie die Robinsonade (→ Robinson Crusoe) träumt sich zurück in die Situation eines menschlichen »Urzustandes«. (Insofern sind vom aktuellen Western bis zum → Tarzan-Abenteuer etliche Genres der Unterhaltungsindustrie die mehr oder minder legitimen Nachfahren des völkerkundlichen Abenteuerromans.) Diese Beschwörung des Urzustandes, die zur Entstehungszeit des völkerkundlichen Romans natürlich stark mit den neuen Erkenntnissen der Wissenschaft korrespondierte, weist neben der Neugier auf die menschliche Entwicklung noch ein andres Motiv auf: die Krise des bürgerlichen Individuums, die sich im achtzehnten Jahrhundert ankündigt. Das »natürliche« Leben der Eingeborenen wird betrachtet wie die eigene Jugend, und obzwar diese »besonnter« und auch glücklicher war als die Erwachsenenzeit, gibt sich der Erwachsene (der Weiße) doch das Recht, das Kind (den »Wilden«) mit Gewalt zu erziehen, bzw. den Zustand der Kindlichkeit zu verewigen.

Anmerkung

Hans Plischke: Von Cooper bis Karl May. Eine Geschichte des völkerkundlichen Reise- und Abenteuerromans. Düsseldorf 1951.

Wochenschau

Die Idee des »Aktualitätenfilms« geht auf den Erfinder und Pionier des deutschen Films, Oskar Meßter, zurück. Die erste regelmäßige, kommerzielle Wochenschau erschien seit März 1914 in den deutschen Kinos; die »Eiko-Woche« bekam aber bald Konkurrenz von der »Meßter-Woche« ihres Erfinders. Noch im selben Jahr wurde die »Kinokop-Wochenschau« ins Leben gerufen, die aber bereits 1915 ihr Erscheinen wieder einstellen mußte. In den zwanziger Jahren unterhielten vor allem die großen Filmproduktionsgesellschaften ihre eigenen Wochenschauen, so die »Deulig-Woche«, die später von der Ufa übernommen wurde, die »Trianon-Auslandswoche«, die fast ausschließlich aus ausländischem, vor allem amerikanischem und französischem Filmmaterial zusammengestellt wurde, und die »Terra-Gaumont-Woche«. Als 1930 auch die Wochenschauen auf Ton umgestellt wurden, reduzierte sich die Anzahl der Firmen, die eigene Wochenschauen produzierten. Bis 1933 brachten etwa »Ufa-Tonwoche« oder »Emelka-Tonwoche« noch vergleichsweise harmlose politische Berichterstattung. Doch war der Widerstand, nationalistisches und faschistisches Gedankengut zu verbreiten, nicht eben groß, und in den Jahren des Nazi-Regimes diente denn auch gerade die Wochenschau zur politischen Indoktrination des Kinopublikums. 1937 waren sowohl die »Terra« als auch die Ufa »reichseigen«. Hatte bereits Meßters frühe Wochenschau die Rolle des Frontberichterstatters zur Zufriedenheit der Militärs im Ersten Weltkrieg erfüllt, so war die Wochenschau im Zweiten Weltkrieg das neben dem Rundfunk vorrangigste Mittel der Kriegspropaganda; mochte sich der »Hauptfilm« auch noch so unpolitisch geben, so war es doch nicht möglich, ins Kino zu gehen, ohne sich nationalsozialistischer Ideologie auszusetzen.

Nach dem Krieg kontrollierten die Siegermächte die Wochenschauen. 1950 wurde die »Neue Deutsche Wochenschau« gegründet, 1952 wurde die alliierte Wochenschau »Welt im Film« in die selbständige »Welt im Bild« umgewandelt, die ihrerseits 1956 in der neuen »Ufa-Wochenschau« aufging. In den sechziger Jahren versorgten 3 Firmen mit staatlicher Beteiligung die westdeutschen Kinos mit Wochenschauen. Als Informationsträger hat die Wochenschau heute ihre Bedeutung weitgehend verloren, da der Aktualitätsvorsprung des Fernsehens nicht wettzumachen ist. In Amerika zog man daraus 1968 die Konsequenzen und stellte die Produktion von Wochenschauen ein. Die deutschen Wochenschauen hingegen versuchen, durch eine Veränderung der Form (Hinwendung zum Magazin-Stil, Verlagerung der Schwerpunkte vom Tagesgeschehen auf Unterhaltung, Mode, *human interest* etc.) ihr Publikum zu erhalten; dennoch sind Wochenschauen nur noch in einem Teil der Filmtheater zu sehen.

Über die formale Präsentation der Wochenschauen heißt es in einer Untersuchung der UNESCO: »Der Zuschauer muß seine Aufmerksamkeit derart auf den raschen Bildablauf konzentrieren, daß jede Reaktion, die über das bloße Hinnehmen hinausgeht, ins Unbewußte abgedrängt wird. Selbst wenn er kritisch veranlagt ist, hat er keine Möglichkeit, die Informationen, die ihm geboten werden, nachzuprüfen oder zu vergleichen.« Da die Wochenschau, vergleichbar den Fernsehserien im Werberahmenprogramm, von Werbespots, Reklamedias und Hinweisen auf das Programm der kommenden Wochen umrahmt ist, unterliegt sie dem Zwang, sich möglichst »unterhaltsam« zu geben, das Bewußtsein abzustumpfen und das Publikum sowohl auf die »werblichen Botschaften« als auch auf die gesteigerten Attraktionen des »Hauptfilms« vorzubereiten. Dies äußert sich in einer Verdrängung politisch brisanter Themen und einem Realitätsverständnis, wie es die Illustrierten vermitteln. Hans Magnus Enzensberger hat die *stories* der Wochenschauen auf sechs Archetypen zurückgeführt:

1. Tiergeschichten und andere »zeitlose« Fabeln (»Erstes Hotel für Hunde«, »Der zweijährige John legt Männer auf die Ringmatte«, »Auch Elefanten müssen zum Finanzamt«). Wie in Illustrierten und Fernsehserien (vgl. *Heimat und Familie* → Tierserien) haben solche *stories* die Funktion, von den wirklichen Problemen abzulenken; die Welt wird als eine heitere, idyllische definiert, in der es gerade die kleinen Dinge sind, die zählen.

2. Die Zaunguckergeschichte (Begegnungen mit Stars und Prominenten auf bzw. vor Empfängen, Bällen, Preisverleihungen, Filmfestivals, Modeschauen etc.). Die devote, bewundernde Haltung, die Kamera und Erzählstil suggerieren, bestärkt den Zuschauer in dem Glauben, eine dicke Trennmauer scheide Star und Publikum, das vorgezeigte Ideal könne nur in den Identifikationsträumen, für die man be-

zahlt, erreicht werden. (Oft genug feiert sich die Filmindustrie in solchen Berichten selbst, versucht das morsche Starsystem noch einmal zu stabilisieren.) Umgekehrt bestätigt die Tatsache, daß man nur durch das Astloch sehen darf, das Vorurteil, daß auf der anderen Seite des Zauns unabdingbar das Paradies liege.

3. »Großer Bahnhof« (Staatsbesuche, Papstaudienzen, Ordensverleihungen, Fahnenübergaben etc.). Der »historische Augenblick«, dem man vermeintlich beiwohnt, schafft Ehrfurcht und Distanz; das Volk kommt in den Wochenschauen nur vor, wenn es jubelt, oder in den Katastrophenberichten, wenn es hungert und leidet.

4. »Leistungsschau« (Rekorde in Sport und Athletik, Bergbesteigungen, Geschwindigkeitsrekorde mit überdimensionalen Wagen oder Flugzeugen). Dem Zuschauer wird Bewunderung abverlangt, der Wunsch nach Fortschritt umgemünzt ins immer Größere, Schnellere, Höhere; Dynamik als rauschhafter Zustand soll sich auf den Zuschauer übertragen in Form eines fröhlichen Optimismus des »Alles-ist-möglich«.

5. Massenaufmärsche (Polizeifeste, Weltjugendfestspiele, Großkundgebungen, Umzüge etc.). Der Zuschauer soll im Geiste mitbrüllen. Wie die Kamera hier den einzelnen für Momente aus der Masse herauslöst, soll gezeigt werden, daß jeder dabei sein kann und dabei sein soll, wenn es darum geht, Gefolgschaft als Massenstimulans zu erleben.

6. Zerstörungsphantasien (Berichte über neue Kriegswaffen, über Naturkatastrophen, Unglücksfälle, »Frontberichte«, breite Tableaus von Hunger, Elend und Zerstörung). Der »Realismus« der Darstellung, der sich ebenso mit dem Beiwort »schonungslos« schmückt wie der der → Landserhefte, kennt hier keine Grenzen. Im Mittelpunkt dieser Berichte steht der verstümmelte Mensch, der in die Räder des Schicksals geraten ist; Geschichte wird dargestellt als Abfolge von Katastrophen. Die Elemente dieser *stories* sind nur scheinbar »aus dem Leben gegriffen«, in Wahrheit entsprechen sie in Konstruktion und Inhalt den *topics* der Unterhaltungsindustrie und finden sich in anderen Medien ohne den Anstrich der Authentizität wieder: Die Tiergeschichte entspricht den Fernsehserien (in der Vermenschlichung der Tierwelt, die durch dramatische oder ironische Musikakzente unterstrichen wird, gleichen die Wochenschauberichte über »Tierkinder im Zoo« und dergleichen den Filmen von Walt Disney; vgl. *Komik*); die Starberichte entsprechen den Inhalten der Regenbogenpresse (vgl. *Romanze*); die Massenaufmärsche finden sich in Historienfilmen (→ Antike Helden, → Cecil B. DeMille) wieder; die Zerstörungsphantasien sind auch die Grundlage von → Kriegsfilmen und der Science Fiction (vgl. *Science Fiction*).

Wenn die Welt um so »unterhaltsamer« ist, je weiter sie von uns selbst entfernt ist, je mehr sie ritualisiert und statisch erscheint, dann sind die Wochenschauen ein Stück perfekter Unterhaltung, das nur deswegen in der Gunst des Publikums sinkt, weil dieselben Botschaften sich in anderen Formen noch einprägsamer, hermetischer vermitteln lassen.

Anmerkung

Hans Magnus Enzensberger: Die Welt als Scherbenhaufen. In: »Film 58« Nr. 2. Frankfurt 1958.

Literatur

Peter Baechlin: Newsreels Across the World. Paris 1952. Institut für Publizistik, Münster (Hg.): Filmbesucher und Wochenschau. Emsdetten 1959.

Personen- und Sachregister

Kursive Ziffern verweisen auf Abbildungen

COMICS---
UND ALLES
ÜBER COMICS!
Und vieles über Literatur, Film, TV...
Kombiniere: sofort abonnieren!
XOOM
comic & medien scene
Ein kritisches Magazin der populären Kultur. Erscheint zweimonatlich. Herausgegeben von Bernt Kling.
Xoom-Press, Urbanstr. 101, 1000 Berlin 61
Probeheft DM 3.–, Jahresabonnement (6 Ausgaben) DM 15.–
Postscheckkonto:
Berlin-W 262521-107 (Kling)
Nick war schon immer ein Schnellscholter.

rororo sachbücher

sachbuch rororo

Archäologie / Kultur- und Zeitgeschichte

Vom Ackerbau zum Zahnrad
7000 Jahre frühe technische Kultur.
Band I. Mit 327 teils mehrfarbigen Abb. im Text u. auf Kunstdr.-Taf. [6664]
Vom Amulett zur Zeitung
7000 Jahre frühe technische Kultur.
Band II. Mit 174 teils mehrfarbigen Abb. im Text u. auf Kunstdr.-Taf. [6667]

LARRY COLLINS / DOMINIQUE LAPIÈRRE
O Jerusalem [6918]

GEOFFREY BIBBY
Faustkeil und Bronzeschwert. Erforschung der Frühzeit des europäischen Nordens. Mit über 100 Abb. im Text und auf Tafeln [6718]

Als Troja brannte und Babylon fiel Das mythische Zeitalter unserer Kultur [6784]

C. W. CERAM
Enge Schlucht und Schwarzer Berg Entdeckung des Hethiter-Reiches. Mit über 100 Abb. im Text und auf Kunstdrucktafeln [6627]

Götter, Gräber und Gelehrte im Bild mit 310 Abb. [6725]

Götter, Gräber und Gelehrte. Roman der Archäologie. Mit 51 Abb. u. 4 Karten [6790]

Ruhmestaten der Archäologie [6902]

NIGEL DAVIES
Die Azteken. Meister der Staatskunst – Schöpfer hoher Kultur [6950]

GERHARD HERM
Die Phönizier. Das Purpurreich der Antike. Mit 35 Abb. im Text u. auf 16 Tafeln [6909]

PAUL HERRMANN
7 vorbei und 8 verweht. Das Abenteuer der frühen Entdeckungen. Mit über 100 Karten und Abb. [6646]

THOR HEYERDAHL
Expedition Ra. Mit dem Sonnenboot in die Vergangenheit. Mit 20 Abb. auf 16 Kunstdruck-Taf. [6863]

WERNER KELLER
Und die Bibel hat doch recht. Forscher beweisen die historische Wahrheit. Mit 134 Abb. im Text und auf Kunstdrucktafeln [6614]

Und die Bibel hat doch recht in Bildern. Mit 326 Abb. im Text [6914]

GERHARD KONZELMANN
Die Reichen aus dem Morgenland. Wirtschaftsmacht Arabien [6977 – Okt. 1976]

ALAIN PEYREFITTE
Wenn sich China erhebt [6975 – Sept. 1976]

HUGO PORTISCH
So sah ich Sibirien. Europa hinter dem Ural. Mit 191 teils mehrfarbigen Abb. im Text und auf Kunstdrucktafeln [6673]

HERBERT WENDT
Ich suchte Adam. Die Entdeckung des Menschen. Neu durchgesehene und erweiterte Ausgabe. Mit 93 Abb. im Text und auf Kunstdrucktafeln [6631]

Es begann in Babel. Die Entdeckung der Völker. Mit 34 Abb. im Text und auf Kunstdrucktafeln [6654]

Natur und Wissenschaft

ISAAC ASIMOV
Sternstunden der Forschung. Die großen naturwissenschaftlichen Entdeckungen unseres Jahrhunderts. Mit 42 teils mehrfarb. Abb. [6832]

Prof. Dr. HANS BENDER
Unser sechster Sinn. Telepathie, Hellsehen, Spuk. Mit 99 Abb., davon 44 mehrfarb. [6796]

WERNER BRAUNBECK
Neue Physik. Die Revolutionierung des physikalischen Weltbildes [6898]

NIGEL CALDER
Erde – ruheloser Planet. Die Revolution der modernen Erdwissenschaft [6859]

Das Lebensspiel. Die Evolution im Licht der modernen Biologie [6945]

VITUS B. DRÖSCHER
Die freundliche Bestie. Forschungen über das Tier-Verhalten [6845]

HANS W. FRICKE
Korallenmeer. Verhaltensforschung am

rororo sachbücher

Das sogenannte Gute. Vom Unvermögen der Ideologen [6872]
Marxismus – ernstgenommen. Ein Universalsystem auf dem Prüfstand der Wissenschaften [6933]
Die Disziplinierung der Demokratie [6956]

FRITZ VILMAR
Rüstung und Abrüstung im Spätkapitalismus. Eine sozio-ökonomische Analyse des Militarismus in unserer Gesellschaft. Überarbeitete und aktualisierte Ausgabe [6797]

GÜNTER WALLRAFF
Industriereportagen. Als Arbeiter in deutschen Großbetrieben [6723]
Neue Reportagen, Untersuchungen und Lehrbeispiele [6842]
13 unerwünschte Reportagen [6889]

GUSTAV WYNEKEN
Abschied vom Christentum. Ein Nichtchrist befragt die Religionswissenschaft [6727]

Praktisches Wissen

KLAUS BIRKENHAUER
Schreibtraining. Klar und wirksam formulieren [6871]

GUNTHER BISCHOFF
Speak you English? Programmierte Übung zum Verlernen typisch deutscher Englischfehler [6857]

EGMONT COLERUS
Von Pythagoras bis Hilbert. Die Epochen der Mathematik und ihre Baumeister. Geschichte der Mathematik für jedermann [6696]

BOBBY FISCHER
Bobby Fischer lehrt Schach [6870]

HANS GÜNTER HAAGMANN
Bildungschance Fernunterricht [6182]

MANFRED KÖHNLECHNER
Die Managerdiät. Fit ohne Fasten [6851]
Die machbaren Wunder. Heilmethoden, Heilerfolge [6960]

NICK KUNOVSKY
Fitnesstraining. Ein Programm für körperliches Wohlbefinden [6847]

RUPERT LAY
Dialektik für Manager. Einübung in die Kunst des Überzeugens [6979 – Okt. 1976]

ERNST OTT
Optimales Lesen. Schneller lesen – mehr behalten. Ein 25-Tage-Programm [6783]

SUSANNE VON PACZENSKY
Der Testknacker. Wie man Karriere-Tests erfolgreich besteht [6949]

LAURENCE J. PETER
Das Peter-Programm. Der 66-Punkte-Plan, mit dem man Problemen, Pannen und Pleiten Paroli bieten kann [6947]

GÜNTHER H. RUDDIES
Aktiv Fernsehen. Das TV-Übungsbuch zum Mitdenken – Mitschreiben – Mitmachen [6964]

JACQUES SOUSSAN
Pouvez-vous Français? Programmierte Übung zum Verlernen typisch deutscher Französischfehler [6940]

rororo SPIELBUCH
Regeln und Anregungen für tausend Spiele im Haus und im Freien. Mit 143 Abb. [6115]

HELMUT SWOBODA
Richtig entscheiden. Wegweiser zu optimalem Handeln [6883]

SIEGBERT TARRASCH
Das Schachspiel. Systematisches Lehrbuch für Anfänger und Geübte [6816]

W. ALLEN WALLIS / HARRY V. ROBERTS
Methoden der Statistik. Anwendungsbereiche, 400 Beispiele, Verfahrenstechniken [6091]

Dr. HEINRICH WALLNÖFER
Besser als tausend Pillen. Ratgeber der Gesundheitspflege. Mittel und Methoden zur gefahrlosen Selbstbehandlung im Krankheitsfall. Mit 100 Abb. im Text und 10 Tabellen [6152]

BERND WEIDENMANN
Diskussionstraining. Überzeugen statt überreden, Argumentieren statt attakkieren [6922]

MAX WOITSCHACH
Strategie des Spiels. Berechenbares und Unberechenbares vom Glücksspiel bis zum unternehmerischen Wettbewerb. Mit 20 Abb. und 22 Tabellen [6706]

MARTIN F. WOLTERS
Der Schlüssel zum Computer. Einführung in die elektronische Datenverarbeitung. Eine programmierte Unterweisung.
Band 1: Leitprogramm [6839]
Band 2: Textbuch [6840]

Angewandte Psychologie

ERIC BERNE
Spiele der Erwachsenen. Psychologie der menschlichen Beziehungen [6735]